21 世纪高等学校
经济管理类规划教材
名家精品系列

人力资源管理理论、方法、实务系列教材

U0740218

薪酬管理
——理论、方法、实务

Compensation
Theory, Method, and Practice

赵曙明 赵宜萱 ◎ 主编
唐春勇 敬永春 ◎ 编著

人民邮电出版社
北 京

图书在版编目（ＣＩＰ）数据

薪酬管理：理论、方法、实务 / 赵曙明，赵宜萱主编；唐春勇，敬永春编著. -- 北京：人民邮电出版社，2018.1

21世纪高等学校经济管理类规划教材：名家精品系列

ISBN 978-7-115-46304-3

Ⅰ. ①薪… Ⅱ. ①赵… ②赵… ③唐… ④敬… Ⅲ. ①企业管理－工资管理－高等学校－教材 Ⅳ. ①F272.923

中国版本图书馆CIP数据核字(2017)第259429号

内 容 提 要

本书全面地讲解了企业薪酬管理的相关理论知识，内容分为五篇共 15 章，分别从企业薪酬管理的基础知识、薪酬结构设计、薪酬水平设计、薪酬模块设计、薪酬运行管理 5 个方面展开详细介绍。

本书以提高读者的薪酬管理理论知识和实践操作技能为导向，采用理论、案例、情景仿真和模拟训练相结合的方式组织各章内容。为了满足移动网络时代教学发展的新需要，本书在各章内容中都插入了介绍薪酬管理工具、薪酬管理最新动向和实操等内容的二维码，并会在读者使用本书的过程中不断更新完善，以帮助读者深入、全面地掌握薪酬管理领域内的新思想、新变化、新手段和新方法等。

本书是为普通高校本科生学习薪酬管理编写的教材，也可以作为 MBA 学员的学习用书，还可以作为企业管理者、人力资源管理部门进行薪酬管理和培训使用的参考用书和工具用书。

- ◆ 主　　编　赵曙明　赵宜萱
　　编　著　唐春勇　敬永春
　　责任编辑　武恩玉
　　执行编辑　赵　月
　　责任印制　焦志炜
- ◆ 人民邮电出版社出版发行　　北京市丰台区成寿寺路 11 号
　　邮编　100164　电子邮件　315@ptpress.com.cn
　　网址　http://www.ptpress.com.cn
　　北京天宇星印刷厂印刷
- ◆ 开本：787×1092　1/16
　　印张：16　　　　　　2018 年 1 月第 1 版
　　字数：417 千字　　2025 年 1 月北京第 10 次印刷

定价：45.00 元

读者服务热线：(010)81055256　印装质量热线：(010)81055316
反盗版热线：(010)81055315
广告经营许可证：京东市监广登字 20170147 号

总 序 PREFACE

进入 21 世纪以来，创新已成为世界潮流。创新涉及技术、制度、管理等各个方面的协同，但归根到底是人才和人力资源管理的创新，实施创新驱动必须把人才和人力资源作为支撑创新发展的第一资源。任何一个国家欲引领全球创新发展的浪潮，任何一个企业欲赢得可持续竞争的优势，都必须抢占人才和人力资源管理的制高点，把人力资源开发与管理作为战略发展的基点。毫无疑问，人力资源已然成为企业增强创新发展能力的第一内生动力，人力资源管理无疑也是 21 世纪现代企业的核心管理内容之一。

伴随着移动互联网、大数据、人工智能等新技术革命时代的到来，经济全球化进程不断加快，我国经济发展进一步转型升级，企业面临着更加激烈的来自国内外的竞争，对人才的吸引、开发、激励和对人力资源需求的变化引发人力资源管理的快速变革，派生了对人力资源管理新知识和专业人才的巨大需求。南京大学商学院开设的"人力资源管理"课程是第一批获得批准的国家精品课程，这门课程的开设可以追溯到 20 世纪 90 年代初。自 1991 年起，赵曙明教授作为课程的负责人开始在南京大学商学院率先开设"人力资源管理与开发"课程，并与国内外众多专家、学者和业界人士一道，共同致力于我国人力资源管理专业学科的建设和企业人力资源管理水平的提高。在引进国外发达国家在人力资源管理方面的先进理念和经验的同时，通过大量的一线教学研究和企业管理咨询，我们逐步加深了对我国人力资源管理实践的理解和认识，总结出了我国人力资源管理相关的实践案例和理论知识，这为本套丛书的编撰奠定了很好的基础。

在学科专业建设过程中，教材建设是一项重要的基础性工作。为了适应当前经济发展的新形势和现代人力资源管理学科专业发展的新趋势，建设一套具有新思维、新内容的人力资源管理系列教材无疑也是一项十分重要的基础性工作。为此，人民邮电出版社约请赵曙明教授和赵宜萱助理研究员与众多专家学者在深入调研和充分讨论的基础上，组织撰写了《人力资源管理——理论、方法、实务》系列丛书。本套丛书在编写中遵循了两个基本要求。一是作者教学和科研经验丰富。本套丛书的主编及编著者不局限于一所高校，他们都是来自全国各大高校从事人力资源管理教学与研究的一线优秀教师，由他们亲自主笔，保证了教材的质量。二是教材体系构建完整。本套丛书由《人力资源管理——理论、方法、实务》《招聘甄选与录用——理论、方法、实务》《人员培训与开发——理论、方法、实务》《绩效考核与管理——理论、方法、实务》《薪酬管理——理论、方法、实务》《人才测评——理论、方法、实务》6 本核心内容组成。整套丛书以现代企业人力资源管理流程为主线，力求反映当前企业运营中最关注的人力资源管理流程和规律。

本套丛书立足于新时期人力资源管理学科发展的新趋势，按照高等学校人力资源专业本科层次人才培养目标、培养方案和课程教学大纲的要求，以科学性、先进性、系统性和实用性为目标进行编写，其特色主要体现在以下几个方面。

（1）强调内容视野开阔。基于全球人力资源管理学科专业发展的大背景，站在企业组织的战略角度阐释人力资源管理问题，确立新思维，扩展新内容，以期达到拓宽学生视野的目的。

（2）突出学术性和创新性。借鉴国内外人力资源管理最新的学术成果，反映了人力资源管理研究的最新进展。在消化吸收成功企业人力资源管理经验的同时，尽可能与中国本土文化衔接起来，并创造性地加以整合，观点新颖，富有创新性。

（3）注重理论与实践相结合。本套丛书融理论性与实践性为一体，既介绍了人力资源管理的理论方法，又通过大量案例全面勾勒出人力资源管理实务流程，注重将理论与企业具体人力资源管理实际相对接，并提供可操作的管理技术和技巧，从而将理论、方法、实务、案例等纳入一个完整的体系构架之中。

（4）重视学生能力培养。本套丛书以强化学生的自学能力、思维能力、创造性地解决实际问题的能力以及不断自我更新知识的能力为目标，设置模拟训练、情景仿真等模块，注重教材形式的活泼性和内容的可读性，以培养和训练学生的创新思维能力。

此外，本套丛书还引入了微信学习（如二维码）等方式，使之能满足移动网络时代下教学发展的新需要。

最后，我们要感谢参加本套丛书编著和审稿的各位老师所付出的辛勤劳动，也要感谢人民邮电出版社对本套丛书的支持和编审工作。由于编写的时间紧、协调难度大，本套丛书难免存在着一些不足和问题，我们真诚地欢迎广大读者批评指正。

南京大学商学院名誉院长、特聘教授、博士生导师
赵曙明博士
南京大学商学院助理研究员
赵宜萱博士
于南京大学商学院

前 言 FOREWORD

薪酬在人力资源开发与管理中起着十分重要的作用。薪酬管理的基本目标是运用人力资源管理中最重要的经济参数——薪酬，提高人力资源管理的有效性和实现组织目标。

薪酬管理是企业人力资源管理的重要工作之一，科学合理的薪酬管理不仅能有效地促进企业经营目标的实现，有效地促进企业人力资源投资的升值，而且能合理地控制企业的人力资源成本和提高员工的整体满意度。薪酬对于员工和企业的重要性决定了薪酬管理的重要性。良好、有效的薪酬管理是企业人力资源管理成功的关键。

随着薪酬管理重要性的凸显，薪酬管理越来越受到高校人力资源管理教育和企业管理者的重视，不少企业在薪酬管理实践方面取得了不错的进展，学生也越来越重视薪酬管理的知识。但是，在教学与实践过程中，我们发现：目前，学生对薪酬管理知识的把握仍存在着简单化、碎片化的现象，企业在薪酬管理的实践中存在着片面化、僵化的问题。追根溯源，这些问题都是由于大家对薪酬管理缺乏体系性把握和系统化认知，缺乏关注薪酬管理理论和实践的最新发展变化，所学习的薪酬管理知识无法进行模拟实践等原因造成的。

基于此，在编写本书的过程中，我们特别注重薪酬管理的系统性和完整性。本书分为五篇，分别从企业薪酬管理的基础知识、薪酬结构设计、薪酬水平设计、薪酬模块设计、薪酬运行管理 5 个方面展开。这些模块基本涵盖了企业在薪酬管理中涉及的各个方面。在章节的结构设计中，我们秉承先介绍薪酬管理的一般知识，然后介绍企业如何进行实践操作的思路。为了使读者能够快速掌握各章的重点和要点，我们在每章的开始都介绍了一个典型的企业薪酬管理案例，在各章的结尾，我们都基于企业的实践操作设计了情景仿真和模拟训练案例。这不仅为读者提供了可借鉴的薪酬管理最新实例，也方便读者在学习本书的过程中运用所学知识进行"实践操作"。

在大数据和互联网的时代，企业的薪酬管理不可避免地会发生一些新变化，出现一些新趋势，为此，本书也专门开辟章节对这些薪酬管理的新趋势进行了详细介绍和分析，力图让读者了解企业薪酬管理的最新动向。同时，为了满足移动互联网时代下教学发展的新需要，增强学生对薪酬管理最新实例和有效工具的学习，提高学生的学习兴趣和参与度，本书在每章后面都附上了与本章内容相关的二维码并保证读者在使用本书的过程中，这些二维码中的内容将会不断更新完善。这不仅将大大拓展读者的视野，也有利于读者在学习理论知识的同时能够更加深入地掌握薪酬管理领域内的新思想、新变化、新手段和新方法等。

在本书的编写过程中，倪佩玲、张琪、李亚莉、刘东冉、杨婷、彭燕等做了大量的资料收集、整理工作，在此，向他们表示真诚的感谢。

在本书的编写过程中，我们参阅并引用了国内外众多学者的相关著作和论述，并从中受到了很大启迪，在此向他们表示诚挚的敬意！

由于我们知识与经验的局限，书中难免存在错误与疏漏之处，恳请广大读者提出您宝贵的意见和建议，我们将在本书的再版中进行修正和完善，在此向广大读者一并致谢。

编者

2017 年 11 月

目 录 CONTENTS

第一篇　概论

第二篇　薪酬结构设计

第五篇 薪酬运行管理

第一篇

概　论

第1章　薪酬与薪酬管理

学习目标

1. 掌握薪酬与薪酬管理的内涵。
2. 明确和辨析薪酬相关概念。
3. 了解薪酬管理的功能。
4. 掌握有效薪酬管理的方法。
5. 熟悉薪酬理论。

【引导案例】

华为薪酬管理之道

华为技术有限公司（以下简称华为）是一家以生产、销售通信设备为主的民营通信科技公司，公司于 1987 年在中国深圳正式注册成立。目前，华为的产品和解决方案已经应用于全球 150 多个国家，服务全球电信运营商 50 强中的 45 家及全球三分之一的人口。2015 年，从整体业绩来看，华为是少数几个能在全球市场中逆市飘红的企业。

华为的成功除了得益于它的高效管理外，还得益于它的有效薪酬管理。在华为，公司进行员工薪酬水平与社会水平对比时，高级经理要去掉股票分红，基层员工要去掉加班工资，之后再做薪酬激励的社会对比。同时，在薪酬设计中，华为坚信要拔高优秀员工，但必须打破"压低其他人员来突出优秀人员"的传统思维。要加大激励优秀员工的力度，同时让基层员工也获得社会可比的薪酬竞争力。因此，华为的薪酬设计不仅拉开金字塔顶端的差距，还重视金字塔的基座，以充分避免在公司内部形成两个对立的群体，使所有人都能够分享到公司未来的收益，并有利于优秀员工拿高工资。

在薪酬激励方面，华为薪酬的"获取分享制"尤为出名：华为公司创始人任正非仅持有公司 1.4% 的股份，而其他 98.6% 的股份则均由员工持有。在进行员工的货币资本所得（指员工获得虚拟受限股所带来的收益）管理时，充分考虑员工过去的劳动回报（在当时历史条件下做出的贡献，不能用今天来否定过去）；进行员工的人力资本所得（指员工获得的工资性薪酬、年度奖金和 TUP 等累计的总收益）管理时，则更多要看现实表现。

此外，华为的薪酬设计十分注重拉车人和坐车人的分配比例，并秉承着"拉车人比坐车人拿得多，拉车人在拉车时比不拉车时要拿得多"的原则。员工中凡是有从事第二职业、赌博行为的，道德遵从委员会一旦发现，就可以直接辞退、清退。

正因华为这种薪酬管理模式，更进一步促进了大量优秀人才的流入，这也是华为持续发展的关键所在。

（资料来源：根据"任正非在公司近期激励导向和激励原则汇报会上的讲话"提供的素材整理而成）

案例思考:

1. 案例中涉及了薪酬管理的哪些知识?
2. 就本案例而言,谈谈如何实现有效薪酬管理。

薪酬作为实现人力资源合理配置的基本手段,在人力资源开发与管理中起着十分重要的作用。薪酬一方面代表劳动者可以提供的不同劳动能力的数量与质量,反映劳动力供给方面的基本特质;另一方面代表用人单位对人力资源需要的种类、数量和程度,反映劳动力需求方面的特质。薪酬管理也就是要运用薪酬这个人力资源中最重要的经济参数,来引导人力资源向合理的方向运动,从而实现组织收益最大化。薪酬管理是指在健全的企业经营发展战略下,针对不同职位、不同职级的员工对薪酬支付、薪酬结构、薪酬分配、薪酬水平等各个方面进行确定、调整的企业动态管理过程。在企业管理中,薪酬是员工通过劳动获取的直接与间接经济收入,充分发挥薪酬作用与功能可全面强化企业薪酬的激励作用,提升员工向心力与凝聚力。现代薪酬管理将薪酬视为激励劳动效率的主要杠杆,不仅注重利用工资、奖金、福利等物质报酬从外部激励劳动者,而且注重利用岗位的多样性、工作的挑战性、取得成就、得到认可、承担责任、获取新技巧和事业发展机会等精神报酬从内部激励劳动者,通过内外部结合使薪酬管理过程成为劳动者的激励过程。劳动者在这种薪酬管理体系下,通过个人努力,不仅可以提高薪酬水平,而且可以提高个人在组织中的地位、声誉和价值。

1.1 薪酬概述

在企业成功的诸多原因中,高效的人力资源管理奠定了基础,薪酬管理作为人力资源管理六大模块之一,在企业人力资源管理中有着举足轻重的作用。本节主要介绍薪酬的内涵、功能及相关概念。

1.1.1 薪酬的内涵

薪酬的内涵包括薪酬的定义、构成及模式 3 个部分。

1. 薪酬的定义

不同国家、不同学者对薪酬内涵的理解各不相同。岳龙华在《薪酬设计与薪酬管理》一书中总结到:从员工视角,薪酬是员工提供服务或完成工作的回报,是其重要的经济收入来源;从企业视角,薪酬体现了企业的支付能力,且能影响员工工作态度、工作绩效;从社会视角,薪酬差别在一些人看来可视为衡量社会公平的标准[1]。

美国著名薪酬管理专家米尔科维奇从价值交换的角度将薪酬界定为,雇员作为雇佣关系中的一方所得到的各种货币收入及各种具体的服务和福利的总和[2]。约瑟夫·J·马尔托奇奥把薪酬作为激励员工的一种重要手段和工具,他认为薪酬是雇员因完成工作而得到的内在和外在的奖励[3]。葛玉辉等人认为薪酬从本质上指员工通过提供服务或完成工作而取得的外在回报的总和,包

---

① 岳龙华,敬嵩,刘畅,张俊. 薪酬设计与薪酬管理. 北京:中国电力出版社,2014:3.

② 乔治·T·米尔科维奇,杰里·M·纽曼. 薪酬管理(第 9 版). 成得礼,译. 北京:中国人民大学出版社,2002:3-4.

③ 约瑟夫·J·马尔托奇奥. 战略薪酬管理. 杨东涛,钱峰,译. 北京:社会科学文献出版社,2002:5-6.

括货币性和实物性回报，以及外在的非财务性回报，如办公室的装潢、特定停车位等。目前学者们对薪酬的定义有广义和狭义之分。广义的薪酬包括员工获得的内在形式的回报，如参与决策的权利、较好的发展机会等，这是员工自我价值实现的一种方式。狭义的薪酬则只包括员工获得的各种货币收入，不包括各种具体的服务和福利①。

在本书中，我们将薪酬（Compensation）定义为，企业根据员工完成的工作任务、所做的贡献或者业绩大小，结合员工的职位、能力和出于对员工的激励性考虑而提供给员工的货币、实物和福利、服务等的总和。根据支付形式不同，薪酬分为两大部分：一部分是直接货币报酬形式，包括基本薪酬、绩效薪酬、激励性薪酬、津贴、加班费、佣金、利润分红等；另一部分则体现为间接货币报酬形式，如社会保险、休假、旅游、培训等。需要注意的是，企业中不同员工的职位、职务等存在差别，因此，这些薪酬类型的具体含义、内容与形式也可能存在着一定差异。

2．薪酬的构成

从报酬形式的角度出发，薪酬主要由以货币形式支付的薪酬（如基本薪酬、绩效薪酬、激励性薪酬等），以及以福利和服务形式支付的薪酬（如社会保险、公积金、带薪休假等）构成。因此，一般来说，薪酬主要由基本薪酬、绩效薪酬、激励薪酬、福利和服务构成。

（1）基本薪酬：企业为一定岗位、职位员工已完成工作而支付的正常薪酬，它往往受社会生活水平的影响较大，而与已完成的结果没有直接关系，且忽视了同一职位员工个体之间的差异，因此基本薪酬具有一定的稳定性。

（2）绩效薪酬：又称浮动薪酬，它是作为基本薪酬之外增加的一部分，与员工已完成的工作结果和过程行为有直接关系，它往往随着员工业绩完成效果的提高而增加，具体包括个人奖励、团队奖励、利润分享、佣金等。

（3）激励薪酬：被看作可变性薪酬，它与员工工作业绩和企业的总体业绩直接相关；一般有长期激励薪酬（如股票、期权、红利等）和短期激励薪酬（如奖金、提成等）两种方式。这里需要注意的是，激励薪酬与绩效薪酬两者的激励时间不同，激励薪酬侧重于以直接或者间接货币支付的方式来影响员工将来的行为，而绩效薪酬侧重于对员工已完成工作的认可；此外，绩效薪酬通常与基本薪酬一同核算发放，而激励薪酬往往是一次性地支付。

（4）福利和服务：是指为了吸引员工到企业工作而根据需要设计的作为基本薪酬补充的一系列措施（如休假）、实物（如生日蛋糕），以及所提供的额外补贴、费用支出、特殊补贴等的总和。

此外，员工在工作中获取的地位、认可，以及因完成工作给个人带来的成就感等也常被看作是员工薪酬的重要构成部分。

在实际运用中，薪酬的各个构成部分具有不同的特色和优势，企业需结合实际情况，将它们有机地、以恰当的比例组合在一起，才能取得最佳效果。

3．薪酬的模式

薪酬的模式是指薪酬的构成及其组合方式，即确定薪酬的构成方式。常见的薪酬模式有岗位工资制、技能/能力工资制、绩效薪酬制度、市场工资制度和年功序列工资制，其各自的付酬因素、特点及优缺点，如表1-1所示②。

---

① 葛玉辉，许丹，王建军．薪酬管理实务．北京：清华大学出版社，2011：3-6.
② 田效勋．薪酬模式设计．企业管理，2003，（10）：9-15.

表1-1 5种基本薪酬模式的比较

类型	付酬因素	特点	优点	缺点
岗位工资制	岗位价值	对岗不对人，岗变薪变	同岗同酬	灵活性差，鼓励官本位思想
技能/能力工资制	员工所拥有的知识、技能	因人而异，技能/能力提高，工资提高	鼓励员工发展各项技能，有利于人才培养	技能评定复杂，能力界定困难
绩效薪酬制度	员工劳动贡献	与绩效直接挂钩，工资随绩效浮动	激励效果明显，节约人工成本	助长员工短期行为，团队意识差
市场工资制度	劳动力供求关系	根据市场、竞争对手确定工资	竞争性强，操作简单	缺乏内部公平
年功序列工资制	员工的年龄、工龄和经验	工龄与工资同步增长	稳定性好，员工忠诚度高	缺乏弹性，缺乏激励

不同的薪酬模式具有不同的优势与劣势，企业在实际运用中，通常会结合实际的岗位情况确定薪酬模式。

1.1.2 薪酬的功能

薪酬既是企业运营的成本，也是企业促进和发挥员工工作积极性，使其将个人目标与企业目标有机结合起来的一种重要形式，同时也是企业引导劳动力市场资源再分配的一种重要手段。因此薪酬的功能我们可以从员工、企业及其社会的角度进行讨论。

1. 薪酬对员工的功能

（1）经济保障功能

Tropman指出薪酬是员工进行工作和提供服务的主要动力之一，也是员工日常生活的主要经济来源[1]。一方面，薪酬能保障员工满足个人及其家庭的衣食住行等方面的基本生存需求；另一方面，薪酬还能满足员工在教育、娱乐等方面的需求。薪酬作为员工无可替代的经济保障手段，在满足员工及其家庭的生活需求方面具有非常大的影响。

（2）激励功能

薪酬的激励功能主要是通过福利、奖金等形式体现的。薪酬在为员工提供衣食住行费用的同时，也为员工发展个人业余爱好，追求更高层次的需求提供了条件。此外，薪酬在一定程度上体现了企业对员工工作的认可和肯定。大量研究指出员工较高层次薪酬需要得到满足的程度越高，薪酬对员工的激励作用就越大，表现为员工工作效率、工作满意度、创新性行为，以及组织承诺的增加[2,3]，反之亦反。

此外，薪酬的激励功能是通过员工感知到的薪酬满意来实现的[4]，因此，设计合理的、公平的薪酬制度对企业至关重要。

（3）稳定功能

稳定功能是指薪酬对吸引和留住人才为企业效力的功用。稳定性的薪酬既要能够激励员工

[1] （美）John E. Tropman. The compensation solution-how to develop an employee-driven rewards system. 上海：上海交通大学出版社，2002：25-84.
[2] Eisenberger R. Aselage J. Incremental effects of reward on experienced performance pressure: positive outcomes for intrinsic interest and creativity. Journal of Organizational Behavior，2009，30：95-117.
[3] 陈晶瑛. 制造业员工的薪酬满意度实证研究. 管理世界[J]. 2010，（1）：179-180.
[4] Williams ML，McDaniel MA，Ford LR. Understanding multiple dimensions of compensation satisfaction. Journal of Business and Psychology，2007，21（3）：429-459.

的劳动热情和工作绩效，又能给他们一定的安全感。

（4）信号功能

薪酬政策会给员工提供信号，并促使员工态度和行为发生改变。例如：企业奖励为其取得利益的创新行为，就是鼓励员工创新；企业的薪酬分配政策倡导"学历高、工资高，工龄长、工资高"，则会鼓励员工继续学习以提高学历，鼓励员工增加对企业的忠诚度。因此，在企业实施某种薪酬政策时，员工会接收到该薪酬政策所传递的信号，并调整其自身的行为。

2．薪酬对企业的功能

（1）改善经营业绩

具有竞争力的薪酬能帮助企业招募到更多、更优秀的人才，并增加企业的人力资源存量，从而有利于企业的长期发展。同时，薪酬会直接影响员工的工作态度和工作行为。有效的薪酬政策通过提高员工的工作积极性、提高员工对企业的忠诚度和组织承诺、降低工作倦怠发生率、减少缺勤率来影响企业的生产能力和生产效率，并最终影响企业的经营业绩[1]。

（2）塑造企业文化

薪酬政策可以让员工了解到什么样的行为、态度和业绩会受到企业的激励，因此，有效的、合理的薪酬政策会积极引导员工的态度和行为，并有助于塑造或加强企业文化。值得注意的是，当企业薪酬政策与其所倡导的企业文化或企业价值观存在冲突时，薪酬会对员工的态度和行为产生负面的引导，从而影响原企业文化的塑造或加强。

（3）支持企业变革

企业处于不断变化的市场中，因此企业为快速响应市场，就必须进行组织变革，开展流程再造、组织重构等活动。在这一过程中，薪酬的有效调整可以引导团队和个人的态度、行为，使企业创造出与组织变革相适应的组织氛围，从而推动变革的进行。

3．薪酬对社会的功能

薪酬对社会的功能主要体现在对劳动力资源的再配置上。在物质利益的驱动下，人们倾向于追求薪酬更高的岗位工作。因此，对于社会需求量大、对社会发展起积极推动作用的岗位，企业可以通过给予高的薪酬，来引导人们学习这些岗位的知识和技能，从而达到再次分配社会人力资源的效果[2]。此外，薪酬也调节着人们对职业和工种的评价，协调着人们择业的愿望和就业的流向，如表1-2所示。

表1-2　各类人员对薪酬看法的调查结果

被调查者 指标 重要性	管理者	专业人员	业务人员	操作人员
1	工资与收益	晋升	工资与收益	工资与收益
2	晋升	工资与收益	晋升	尊重
3	权威	挑战性	管理	管理
4	成就	新技能	尊重	新技能
5	挑战性	管理	稳定	晋升

---

[1] 约翰·M·伊万切维奇，赵曙明，程德俊. 人力资源管理（原书第 11 版）. 北京：机械工业出版社，2013：231-235.
[2] 刘银花. 薪酬管理. 大连：东北财经大学出版社，2011：4-7.

总之，对于企业管理者，只有充分理解薪酬对员工、企业、社会三方的作用机理，才能合理利用薪酬来达到预期的管理效果。

1.1.3 薪酬相近的概念

为进一步理解薪酬的内涵，有必要区分与薪酬相近的有关概念，本节将对报酬、工资、薪水、收入和奖励进行简要的介绍。

1．报酬

报酬（Reward）本质上是一种交换关系，它指员工通过为组织提供劳动或服务，而期望获得相应的回报，它是员工获得的所有他认为有价值的东西。不难看出，报酬并不等同于金钱或者那些能够直接或间接地折合成为金钱的实物，它还包括一些心理上的收益和内在的满足。因此，报酬可分为内在报酬和外在报酬。

外在报酬是从经济角度来说的，它是指员工通过对组织提供劳动而获得各种形式的货币收入和实物，包括工资、奖金、福利、津贴、股票期权、社会保障、员工服务、带薪休假及其他福利或服务。外在报酬就是我们通常所说的薪酬，即薪酬是报酬的一部分，本书中的薪酬设计也主要针对外在薪酬。

内在报酬是相对于外在报酬的直接收益而言的，它是指企业给员工提供的难以用货币形式量化的各种心理回报，包括个人职业发展、挑战性工作、学习与进步的机会、参与决策、领导和同事的认可与尊重等。内在报酬通常难以明确定性，也不易进行量化处理，其操作难度大，对管理者的挑战较大。

2．工资与薪水

工资（Wage）一般是指根据劳动者所提供的劳动数量和质量，按事先规定的标准付给劳动者的劳动报酬，它是劳动者按件、小时、日、周或月领取的。工资较之于其他劳动报酬或劳动收入，有以下特点：它是基于劳动关系所获得的劳动报酬，它是用人单位对职工履行劳动义务的物质补偿，是用人单位必须履行的基本义务。同时，工资的支付额有相应的劳动法律法规和政策为依据，其支付方式也必须按法定支付方式进行。

薪水，又叫薪金、薪资、薪俸、薪给。在英文里薪水对应的单词是"Salary"，是指从事管理工作和负责经营的人员按年或月领取的固定薪金，多指白领阶层的收入。

虽然在国外，工资与薪水具有不同的含义，但在我国，工资和薪水并没有特别的区别。

3．收入

从个人角度而言，收入（Income）是指个体在销售商品、提供劳务及转让资产使用权等日常活动中所形成的经济利益的总收入，通常包括工资、租金收入、股利股息、社会福利等所取得的收入。它反映了个人的实际购买水平，预示着未来对商品、服务等需求的变化，这是评估个人经济情况的好坏的一个重要指标。

4．奖励

奖励（Incentives），又称奖金或激励工资，它是指员工超额完成任务或取得优秀工作成绩而获得的超额薪酬。奖励会随着劳动者的工作努力程度和劳动成果的变化而变化，所以通常将它看作可变工资。奖励的范围包括工资、奖金、表扬和鼓励等，其目的是为了激励员工更好地工作，为企业创造更多的效益。

1.2 薪酬管理概述

薪酬管理是企业人力资源管理的重要工作之一，其重要性主要体现在 3 个方面：一是劳动合同关系是企业人力资源管理的前提，而劳动合同关系中最重要的条款就是劳动与报酬的交换关系；二是薪酬管理是企业人力资源管理中可运用的有限的重要杠杆之一；三是人力资源管理措施的有效性的实现大多与薪酬管理有紧密的联系。科学合理的薪酬管理不仅能合理控制企业的人力资源成本，而且能有效地促进人力资源投资的升值，能有效地促进企业经营目标的实现。薪酬对于员工和企业的重要性决定了薪酬管理的重要性。本小节将从薪酬管理的内涵、核心内容以及有效薪酬管理等几个方面对薪酬管理进行阐述。

1.2.1 薪酬管理的内涵

薪酬管理内涵将从薪酬管理的定义、薪酬管理的目标、薪酬管理的原则及其功能 4 个方面进行展开。

1．薪酬管理的定义

薪酬管理指的是企业针对所有员工所提供的劳动和服务来确定他们应当得到的报酬总额以及报酬结构和报酬形式的过程。具体而言，薪酬管理是指企业在组织发展战略的指导下，对薪酬策略、薪酬结构、薪酬水平、薪酬模块等进行确定、分配和系统调整的动态管理过程。在这一过程中，企业必须就薪酬策略、薪酬结构、薪酬水平、薪酬模块等方面做出决策。同时，作为一种持续的组织过程，企业还必须持续不断地就薪酬有效性进行评估，并不断完善改进[1]。

总之，薪酬管理几乎囊括了与薪酬有关的所有管理事项，它在企业组织管理中扮演着十分重要的角色，是每个企业都必须注重的管理工作。

2．薪酬管理的目标

薪酬管理对于任何一个企业来说都是一个比较棘手的问题，因为薪酬管理既要与企业的发展战略一致，还要保证薪酬管理系统能吸引、留住以及激励员工。因此，为了发挥薪酬管理应有的作用，其应达到 3 个基本目标：合法、公平、效率[2,3]。

合法是薪酬管理的基本要求；而达到效率和公平目标，就能促使薪酬激励作用的实现。

（1）合法目标

合法目标是企业薪酬管理的最基本前提，其要求企业实施的薪酬制度要符合国家和各地区的法律法规、政策条例要求，例如，不能违反最低工资制度、法定保险福利、工资指导线制度等要求规定。如果这些法律发生变化，薪酬制度也必须进行相应调整，继续保持与法律的一致性。

（2）公平目标

"在公平的企业人人都想多干，在不公平的企业人人都想少干"，因此薪酬管理的重要目标就是公平目标的实现。公平性是指雇员对于企业薪酬管理系统以及管理过程中的公平性、公正性的看法或感知，其公平目标主要是指对于外部公平、内部公平和个人公平的实现。

① 外部公平涉及企业外部劳动力市场的薪酬状况，主要体现在员工将本人的薪酬与劳动力市场上其他企业中从事类似工作的员工所获得的薪酬之间的比较。这通常会影响员工是否会做出

① 赵曙明，张正堂，程德俊. 人力资源管理与开发. 北京：高等教育出版社，2014：270-275.
② 赵国军. 薪酬管理方案设计与实施. 北京：化学工业出版社，2009：122.
③ 张丽华，王蕴. 薪酬管理. 北京：科学出版社，2009：7-8.

跳槽的决定，对企业吸引和留住优秀员工是非常重要的。外部公平性的实现就是企业要尽量保证员工在与外部企业进行薪酬对比时获得相对的满意。

② 内部公平强调的是企业内部不同工作之间的报酬水平应该相互协调，主要是根据各岗位对企业所做贡献、岗位本身价值大小而确定薪酬的方式来实现内部公平目标。

③ 内部公平强调的是工作本身对薪酬决定的作用，而个人公平强调的是员工个人特征对薪酬决定的影响。员工在进行薪酬公平性比较时，通常会将薪酬与个人的绩效、技能、能力、资历等与个人特征相关的因素联系在一起。个人公平性的实现则是在充分考虑员工个人特征情况下，使薪酬分配尽量公平公正。

（3）效率目标

效率目标是指薪酬管理在多大程度上能够帮助企业实现预定的目标，其目标主要从两个层面来讲：站在产出的角度来看，薪酬管理能给企业绩效带来最大价值，其表现为销售额、利润率、股票价格、客户服务水平、产品或服务质量等指标的提升；站在投入的角度来看，薪酬管理可以实现薪酬成本控制。因此，薪酬效率目标的本质就是用适当的薪酬成本给企业带来最大的价值。

薪酬管理的这三大目标有时会存在一些内在的冲突。例如：员工对于薪酬公平性的感知通常是基于自身薪酬水平与其他企业中类似岗位人员的薪酬水平的比较而产生的，一般而言，自身薪酬水平越高，感知到的薪酬公平性越强。但是，对于企业而言，企业的薪酬水平高低受限于企业的整体经营情况。如果企业的薪酬水平越高，企业对经营成本的控制压力将会越大，对利润的产生有不利影响，从而就在薪酬的公平性和有效性之间产生了矛盾。此外，薪酬管理的合法性和有效性之间有时也会产生类似的冲突。有时企业在不遵守相关薪酬法律法规情况下，会获取更多的利润。因此，很多时候企业需要依据自身的经营目标或其他限定因素进行综合考虑，在薪酬管理的合法性的前提下，寻求公平性和合法性之间的平衡。

3．薪酬管理的原则

薪酬管理的原则与薪酬管理的目标基本一致。在设计薪酬管理体系时，为保证薪酬管理的目标（合法、公平和效率）的实现，一般应遵循以下原则[①]。

（1）合法性原则

企业薪酬管理的制度规定必须符合国家相关的政策和法律法规，如国家对最低工资标准的规定，对工作时间的要求以及延长工作时间的劳动报酬支付标准，社保、住房公积金缴纳标准、经济补偿金和年底工资支付要求等。在雇佣关系中，劳动者属于较弱势的一方，企业为了节约成本、劳动者为了能保住工作，他们不得不接受低工资、高强度工作、长时间加班、恶劣的工作条件等。因此，为了保障劳动者的权益，国家和地方政府都出台了相关法律法规以确保劳动者的相关权利，平衡雇佣关系。企业必须按照相关法律法规严格执行，否则就是违法。

（2）公平性原则

薪酬的公平性体现在 3 个方面，即外部公平性、内部公平性和个人公平性。外部公平性是指企业内部员工薪酬与劳动力市场上同行业、同岗位员工之间的薪酬水平具有可比性。当企业薪酬失去外部公平时，就会失去薪酬的外部竞争力，一定程度上导致企业人员的流失。一般情况下，企业为了达到外部公平，实现对优秀人才的吸引和保留，都会借助各种形式的市场薪酬调查来避免员工产生强烈的外部不公平感。内部公平性是指企业内部不同岗位员工之间的薪酬水平，

---

① 周斌，汪勤．薪酬管理理论·实务·案例．北京：清华大学出版社，2014：13-24．

应能体现岗位的价值大小、岗位贡献等。员工通常把自己的薪酬与比自己等级较低、较高或同等级的职位上的人所获得的薪酬进行对比，其职位间的薪酬水平差距会影响员工对薪酬内部公平的感知。如果员工感知到的这种薪酬差距具有不公平性，就会影响他们的工作态度，将出现不愿努力工作、工作效率低下、组织承诺下降等不利局势。同时，内部公平性对员工内部成员之间的合作关系也有影响，内部公平性的实现将有利于企业营造合作的文化氛围[①]。个人公平性是指薪酬应该与员工个人的绩效、技能、能力、资历等个人特征相联系，通常属于类似岗位上的员工，其绩效越好、个人能力越强、资历越老，薪酬就越高。换句话说，薪酬的个人公平性的实现与员工个人特征密切相关，即使是在同一职位上做同一工作的员工，他们的薪酬也不一定相同。不同薪酬公平性之间的关系如表 1-3 所示。

表 1-3　不同薪酬公平性的比较

比较焦点	管理工具	实现方法	影响
外部公平性	市场薪酬调查	薪酬水平设计	员工的外部流动性，即对优秀员工的吸引和保留问题；劳动力成本；员工的态度
内部公平性	岗位分析及评价	薪酬结构设计	员工的内部流动性，如晋升、调配、工作轮换；企业氛围；员工的态度
个人公平性	绩效考核	绩效改进	员工的态度，如工作热情、组织忠诚度

对外部公平性而言，它主要是通过市场薪酬调查获取相关的数据，从而通过薪酬水平的设计来实现其公平性；对内部公平性而言，它主要是通过组织岗位分析及评价获取相关信息，从而通过合理的薪酬结构设计来实现；个人公平性而言，它主要通过对员工绩效的考核，来实现绩效改进。

（3）竞争性原则

竞争性原则类似于但又不同于薪酬的外部公平性原则。外部公平性原则强调的是薪酬水平在劳动力市场上的情况，但竞争性原则强调的是企业薪酬水平相比于竞争对手的薪酬水平的情况。在竞争性原则下，企业的薪酬水平并非要绝对地高于市场平均水平才说明薪酬具有竞争优势，企业需要根据自身的发展战略、经营情况、支付能力、人才需求情况等因素决定其薪酬水平，留住企业最需要和最适合企业的人才。同时，企业的竞争优势是一个综合指标，除薪酬水平外，企业良好的声誉、社会形象、企业福利等方面也会对薪酬的竞争力有影响。

此外，薪酬的竞争力还体现在企业薪酬结构方面，其表现在企业内部不同岗位的薪酬水平应与岗位的贡献和价值大小有关，不同职位的薪酬水平也应该有适当的薪酬差距，以保证企业具有良好的合作与竞争氛围。

（4）激励性原则

激励性原则与薪酬的内部公平也有相似之处，但它们强调的各有不同。内部公平仅强调员工对公平性的感知不影响其工作积极性。激励性原则强调各岗位员工的薪酬应与员工的绩效直接相关，且具有一定的差距，不同等级的员工之间，薪酬水平也应该适当拉开差距以促进员工努力工作的积极性[②]。

需要注意的是，薪酬的激励性原则不仅仅体现在薪酬水平的高低方面，它还体现在个人的

---

① 汪纯孝，伍晓奕，张秀娟. 企业薪酬管理公平性对员工工作态度和行为的影响. 南开管理评论，2006，（6）：5-12.
② 刘春，孙亮. 薪酬差距与企业绩效：来自国企上市公司的经验证据. 南开管理评论，2010，（2）：30-39+51.

薪酬应与员工所在职位、能力、技能、绩效等方面挂钩。例如，如果员工的薪酬水平与其能力无关，那么该薪酬政策就无法激励员工主动学习，对企业的长期可持续经营不利。此外，员工对薪酬公平性的感知情况也会影响薪酬的激励效果。一般而言，感知的不公平性越强，薪酬的激励效果就越差。

（5）效率性原则

控制人力资源成本也是企业薪酬管理的重要工作内容之一。企业实施的薪酬管理不仅要体现薪酬水平的对外竞争性[①]，同时也应该考虑到企业的承受能力，合理控制人力资源成本的无限制增长。薪酬的效率性原则强调的是企业在设计薪酬管理体系时，需要考虑所支付的薪酬总额（人工成本）及能获取的利润总额，力求以较小的成本获取最大的收益。

经营者期望可以控制成本，形成成本优势。但是低的薪酬不利于企业吸引和保留优秀人才，不利于激励员工，从而不利于企业的可持续发展。因此，企业需要有竞争力的薪酬（一般不能太低），以保证薪酬的竞争优势和激励效果。然而，企业薪酬总额的增加往往意味着利润的减少。因此，企业需要设计合理的薪酬结构，以保证薪酬总量与企业的总体经济效益同步增长。也就是说，企业在设计薪酬管理体系时还必须考虑经济收益与人工成本之间的制约关系，对任何一个员工的薪酬设计都要考虑其可能产生的效益。

企业还可以通过一些辅助手段来实现薪酬的效率性，如针对不同岗位实施不同的薪酬政策，以灵活控制人工成本和其效益情况，或者适当采用精神激励方式代替物质激励，或者采用长期激励性报酬方式代替短期现金发放等。

此外，企业应当根据自身的经营规模、业务状况、发展需求等情况来设计薪酬结构，不要出现超负荷、风险大的薪酬管理体系[②]。

4．薪酬管理的功能

薪酬管理作为企业人力资源管理的重要组成部分，在企业管理事项中占据不可忽视的地位，可以说企业的任何经营活动的进行都与薪酬密不可分。同时，薪酬是员工进行工作的根本因素和重要因素之一，员工如果不能从劳动中获得相应的报酬，那么他将停止工作，可以说是"没薪酬，不工作"。因此合理的薪酬管理的重要性是不言而喻的。

根据薪酬管理的目标和原则，以及薪酬管理的工作内容，可以发现薪酬管理具有以下功能。

（1）促进员工绩效的提升，提高员工的工作积极性。合理地设计薪酬结构可以使员工获得满意，从而使员工更加认真地工作，其工作效率将会提高；同时，合理的薪酬结构能让员工感知到"工作绩效越好，获得的报酬越多"，因此员工将会更愿意投入到工作中，并通过努力工作，以期获得更多的回报，从而最终实现薪酬的激励作用[③]。

（2）促进员工知识积累和技能提升[④]。对于社会而言，不同区域、不同行业、不同职业的薪酬不一样；对于企业而言，不同岗位[⑤]、不同职级的薪酬也不一样。员工为达到自身目的，如到薪酬更好的地区工作、跳槽到更好的企业工作，或者在企业内部转到其他岗位上，就需要员工不断地提高自身素质和相关的技能，以满足目标岗位的条件，从而实现不同企业岗位之间和企业内部岗位之间的调整。此外，随社会的不断变化，企业岗位的要求也不断变化，员工为保证目前的

① 吕波，齐旭高．战略视角下的人力资源成本管理．中国人力资源开发，2008，（11）：19-22.
② 张莉，刘希宋．企业人工成本的控制体系与对策研究．中国软科学，2001，（3）：90-93+97.
③ 陈锦艳．企业薪酬体系管理重要性探究．人力资源管理，2013，（5）：71-72.
④ 刘昕．薪酬管理．北京：中国人民大学出版社，2002：5-9.
⑤ 岗位、职位，本书不加以统一。

薪酬和留任原岗位，也必须提升自己的素养和专业技术，以确保能适应该岗位的新需求。

（3）构建和谐的组织气氛，创造良好的工作环境。例如，团队绩效管理是薪酬管理的内容之一，它强调的是团队而非个人，其团队成员薪酬的多与少直接与团队整体绩效有关。在该种薪酬管理下，团队成员将更愿意进行合作与经验分享，其团队目标的实现一般都是通过团队中每个成员的工作努力而达成的。因此，合理的薪酬管理能避免员工之间的恶性竞争，能帮助企业构建良好的组织氛围。

（4）促进员工个人目标与组织目标的有机结合。合理的薪酬管理会立足于企业发展战略，使薪酬管理体系的实施能促进企业的发展。同时，合理的薪酬管理体系会在不同程度上满足不同员工的需求，因此员工将会表现出更多工作热情、工作积极性和组织忠诚度，这在一定程度上能促进员工个人目标的加速实现。所以说，合理的薪酬管理将促进组织目标和个人目标的共同实现。

（5）有效促进员工队伍稳定性，实现企业对优秀人才的吸引力。合理的薪酬管理必然具有一定的薪酬竞争优势，或者企业的福利、津贴等设计方面能给予员工更大的吸引力。一方面能够增强员工对企业的忠诚度和组织承诺，另一方面也可以吸引企业外优秀人才的加入。

（6）维持和保障员工的生活。员工通过脑力或体力劳动为企业创造价值，企业必须给员工相应的报酬作为回报。对员工而言，这些报酬能够购买其所必要的生活资料，能够满足其不断提高自己技能的支出，能够满足其在娱乐、社交等方面的支出[①]。一般情况下，员工通过劳动所取得的报酬是其收入的主要来源。

（7）控制企业的人工成本。薪酬管理的一项重要内容就是薪酬测算。通过薪酬测算企业可以事先测算出各个岗位的薪酬水平和整体的薪酬总额。对于测算结果，企业可以结合其薪酬预算，对薪酬进行适当的调整，使得薪酬测算更符合企业预算的薪酬开支。这在一定程度上帮助企业实现了对人工成本的控制。

1.2.2 薪酬管理的核心内容

薪酬管理的内容几乎囊括了企业薪酬管理的一系列工作内容，本书将薪酬结构设计、薪酬水平设计、薪酬模块设计和薪酬运行管理等作为薪酬管理的核心内容，本书的第四章到第十五章分别介绍这些内容。

1. 薪酬结构设计

随着企业的不断发展，薪酬原有组成结构不能很好地支撑和适应企业的日常运营，因此企业就需要对薪酬的各个组成项目及组成比例进行调整，这就是薪酬结构设计。薪酬结构与薪酬的内部公平性有关，因此企业内部的薪酬结构应该要反映出企业对职位、员工技能和能力、员工贡献等的看法，因此在进行薪酬结构设计前企业一般先需要进行职位分析与职位评价。

2. 薪酬水平设计

薪酬水平是指企业内部各职位、各部门以及整个企业的平均薪酬水平，其薪酬水平的高低决定了企业薪酬的外部竞争力情况。企业可通过薪酬调研，了解其整体薪酬水平和个别岗位薪酬水平，并据此调整薪酬水平。此外，薪酬水平不仅会随着劳动力市场上社会生活水平的提高而提高，而且还会随着劳动力市场上各类人员的供给情况而变化。因此在调整薪酬水平时不仅应考虑企业整体薪酬水平与市场上的薪酬水平之间的差距，还要考虑某些紧缺性岗位薪酬水平的竞争力。

---

① 杨帆. 中小民营企业薪酬管理探析. 人力资源管理，2014，07：84-85.

3．薪酬模块设计

薪酬模块是整个薪酬管理运行的基础，在明确企业薪酬结构、确定薪酬水平后，企业需进一步设计合理的薪酬模块来实现薪酬的有效管理。通常，薪酬模块的构建包括基本薪酬设计、奖金设计、福利与津贴设计等模块。企业只有在均衡考虑和合理设计各个模块后，才能使各模块有机结合在一起，形成有效的薪酬结构。一般而言，针对不同的岗位和人员，薪酬各模块的设计会有所不同。

4．薪酬运行管理

薪酬运行管理工作主要包括 3 个方面：一是薪酬发放，因薪酬的不同发放形式所达到的直接效果有所不同（如津贴和补贴主要是保障员工的基本生活质量，绩效薪酬能直接激励员工更加努力地工作），所以在实际操作中，企业需要结合自身的需求来合理确定和组合不同的薪酬发放形式；二是薪酬评估与反馈，企业在薪酬执行过程中，经常会出现一些薪酬制度不符合现实情况或执行不理想的情形，因此要对已有薪酬进行不断评估、调整；三是薪酬法规及税收，对薪酬法律法规和税收等方面的了解是确保薪酬合法的前提，此外，税收管理还能在一定程度上降低企业成本。

1.2.3　有效薪酬管理

1．薪酬管理有效性的实现

作为现代企业人力资源管理的一个重要组成部分，薪酬管理必须与其他人力资源管理模块紧密结合才能发挥出最大效用。这里将薪酬管理与职位设计、员工招募与甄选、培训与开发、绩效管理等其他人力资源管理职能之间的关系总结如下[①]。

（1）薪酬管理与职位设计

随着企业内外部经营环境的变化，一方面，现代企业员工需要承担更多的职责和任务，从而需要更多的技能；另一方面，现代企业越来越强调团队工作方式。在这种情况下，企业的薪酬结构必须做出变革，适应和支持这种新发展，以引导员工的行为。这也导致了现代企业员工需要承担更多的职责和任务，从而需要具备更多、更高的技术和能力，过去那种独立的个人工作和单个职位的概念已不再适用，同样，过去较细的职业分类划分和狭窄的职位描述也难以适应现代企业的发展需求。

职位设计将工作的内容、工作的资格和报酬结合起来，对薪酬管理的难易程度和有效性有重要的影响。职位设计主要在于企业向其员工分配工作任务和职责，职位设计是否合理直接关系到员工工作的积极性、满意度与工作绩效。职位设计包括工作内容、工作职责和工作关系 3 个方面。例如，工作内容方面，增强工作的多样性、明晰工作难度的层次感、尽量保证工作的完整性、赋予员工一定的工作自主权并及时反馈，不仅会提升员工工作的成就感与认可度，同时也将促进员工对薪酬的积极态度。若工作内容过于单一、工作难度与职位不符、员工自主范围狭窄，那么将催生员工消极怠工的负面情绪。反映在物质层面，员工对薪酬的满意度也将随之下降，从而加大了薪酬管理的难度，甚至现有薪酬结构也面临挑战。其次，职位设计涉及工作的职责和工作关系，工作职责直接关系到工作量，合理的工作职责、良好的工作关系是保证高工作绩效的基础，也是确保薪酬管理有效性的重要因素。因此，设计并实施合理的职位设计，对薪酬管理是至关重要的。

① 王少东. 企业薪酬管理（第 2 版）. 北京：清华大学出版社，2016：23-40.

（2）薪酬管理与员工的招募与甄选

薪酬管理与企业的员工招募与甄选活动也存在一种相互影响的关系。一方面，企业的薪酬设计会对企业的招募和甄选工作的速度，所获得的员工数量、质量等产生影响，另一方面，不同的薪酬管理也会吸引不同人格特点的员工进入企业。首先，企业薪酬水平的高低对员工的招募和甄选来说本身就是一个非常关键的因素。这是因为，尽管员工为企业工作并不仅仅着眼于企业所提供的薪酬，但是对一位尚未进入企业的准员工而言，薪酬之外的其他因素，如良好的企业文化和同事关系、较高的管理水平、工作的挑战性等，在很大程度上还是未知数，唯有薪酬是可以与其他的企业直接进行比较的一个明显特征。因此，薪酬在员工的就业中是一个影响非常大的变量。在通常情况下，高于市场水平的薪酬对企业的员工招募和甄选活动是非常有利的。高水平的薪酬可以以较快的速度吸引大批合格的求职者，因此，企业的甄选标准也可以适当提高，从而保证企业较快地获得高素质的员工。反之，如果企业没有其他方面的报酬支持，薪酬水平又不高，那么企业的员工招募和甄选就会遭遇到较大的困难。其次，通过企业的薪酬制度所传递的特定信息，如企业的经济实力、等级制度、价值导向以及企业文化等特征，会在劳动力市场充当一种有效的筛选机制，帮助企业吸引那些与组织的需要和文化相匹配的员工，同时也使那些与组织的文化和需要不相匹配的劳动者通过自我选择另谋他就，从而提高企业员工招募与甄选活动的效率，缩减相关的开支。例如，在总体薪酬水平相当的情况下，一家基本薪酬较高而浮动薪酬或奖金较少的企业所吸引的往往是那些不喜欢承担风险的员工，而这些员工往往会比较在意工作的稳定性，愿意在某种工作岗位上长时间从事相同的工作。而一家采取相反薪酬设计的公司所吸引的则是那些不安于获得稳定薪酬的人，他们愿意承担风险，但是也需要企业为自己承担的这种风险支付相应的薪酬。此外，直接薪酬和间接薪酬之间的比例关系对于企业所招募到的员工的类型也具有类似的影响。

需要注意的是，企业所要招募的员工类型，对于准备招募和甄选的候选员工的知识、经验以及能力水平要求的高低等，又会直接影响到企业的薪酬水平和薪酬结构。当企业要求员工能够承担较多或难度较大的职责和任务从而具有较高的任职资格条件时，往往也需要支付较高水平的薪酬；而如果希望招募的员工是有远见、富有冒险精神、勇于创新的人，企业通常就应当在薪酬中设计较大份额的绩效奖金或奖金的成分，比较稳定和固定的基本薪酬所占的比重则会较低一些。

（3）薪酬管理与培训开发

进入 21 世纪以后，随着全球经济一体化以及市场竞争的日趋激烈，新的技术和能力、新的行为，甚至新的价值观，都成为决定企业竞争地位高低的重要筹码。因此，员工的培训、开发以及职业生涯的设计已经成为企业核心竞争力的一个重要源泉。当前，企业普遍在朝着学习型组织的方向发展，但是只有设计出与学习型组织相适应的薪酬制度和薪酬结构，对员工的学习行为尤其是学习之后的运用结果给予反馈和奖励，才能有助于推动员工与企业所倡导的这种新型文化保持一致。例如，以技术和能力为基础的薪酬结构本身就是一种激励员工不断学习、不断提高自身能力的薪酬制度；而以团队为基础的薪酬结构也会有利于知识、经验以及技能在团队内部的分享。总之，薪酬管理对于企业的培训开发活动能够起到很好的支持和引导作用；薪酬结构的合理设计有助于引导员工主动接受培训，努力进行自我技能开发，不断巩固和提升自身的业务素质，从而增强员工适应工作的能力，帮助组织获得更大的灵活性。

例如，在国内某航空公司，在国际航线出发柜台办理登机服务的值机员需要操作公司所代理的国外航空公司的电脑订座系统，但是不同的国家航空公司所使用的订座系统并不相同。在这种情况下，有些优秀的值机员可能会操作 3～4 家航空公司的订座系统，而另一些值机员却只能操作 1 家航空公司的订座系统，但是两类人的薪酬水平却几乎一样。这样，即使公司号召大家多掌握几种订座系统，这些人也没有积极性去学习新的技能，甚至当大家去培训时，很多人也没有积极性。但是，如果公司稍微改变自己的薪酬设计，使这些值机员的基本薪酬与他们所能掌握的订座系统的种类有一定的联系，那么员工一定会以更大的积极性去学习、掌握更多新的订座系统。如果大多数值机员能掌握 2～3 种订座系统，那么，即使公司相应地提高这些员工的薪酬水平，它也能从因此而导致的人员精简中获得成本的节约。

（4）薪酬管理与绩效管理

绩效管理是现代企业人力资源管理的一个核心内容，绩效评价指标体系的建立、绩效目标的制订、绩效监督以及绩效评价与反馈机制是任何一家现代企业得以达成目标以及持续发展的重要动力。可以说，在竞争如此激烈的今天，企业比过去任何时候都更需要绩效管理，尤其对我国大多数的企业来说更是如此。但是，企业的绩效管理系统要想得到管理者和员工的认可及支持，企业的绩效文化要想得到贯彻，没有相应的绩效报酬制度是很难想象的。事实上，绩效与薪酬之间的关系日益紧密化，是 20 世纪 90 年代以后企业薪酬制度变革的一个重要内容。过去那种纯粹以职位为基础作为报酬的主要依据的薪酬系统越来越无法适应竞争的需要，企业越来越多地考虑如何在基本薪酬具有市场竞争力的情况下，使员工个人以及员工团队的薪酬与他们的绩效挂钩起来。不仅如此，过去的绩效加薪政策也越来越多地被不具有累积性质的绩效奖励政策所代替。

从绩效管理本身来看，企业的绩效管理尤其是绩效评价，已经由过去那种一维、静态的绩效评价逐渐转变为全方位的、动态的绩效评价，企业不仅关注员工的业绩目标实现情况，同时也关注员工实现业绩的过程以及在这一过程中所表现出的行为、态度及能力，不仅关注员工的短期绩效，更关注员工的长期绩效。其原因在于，在一个不确定性增加的环境中，只有这样才能对员工进行更公正和导向性更明确的评价，同时也最有利于企业的长期发展。

综上所述，薪酬管理是整个人力资源管理系统以及组织运营和变革过程中一个重要的组成部分，它与其他人力资源管理职能共同构成了企业远景以及企业总体战略目标得以实现的一个平台。

2．有效薪酬管理的特点

薪酬管理是一项长期、复杂的系统工程。由于企业内外部环境的不断变化，企业应随时保持学习态度，关注行业内外状态，学习先进知识，并结合自身情况及时对薪酬结构进行调整。通常，有效薪酬管理具备以下几个特点。

（1）薪酬具有竞争性

薪酬的竞争性体现在既能有效吸引人才，又能有效控制企业人力成本。通常，企业会综合考虑劳动力市场、竞争对手和自身情况来确定薪酬水平的高低和薪酬各构成部分的比例关系。一般而言，企业的后勤支持和管理部门，如人力资源、财务、行政部门等人员的薪酬中固定比例较大；而生产、销售人员的薪酬中变动比例较大。

（2）薪酬与绩效挂钩

企业经营的最终目的是为了获得收益，而企业的这些收益主要在员工的工作绩效中体现。因此，有效的薪酬应该与绩效相关，使新员工即使在工龄尚浅的情况下，依然能够依靠自己的努力来获得相对较高的薪酬。

（3）薪酬管理与企业战略相结合

有效的薪酬管理并不仅仅是给予员工薪酬，而是通过给予员工薪酬这一过程，来实现企业的战略目标。例如，在力求创新的企业中，可以通过对员工创新性行为的鼓励，来激发员工的创新热情。当然，有效的薪酬管理也必须建立在公平性、合理性、激励性原则的基础之上。

总之，在现代人力资源管理中，人是成本，但同时也是可增值的资本，一个好的薪酬管理体系应该在有效控制人力成本的前提下，既让员工满意，也让企业满意，最终使利润最大化。

1.3　薪酬理论

由于薪酬的复杂性，薪酬理论从不同的角度来解释薪酬及薪酬管理的基本原理，本书将从早期的工资理论、薪酬决定理论、薪酬分配理论和薪酬运用理论 4 个方面进行阐述。其中，早期的工资[①]理论包括最低工资理论、工资差别理论、工资基金理论；薪酬决定理论包括边际生产力工资理论、劳资谈判工资理论、供求均衡薪酬理论、效率工资理论、人力资本理论；薪酬分配理论包括按劳分配理论、分享经济理论、公平理论；薪酬运用理论包括期望理论、强化理论、委托代理理论。

1.3.1　早期的工资理论

1．最低工资理论

它是由威廉·配第最早提出的，其基本观点是：工资和其他商品一样，有一个自然的价值水平，即生活所必需的最低生活资料的价值。如果工资低于这个水平，工人就无法维持最低的生活，同时，企业也丧失了继续发展的条件。也就是说，最低工资水平既是工人维持生存的基本保障，也是雇主持续生产经营的必要条件[②]。同时，最低工资理论是马克思工资理论的重要组成部分，马克思认为：在资本主义制度下，工人出卖劳动力的等价物就是工资；劳动力价值由身体要素和社会要素构成；劳动力价值的最低限度就是由身体因素决定的部分，它的货币表现就是工资的最低限度或最低工资[③]。

2．工资差别理论

亚当·斯密提出了工资差别理论的思想，阐释了岗位工资制度的理论依据，即劳动者素质和劳动量不同，劳动报酬也不相同；这一理论还暗示一定的政策意义，即政府不适当的工资政策可能扭曲劳动力市场的供求关系。亚当·斯密认为，造成不同职业和工人之间工资差别的原因主要有两类：一类是不同职业性质；另一类是工资政策。在现实中，社会组织内部和组织外部的工资差别客观存在。亚当·斯密承认这一客观事实，他所指出的职业性质与工资差别之间的联系，实际上是现代社会组织中职务工资制的基础。

3．工资基金理论

李嘉图和穆勒等经济学家对薪酬理论进行了研究，创立了工资基金理论。该理论的基本观点是：工资不是由生存资料决定的，而是由资本决定的。影响工资水平的 3 种基本要素包括工人人数、雇佣工人的资本、工资成本与其他成本间的比例。工资数量和水平由总资本及其比例决定，也就是指，工资（W）是资本（C）的函数，用公式表示如下：

$$W = F(C)$$

在工资基金确定的情况下，一些工人的工资变动必然会导致另一些工人工资的反向变动。

---

① 工资、薪酬本书不加以统一，采用普遍用法。

② William P. Rogerson. Repeated moral hazard. Econometrics，1985，53（1）：69-76.

③ 尹学俐. 最低工资制度的国际比较及其启示[J]. 决策探索月刊，2013（4）：69-70.

同时，如果工资基金非正常增加，会使企业的其他生产资本减少，最终影响生产的发展。工资基金理论认为，通过工会斗争和政府干预来提高工资，这种努力是无济于事的。

1.3.2　薪酬决定理论

1．边际生产力工资理论

边际生产力工资理论是近代工资研究的基础理论，主要代表人物是英国经济学家阿尔弗雷德·马歇尔和美国经济学家约翰·丹茨·克拉克等。

克拉克认为，在一个完全自由的市场中，社会组织特别是企业为获得最大利润，必然要实现生产要素的最佳配置。在生产边际递减规律的影响下，工人的工资水平应该由最后追加的工人所生产的产品的产量来决定。只有在工人所增加的产出等于付给他们的工资时，雇主才既不增加也不减少所使用的工人数量。马歇尔认为工资是作为生产要素的劳动的均衡价格，即劳动的需求价格和劳动的供给价格相均衡的价格。从需求方面来看，工资取决于劳动的边际生产力或劳动的边际收益产量，雇主支付的工资水平是由劳动的边际生产力水平决定的。从供给方面看，工资水平取决于劳动力的再生产成本和劳动的负效用。

2．劳资谈判工资理论

劳资谈判工资理论也称集体交涉工资理论或博弈工资理论，其基本假设是组织的员工与雇主之间是一种对立关系，员工工资水平的确定依赖于以工会为代表的工人集体一方与以企业主或企业主集团为代表的资方进行的谈判。该理论认为，工资水平反映社会组织与员工之间的利益关系，由两者之间的力量对比决定。

劳资谈判工资理论的基本观点是：工资由资方愿意支付的最大量与劳方（或工会）愿意接受的最低量之间的某个平衡点决定。在一个短时期内，工资至少在一定程度上取决于劳动市场上资方和劳方之间的劳资谈判。工资增长中存在着"强制性比较"现象，即工人将参照其他工人的工资水平来判断自己的工资水平是否公平，因此当部分工人通过谈判获得了一定的工资增加后，这将立即变成其他工人必须增加工资的一种"强制性比较"。劳动力市场、资本市场、产品或服务市场的供求状况将会直接影响劳动力的价格和劳资双方在谈判中的相对竞争地位。

3．供求均衡薪酬理论

供求均衡薪酬理论的创始人是英国著名经济学家阿尔弗雷德·马歇尔，他在边际效用价值论和边际生产力工资理论的基础上提出了该理论。

马歇尔认为，薪酬是由劳动力的供给价格和需求价格相均衡的价格决定的。劳动力的供给价格取决于劳动者的生活费用（劳动者维持自身及其家庭的最低生活费用），劳动力的需求价格取决于劳动者的边际生产力（边际劳动者生产的产品）。边际生产力的变化，将引起劳动力需求价格的不断变化。劳动力的供给价格是劳动力愿意出卖劳动时接受的价格，如果低于这个价格，劳动力就不可能正常维持和延续劳动。由于其生产费用的构成复杂，劳动力的供给价格将受到外部经济与非经济环境的影响，因此也是不断变化的。

4．效率工资理论

效率工资理论所探究的是工资率水平跟生产效率之间的关系，这是主流宏观理论为了解释工资刚性而提出的理论。效率工资理论是一种有关失业的劳动理论，其核心概念是员工的生产力与其所获得的报酬（主要是指薪资报酬但亦能轻易地推广到非金钱报酬）呈正向关系，是为了解释非自愿性失业现象所发展出来的相关模型的通称。该理论认为，工人在生产过程中所付出的努力是实际工资的函数，用公式表示如下：

$$\lambda = \lambda \left(W,\ W_i,\ \mu \right)$$

上式中，λ 是每个工人的劳动生产率，W 是企业支付的薪酬率，W_i 是其他企业支付的薪酬率，μ 是失业率。

5．人力资本理论

现代人力资本理论对工资差别内在原因做出了经济学解释，创始人是美国经济学家舒尔茨和贝克尔，舒尔茨后来被公认为人力资本理论之父。舒尔茨认为，人力资本包括用以形成和完善劳动力的各种投资。他把人力资本的基本观点归纳为以下几点：①有技能的人是所有资源中最为主要的资源；②人力资本投资的效益大于物力资本投资的效益；③教育投资是人力资本投资的主要部分，教育对经济发展有影响；④人力资本理论是经济学的重大问题。

该理论对社会组织内员工工资差异问题的解释有很强的说服力，可以较好地解释工业化国家中白领工人和蓝领工人的工资差别。

1.3.3　薪酬分配理论

1．按劳分配理论

按劳分配是马克思在创立科学社会主义理论体系的过程中确立的社会主义社会个人消费品的分配原则。马克思主义经济学有两种不同的收入分配理论：一种是以劳动价值理论为基础的按劳分配理论；另一种是按生产要素所有制关系分配理论。只有在马克思设想的社会主义社会里，才能实现单一的按劳分配。社会主义工资是国家扣除用于社会共同利益和在生产以及与生产无关的管理费用以后，根据按劳分配的原则，借助社会形态对劳动者进行个人消费品分配的一种形式。它以全社会为分配单位，按照等量劳动领取等量报酬的原则，由社会制定统一的按劳分配制度，多劳多得，少劳少得。在我国社会主义市场经济条件下，实行按劳分配和按生产资料所有制关系分配相结合的分配制度。

2．分享经济理论

分享经济理论是美国麻省理工学院经济学教授马丁·魏茨曼（Martin Weitzman）在 1984 年提出来的。分享经济理论认为，随着就业上升，厂商的单位劳动成本下降，即总薪酬对就业的弹性小于 1。目前，绝大多数工人按单位劳动计酬（比如说按照小时、月或年）。这样一个系统显现出总薪酬对就业的单位弹性（另外，数据证实了这种直觉：把总薪酬的对数值作为总就业的对数值的函数，并以总薪酬的对数值为因变量建立方程，系数的估计值非常接近于 1）。分享经济的目的在于把弹性降到 1 之下，或者使得劳动的边际成本小于劳动的平均成本。资本主义的根本问题不在于生产，而在于分配，主要是员工报酬制度的不合理。

3．公平理论

公平理论是美国北卡罗来纳大学的心理学家亚当斯（J. S. Adams）提出来的。公平理论认为，人们不仅关注自身的实际报酬水平，而且还会将自己所做的贡献和所得的报酬的比值与一个和自己条件相当的人所做的贡献和所得的报酬的比值进行比较，只有两者之间的比值相等时，双方才会产生报酬分配的公平感。可以用公式表示如下：

$$Op\,/\,Ip = Oo\,/\,Io$$

其中：Op 代表一个人对他自己所获报酬的感觉；

Ip 代表一个人对他自己所做贡献的感觉；

Oo 代表另一个人对他自己所获报酬的感觉；

Io 代表另一个人对他自己所做贡献的感觉。

当一个人发觉自己的分配存在不公平时，他可能采取以下 5 种方式以获得公平感：谋求改变自己的报酬；谋求改变他人的报酬；设法改变自己的贡献；设法改变他人的贡献；更换比较对象。

1.3.4 薪酬运用理论

1．期望理论

期望理论是美国心理学家弗鲁姆（V. H. Vroom）提出来的，本质上是一种激励理论。

期望理论用公式表示如下：

激励力量（M）＝效价（V）× 期望值（E）

效价是指个人对可能达到的目标的重视程度，也即某种目标的实现将会带给自身的效用水平。期望值是指个人对实现该目标的概率估计，期望值也叫期望概率，在现实生活中，个人往往根据过去的经验来判断一定行为能够导致某种结果的概率。

在这个公式中，激励力量指调动个人积极性，激发人内部潜力的强度；期望值是根据个人的经验判断达到目标的把握程度；效价则是所能达到的目标对满足个人需要的价值。这个理论的公式说明，人的积极性被调动的大小取决于期望值与效价的乘积。也就是说，一个人对目标的把握越大，估计达到目标的概率越高，激发起的动力越强烈，积极性也就越大，在领导与管理工作中，运用期望理论对于调动下属的积极性是有一定意义的。

2．强化理论

强化理论是美国哈佛大学心理学教授斯金纳（B. F. Skinner）提出来的。斯金纳认为人是没有尊严和自由的，人们做出某种行为，不做出某种行为，只取决于一个影响因素，那就是行为的后果。他提出了一种"操作条件反射"理论，认为人或动物为了达到某种目的，会采取一定的行为作用于环境。当这种行为的后果对他有利时，这种行为就会在以后重复出现；不利时，这种行为就减弱或消失。人们可以用这种正强化或负强化的办法来影响行为的后果，从而修正其行为。强化理论认为，员工行为矫正的一般方式有以下四种：正强化，负强化，惩罚，自然消失。

强化理论中薪酬管理的含义是：积极的行为将产生较高的员工绩效，如果较高的员工绩效能得到满意的薪酬，那么员工就更可能在将来达到更高的绩效水平。同理，如果员工较高的绩效没有得到满意的薪酬，那么员工的积极性将会受到损害从而未来产生高绩效的可能性就会降低。

3．委托代理理论

委托问题的现代意义最早是由罗斯（Ross S.）提出的，后来米尔里斯（Mirrlees J.）和斯蒂格里茨（Stigliz E.）进一步发展了委托代理理论。该理论倡导所有权和经营权分离，企业所有者保留剩余索取权，而将经营权利让渡，分析了企业的不同利益相关群体之间存在的利益差异与目标分歧，进一步阐述了如何利用薪酬制度设计促进不同利益群体之间的利益与目标的一致性。

"委托代理理论"早已成为现代公司治理的逻辑起点。由于委托代理关系在社会中普遍存在，因此委托代理理论被用于解决各种问题。如国有企业中，国家与国企经理、国企经理与雇员、国企所有者与注册会计师，公司股东与经理，选民与官员，医生与病人，债权人与债务人都是委托代理关系。因此，寻求激励的影响因素，设计最优的激励机制，将会越来越广泛地被应用于社会生活的方方面面。

【启发与思考】

扫一扫→本科生毕业薪酬排行榜

【思考练习题】

1. 简述薪酬的内涵,并理解薪酬的定义。
2. 简述薪酬的基本模式。
3. 薪酬的功能有哪些?
4. 薪酬决定理论指的是什么?
5. 简述委托代理理论。
6. 薪酬与报酬、薪水、工资、收入、奖励的区别是什么?
7. 薪酬管理的目标和原则是什么?
8. 薪酬管理的内容包括哪些?
9. 薪酬管理的功能有哪些?

【模拟训练题】

A 公司是一家具有一定规模的制造型企业,在全国各地有多家分支机构。在中国经济高速发展的时期,A 公司也取得了快速发展。但是,由于近年来,中国经济发展进入新常态,A 公司的发展也遇到了比较严峻的挑战,如企业生产原料价格大幅上涨、劳动力成本的增加较快等。不仅如此,A 公司还受到了同行竞争者薪酬水平提高的巨大压力,这直接导致 A 公司出现了比较严重的人才流失,因此公司决定从 2017 年开始对员工的薪酬水平进行战略性调整。经过初步测算,公司准备将人工成本预算总量增加 14% 左右,基本薪酬调整幅度为 10%~18%,奖励性和工龄性工资暂不调整。请你参照下列某公司的计划样板,为 A 公司做一份薪酬调整工作计划。

M 公司某年度薪酬调整工作计划

一、现状分析

1. 近几年来,劳动力价格水平持续上涨,本企业所在地平均工资已达 4000 元,较上一年增长 14%。从横向比较来看,本企业工资水平的市场竞争力明显不足。

2. 根据目前的工资和考核办法运行的实际情况来看,运行效果较差,根本原因是公司的考核制度不完善,工作绩效与工资支付脱节现象比较严重,工资政策和工资水平对员工的激励效果不明显。从上一年度的工资及考核办法运行效果来看,与预期的效果有一定的差距,主要原因是绩效考核制度不完善,工作绩效与工资兑现脱节,对员工的激励效果不是太明显。

二、适用范围

公司内部所有非年薪制的员工。

三、计划目标

保留现有人才，增强对外部人才的吸引力。企业的关键员工的流失率低于 5%，增强企业薪酬水平的市场竞争力。

四、薪酬总量调整

参照社会平均工资的上涨情况，结合本行业和本企业的实际情况，对企业薪酬增量予以预算增加。增加幅度为 M 公司上年度人工成本实际支付的 13%。

五、调整重点

1. 提高部分工作岗位的薪酬水平，实现薪酬水平的外部公平性，提高薪酬吸引力。

2. 调整员工薪资结构的比例，以岗位和职务为基础，提高贡献和绩效薪酬在薪酬结构中的比重，坚持按贡献和绩效支付劳动报酬的原则。

3. 压缩企业薪酬等级，增大薪酬激励的弹性。

六、遵循原则

1. 经济性原则。整体提高企业员工的薪酬水平必须与企业的承受能力相结合。在企业能够承担因为提高薪酬水平导致企业成本增加的前提下，根据提高竞争力的要求和增强激励效果的要求提高员工的薪酬水平。

2. 竞争性原则。本企业的薪酬水平相对于行业企业、特别是主要竞争对手要保持相对较强的竞争力，达到保留人才、吸引人才的目的。

3. 公平性原则。薪酬调整过程中，不仅要考虑外部的竞争性原则，同时也要注意保持企业内部员工薪酬的公平性。坚持按劳分配，既要保持员工之间薪酬的合理差距，也要保证整体工资水平的相对均衡。

七、计划实施

1. 薪酬水平调整。

（1）奖励性调整。主要是对员工的优良业绩进行的奖励。薪酬水平调整以销售岗位奖金调整为例，如表 1-4 所示。

表 1-4　奖励性调整实施标准

职称	奖金发放标准（销售额/月）		奖金提取比例	
	调整前	调整后	调整前	调整后
高级销售工程师	100 万元	120 万元	15%	18%
销售工程师	70 万元	90 万元	12%	15%
销售代表	30 万元	50 万元	10%	12%

（2）生活指数调整。主要用于补偿因通货膨胀等因素导致的员工实际收入损失。根据实际情况，企业对员工工资进行相应的调整，其基本薪酬调整幅度统一为 10%。

（3）效益性调整。以企业经营效益情况对全体员工的薪酬水平进行动态调整：企业效益好时，按照效益状况适当提高员工的整体薪酬；效益较差时，适当降低员工的整体薪酬水平。

（4）工龄调整。以在本企业的工作时间为依据，在原有工龄工资调整基数的基础上每年再提高 10% 的工龄工资。

2. 岗位工资的调整。

（1）针对目前考核办法中存在的问题，重新研究每个岗位的要求，并制定相应的绩效考核标准和考核办法。每半年根据考核的结果，对岗位薪酬进行调整。

（2）每年的一月份对员工股工资进行层级调整，调整的主要依据为上一年度的较小考核结果。根据考核结果，对员工进行层级晋升、层级降低和保持不变 3 种调整：年度考核优秀的员工，岗位工资提高一个层级；年度考核合格的员工，岗位工资层次不变；年度考核不合格的员工，岗位工资下降一个层级。

八、薪酬调整后的反馈

在薪酬调整后，要建立适当的薪酬调整沟通和反馈机制，及时了解薪酬调整的效果，发现新出现的问题并及时解决，确保薪酬调整解决现存的问题，确保薪酬调整达到预期效果。

【情景仿真题】

B 公司是一家专业电子设备生产销售企业，近年来由于市场环境的变化，竞争对手数量的增加，该企业的销售业绩在 2015 年度大幅度下滑。为了提高销售人员的积极性，增加销售量，该企业决定采用增加销售人员薪酬水平的策略。2016 年度，该企业内的销售人员薪酬已经是企业里各职位类别中薪酬最高的职位。然而，销售人员的高薪酬并没有给企业带来好的销售业绩。不仅如此，其他部门的员工意见很大，甚至导致了一部分员工的离职。针对这种现象，公司决策层决定对全公司员工 2017 年的薪酬进行整体调整，力图使薪酬具有激励性的同时，实现薪酬在企业内部的公平性。

如果你是 B 公司的人力资源管理部经理，承担了公司对全体员工 2017 年薪酬进行整体调整的任务，那么，你将如何实现通过薪酬调整达到提高销售人员积极性和增加内部公平性的双重目标，从而使企业走出困境？

第2章　战略性薪酬管理

学习目标

1. 了解战略性薪酬管理的定义、作用与影响因素。
2. 熟悉战略性薪酬管理体系的设计流程。
3. 掌握战略性薪酬管理体系的实施要点。

【引导案例】

SF 酒店的薪酬管理问题

SF 酒店是 C 市唯一一家中外合资四星级酒店，集餐饮、住宿、会议、婚礼、休闲娱乐于一体，占地面积七千多平方米。自 2010 年开业以来，SF 酒店以优质的服务，良好的信誉赢得了国内外客人的好评和信赖。

面对日趋激烈的市场竞争，酒店面临着新的挑战，为此，SF 酒店提出的经营战略是："向客人提供一流的服务，让每一位入住的顾客都有一种回家的感觉。以温馨、便捷的家庭式酒店风格吸引并留住顾客，力争三年内成为 C 市最具竞争力的五星级酒店。"

目前，SF 酒店实施的是以固定薪酬为主的岗位等级工资制，按岗位等级确定的岗位工资是整个薪酬结构的主体。员工的薪酬由岗位工资和奖金等组成，实行垂直薪酬制度，即制定薪酬的基本依据是员工在酒店的岗位差异、职级高低以及工作年限。不同岗位的薪资等级不同，无论员工在自己的岗位上表现如何，职级越高的员工总是获得更高的薪酬。在奖金方面，SF 酒店视酒店年收入及税后净利润制定年终奖金发放方案，按净利润的固定百分比，向全体员工等额发放 2000～5000 元不等的年终奖金。

公司人力资源部经过调研后，对该公司的薪酬战略做出以下判断。

（1）酒店的竞争战略是"力争三年内成为 C 市最具竞争力的五星级酒店"，而目前的酒店薪酬结构设计与酒店的发展战略之间几乎没有任何内在联系。完全倚重于岗位等级制的薪酬管理使得员工薪酬与酒店的经营成果缺乏关联。这样的薪酬结构使得员工往往将工作重点放在如何"升职加薪"上，而忽略本职工作。这样的薪酬设计也无法体现员工的努力程度、工作表现和工作绩效。

（2）酒店的整体薪酬水平低于市场平均水平，不具备外部竞争性的薪酬战略定位，难以支撑"最具竞争力的五星级酒店"的战略目标。这样的薪酬水平无疑是不具有市场竞争力的，所带来的后果就是企业很难吸引优秀人才的加盟，同时原本酒店的中高级核心人才也开始逐渐流失。

（3）目前酒店实施的是僵化的岗位等级工资制式的薪酬制度，在这种依岗位确定的薪酬制度中，固定薪酬占整体薪酬的比重很大，而以奖金、福利、津贴等形式表现的可变薪酬比重过小。显然，这种带有"大锅饭"性质的分配制度无疑将出现"柠檬市场"现象：优秀员工不断流失，而业绩平庸的员工不断沉淀，酒店最终将可能沦为充斥着"柠檬"的"柠檬市场"（"柠檬"

一词在美国俚语中指"次品"或"不中用的东西")。工资与个人技能及工作业绩没有合理联系，不能激励员工，导致员工流失率高，关键岗位员工经常缺乏，无法提供持续、稳定、高质量的服务，因而不利于酒店战略目标的实现。

案例思考：

1. 什么是战略性薪酬？战略性薪酬的设计包括哪些方面？

2. 薪酬结构设计应该与企业的发展战略密切结合起来。那么，SF 酒店具体应该如何将薪酬结构的构建与企业发展战略有机结合起来，使企业薪酬结构成为实现企业发展战略的重要杠杆？

3. SF 酒店的战略性薪酬设计还应该注意哪些问题？

（资料来源：姚逸奇. SF 酒店战略薪酬管理研究. 现代商贸工业，2013，（4）：97-98.）

企业薪酬战略不仅关系到企业的经营发展战略、竞争战略、人力资源战略，同时也是企业战略必不可少的一种职能战略。战略性薪酬管理强调薪酬管理为企业发展提供带有前瞻性的战略支撑，关注的是薪酬管理如何能够成为企业竞争优势的源泉。现阶段，企业的薪酬结构设计和变革越来越强调战略导向，基于战略目标设计薪酬激励非常重要，战略薪酬也就是将薪酬上升到企业的战略层面来思考企业通过什么样的薪酬策略和薪酬管理体系来支撑企业的竞争策略，并帮助企业获得竞争优势[①]。

2.1 战略性薪酬管理的定义

战略性薪酬管理是以薪酬战略为核心的薪酬结构的设计与制定、薪酬结构的贯彻与实施、薪酬结构的协调与变革，并使之与企业战略相匹配的薪酬管理活动。它能提高员工的工作积极性并促进其个人发展，同时使员工的努力与组织的目标、理念和文化相符。重要的是，它是将企业薪酬结构的构建与企业的发展战略有机结合起来，使企业薪酬结构成为实现企业发展战略的重要杠杆[②]。

通常来讲，我们认为薪酬能够促进和发挥员工的工作积极性，与企业经营发展战略匹配的薪酬管理无论对员工、企业还是整个社会发展都十分关键。对员工而言，薪酬具有经济保障、激励以及提供信号的功能；对企业而言，薪酬管理能够帮助企业改善经营业绩、塑企业文化并且帮助企业快速响应市场，从而支持企业的组织变革。

战略性薪酬管理不是传统薪酬那样简单地从技术层面来对薪酬进行设计，而是拓展了薪酬管理中薪酬这一概念的内涵，着眼于从企业全局和长远战略的视角来对薪酬结构进行综合考虑，从企业战略发展的高度来进行薪酬结构设计，使薪酬管理能更好地与企业战略融合，促进企业战略的达成。根据上述对战略性薪酬管理的描述，我们不难发现，战略性薪酬管理与传统薪酬管理是不同的，具体包括以下几个方面。

（1）出发点不同

传统薪酬结构里的薪酬主要是为员工管理提供支持。战略性薪酬管理体系着眼于组织战略，是为吸引、保留和激励优秀员工而构建的能够实现组织目标与个人目标协调发展的一种薪酬

---

① 张正堂. 战略人力资源管理的理论模式. 南开管理评论，2005，（5）：50-56.
② 彭璧玉. 战略薪酬模式的选择. 中国人力资源开发，2004，（6）：53-56.

结构。

（2）薪酬认识本质不同

传统薪酬结构里薪酬是用于支付员工的付出，属于企业和员工之间的一种利益转让；更多是将薪酬看成企业的成本。战略性薪酬管理体系把薪酬看成一种投资行为（通过这种投资，吸引和留住优秀人才），并坚信通过这种投资，企业将取得有利于战略发展的回报。更多是考虑投资的效率和效益问题，即如何通过不同的组合方式，把有限资源投放在最有效的领域，从而取得最理想效果。

（3）薪酬与员工之间的关系不同

传统薪酬结构以"薪酬"为中心，认为人仅是一种工具性资源，因此在薪酬管理形态上注重的是单一方面的静态控制，目的是"控制人"。战略性薪酬管理体系认为人是核心，是组织获取竞争优势的"本钱"，因此，强调的是通过动态调节和心理开发实现薪酬管理与员工激励相得益彰。

（4）对绩效关注度不同

传统薪酬结构追求的是在中短期内提高组织绩效，甚至在某些忽略企业整体利益与长远战略的薪酬结构中，鼓励员工做出明显不利于企业长远发展的短期行为。战略性薪酬管理体系着眼于组织的长远发展，更加注重长期绩效，也更加有利于企业的长期可持续发展。

（5）对员工参与的重视程度不同

传统绩效体系认为薪酬结构的设计是组织的一种"管理活动"，员工作为被管理者，不能参与进来；此外，为了避免恶性攀比等情况的出现，在执行过程中，要求员工严格保密自己的薪酬水平，甚至为此制定了相当严厉的惩罚措施。战略性薪酬管理体系认为薪酬关乎员工切身利益，员工有权参与进来，因此在薪酬结构的设计中重视充分听取员工的意见，提高薪酬政策的透明度。

（6）对薪酬的动态调整性不同

传统薪酬结构在进行工资及社保管理时，只是一味地依据国家及地方政府的相关规定行事；同时，基于节省付出的意愿，很多时候也不愿意主动对薪酬的更多其他方面进行动态调整。战略性薪酬管理体系除了在制定时遵从国家政策和结合经济环境之外，在执行时还注意时刻进行薪酬调查并进行动态调整，使之能够一直适应市场变化，保持对优秀人才的吸引力。

2.2 战略性薪酬管理的作用

作为企业的薪酬战略的一种形式，战略性薪酬管理有其独特的作用，主要体现在以下几个方面。

2.2.1 贯彻实施企业战略

企业战略与企业外部环境的匹配程度、战略的执行力度以及员工对战略的认同程度都决定了企业能否在激烈的市场环境中获取优势。薪酬战略本就是企业战略在薪酬领域的延伸，所以当企业经营战略发生改变之后，薪酬战略也要随之改变。人才是企业不断发展前进的原动力，而薪酬又是一个能够左右人才工作积极程度的重要因素，所以薪酬战略对于企业的发展壮大至关重要。

2.2.2　塑造企业文化和价值观

企业价值观表达了企业创立初衷，明确什么样的行为、态度以及业绩是受到企业支持与鼓励的。企业的价值观必须准确传达给每一位员工，只有企业的价值观被全体员工所认同，企业内部才能创造自身的企业文化，才能做到所思与所做一致。战略性薪酬管理通过薪酬来教育和引导员工的工作行为和工作态度，向员工传递优秀的企业文化，不断强化企业价值观。所以战略性薪酬对于企业价值观和企业文化的塑造起到了重大作用。

2.2.3　激励核心员工，增强市场竞争力

现代市场竞争越来越激烈，核心人才的重要性也日益突显，因此企业可以运用基于资源的竞争战略，即通过培育企业的核心资源能力，赢得企业的竞争优势。战略性薪酬管理把薪酬看作是培育和增强自身核心能力的潜在手段，也就是发挥薪酬的导向作用来增强企业的市场竞争力和激励核心员工。在战略性薪酬管理中，企业深入分析企业发展所依靠的核心能力是什么，在薪酬战略中给予充分认可，并在薪酬分配上进行战略性倾斜。

2.2.4　加强企业的科学管理水平

企业使命和企业愿景影响企业的发展战略，其中，制度建设对企业发展战略起到了巨大的支撑作用，这些制度主要包括：战略决策管理制度、生产运行管理制度、市场营销管理制度、技术研发管理制度、战略性薪酬管理制度、财务会计管理制度、新型用人管理制度等。在这些制度建设的基础上形成科学的管理体制。其中，战略性薪酬管理是科学管理制度的有机组成部分。在当前经济形势下，薪酬管理对于企业来说至关重要，各种企业应该在结合自身特点和需求的情况下，不断完善和规范薪酬管理工作，从而促进企业稳定健康地向前发展。

2.3　战略性薪酬管理体系设计的影响因素

战略性薪酬管理体系的设计需要考虑很多因素，特别是宏观环境、行业环境和企业内部环境的影响[①]。

2.3.1　宏观环境的影响

宏观环境的影响包括通货膨胀水平、劳动力供求关系、宏观经济政策以及经济系统的开放性四个方面。它们分别从薪酬水平的不同方面对薪酬结构的设计产生影响。

1．通货膨胀水平

通货膨胀是指一般价格水平的持续和显著上涨。薪酬水平和通货膨胀水平之间有很强的关联性。首先，薪酬水平的高低是形成"成本推动型通货膨胀"的重要因素。其次，在薪酬与物价水平挂钩的条件下，通货膨胀水平的提高会促使薪酬水平的增长。最后，通货膨胀水平扩大或缩小了薪酬的实际购买力在员工之间的差异，影响着薪酬制度的设计目的。

2．劳动力供求关系

在劳动力市场中，薪酬水平是劳动力供求均衡的结果，但薪酬与劳动力供求之间存在着互

---

① 岳龙华. 薪酬设计与薪酬管理. 北京：中国电力出版社，2014：186-187.

动关系。一方面，劳动需求量随实际工资率下降而增加，实际工资率越高，劳动需求量越低；另一方面，劳动供给量随实际工资率的上升而增加，实际工资率越高，劳动供给量越高。

3．宏观经济政策

宏观经济政策主要指货币政策、财政政策和收入政策。薪酬体现了劳动力的价值，因此它要与相关的宏观经济变量保持协调。另外，国家实行的与收入分配相关的政策对战略薪酬的设计起着直接作用。

4．经济系统的开放性

经济系统的开放性也是企业设计战略薪酬时需要重点考虑的因素。一方面，在开放经济条件下，战略薪酬所依托的价值观体系更加多样化，因而战略薪酬也应当更具有包容性。另一方面，经济的开放性增强了地区间薪酬的传导性，进而增强了薪酬制度和薪酬水平的可比性。

2.3.2 行业环境的影响

企业身处的不同行业环境，对企业薪酬水平及结构的设计同样具有重要影响。常见的行业因素有：行业所处的生命周期、行业性质、行业工会以及行业竞争。

1．行业生命周期

企业在引入期，产品的市场前景不明确，企业一般处于亏损状态，薪酬制度多采用职务等级或技术等级薪酬制度；在成长期，企业的经营规模扩大，市场占有率提高，多采用分散型和混合型的薪酬制度；在成熟期，产品和市场都基本稳定，追加投资的欲望不强烈，倾向于保留原薪酬制度；在衰退期，企业收缩其产品和市场领域，企业薪酬结构稳定，福利内容增多。

2．行业性质

在技术含量高、熟练工人比例高、人均资本占有量大的行业，多采用基于知识和技术的薪酬制度。

3．行业工会

在集体谈判的薪酬决定机制下，行业工会的谈判力决定着行业薪酬的结构和水平，行业工会的谈判力受工资索求水平、工会密度的影响。

4．行业竞争

在竞争激烈的市场中，薪酬制度的差异就会引起人才的大量流失。所以企业必须定期或不定期地收集竞争对手的薪酬资料并做出分析，及时调整薪酬，这样才能吸引并留住企业所需的各类人才。

2.3.3 企业内部环境的影响

在企业内部，不同的文化与价值观、员工对薪酬制度的期望以及工会组织的影响等环境因素从薪酬设计的文化内涵、心理以及多方博弈等方面对薪酬结构设计提出了不同视角的要求。

1．企业文化与价值观

企业文化是企业在长期的经营活动中逐步形成的行为方式、经营理念和价值观。因此，企业在构建战略薪酬过程中，应当使薪酬政策充分体现企业文化的内涵和价值观。

2．员工对薪酬制度的期望

企业在制定薪酬制度的时候，一定要考虑员工在个人薪酬问题上的期望。员工个人的态度、偏好和需求的多样性会使企业的薪酬设计面临众多的问题和困难，企业需要认真对待，尽量满足各类员工的需求。

3．工会组织

工会组织不仅在集体劳动合同的订立和劳动者合法权利保障等方面发挥重要作用，而且在劳动者工资集体协商方面也发挥着积极的作用。因此，企业在设计战略薪酬时，必须充分考虑工会组织的要求，认真听取工会代表或员工代表的意见。

2.4 战略性薪酬管理体系的设计流程

一般来看，企业战略性薪酬管理体系的设计包含了以下几个基本阶段。

2.4.1 内外部环境的调查分析

企业需要对其面临的内外部环境以及这些环境因素对薪酬的影响进行调查分析。企业的薪酬管理以企业的战略目标和经营目标为导向，而企业的战略目标和经营目标以及薪酬本身都会受到各种因素的影响。这些因素包括当时的社会、政治和经济体制，全球经济的竞争压力，企业文化和价值观，员工需求，工会的压力等。因此，企业必须首先全面、准确地了解和分析自己所处的经营环境。

2.4.2 寻找企业发展的战略瓶颈

作为公司整体战略的子战略，战略性薪酬管理设计不仅需要分析企业面临的环境因素，还需要发现企业发展中的战略瓶颈，因为这些战略瓶颈因素都会直接、间接地对薪酬管理产生影响和制约作用。常见的战略瓶颈分析方法有关键成功因素分析法（Key Success Factors）、对标分析法（Benchmarking）和平衡计分卡（Balanced Score Card）等。关键成功因素分析法是通过分析在一定行业中，企业取得成功的关键因素，如核心资源因素、核心能力因素、持续竞争优势因素等，进而获取企业改进方向的方法。对标分析法是分析企业经营状况及改进方向和目标的方法，它一般通过与行业优秀企业（标杆企业）进行对比，获取本企业改进方向的基本信息。平衡计分卡的运用则从财务、学习与成长、流程和顾客4个方面展开分析，从而有助于发现目前企业存在的问题和改进的机会。

2.4.3 分析相应的人力资源瓶颈

在确定了企业发展的战略瓶颈之后，则需要进一步分析造成这些瓶颈的人力资源因素。例如，就部门来看，某部门存在着一定的战略瓶颈，其可能的人力资源原因就可以从人员的数量、质量、类型、配置效率、激励约束等多个方面展开分析。战略性薪酬管理作为企业发展战略、业务战略与竞争战略的职能支撑，应当明确其与其他战略发展规划相匹配并提供支撑的基本功能。战略瓶颈部门存在的人力资源瓶颈通常与企业的薪酬结构、薪酬水平、薪酬模块以及薪酬运行管理密不可分。企业在分析相应的战略瓶颈部门存在的人力资源瓶颈时，应当结合企业战略目标，从战略性薪酬管理的视角解决上述问题。

2.4.4 战略性薪酬决策

战略性薪酬决策的基本目标是使企业的薪酬管理有助于企业战略目标的实现。战略性薪酬应该具备竞争性、公平性和有效性。因为不同类型的企业战略需要相应的薪酬决策支撑，因此企业需要根据环境、战略类型、战略目标、战略瓶颈、人力资源瓶颈等方面的基本状况进行战略性薪酬决策。在决策过程中，可以适当地向瓶颈部门、瓶颈业务和核心人力资源等方面倾斜。如企业可以为战略性人力资源建立"薪酬特区"以吸引、保留和激励战略性人力资源，也可以为一些瓶颈部门或者瓶颈业务建立针对性的激励政策和激励措施等。

2.4.5 评估薪酬系统的适用性

战略性薪酬管理体系的设计与再设计是一个动态过程，在薪酬管理体系设计完成之后，需要在执行过程中对管理体系进行不断检验、评估、调试等，只有如此才能够保证企业薪酬管理体系与企业的战略目标及不断变化的内外部环境保持动态平衡。薪酬管理体系对企业战略的支撑作用才能够得到较好体现。

2.4.6 制定战略性薪酬调整政策

企业处于不断发展变化的外部环境中，企业内部环境也在不断发展演变，战略性薪酬管理需要持续分析不同时期企业的发展瓶颈及其带来的人力资源瓶颈，并具有预见性地制定战略性薪酬调整政策。其具体的实施是通过不断循环战略环境分析、战略瓶颈分析、人力资源瓶颈分析、战略性薪酬决策和评估薪酬管理体系的适用性等阶段过程，达到企业薪酬管理体系的持续改进和优化，为企业战略目标的实现提供薪酬方面的职能支撑。

2.5 战略性薪酬管理体系的实施要点

战略导向下的薪酬管理体系的设计受到越来越多的关注，目前，战略性薪酬管理体系开始逐渐成为企业薪酬管理体系设计的基本方向。以战略为基本导向展开企业薪酬管理体系的设计，是当前企业人力资源管理的重要工作。

2.5.1 确保战略性薪酬管理的战略匹配

企业的薪酬必须与经营战略高度一致[①]。通常情况下，企业的经营战略有低成本战略、差异化战略、专一化战略、稳定发展战略、快速发展战略和收缩战略等。不同的战略选择通常也映射出企业自身所处的不同生命周期阶段，但两者并非按照严格的逻辑顺序一一对应。确保战略性薪酬管理的战略匹配的关键是，企业选择不同的战略类型就需要有不同的薪酬制度与之相匹配[②]。

1. 低成本战略

企业低成本战略是指在规模经济效应下，企业通过提高产品产量的方式降低产品的平均成本，进而获得竞争优势和利润的生产经营方式。企业低成本战略的实施不仅要求降低单位产品的生产成本，也要求实现企业在管理、研发、服务、营销等方面降低成本。

① Yanadori Y，Marler J H. Compensation strategy: Does business strategy influence compensation in high-technology firms? Strategic Management Journal，2006，27（6）：559-570.
② 荆彦婷，张阳，何似龙. 现代战略性人力资源管理与企业隐式战略的匹配研究. 中国人力资源开发，2008，（2）：10-15.

企业采用低成本战略时，其薪酬管理体系也具有与之相适应的特点。（1）较低的薪酬成本实现规模性生产。当企业的总体薪酬支出一定时，企业面临着是雇佣少量高效率员工，还是雇佣大量低效率员工的基本选择。对企业来说，用工成本不仅包含薪酬支出，而且还包含与薪酬相关的其他多方面支出，实施低成本战略的企业一般应该选择采用雇佣少量高效率员工的方式来完成既定的生产经营任务，因为与雇佣大量低效率员工的方式比较，这种方式更加有利于节约企业总的用工成本，从而为低成本战略提供良好的支撑。（2）建立基于成本的薪酬决策制度。基于成本的薪酬决策制度可以采用两种基本方式，一是基于产品质量和数量的总成本包干制度，二是采用针对员工的在核定成本基础上的成本降低的奖励制度。（3）有限的奖金。由于低成本战略背景下的企业薪酬制度强调的是效率工资，在规模生产条件下，尽可能减少其他奖金项的设置，突出以效率工资为主的薪酬结构，也是低成本战略背景下的薪酬制度的又一明显特征。

2．差异化战略

差异化战略是企业通过采用一定的技术和方法，使本企业的产品或服务在质量、功能、设计、客户体验等方面实现能让客户感知到的、与竞争对手具有明显差异的产品或服务，从而企业可以通过提高产品的销售价格获得较高的基于差异化的利润水平。

企业采用差异化战略，客观上要求企业在产品或服务方面的创新能力很强，从而对企业的人力资源队伍，如研发团队、设计团队、服务团队等提出了较高要求。在差异化战略的背景下，企业薪酬管理体系一方面要注重提高员工的薪酬水平以增加激励效果，同时也需要注意团队建设，建立团队薪酬制度，建立完善的补贴和津贴制度等。

3．专一化战略

企业实现专一化战略可以选择多种方式：企业将生产经营集中于比较单一的产品或服务方面，或者企业将生产经营集中于特定市场范围或顾客群体。专一化战略的实施有助于企业同时实现低成本和差异化，有利于企业在特定的领域或者市场中保持较强的竞争能力。

为了吸引、保留和激励相应的技术人才，实行差异化战略的企业通常给技术人员支付远超市场平均水平的效率薪酬。在专一化战略背景下，企业通常采用基于技术等级的薪酬决定制度，在一定条件下，甚至可以采用股权激励和期权激励等长期薪酬激励计划。

4．稳定发展战略

稳定发展战略是指企业保持现有的产品和市场，在防御外来环境威胁的同时保持稳健、均匀、小幅度的增长速度。

适合采用稳定发展战略的企业特点为：企业对历史战略满意度较高，企业的外部市场环境相对稳定，企业在核心资源和核心能力方面的成长受到一定制约。在这种战略背景下，企业的薪酬管理制度通常相对稳定，薪酬水平保持着与企业成长水平相当的增长。

5．快速发展战略

快速发展战略一般是指企业通过多元化的方式开发新的产品、新的服务、新的市场、新的渠道、新的顾客群体等。快速发展战略有助于企业增加销售量、提高市场占有率，也有助于企业在资本总量方面获得快速成长。现阶段，企业一般通过兼并、合并和重组等外部扩张方式来实现企业发展。

与企业的多元化内容相适应，企业的薪酬管理制度的设计也应该针对不同的多元化形式进行多样化设计，如企业不同业务板块，不同经营区域可以建立不一样的薪酬管理体系，以满足企业经营领域多样化和经营地域多样化的需要。

6. 收缩战略

企业的收缩战略是指企业在市场衰退或竞争处于劣势的背景下，主动放弃某些产品或市场，以维持其生存能力的战略。在这一战略类型中，企业的薪酬制度应注重维护企业核心资源和核心竞争力，强调薪酬制度的统一性。选择收缩战略的企业，常常会面对市场中的恶意收购，这就需要设计相应的薪酬策略措施来反恶意收购，如在公司章程中对收购后的人事安排、补偿金、薪酬等方面进行提前安排，或者在收购之前对管理层收购（MBO）和员工持股计划（ESOP）等进行设计等。

2.5.2 紧跟战略性薪酬管理的趋势

企业进行薪酬管理必须紧跟战略性薪酬管理的基本发展趋势，只有这样企业才能吸引人才，留住人才，最大效率地发挥人才的优势，为企业创造价值。

战略性薪酬管理的趋势主要表现在以下 4 个方面。

1. 薪酬管理更强调外部竞争性

随着信息技术和资讯手段的发达，企业内外部之间薪酬的信息不对称性得到了极大改善，这就要求企业在薪酬管理方面，尤其是在薪酬结构变革的时候，更需要注重对外部薪酬数据的调查分析，设计具有较强外部竞争力的薪酬水平。

2. 薪酬管理与企业战略及运营的关联更加密切

为了对企业的长期发展提供强大的薪酬管理支撑，同时为了更好地吸引和保留员工，越来越多的企业在薪酬设计中开始逐渐降低固定薪酬的比例，逐渐增加浮动薪酬的比例。

3. 薪酬管理强调宽带薪酬结构设计

与企业组织的扁平化发展趋势相适应，企业薪酬结构的设计倾向于层级更少，层级内薪酬幅度更大的宽带薪酬设计。宽带薪酬设计不仅与企业层级相关，同时也与企业的管理情况有关，如企业管理成熟度越高，稳定性越大，宽幅越大；企业管理成熟度越低，稳定性越差，宽幅越小。

4. 强调总体薪酬概念

随着企业员工构成的复杂化、员工的薪酬诉求多元化，企业薪酬管理不仅要关注传统的经济性薪酬，也要越来越多地关注员工的非经济薪酬。

2.5.3 根据不同价值标准确定不同薪酬模式

一般来说，战略性薪酬管理体系设计可以从岗位价值、能力价值、绩效价值和市场价值几个方面展开。

1. 岗位价值

岗位价值是指某岗位对组织的贡献程度大小，岗位价值是岗位对组织的价值，是岗位本身的价值，与在该岗位上的员工的能力、素质等没有关系。也就是说，在同一岗位上可能不同的员工有不同的能力，但是，岗位价值是相同的。

2. 能力价值

能力价值也叫胜任力价值。与岗位价值不同，能力价值聚焦于在某岗位上的员工的个人能力、素养等。即使是相同的岗位，因为在岗员工能力存在差异，其能力价值也是不同的。

3．绩效价值

绩效价值是一种现实的价值，它与员工的工作业绩表现紧密相连，它是由员工对组织所做出的现实贡献来衡量的。绩效价值常常与能力价值相联系，但是并不意味着能力价值高的员工其绩效价值也一定高。例如，某员工的能力价值很高，但如果该员工没有受到良好激励，其劳动积极性不高，没有为组织做出良好贡献，其绩效价值也相对较低。

4．市场价值

市场价值由企业外部市场劳动力的供求关系决定，当某岗位的劳动力市场供不应求的时候，就会出现该岗位劳动力的购买价格高于其岗位价值的现象。因为供求关系失衡造成的这种价值差异被称为市场价值。企业在设计战略性薪酬管理体系的时候，需要结合不同价值的特点设置不同的激励项目，只有这样才能够对员工进行有效激励。

2.5.4 保证企业各级员工的积极参与

战略性薪酬管理体系是企业运营管理系统的有机组成部分，其设计需要包括企业的高层管理者到基层员工的所有企业成员积极参与。同时，战略性薪酬管理必须与企业的运营管理系统密切关联，充分实现企业运营管理系统与战略性薪酬管理体系子系统之间的有序运行。

1．高层管理者

企业的高层管理者需要认识到战略性薪酬管理体系对公司的巨大价值；积极支持战略性薪酬管理体系设计、绩效管理相关工作与活动；积极引导战略性薪酬管理体系与企业战略匹配；在评估和检验的基础上确保薪酬管理体系对企业战略的支撑作用。

2．部门经理或主管

以部门经理或主管为代表的中层管理者需要准确理解战略性薪酬管理体系的完整结构；把握其实施计划与相应的行为办法；对基层管理者和员工进行战略性薪酬管理的阐释和沟通；定期进行业绩讨论，解释和解决薪酬管理体系中出现的问题。

3．人力资源薪酬主管

准确定位自身在战略性薪酬管理体系运行中的角色；为全体公司成员提供薪酬管理体系的培训和进行相应的业务支持；对公司成员进行薪酬管理体系的宣导和推广；实时收集薪酬管理体系运行过程中的信息反馈。

4．员工

学习和掌握战略性薪酬管理体系的相关要求和知识；理解自身的角色以及个人岗位、能力、贡献与薪酬结果之间的关系；理解战略性薪酬管理体系的重要性并努力实现个人业绩目标；积极参与，将个人目标的实现与公司战略目标的实现融为一体。

【启发与思考】

扫一扫→某房地产企业的战略性薪酬设计

【思考练习题】

1. 什么是战略性薪酬管理？
2. 战略性薪酬管理与传统薪酬管理的区别是什么？
3. 战略性薪酬管理的基本功能是什么？
4. 企业设计战略性薪酬管理体系应考虑哪些主要因素？
5. 企业如何实施战略性薪酬管理体系的建设？
6. 设计实施战略性薪酬管理体系需要注意哪些问题？

【模拟训练题】

W 公司是一家为企业提供办公自动化软件的专业化公司。公司致力于通过专业化部署和软件硬件的结合应用，向客户提供整体的办公自动化解决方案。

近年来，W 公司业务快速发展，根据对公司未来发展所面临环境的深入分析，公司确定了未来 5～10 年的差异化战略发展方向。为了与差异化战略匹配，公司打算建立战略性薪酬管理体系，并以此来吸引人才，提高在行业中的竞争地位。请你列出战略薪酬设计的具体步骤，并说明其内容要点和注意事项（见表 2-1）。

表 2-1　战略薪酬设计的步骤

序号	步骤	内容要点	注意事项
1			
2			
3			
……	……	……	……

【情景仿真题】

在企业创立初期，华为公司就开始采取高于市场工资水平的战略来配合企业的高速扩张战略。这种高于同行业、本地区平均工资水平的工资政策，使公司主要岗位的薪酬水平在人才市场上保持着足够的竞争力。华为公司通过实施与战略匹配的薪酬结构设计广泛地吸引优秀人才，并大量投入研发，据华为官方发布的《联接未来，2015 年可持续发展报告》显示，华为全球员工总数约 17 万人，研发员工占员工总数的比例约为 45%，海外本地化率高达 72%。2015 年，华为全球员工保障投入超过 14 亿美元，较 2014 年增加约 25%。

Cisco 在并购中非常强调人才的重要性，Cisco 的整体薪酬水平及其发展速度都保持着快速增长。为保持领导地位，Cisco 一年会做至少两次薪酬调查，对薪酬进行调整，例如，Cisco 的工资水平在行业中属于中上水平，奖金则处于上上水平，股票价值是上上上水平，综合起来，Cisco 公司的薪酬水平在业界属于上上水平。

请根据以上案例回答下列问题：

1. 上述公司在薪酬方面的特点是什么？
2. 对于一家初创公司来说，你认为应该如何进行战略性薪酬管理体系的设计？

第3章 薪酬管理新趋势

学习目标

1. 了解大数据的产生背景。
2. 掌握大数据的定义和特点。
3. 熟悉大数据在薪酬管理领域的应用。
4. 理解大数据应用的局限性。
5. 理解互联网思维的含义。
6. 了解互联网思维下的薪酬管理特点。

【引导案例】

Google：不公平薪酬制是最公平的薪酬制度

在 2015 年 12 月出版的《重新定义团队：谷歌如何工作》一书中，谷歌（Google）首席人才官拉斯洛博克（Laszlo Bock）结合自己 9 年来领导谷歌人力资源部门的实战经验，首次公开了作为《财富》最佳雇主的人才管理黄金法则，其中一条就是"不公平薪酬制是最公平的薪酬制度"。

拉斯洛认为很多公司留不住最优秀和潜力最大的员工，是因为他们对公平有一种错误认识：给员工薪酬可高于市场水平的幅度设定了上限。谷歌认为，薪酬公平并不是说所有在同级别岗位上的人都要拿同样的薪水，或是上下差不到 20%。事实上，薪酬与贡献相匹配而非与岗位相匹配才能算得上公平，个人的薪酬之间应该有巨大的差异。在谷歌，两个做着同样工作的人产生的影响和所得奖励可以有百倍之差。比如曾经有名谷歌员工获得了 1 万美元的股权分配，而另外一名在同样领域工作的员工却获得了 100 万美元的股权分配。这并非常态，但是几乎每个级别的薪酬差异都很容易达到 300%～500%。在谷歌，很多情形下"低级别"岗位员工的收入比相对"高级别"岗位的平均水平员工收入还高很多。尽管谷歌的员工薪酬差距很大，但很多时候，他们会用温暖贴心的制度来体现真正的关心。谷歌会把省下的钱用在员工遇到灾难或大喜之时，让他们知道在人生低谷和顶峰之时背后都有整个机构的力量做后盾。比如谷歌去世员工的伴侣可立刻获得这名员工全部的未到行权期股票。

在谷歌员工去世后的 10 年时间里，谷歌会向该谷歌人的配偶支付其 50% 的薪水。如果家里还有孩子，这个家庭将每月额外获得 1000 美元，直到孩子 19 岁，或 23 岁（如果孩子是全职学生）。

（案例资料整理自：http://www.jiemian.com/article/451343.html）

案例思考：

1. 为什么 Google 倾向于扩大员工个体间的薪酬差距？
2. 一般意义上的薪酬公平与 Google 认为的薪酬公平有什么区别？

随着互联网、移动平台、物联网、云计算等一系列信息技术的不断升级发展，人类正进入

"第三次工业革命时代"。全球数据海量增长，人们逐渐知晓了"大数据"这一新兴概念。2011年，麦肯锡咨询公司在研究报告中称，人类已经进入"大数据"时代。

3.1 "大数据"时代下的薪酬管理

早在 20 世纪 80 年代，著名未来学家阿尔文·托夫勒就在他的《第三次浪潮》一书中，热情地赞颂"大数据"为"第三次浪潮的华彩乐章"，但当时，"大数据"并未充分引起重视。直到 2011 年 5 月，"大数据"的概念再次由以倡导云计算而著称的 EMC 公司"抛出"，紧接着，麦肯锡、IBM、谷歌等众多科技和管理咨询机构发布相关研究报告，纷纷对"大数据"概念予以积极的回应和跟进，大数据从此成为大众耳熟能详的时尚词汇。根据 IDC（International Documentation Centre，国际文献资料中心）的研究发现：全球信息量大约每两年翻一番，即使是在全球遭遇金融危机的 2009 年，信息量也比上一年度增加了 62%，达 80 万 PB（Petabyte 千万亿字节，1PB=10 亿 GB），自 2010 年起，全球数据已跨入 ZB（Zettabyte 十万亿亿字节）时代，预计到 2020 年，全球数据量将达到惊人的 35ZB，此种现象被称为"大数据摩尔定律"。

大数据时代的到来，改变了人们的思维方式和人力资源管理模式，将大数据技术应用在人力资源管理中，可以解决传统人力资源管理方面存在的一些缺陷和不足，帮助企业在人力资源竞争中获得优势，这已然成为企业人力资源管理的重要内容。

3.1.1 大数据的内涵

目前，学术界和企业界对大数据的界定观点并不统一，正所谓仁者见仁智者见智。关于大数据的定义，比较权威的观点有以下几种。维基百科认为：大数据或称巨量资料，指无法在允许的时间里用常规的软件工具对内容进行抓取、管理和处理的数据集合。麦肯锡全球研究所给出的定义是：大数据指的是大小超出常规的数据库工具获取、存储、管理和分析能力的数据集，并特别强调，并不是说一定要超过特定 TB（Terabyte 太字节）值的数据集才能算是大数据。研究资讯机构 Gartner 则认为："大数据"是需要新处理模式才能具有更强的决策力、洞察发现力和流程优化能力的海量、高增长率和多样化的信息资产。学术界主流观点认为：大数据（Big Data），或称巨量资料，是具有数量巨大、类型多样、处理时效紧、数据源可靠性保证度低等综合属性的数据集合，同时也是无法用现有的软件工具提取、存储、搜索、共享、分析和处理的海量的、复杂的数据集合。

3.1.2 大数据的特点

大数据具有 4 个层面的特征，分别是"Volume，Variety，Value，Velocity"，简称 4 "V"。"Volume"表示数据体量巨大，从 GB（Gigabyte 千兆字节）到 TB、PB 再到 EB（Exabyte 艾字节）、ZB，截至目前，人类生产的印刷材料的所有数据量是 200PB（1PB=210TB），而自人类产生至今，全人类说过的所有的话的数据量大约是 5EB（1EB=210PB）。"Variety"代表数据类型繁多，通常数据类型分为结构化和非结构化两种，结构化数据指以往便于存储的以文本为主的数据，非结构化数据指非文本形式的数据，包括视频、音频、网络日志、图片、地理位置信息等，由于非结构化数据的类型越来越多，对数据的处理能力提出了更高要求。"Value"指价值密度低，商业价值高，以一段连续不间断的视频为例，可能只有一两秒的数据是有用的数据。"Velocity"指处理速度快，这是大数据区别于传统数据挖掘技术的最显著的特征，又称为 1 秒定律。由于数据以爆炸的速度增长，不断涌现新的数据，要使大量的数据得到有效的利用，要求数据处理的速度随着数据量的快速增长不断提升，而且数据在互联网络中不断流动，具有时间价值，如果数据得不到及时、有效的处理，就会丧失其意义和价值。由于大数据具有的 4V 特征，要求数据的使用者具有相应的大数据技术，即通过特殊方法从类型多样的海量数据中，迅速获得有价值的信息的技术。

在当前信息和数据大爆炸的时代，企业每天都要处理海量信息和数据。无论是企业发展还是人力资源管理决策等都需要以数据为依据进行决策。随着数据种类越来越多，业务数量增长越来越快，企业的人力资源管理工作只有不断地去收集信息和数据才能适应日益发展的业务需要，并帮助企业做出正确的决策。企业通过采用数据收集、整合、分析等各种管理工具，能够驱动人力资源管理创新，使人力资源管理工作成为企业管理的数据分析领头军。

利用大数据技术，并结合行业和企业特点、职业环境因素、职业发展规律和员工自身个性特征，可对员工职业倾向和未来发展进行预测，从而使人力资源管理工作的预见性和准确性大大提高。总之，将大数据技术应用到人力资源管理领域，已成为企业管理最新和最重要的内容之一。

3.1.3 "大数据"在绩效薪酬方面的应用

大数据时代已改变了我们的世界。Google 公司基于数据推出"流感趋势"，跟踪诸如"感冒""咳嗽""喷嚏"和"发烧"此类词语，能比较准确地判断出流行感冒在哪里得以扩散。沃尔玛通过收集社交网站的海量信息和数据，运用大数据工具，将"挖掘"顾客需求转化为"创造"顾客需求，成功地实现了尿片和啤酒营销……

《人才大战》的合著者，即电子商务巨头 eBay 公司的副总裁贝丝·阿克塞尔罗德在其著作中写道："将大数据技术运用到人力资源管理工作中具有重要的价值和意义，人力资源管理通过数据分析不断实现增值，不管是以数据引导和分析定位企业外部人才，还是借助数据对企业内部员工进行预测评价，提前获得员工可能离职的信息，找出导致其离职的关键因素，从而及时做出准备和干预，数据都为此提供了大量的机会和空间。"

大数据带来的影响主要是在绩效薪酬管理方面，包括 4 个部分：绩效计划、绩效实施、绩效考核、绩效反馈与应用。

1．绩效计划

绩效管理的第一环节是绩效计划，它是绩效管理过程的起点。在这个环节，企业与员工一起确定绩效目标、发展目标、行动计划。

（1）企业战略和绩效目标的确定。该环节中企业战略目标的确定是关键，同时绩效目标的制定是否合理也影响着整个绩效管理过程是否能够顺利实施。传统人力资源部门对企业战略目标的确定仍以结构化数据以及先验性思维为主，所以很难对企业战略进行准确的定位，更不用说站在企业战略的高度上，将战略合理分解为具体的任务或目标，然后再落实到各个部门以及员工个人。通过挖掘"大数据"价值，将在很大程度上避免这种绩效管理方向性的失策和失误。一是人力资源部门可利用大数据资源洞悉企业所面临的风险和挑战，同时对竞争对手的战略进行预测和分析，再结合企业实际，最终制定出合理的战略目标。这是一个动态的过程，企业可利用绩效仪表盘等技术进行动态的战略调整。二是人力资源部门可使用改革的绩效管理工具将企业的战略目标层层分解到个人，从而使目标更具合理性。如基于"云计算"的 HRMS 技术，是通过对组织内部流程的输入端和输出端的关键参数进行设置、取样、计算、分析，将企业的战略目标分解为可操作的工作目标，然后将绩效标准分解到每个员工身上，最终明确个人的各项绩效考核指标。

（2）加强员工理解和员工参与。大数据思维模式下，企业将收集的数据、分析过程和解释在网络平台公示，不仅加强了员工对企业战略目标、部门目标、个人目标的理解，而且促进了员工共同参与的积极性，从而提高了管理效率。

2．绩效实施

在这一环节，管理者要对被管理者的工作进行监督指导，对发现的问题及时予以解决。整个绩效期间内，双方的持续沟通是很重要的。

（1）加强后台监督。对那些工作给领导看的员工来说，传统的绩效监督实际上收效甚微。但是大数据时代下，由于协同工具的大量采用，如 E-mail、即时通信等办公软件，使得管理者对员工的工作行为进行全面监控成为一种可能。其中获取的数据包括：一是协同软件中的操作行为，如登录次数、登录频率、页面访问量、访问深度等。二是协同事件的响应行为，如发起协同数量、参与协同数量、协同响应速度等。三是其他操作行为，如文档修改、文件分享等。除了协同软件外，企业也可利用计算机和智能手机上的大数据痕迹，建立一个个"员工数据点"，通过这些数据点对员工行为模式进行分析，这些行为模式包括员工与上级领导互动的频率等。另外，企业还可获取大量的图片、音频、视频等半结构化或非结构化的数据，深度挖掘并还原员工的实际工作状态。因此，企业通过深度挖掘"大数据"价值，将实现对员工的高效监督，提高管理者的绩效管理水平。

（2）提高绩效指导水平。在绩效实施阶段，管理者需要对员工进行工作指导，该环节对管理者的辅导水平和及时性提出了一定的要求。随着大数据技术的发展，一方面管理者可通过网络平台进行辅导改进，打破时间和空间的界限，做到及时有效；另一方面，员工可进入企业共享平台或以大数据为媒介的虚拟学习中心，实现自我辅导和改进。

3．绩效考核

（1）关键绩效指标的确定。关键绩效指标是用于沟通和评估绩效的定量化或行为化的标准体系，如何选择合理的考核指标成为决定绩效管理成效的大前提。在传统思维模式下，人力资源部门所确定的考核指标并不能准确评估员工业绩，也无法起到很好的激励作用。随着大数据思维模式的转变，绩效考核指标的确定主要以数据来说话，更具客观合理性，如"顾客满意度""及时率""废品率"等指标。目前，一些大型企业如谷歌、亚马逊、沃尔玛，通过聚合 KPI（Key Performance Indicators，关键业绩指标）、海量财务和运营数据的数据仓库应用，进行深入的分析和确定，从而取得了良好的效果。

（2）绩效考核流程优化。利用大数据技术对绩效结果进行考核，客观公平且节约成本。如 HRMS 技术在绩效考核阶段，将员工的绩效结果与 KPI 进行比对，自动匹配后快速得出考核结果。因此，基于大数据技术的绩效考核流程将更加标准化和系统化，考核结果客观公正，大大降低了企业的绩效管理成本。

（3）考核工具的灵活选择与应用。大数据时代下，"云计算"技术应运而生。基于云计算技术的绩效管理系统，可实现员工特性与绩效考评工具的特点自动匹配；同时根据被考评者的职位特点，对考评工具进行灵活选择。例如，360 度绩效考评法从多角度对员工进行综合评价，注重员工的发展和潜能。关键业绩指标考核是一套自上而下的体系，突出不同部门的 KPI 指标的特点和重点。关键事件法通常作为其他绩效考评工具的辅助工具。因此，云计算技术帮助绩效考评的实施者准确和灵活地选择考核工具，从而提高绩效管理水平。

（4）考核平台的创新与应用。企业通过配备大数据化的系统管理软件对员工进行在线考核，一是人力资源部门可通过系统实时收录员工的工作情况和相关资料，保障数据及时有效。二是员工可通过系统进行工作流程汇报，这些汇报数据也可作为考核的部分依据，打破传统绩效考核的单向性。

4．绩效反馈与应用

（1）绩效反馈。在绩效反馈阶段，管理者就员工绩效结果、存在的问题和指导意见进行面谈。但是员工往往处于被动层面，同时员工对管理者的绩效反馈得不到重视。大数据时代通过建立企业网络申诉平台很好地解决了这一问题：一是员工可通过平台就绩效反馈意见提出请求；二是员工可通过该平台对管理者的绩效工作进行反馈，从而提高管理者的绩效管理水平，同时加强员工在下一阶段的绩效实施。

（2）绩效结果应用。传统人力资源管理部门认为绩效管理就是绩效考核，重视考核结果在薪酬、职位晋升方面的依据作用，忽视其在员工个人发展上的引导作用。挖掘大数据背后的潜在价值，将促进企业从绩效考核到绩效管理的变革：一是通过大数据技术，挖掘绩效数据背后的规律，同时对员工未来的工作业绩进行预测和指引，使员工了解实际技能、职业发展所需的知识和技能，从而达到员工能力提升和工作需要之间的动态平衡；二是绩效考核数据档案化，将员工绩效、培训、奖励、违规等情况进行汇总，利用大数据生成员工成长曲线图，利用大数据对其特性、工作倾向、工作态度等内容进行分析，使员工了解自我，理性地进行职业定位和选择，促进员工个人发展。

企业人力资源管理者从传统的思维模式转向大数据思维模式，已成为一种必然要求。人力资源管理者既要注重大数据背后的资源价值和大数据"技术"的应用，也要加强对大数据的风险管理，使"大数据"价值充分融入绩效管理的各个环节中，促进企业绩效管理模式的创新和发展，最终促进人力资源管理模式的创新和发展。

3.1.4　"大数据"技术应用的局限性

如上所述，大数据的理论和技术拥有诸多优点，但事实上，大数据还处于发展阶段，其相关概念、技术、方法还不成熟。因此，大数据在人力资源管理中仍有如下困局亟待破解。

1．大数据信息的有偿使用

在大数据中，数据分析和云计算通常是联系在一起的。全球知名咨询公司麦肯锡是这样描述二者关系的："如果说云计算为数据资产提供了保管、访问的场所和渠道，那么如何盘活数据资产，使其为企业决策服务，则是大数据的核心议题，也是云计算内在的灵魂和必然的升级方向。"提供云计算的信息技术公司或供应商在前期建设中投入了巨额的研发成本，因此，如果要使用大数据信息、接受大数据服务，必然要支付高昂的费用。这对一些中小型企业来说可能是不能承受之重。

2．信息安全

在大数据时代下，每个人的一言一行几乎都可以用虚拟的数字来表示。因此，随着大数据技术的应用，个人隐私和商业秘密存在被侵犯的危险。互联网数据中心（IDC）的统计数据显示：2010年，只有不到三分之一的数据是需要保护的，但2020年这个比例将超过五分之二。在亚洲和南美洲等新兴市场，数据保护更是缺乏。随着电子商务和社交网络的兴起，越来越多的人在网络上留下了个人信息。虽然用人单位可以通过这些信息来了解、分析员工，但如果使用不当，它可能侵犯员工的隐私，并可能给员工造成巨大损失。

3．大数据技术并非"万能"

由于大数据的优势，很多人可能会认为大数据可以解决所有的问题。对于一些行业，如互联网，利用大数据分析可以有效地处理大量的数据，分析用户需求，全面优化产品。但许多迹象表明，目前大数据还不能完全取代传统的结构化数据，因为相对于结构化数据的有效性，非结构化的数据并不占优势。特别是对某些特定的应用，结构化数据仍占主导地位。传统的数据处理方法，可以处理这些结构化数据，没有必要使用大数据技术。具体到人力资源工作，如果问题可以通过传统的结构化数据解决，则不必使用大数据技术。

4．大数据人才欠缺

大数据背景下更需要人力资源管理人员掌握并灵活应用一些必要的数据分析技能，而这恰恰是当前的人力资源管理人员所欠缺的。2013 年美国管理协会（AMA）携手企业生产力研究所开展的一项调研显示，人力资源管理人员的分析能力在研究开发、财务、运营等人员中是最差的（Martin & Priscila，2011），因此数据分析能力的提升对当前人力资源从业者来说是巨大挑战，短时间内难以消除他们的不安、恐惧甚至排斥心理。EMC 公司近期通过对数据科学家展开调查，得到的调查结果是：83% 的调查对象坚信"大数据"会使得企业对数据科学家的需求空前增长；64%的调查对象表明，现有的人才供应量处于供不应求的状态。事实上，麦肯锡公司预测，在未来六年里，单美国就会面临缺少 14 万甚至 19 万拥有深厚数据分析技术的人才。而能够通过运用大数据进行合理决策的管理和分析人才的缺口更是达到 150 万。由此预见，大数据人才的欠缺将是企业应用大数据的重大难题。

大数据为人力资源管理提供了新的工作方法和思路，但它仍有潜在的局限性需要去有效破解。人力资源部门需要充分利用大数据的优势，尽量避免它的缺点，使大数据为用人单位和人力资源工作者更好地服务。

3.2 互联网思维下的薪酬管理

伴随着社会经济结构的发展与演变，企业不断地受到来自各个方面的挑战。企业的竞争对手，不再局限于某个行业领域或地理区域，而是随着互联网时代的深化发展发生着不可逆转的系统性变化。

3.2.1 互联网思维的概述

互联网思维主要指对"互联网+"为主要驱动力的整个经济环境的新的思维模式。"互联网+"的概念使得市场竞争的内涵得到了极大的延伸，同时也对工农业、商业以及金融等各大传统行业形成了前所未有的冲击。"互联网+"代表着一种新的经济形态，它指的是依托互联网信息技术实现互联网与传统产业的联合，以优化生产要素、更新业务体系、重构商业模式等途径来完成经济转型和升级。2015 年 3 月，马化腾提交的《关于以"互联网+"为驱动，推进我国经济社会创新发展的建议》议案指出，我们需要持续以"互联网+"为驱动，鼓励产业创新、促进跨界融合、惠及社会民生，推动我国经济和社会的创新发展。"互联网+"是指利用互联网的平台、信息通信技术，把互联网和包括传统行业在内的各行各业结合起来，从而在新领域创造一种新生态[①]。在服务和零售行业，顺丰、万达等正在布局互联网转型，而"三巨头"（百度、阿里、腾讯）也充分利用互联网行业基因的先天优势在传统行业领域不断地攻城略地，给传统零售、媒体以及金融等行业带来前所未有的危机感和实实在在的挑战。越来越多的企业感受到了危机，无论是被逼

---

① 马化腾. 关于以"互联网+"为驱动，推进我国经济社会创新发展的建议. 中国物联网，2015-06-21.

还是自愿都开始踏上互联网化的征途。互联网思维下的薪酬管理，为薪酬结构设计的等级序列结构提出新的可能，为企业组织形式的多样化提供新的思维，同时也为大数据技术在薪酬管理中的进一步应用创造了条件。

3.2.2　互联网思维的影响

在互联网思维带来的企业组织形式的变化中，基础的薪酬管理理论正面临变革。基础的薪酬管理基于泰勒管理理论，认为科学管理的根本目的是谋求最高劳动生产率，最高工作效率是企业和员工达到共同富裕的基础，实现最高工作效率的重要手段是用科学化的、标准化的管理方法代替经验管理，以更加科学和理性的思维方式解决工业生产时代人类经济社会面临的挑战。

基础的薪酬管理认为，员工为完成工作任务投入最大程度的积极性，雇主基于对这种最大程度积极性的鼓励，回报给生产效率较高的员工特殊的刺激。基于这样的理论体系，薪酬管理通常着眼于薪酬结构与薪酬水平两个方向的设计，试图从薪酬的内部公平性、外部竞争性以及薪酬的运行管理等角度对企业整体的薪酬结构进行设计。其中内部公平性主要包括职位分析与职位评价两个方面。职位分析是现代人力资源管理的核心基础职能，也是薪酬管理中最常规的技术。职位分析能够通过多种科学的信息处理与分析方法，对目标职位进行较准确的定位，帮助企业在实现组织目标的同时提高员工工作满意度。职位评价在职位分析的基础上，系统地确定各职位之间的相对价值，建立组织内部的等级序列结构，帮助企业根据职位相对价值来构建合理的组织结构，从而支持组织目标的实现。这样的薪酬设计的优点在于为薪酬管理体系设计提供了确认工作相关信息的技术手段，能够帮助企业快速确定多层级的组织结构，提高企业管理效率，适用于传统的组织形式与管理方式。

正如华为创始人任正非的用人之道：砍掉高层的"手脚"、中层的"屁股"、基层的"脑袋"。让高层关注企业的未来：洞察市场、规划战略、运筹帷幄。中层着眼于企业的当前：走出办公室，了解市场，理解市场，承上启下。基层执行企业的规则：遵守公司的流程制度和规则，拒绝空想，做好每一步既定步骤的实施。

然而互联网思维下的企业管理正逐步从集权化、多层级、追求确定模式的管理方法，转而向分布式、平级化、追求不确定性的管理方法转变。传统集权层级组织中，整个组织的智力水平来自组织高层，各种信息在层层传递中严重失真。去中心化的组织，是一种分布式结构，组织智力决策分布于组织成员中，决策快，迭代快。在互联网思维下，企业内部的等级观念遇到前所未有的挑战，团队成员与团队领导者、团队成员内部之间的转换频率加快，垂直的薪酬等级序列结构无法满足不断重组重构的组织形式。因此，在互联网思维下，企业及其管理将发生重大变化，而基于传统企业与管理理论的稳定性的薪酬管理也必将进行相应调整以适应企业组织与管理的变革。

【启发与思考】

扫一扫→广州薪酬低于深圳杭州

【思考练习题】

1. 大数据的定义是什么？
2. 大数据的特点有哪些？
3. 大数据在薪酬管理领域的应用主要体现在哪些方面？
4. 绩效薪酬领域如何运用大数据？
5. 大数据应用的局限性有哪些？
6. 大数据如何在其他人力资源模块中应用？
7. 互联网思维指的是什么？
8. 互联网思维给薪酬管理带来哪些影响？

【模拟训练题】

A 公司是一家拥有近百年历史的知名家具制造企业，董事长十分重视人力资源管理。公司为给员工带来安全感，一直以来都是采用固定工资制。然而，近年来却发现这样的工资制度越来越不能调动员工的积极性，而且员工之间还存在工作互相推诿的现象。为解决这个问题，公司将固定工资制改为了浮动工资制，即多劳多得，并且将个人绩效与团队绩效挂钩，加强团队成员之间的合作意识。该制度一推出便受到了员工的广泛欢迎，也解决了原来的问题。然而隔了一段时间，却又有新的问题产生了。由于浮动工资部分是专由主管负责考核，一些员工抱怨自己一直在很努力地工作，而一些只在主管查看时表现积极的同事工资却比自己的高，甚至于一些巴结主管的同事虽然工作不积极但是最后考核成绩也很高，他们对此感到很不公平。

问题：如果你是 A 公司人力资源部经理，你将如何根据互联网思维对薪酬管理的影响，提出解决办法。

【情景仿真题】

B 公司是一家知名的制造业民营企业，拥有近千名员工。随着公司进一步的发展，该公司的薪酬管理遭遇重重问题。一部分员工认为工资没有体现职位与职位之间的难易程度，一部分员工认为工资没有体现个人的工作量和能力强弱，一部分员工认为工资与行业平均工资不相吻合，还有一部分员工认为工资无法反映个人及部门的业绩好坏的关系。

问题：如果你是 A 公司的人力资源部经理，你如何基于大数据，从绩效薪酬管理的 4 个部分解决公司薪酬管理问题？

第二篇

薪酬结构设计

第4章 职位分析与职位评价

学习目标

1. 明确职位分析的作用及主体内容。
2. 理解职位分析的导向性。
3. 了解胜任力模型和职位分析的区别和联系。
4. 掌握胜任力模型。
5. 熟悉职位分析和职位评价的方法和操作流程。

【引导案例】

如何进行职位分析与评价

北京一家知名艺术学校，创办于 2010 年。该艺术学校创立之后，经过全体员工的不懈努力，办学质量不断提高，社会影响日益扩大。截至 2015 年年底，该艺术学校共有员工 120 人。

但是，目前艺术学校在人力资源管理方面面临着两个重要的问题，一是缺乏优秀人才，二是学校员工的积极性有待提高。经过人力资源部门的认真调查研究，发现薪酬是造成这两个问题的重要原因，因此学校决定重新设计薪酬管理体系。

学校领导认为，在薪酬管理体系设计中，职位评价是制定薪酬标准的基础，因此非常重视职位评价。而正确的职位评价又来源于准确的职位分析，因此学校人力资源部门需要首先做好全校的职位分析。

学校在调整薪酬结构设计方面的具体做法如下。

首先，明确职位设置的基本原则："因事设岗、最少岗位数"。

其次，确定需要设置哪些职位，明确每个职位的定位、目的、职责、管理幅度与垂度、工作权限、工作环境、实用工具、任职条件、考核指标等。科学合理地安排职位，采取自上而下的方法，按管理层级逐级描述，将其作为职位评价和制定岗位工作目标的基础，并用于分析和核定每个职位的工资水平。

目前，该校的薪酬结构采用多级工资体系的年薪制，分教学和行政两大类。职级具体如表 4-1 所示。其中副教授 1、2 档与教授 3、4 档工资水平相同，讲师 1、2 档与副教授 3、4 档相同，助教 1 档与讲师 5 档相同，主任级 1 档与校长级 4 档相同，主管级 1 档与主任级 4 档相同……

表 4-1 某校职级分类

教学类	档次					行政类	档次				
教授	1	2	3	4		校长级	1	2	3	4	
副教授	1	2	3	4		主任级	1	2	3	4	
讲师	1	2	3	4	5	主管级	1	2	3	4	
助教	1	2	3	4	5	助理级	1	2	3	4	5
						秘书级	1	2	3	4	5

以上是学校的职位分析与职位评价的部分内容。

案例思考：

对于企业来说，职位分析与评价到底在薪酬设计中的地位如何，有哪些作用？在进行职位分析与评价时，还需要坚持哪些原则？职位分析与职位评价具体有哪些方法？

当企业需要建立新的薪酬结构时，需要进行职位分析，获取相关信息。职位分析与职位评价是企业招聘管理、绩效考核、培训与开发的基础，更是实施薪酬管理的前提，做好职位分析与职位评价才能促进企业薪酬系统高效、规范运转[①]。职位分析与职位评价是企业人力资源管理的重要基础，职位分析中获取的信息和职位评价的基本结果对人力资源管理的其他工作起到重要的支持作用。

4.1 职位分析

早在人类茹毛饮血的原始社会，人类就已经懂得分工合作的重要性。有复杂的分工，比如捕猎时的探路、进攻、猎物处理等职责分工；也有简单的分工，比如男女的分工。人类也正是依靠分工合作，才能从危机四伏的原始社会一路走到现在，成为自然界最强大的种族。任务分工的首要目标是分工的准确性，在现代，为应对内外部环境的快速变化，企业时不时地需要对职位分工进行重新梳理和界定。而职位分析是任务分工、明确职责以及确定薪酬的第一步工作。做好职位分析与评价，才能促使企业薪酬系统高效、规范运转。

4.1.1 职位分析概述

职位分析是一项需要耗费大量人力物力的工作，所以一般来说，当企业出现以下情况时，表明非常需要进行职位分析：经常出现推诿扯皮、职责不清或决策困难的现象；当需要招聘某个职位上的新员工时，发现很难确定用人的标准；新技术的出现，导致工作流程的变革和调整；企业发展战略的变动等。

1．职位分析的含义及作用

职位分析也称为岗位分析、工作分析，它是现代人力资源管理的一项核心基础职能[②]，是企业薪酬管理中最常规的技术，也是整个薪酬管理工作的基础。职位分析是指以企业单位各类劳动者的工作岗位为对象，采用多种科学方法，通过系统地收集、确定与组织目标职位有关的信息（如工作内容，分析工作的性质、繁简难易、责任轻重、执行工作应具备的知识技能与经验等），对目标职位进行研究分析[③]，最终确定目标职位的名称、岗位定位、岗位目的、督导关系、工作职责、任职要求、管理幅度与垂度、工作权限、工作环境、实用工具、考核指标等基本因素等的活动过程。

科学的职位分析，不仅是确认工作相关信息的技术手段，而且更重要的是它直接影响着薪酬管理的运行效果。做好职位分析，可以改善和弥补组织功能不足的缺陷，在达成组织目标的同时给予员工更高的工作满意度，最终提高组织绩效和生产力。

---

① 李文东，时勘. 工作分析研究的新趋势. 心理科学进展，2006，03：418-425.
② 张莉洁. 工作分析——企业人力资源工作的基石. 中国人力资源开发，2002，（10）：43-45.
③ 赵曙明，张正堂，程德俊. 人力资源管理与开发. 北京：高等教育出版社，2014：63-76.

职位分析的成果包括职位说明书（Job Description）和职位分析报告（Job Specification）。其中，职位说明书是指描述组织内的某个职位，并以某种形式对与该职位相关的信息进行描述和介绍，从而有利于他人顺利了解该职位。职位分析报告是对某职位的设置原因、职位目的、工作关系、任职要求、主要职责、考察标准、工作权限、工作方式、主要流程及制度等方面做充分的、详细的分析及说明。

职位分析具有薪酬管理的基础支撑作用。职位分析可以让职工了解工作的大致情况、建立工作程序和工作标准，阐明工作任务和责任职权，同时还为本岗位或工作应具备的技能、责任和知识等资格条件进行明确界定，对企业的人力资源规划、招聘、绩效考核、薪酬管理、培训、职业生涯设计等方面具有重大作用。比如，职位分析的结果可以帮助企业预测未来的人力资源需求，并通过相应的计划协调平衡人员配置；通过职位分析明确工作职责和工作任务，企业可以据此来制定相应的培训和开发工作，使新员工快速适应岗位，使老员工工作更加出色，提升企业绩效；职位分析的结果是工作所需的经验、学历、技术等条件，这就为人才的选用和确定薪酬提供了依据，避免了盲目性。职位分析与人力资源各模块的关系如图4-1所示。

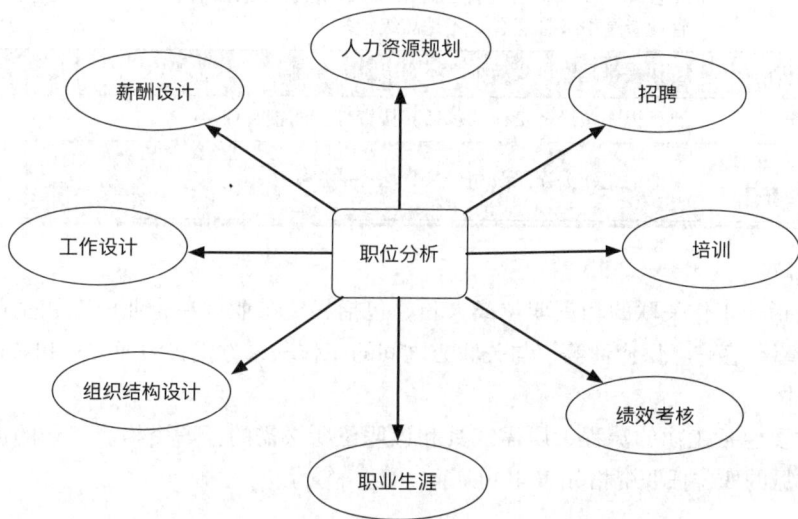

图 4-1　职位分析与人力资源各模块的关系

2．职位分析的内容

企业进行职位分析主要解决 7 个方面的问题：为何做、由谁做、做什么、与谁做、如何做、在哪做、何时做。

（1）为何做

为何做主要指某职位存在的意义，即这个职位存在的原因与理由是什么；如果不设立该职位，组织将会面对什么样的消极结果；通过设立该职位，能够解决什么样的问题，能够完成什么样的工作等。

（2）由谁做

由谁做主要内容包括：确定职位名称；任职者姓名；部门从属关系；主管职位和主管人姓名；该职位在组织中的层次关系；上级主管的职位和姓名，上级主管的平级职位名称和平级职位主管姓名，上级主管的下属职位名称和人员情况等。

（3）做什么

做什么，即工作职责，包括职责的内容，职责的衡量标准；与职责相关的具体活动，这些活动发生的频率；各项职责在总工作量中的比重等。在工作职责描述时，可以询问现在的任职者，他从事了哪些和本职无关的工作，或者他认为他从事的这些工作应该由哪个部门去做，就可以区分出他的、别人的和他还没有做的工作[①]。

常见的职位权力与责任的描述如表 4-2 所示。

表4-2 职位的权力与责任一览表

权力与责任的类型	具体说明
财务权	资金审批额度和范围
计划权	做哪些计划及做计划的周期
决策权	任职者独立做出决策的权力有哪些
建议权	对公司政策的建议权还有对某项战略以及流程计划的建议权
管理权	要管理多少人，管理什么样的下属，下属中有没有管理者，有没有技术人员，这些管理者是中级管理者，还是高级管理者
自我管理权	工作安排是以自我为主，还是以别人为主
经济责任	要承担哪些经济责任，包括直接责任和间接责任等
在企业声誉和内部组织方面的权力和责任	如他的工作失误给公司带来什么样的影响等

（4）与谁做

与谁做是指与工作关联的相关职位或人员，包括界定某职位在企业内部和企业外部的工作关联方，如同事、客户、供应商等；与关联方之间的工作联系方式；沟通方式和沟通频率等。

（5）如何做

如何做主要包括工作的流程、所需工具和该职位所必需的任职资格。工作的流程因不同工作而不同。常见的职位任职资格如表 4-3 所示。

表4-3 常见的职位任职资格

序号	资格内容
1	从业者的学历和专业要求
2	工作经验
3	专业资格要求
4	专业知识方面要求
5	职位所需要的技能：沟通能力、领导能力、决策能力、写作能力、外语水平、计算机水平、空间想象能力、创意能力等
6	个性要求：这一项是选择性的。还有其他方面，如这个职位要求的最佳年龄段、身体状况、身高等，也可以在其他要求里做注明
7	与岗位培训有关的内容，也有的在培训需求中体现

[①] 刘玲，燕良轼. 工作分析发展动态研究. 社会心理科学，2010，（3）：16-22.

职位所需的设备和工具视分析方法的不同而不同。一般都需要计算机、扫描仪等。而其他方法，如观察法就需要摄像机；面谈法就需要录音笔。

（6）在哪做

该部分主要包含实际工作地点，实际工作地点还包含工作环境相关信息，如是不是需要经常出差，出差的频率如何；工作场所的环境状况如何，是否安全、舒适；工作地点或者环境对心理和身体的消耗程度如何，对压力、耐力等的需求如何等。

（7）何时做

何时做主要指对某职位的工作时间安排，包含对工作日的界定、每日工作时间的界定以及对加班的界定等。如是否实行倒班制度，实行弹性工作日、固定工作日还是综合计时制度等。

3. 职位分析的目标导向

没有方向的职位分析就像一艘没有航向的船，不管是航向何处都感觉困难重重。所以，明确职位分析的具体目标以及成果的具体用途，以此作为分析系统的依据，在此基础上建立的薪酬结构才具有科学性和系统性。对于不同目标导向的职位分析，分析的侧重点也有所不同。

（1）组织优化导向

以组织优化为导向的职位分析，强调对工作职责、权限的明确界定；强调将工作置于流程与战略分解体系中来重新思考该职位的定位；强调职位边界的清晰化。

（2）人才选聘导向

以人才选聘为导向的职位分析，强调对工作所需教育程度、工作经验、知识、技能与能力的界定，并确定各项任职资格要求的具体等级或水平。

（3）薪酬制定导向

以薪酬为导向的职位分析，强调对与薪酬决策有关工作的评价性分析，包括职位在组织中的地位及对组织战略的贡献，工作所需要的知识、技能与能力水平，工作职责与任务的复杂性与难度，工作环境条件，工作负荷与强度的大小等。

（4）绩效考核导向

以绩效考核为导向的职位分析，强调对工作职责以及责任细分的准确界定，并收集有关各项职责与任务的重要程度、过失损害的信息，为考核指标的提取以及权重的确定提供基础。

（5）培训开发导向

以培训开发为导向的职位分析，强调对工作典型样本、工作难点的识别；强调对工作中常见错误的分析；强调任职资格当中可培训部分的界定。

4.1.2 职位分析方法及流程

1. 职位分析方法

企业进行职位分析的常用方法有观察法、问卷调查法、面谈法等几大类，其他还有参与法、典型事件法、工作日志法、材料分析法、专家讨论法等。

（1）观察法

观察法是指职位分析人员对员工的工作过程进行全面观察，收集员工的工作过程信息，然后对这些信息进行比较、分类、归纳和汇总，从而得到职位分析结果的方法。观察法有助于职位分析人员了解生产的过程，减少误解，但是观察法占用时间较长，主要适用于流水线的工人以及周期短、规律性强的职位，对脑力劳动者和中高层管理人员则不太适合。根据不同的观察对象的工作周期和工作突发性的差异，观察法具体可分为直接观察法、阶段观察法和工作表演法。

① 直接观察法。职位分析人员直接对员工工作的全过程进行观察。直接观察法适用于工作周期或者劳动周期较短的职位，如保洁员、流水生产线上的操作工人等。

② 阶段观察法。针对员工工作过程的阶段性特征，为了完整观察员工的所有工作过程，职位分析人员对员工的工作过程进行分阶段观察。如董事会秘书，需要每隔一段时间准备董事会会议的相关资料；上市公司财务工作人员，需要每半年提交一次财务分析报告等。

③ 工作表演法。针对有些工作时间跨度太大，或者部分工作突发或偶然事情较多的情况，不适合采用直接观察和阶段观察法时，可以采用"工作表演法"。如企业安保人员的工作就具有较强的突发性和偶然性，处理这些工作的过程也不适合职位分析人员进行直接观察，这时就可以安排相关人员进行情景构造和"情景演练"，职位分析人员对该过程进行观察和收集相应的资料。

在使用观察法时，职位分析人员应事先准备好观察所需的设备，如摄像机、录音笔等，对员工的工作过程进行录像录音，便于后期的分析，也应该准备好相应的表格方便随时记录。需要注意的是，在被观察对象的选择上，要注意对象的典型性和代表性，而且最好选择非参与观察的方式进行观察和记录，以免对被观察对象的工作过程造成干扰。

（2）问卷调查法

职位分析人员设计专门的问卷，针对在岗人员进行调查，通过其对工作行为、工作特征、工作人员要求等方面的问题进行主观评价（定性描述或打分评级），然后进行统计分析，得到调查结果。问卷调查法一般适用于工作过程周期性不强，工作成果衡量指标模糊的工作，如企业内部的研发人员、管理者或工作不确定因素很大的员工（如行政经理）等。问卷调查法比观察法更便于统计和分析。需要注意的是，调查问卷的设计直接关系到问卷调查的成败，所以问卷一定要设计得完整、科学、合理。问卷调查法能够从众多员工处迅速得到信息，节省时间和人力，费用低；适用于在短时间内对大量人员进行调查的情形。

目前，运用比较广泛的职位分析问卷调查有以下 3 种方法。

① 职位分析调查问卷（Position Analysis Questionnaire，PAQ）。职位分析调查问卷是美国普渡大学（Purdue University）的研究员麦考米克（E. J. McCormick）等人研究出的一套数量化的工作说明法。PAQ 有 194 个问题，其中 187 个问题被用于分析工作过程中员工的活动特点，另外 7 个问题涉及薪酬。所有的 194 个问题被分为信息输入、工作产出、人际关系、工作环境、其他特征 5 个类别。

② 阈值特质分析方法（Threshold Traits Analysis，TTA）。劳普兹（Lopez）等人在 1981 年设计了"阈值特质分析"（TTA）问卷。TTA 将员工的心理特质与员工的工作绩效相联系，其基本原理是，如果某员工具有某种差异性的人格心理特质，而其职位绩效又与这种特质相关联，即该特质能够在该岗位上创造出更高的工作绩效，那么就可以确定该特质为完成这一工作所需的个体特质之一。

③ 职业分析问卷。美国控制数据经营咨询企业在 1985 年设计了职业分析问卷，对职位进行定量的描述。职业分析问卷是一个包括各种职业的任务、责任、知识技能、能力以及其他个性特点的多项选择问卷。例如，在业务分析问卷中，软件职位被规划分为 19 种责任、310 个任务和 105 个个性特点。

虽然以上研究成果能够为企业的职位分析提供良好的问卷调查基础，但是对于具体的企业来说，尤其是小企业来说，直接运用这些问卷的难度很大。通常的做法是，借鉴这些研究成果，企业根据自己的实际情况开发适合自身的问卷进行调查，这样能够获得更好的效果。

（3）面谈法

面谈法也称采访法，分为个别访谈法、主管访谈法、集体访谈法 3 种类型。它是通过职位分析人员与员工面对面地深入交谈收集职位信息资料的方法。在面谈之前，职位分析人员应该做好面谈的前期准备工作，如拟定好交谈的问题提纲，做好交谈过程中的计划安排等。由于面谈法是面对面地交换信息，所以可深入了解员工工作态度、动机等因素，具有互动性的特点，但不如问卷调查法的结构完善，受访谈者、被访谈者和情景因素影响大。

面谈法对职位分析人员的语言表达能力、归纳能力、演绎能力和逻辑思维能力有较高的要求。职位分析人员要做好前期的准备工作，避免谈话局面失控、偏题、跑题，要能够将谈话对象和交谈问题聚焦到职位分析所需要的信息上。同时，职位分析人员要及时准确地做好谈话记录，并且避免使谈话对象对记录产生顾忌。面谈法适合于脑力职位者，如开发人员、设计人员、高层管理人员等。

麦考米克于 1979 年提出了面谈法的一些标准，如图 4-2 所示。

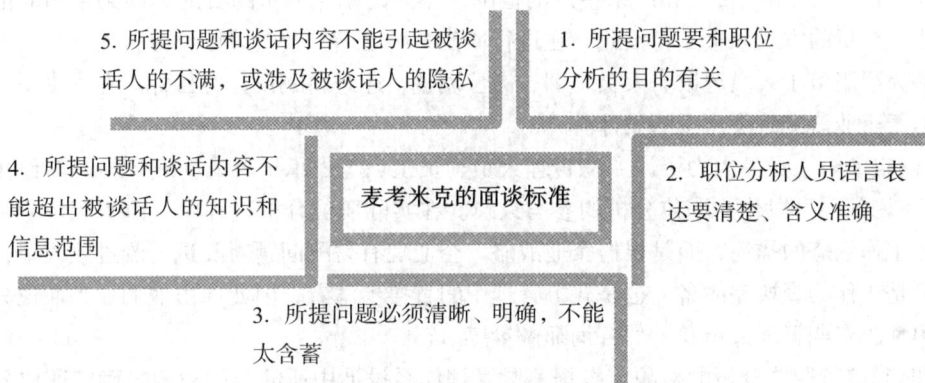

图 4-2　麦考米克提出的 5 项面谈标准

（4）其他方法

① 参与法。参与法也称职位实践法，是指职位分析人员直接参与到员工的工作中去，扮演员工的工作角色，体会员工的工作过程，收集工作过程中的各种信息。与观察法、问卷调查法相比较，参与法能够得到更加全面和准确的信息，有利于职位分析。但是，因为参与法要求职位分析者真正参与到所分析的职位的实际工作中，而不是简单模仿，因此参与法仅仅适用于那些专业性、技能性要求不是很强的职位。

② 典型事件法。某些职位的工作过程非常繁杂，收集工作过程的所有信息不仅难度很大，而且过于复杂和细节性的信息也不利于后期的职位分析，因此可以挑选具有代表性的员工、典型的工作时间、典型的工作内容或工作过程进行观察并收集信息，从而提高职位分析的效率。

③ 工作日志法。工作日志法是由员工本人自行进行的一种职位分析方法。事先应该由职位分析人员对员工进行一定的培训，并设计好详细的工作日志单，让员工按照要求及时地填写职位内容和工作过程内容，从而收集工作信息。工作日志法有利于提供完整的工作过程画面，但是因为工作日志是员工本人填写，而且是在工作过程中填写，所以工作日志的真实性是存疑的，因此工作日志法一般不单独使用，而是配合其他方法如问卷调查法和面谈法一起使用。

④ 材料分析法。材料分析法是指职位分析人员利用手头现有资料进行职位分析的方法。如

职位分析人员已经有了分析对象的一些资料，或者已经收集到类似企业职位分析的相关资料，那么就可以直接进行企业内部的职位分析。材料分析法比较适合初创期的企业或者企业内部新设职位的分析工作。

⑤ 专家讨论法。专家讨论法指在职位分析中，组织相关领域的专家或者经验丰富的员工进行讨论，来进行职位分析的一种方法。专家讨论法对专家和员工的经验有较大程度的依赖，具有一定的主观性，主要适用于那些发展变化较快，或职位职责还未定型的企业。

以上职位分析方法各有特点，企业在进行职位分析时，常常组合使用以上两种或者多种方法，在使用过程中，应该注意各种方法的适用范围和优缺点，同时要结合企业的具体情况进行分析，以求得到尽可能详尽、真实、可靠的职位分析结果。

2．职位分析流程

职位分析流程可以分为 4 个阶段：准备阶段、调查阶段、分析阶段、成果生成与完善阶段[①]。

（1）准备阶段

① 明确职位分析的目的和结果使用的范围。不同的职位分析的目的和结果使用的范围决定了进行职位分析的方式和重点，因此，在进行职位分析之前，要明确职位分析的目标，即明确职位分析是为了服务于人员选拔、人员培训、岗位调整，还是薪酬设计等目标。在本书中，职位分析是服务于企业薪酬管理体系的设计。

② 确定参与人员。人力资源专职管理人员、员工、工作承担者的上级领导及其他相关人员（如外部咨询师）可以作为职位分析的参与人员。在实际职位分析过程中，由于职位分析不仅仅是对现有工作状态的描述，而是根据企业战略、企业现有薪酬问题对其进行改进或改革，员工和上级主管是工作的直接完成者，也是薪酬管理中的直接参与者，因此，由他们作为职位分析的主体，人力资源专职管理人员及外部咨询师做参谋。

③ 明确进行职位分析的对象。根据薪酬管理体系设计中所涉及的对象来确定职位分析的对象。通常，企业会根据自身的长短期的战略、经营目标、组织结构图、部门的性质、任务及部门内的编制职位因素来确定目前薪酬管理体系设计所涉及的对象。

④ 确定分析方法。不同的职位分析方法具有不同的优缺点，企业应该根据自身的实际情况来确定职位分析的方法。同时，对不同岗位的职位分析方法也可能不同，如对流水线上的工人所做工作进行职位分析时，由于他们的工作彼此相似，对他们所做的工作进行一个一个的分析会非常耗费时间，因此在这种情况下，可选择典型工作分析的方法；但对于那种个性化程度较高的工作类型，则不能采用这种职位分析方法。与此同时，在准备阶段还需要针对不同职位分析对象设计不同的访谈提纲和问卷内容。

（2）调查阶段

① 进行职位分析调查。职位分析调查是获取信息的关键步骤，其主要方法有问卷法、观察法、面谈法以及直接参与法等，职位分析工作者可以通过以上这些方法来直接或间接地获取与该职位有关的信息。为保证所获取信息的全面准确，职位分析者必须保持客观的心态，摒除个人情感，并完整地对获取的信息进行记录。通常，不建议一个人进行某一岗位的职位分析调查，多人参与调查能保证信息的客观性、准确性与全面性。

② 业务经理配合人事部考察工作流程、环境和关键步骤。薪酬管理体系的设计不仅包括对岗位工作时间、工作性质、工作强度等因素的考虑，还包括对岗位结构的调整。因此，业务经理

---

① 赵曙明，刘洪，李乾文. CEO 人力资源管理与开发. 北京：北京大学出版社，2011：39-43.

配合人事部考察同种流程和关键步骤有助于更合理地分析现有岗位上的问题。

③ 与管理层员工及重点岗位员工进行面谈并做好记录。对于重点岗位的员工，一般还会采用管理人员面谈的方式进行相关信息的了解，其主要包括对目前该员工的工作职责、工作强度、工作难题、工作满意度、工作反馈等信息的了解，还包括对员工生活、员工需求、员工个人规划等方面的了解。这有助于帮助企业针对这类员工设计更符合其需求的奖金、福利、激励等薪酬制度。

（3）分析阶段

① 明确工作分析的项目。工作分析阶段是整个工作分析过程的核心部分，主要包括如下项目：工作名称的分析、工作任务的分析、工作责任的分析、协作关系分析和工作环境分析等。

② 工作名称的分析。工作名称分析过程中，一方面要求工作名称明确，力求通过工作名称即可了解工作内容；另一方面要求工作名称标准，对于一些各个企业中均存在的职位，企业应采取与其一致的职位名称，不建议企业另辟蹊径。

③ 工作任务的分析。工作任务的分析是对工作具体事项的分析，如工作的核心任务、工作内容、工作的独立性和多样化程度、完成工作所需要的方法和步骤。通过对工作任务的分析也能帮助企业进行流程再造。

④ 工作责任的分析。进行工作责任分析时，分析完成该工作所应配置的相应权限，即明确岗位的责任与权力。需要注意的是，工作的责任与权力应该相互对应，例如：对于管理者而言，他的权力就是可以安排下属员工的日常工作，但同时他的责任就是给员工安排的日常工作必须服务于该部门的经营目标。此外，应尽量使用定量的方法来确定工作的责任与权力。

⑤ 协作关系分析。协作关系分析是了解和明确该项工作的协作关系，包括该项工作受哪些工作制约、相关工作的协调合作关系、哪些工作之间可以进行工作的协调和更换等。

⑥ 工作环境分析。工作环境分析包括对工作的物理环境和社会环境进行分析。工作环境就是指员工进行工作时所处的环境，社会环境主要是指该岗位员工所处的工作氛围、同事关系等。

（4）成果生成与完善阶段

① 编写职位说明书。在完成工作分析之后都要编写职位说明书，该阶段主要是解决如何用书面文件的形式表达分析结果的问题，一般可以通过工作描述和工作规范的方式来表达。工作描述是关于一种工作中所包含的任务、职责和责任的一份目录清单。工作规范是一个人为了完成某种特定的工作所必须具备的知识、技能、能力及其他特征的一份目录清单，全面反映了对工作承担者的个性特征、技能及工作背景等方面的要求。职位说明书是工作分析的最后成果，它可以使主管对下属的工作要求有清晰的了解，以便做出恰当的评估，为薪酬管理体系的设计提供必要的信息。

② 完善分析成果。主要是指对拟定的职位说明书与实际进行对比，确认职位说明书中是否有遗漏或者出错的地方，以最终确定职位分析的结果。

4.1.3 职位说明书

职位说明书（亦称工作描述或岗位说明书）是职位分析的结果之一。从职位分析中可以得到职位拥有者的信息，如报告关系、工作总目的、主要责任、权利、义务、任务、工作环境和工作条件等。

职位说明书主要包括两个部分：一是职位描述，主要对职位的工作内容进行概括，包括职位设置的目的、基本职责、组织图、业绩标准、工作权限等内容；二是职位的任职资格要求，主要对任职人员的标准和规范进行概括，包括该职位的行为标准，胜任职位所需的知识、技能、能力、个性特征以及对人员的培训需求等内容。职位说明书的这两个部分并非简单地罗列，而是通过客观的内在逻辑形成一个完整的系统。

职位说明书的格式也是多种多样的；有的采用事件或任务罗列式，将职位的主要责任与任务按照主次一一列出；有的采用因素归类法，把职位的责、权、利以及任职条件分成几大因素进行归类描述。企业在撰写职位说明书时可以根据企业规模、所处阶段以及人员状况选用格式。选用何种格式并不重要，重要的是在企业内部采用统一格式，用准确简洁的语言将主要内容表达清楚，形成规范、准确、使用方便的文件。

4.1.4　职位分析的拓展：胜任力模型

如果说，职位分析是判断员工是否达到职位的基本要求，那么胜任力模型就是判断员工能否在岗位上表现优秀。如果说，职位分析是为了让员工与不同岗位上的人进行比较时获得薪酬公平感，那么胜任力模型就是为了让同一岗位上的普通员工和优秀员工在薪酬上产生公平感。胜任特征模型的研究成果是对传统的基于职位分析进行选人用人的一种补充和提升。

从职位分析到胜任力模型，是从外显特征到内隐特征综合评价的过程。传统的职位分析较为注重工作的组成要素，而基于胜任特征的分析，注重研究工作绩效优异的员工，突出与优异表现相关联的特征及行为，结合这些人的特征和行为定义这一工作岗位的职责内容，它具有更强的工作绩效预测性，能够更有效地去选拔、培训员工以及为员工的职业生涯规划、奖励、薪酬设计提供参考标准。这种方法不仅能够满足现代人力资源管理的要求，对于人员担任某种工作所应具备的胜任特征及其组合结构有明确的说明，而且也能成为企业从外显到内隐特征进行人员素质测评转变的重要尺度和依据，从而为实现人力资源的合理配置提供科学的前提。

1．胜任力及胜任力模型

（1）胜任力

20 世纪初，科学管理之父泰勒提出了对管理进行科学化研究，其开展的"时间—动作"研究被视为是对胜任力问题最早的分析和探索。他的研究结论是：为了提高企业的劳动生产率，必须挑选"第一流的工人"。同时，他提出了标准化原理。

1933 年，桑德鲁斯和威尔森对胜任力的内涵进行了探索，但没有用比较完整的语言对胜任力的概念进行描述。他们认为胜任力是一种专业化的智能，而不是一种实际的操作技能，提出胜任力可以用各种职业主要的和显著的特征来描述和判断。

1973 年，美国心理学家、哈佛大学教授麦克里兰（McClelland）在其发表的文章《Testing for Competency Rather Than Intelligence》中正式提出了"胜任力"的概念。 他认为，胜任力是指"那些与工作或工作绩效直接相关的能力、特征或者动机等"，它能够较好地预测实际的工作绩效。他提出应以胜任力测评来代替传统的智力测验，并以此为依据，找出"那些导致绩效优异者和绩效平平者之间差异的最显著特征"。

虽然国内外学者对胜任力的含义见仁见智，但对其特征已基本达成了共识，归纳起来主要有以下 6 个方面。第一，综合性。胜任力的构成要素多样，是一个综合性的有机体，包括个体外在的知识、技能以及内在的特征、动机等。第二，工作情景性。胜任力是基于特定工作而言的，不同工作的胜任力构成要素不同。每个工作需要何种胜任力是由该工作的具体情景决定的，并非所有的知识、技能、特征、动机等都属于胜任力范畴，只有与工作情景相关的特质才能被视为是该项工作的胜任力。第三，工作绩效性。胜任力与工作绩效密切相关，它能将高绩效工作者和低绩效工作者区分开来，并可以预测员工个体未来的工作绩效。第四， 可衡量性。胜任力可以通过个体在工作中的具体行为和绩效表现进行测量，从而找到存在的差距以及未来需要改进的方向。第五，可习得性。胜任力具有可习得性和迁移性，它能够通过"做中学"和培训等方式逐步提高。第六，动态性。胜任力不是一成不变的，它会随着组织管理水平、个体年龄和工作环境等因素的改变而有所不同。

（2）胜任力模型

胜任力经典模型主要有 McClelland 提出的冰山模型（The Iceberg Model）和博亚特兹（Boyatzis）提出的洋葱模型（The Onion Model）两种。

冰山模型认为，知识和技能是可见的、外显的，就好像冰山位于水面上的部分，这些特征容易了解和测量，也容易通过培训来改变和发展，但是不能预测或者决定是否有卓越的表现。而社会角色、自我概念、特质和动机就好像冰山藏在水面以下的部分，是深藏的、内隐的。

洋葱模型把胜任力分为 3 个层次：外围层、中间层和核心层。其中外围层是易于评价与培养的胜任力，中间层和核心层是难于评价与培养的胜任力。

2. 胜任力模型建模方法

建立胜任力特征模型有很多方法，包括专家小组、问卷调查、观察法等，目前公认最有效的方法是行为事件访谈法。行为事件访谈法采用开放式的行为回顾式探察技术，让被访谈者找出和描述他们在工作中最成功和最不成功的三件事，然后详细地报告当时发生了什么。通过交流交谈，采用不断提问的方式，让被访谈者尽可能详细地说出自己在成功或失败的事件中所起到的作用，深层次了解成功事件中所体现出的个人素质和能力，以及不成功事件中个人所欠缺的素质和能力。

3. 胜任力模型的应用

胜任力模型的研究成果，是对传统的基于职位分析进行选人用人的一种补充和提升。对于个人而言，可以帮助他们有效地进行职业生涯规划，有利于个人把握再教育方向和专业成长与职业生涯发展；对于单位而言，可以用于绩效管理、业务素质测评和岗位胜任力考核，也可作为选拔招聘、薪酬设计、提升留任和加薪解聘的依据，以及用于对某个职位整体团队胜任力现状进行诊断分析和职位提升。了解职位所需胜任力特征，对了解所从事职位工作的优势和需要提升改进的领域、培训项目确定、培训要求预测、资格标准设定以及未来培养等方面均有积极的意义。

国内对胜任特征的研究始于 20 世纪 80 年代，2000 年以后全面展开。从研究的类型来看，既有理论研究也有应用研究，既有模型体系研究也有测评方法研究，研究的角度有人力资源管理角度也有心理学角度；研究的被试群体包括中高层管理人员、教师、科研人员、行政干部等，涉及政府机关、学校、邮电系统、企业、铁路、医院、航天系统等各个行业领域。目前胜任特征的研究在各个领域已经广泛开展，研究人员运用定性、定量或者两者相结合的方式进行了大量的有关研究，成果较为丰富。在国内大中型企业中，也开始了相关的研究并逐步将其运用到企业的管理中。

基于胜任力的绩效考核是目前人力资源管理的一种趋势。胜任力是决定工作绩效的核心品质和特征，是绩效优秀者持久的内在动力，是区别绩效高低的关键因素。基于胜任力的绩效考核的基本思想是"以人为本"，关注员工未来的工作绩效。与传统的绩效考核相比，基于胜任力的绩效考核具有以下 4 个特点。

第一，具有战略前瞻性和导向性，不仅考核员工现在的工作情况，更关注未来的表现和绩效，符合战略性绩效考核的发展趋势。第二，绩效结果为员工发展进步提供方向，有助于提高员工的潜在特质和工作绩效。第三，兼顾平衡性，基于胜任力的考核确保了工作过程和工作结果的平衡、当前工作和未来工作的平衡、员工成长与组织发展的平衡。第四，为绩效沟通提供有效途径，可以把与员工工作绩效相关的知识、技能、特质等区分开来，为绩效沟通提供了有力的依据。

4.2 职位评价

职位评价是企业进行薪酬设计的前提和基础[①]。通过职位评价确定职位等级，进而确定各职位的薪酬等级。职位评价是连接职位分析和薪酬设计的重要桥梁，职位分析和职位评价都是为了解决企业薪酬内部公平性的问题[②]。

4.2.1 职位评价概述

1．职位评价的内涵

职位评价又称工作评价、岗位评价，是在职位分析的基础上采用一定的方法对企业中各种工作职位的性质、责任、权力、劳动强度、任职资格条件等特征进行全面系统的评估，以确定岗位相对价值的过程。简而言之，就是系统地确定各个职位之间的相对价值，从而为组织建立一个等级序列结构。职位评价主要是基于以下 3 个方面的假设：一是根据职位对组织的重要性和相对价值来支付薪酬是符合逻辑的，是大多数人都能接受的；二是根据员工所承担职位的相对价值来确定该员工的薪酬，员工会感觉比较公平；三是企业可以通过基于职位相对价值的等级序列结构来构建合理的组织结构，以支持企业目标的实现。

需要注意的是：①职位评价是建立在职位分析的基础之上。职位评价的前提是对企业内部各个职位有较为全面的了解和认识。企业只有通过职位分析获得尽可能多的职位信息，才能够对各个职位进行客观的、合理的、实际的评价。②职位评价是"对事不对人"。职位评价强调的是客观性，其评价的对象是职位，而非职位上的人。因此，在进行职位评价时，不需要对目前职位上任职者的能力、技能和专业知识等个人特征进行考虑。③职位评价反映的是职位的相对价值，而非绝对价值。职位的绝对价值往往是无法衡量的，职位评价只是对企业内部各个职位比较分析所得出的相对等级进行排序，其评价结果不具有绝对意义[③]。有可能在一个企业中职位 A 的相对价值高于职位 B，但在另一企业中职位 A 的相对价值却低于职位 B。

通过职位评价，企业可以得到每个职位的相对价值（通常为一个量化了的价值），企业可以根据各职位所得的量化价值建立一套有序的岗位分类体系，从而创建薪酬级别结构，也可以针对不同职位建立相应的晋升发展通道。可以说，客观合理的职位评价是合理薪酬管理体系构建的重要前提。同时，进行职位评价不仅可以让员工清楚地了解职位间薪酬差距的产生原因，清楚地明白企业中薪酬差额如何制定，还可以让员工更好地了解企业各个职位之间的差别，了解自己应该努力的方向，促使员工向更合适、更高的职位努力[④]。

2．职位评价的原则

职位评价是企业薪酬管理的重要组成部分，其结果能否客观、全面、公正地反映出各个职位在企业内部的相对价值，直接关系到企业薪酬的公平性。因此在进行职位评价时，企业应该秉

① Butler S K, Harvey R J. A comparison of holistic versus decomposed rating of position analysis questionnaire work dimensions. Personnel Psychology，1988，41：761-771.
② 杜清玲，孙绍荣．工作分析：人岗匹配管理之基石．中国人力资源开发，2004，（5）：36-38+41.
③ 李永周，郭朝晖，马金平．薪酬管理理论、制度与方法．北京：清华大学出版社，2013：73-77.
④ 杨宏毅．绩效与薪酬管理全案．北京：电子工业出版社，2015：183-184.

承以下几个原则。

（1）对职不对人

职位评价针对的是职位，而不是目前在这个职位上工作的员工。因此，职位评价应该以职位说明书的职责范围为基础，不需要考虑该职位员工的个人特征。

（2）职位评价的标准化

职位评价的标准化强调的是评价因素的标准化，即统一规定衡量员工劳动消耗的依据和作为职位评价的技术、方法、程序及形式的评价标准和依据，具体表现为评价指标、评价指标标准、评价技术方法和数据处理程序的统一，以此保证职位评价的公平性和可比性。

（3）评价因素完备性

职位评价的评价因素完备性，强调的是企业需要一套完备的评价因素系统。该套评价因素涵盖了所有职位的基本价值因素，包括工作时间、工作强度、工作环境、工作内容、工作所需知识和技能等彼此相互独立的因素。这些因素都有自己的评价范围，且评价范围彼此之间几乎无重叠、无遗漏。企业中的所有职位都将使用这一套评价因素进行评价，但对于不同的职位而言，其价值因素的权重可能会有所不同。

（4）全面性

在对企业中各个职位进行评价时，应该从系统论的角度出发，将企业内部的所有职位都放在一个系统里，每个职位都是这个系统的组成部分。职位评价应该从整体上和联系上分析每个职位存在的独特性和必要性，以及相对价值大小。

3．职位评价应掌握的信息

在进行职位评价前需要获取一些与职位评价相关的资料，主要包括[1]：

（1）岗位名称、编码；

（2）岗位所在的厂、车间、科室、工段、作业组及工作地，以及这些组织所具有的职能、所执行的任务；

（3）担任本岗位人员的职务，担任相同岗位的人数；

（4）本岗位过去若干年内的使用人数、出勤率、加班加点情况，离岗退休、辞职、升迁、调动情况，以及产生的原因；

（5）本岗位担当的工作任务是什么？任务的主要项目和内容是什么？使用什么样的设备、工具，加工什么样的产品？

（6）本岗位受谁领导，为谁服务，又领导谁，上下左右的关系如何？

（7）执行本岗位工作的必要条件，包括以下几个。

A．本岗位的责任。本岗位在企业经营方向上，在科研、设计、生产、检验、管理上，在设备、材料、工具、技术安全上，以及与他人的工作配合上，承担的责任是什么？

B．胜任本岗位所需的知识。在基础理论方面，专业技术工艺方面、企业经营管理方面、实际操作方面，应该具备什么样的知识及应掌握到何种程度？

C．胜任本岗位工作的实践经验。本岗位需要什么样的工作实践经验，这些实践经验时间需多长？

D．胜任本岗位工作所需的决策能力。本岗位需要在哪些问题上做出决策？决策的困难程度如何？

---

[1] 王璞. 人力资源管理工具与案例. 北京：机械工业出版社，2009：37-38.

E．胜任本岗位工作所需的使用设备、工具、仪表、仪器的能力。设备、器具的复杂程度如何？精密准确度如何？对视力要求如何？这些设备、工具、仪表、仪器的价值如何？在使用中，正常损坏、发生差错的可能性有多大？其后果如何？

F．胜任本岗位所需的其他必备条件。如科研人员的创造力、高层领导的组织能力、业务人员的销售能力等。

（8）本岗位的劳动时间和能量代谢率，以及相关的生理测定指标。

（9）本岗位定员定额的执行情况，现行劳动定额水平如何？在正常条件下工人完成生产任务的数量、质量如何？原材料、动力、工时的利用消耗情况如何？职工的经济利益与工作责任的关系如何？

（10）本岗位的劳动环境和工作环境如何？是否在良好的环境下工作？是否有粉尘、噪声、热辐射、有毒有害气体？需要在恶劣的环境下工作多长时间？

（11）执行本岗位工作的危险性。本岗位事故的发生频率如何？产生的原因和后果是什么？对人会造成什么样的危害？

（12）本岗位的负荷程度。执行本岗位的工作任务时，会给劳动者带来多大的负荷量（包括肉体上和精神上的）？是否需要以异常的姿势进行作业？在视觉、听觉上要求注意力集中的程度如何？高负荷工作的持续时间有多长？

（13）本岗位需要进行哪些专业训练？训练科目有哪些？训练时间需要多长？

（14）本岗位对其他岗位的监督责任如何？监督中存在什么具体的困难，其程度如何？

（15）本岗位对员工的体格、体力的特殊要求是什么？如色盲、色弱者能否承担该工作？

4.2.2　职位评价方法及流程

1．职位评价方法

企业进行职位评价应选择科学、合理的方法，职位评价结果关系到职位的薪酬水平高低，影响着薪酬水平的外部竞争性和内部公平性，进而影响着企业人员的稳定性[①]。因此，职位评价对于企业来说是非常重要的。

要对职位进行科学的评价，就需要首先采用合理的职位评价方法。职位评价方法一般分为定性评价法和定量评价法两类，定性职位评价方法包括分类法、排序法、职位参照法等，定量职位评价方法有因素计分法、因素比较法等。另外，国际上还有两个著名的职位评价方法，即海氏三要素评估法和美世国际职位评估法[②]。

（1）分类法

职位分类法，即对企业所有职位做出评估，然后从总体上将职位价值区分为不同的等级，并为每个等级设立不同的标准，明确各个等级职位的工作难易程度和责任大小程度；然后将各个职位与这些标准进行对照分析，依据对照分析结果将各个职位纳入相应的职位等级之中。分类法具有较强的主观性，其评价结果的精确程度不高且不稳定。一般只适用于生产单一、职位较少的中小微型企业。

（2）排序法

排序法又叫排列法或序列法，包括直接排序、交替排序和配对比较排序，是将工作视为一

---

① 刘昕，贾蕌．职位评价方法的演变历程及其最新进展．中国人力资源开发，2011，07：36-40．
② 杨岗松．岗位分析和评价从入门到精通．北京：清华大学出版社，2015：171-173．

个整体，根据对组织贡献大小，将职位从高到低进行排序。排序法通常适用于职位比较简单的企业，对于规模较大的企业，则需要首先以部门为单位对职位进行排序，然后再进行部门之间的排序并确定相应的系数，通过系数进行转化，确定每个职位的价值大小。

直接排序法，是简单地根据职位的价值大小，从高到低或从低到高对职位进行总体上的排队。例如，从低到高是：接待员、技师、高级技师、设计师、首席建筑师和总裁。交替排序法是首先从待评价职位中找出价值最高的一个职位，再找出价值最低的一个职位，然后从剩余职位中找出价值最高的职位和价值最低的职位，如此反复循环，直到所有的职位都被排列起来为止。配对比较排序法，是首先将每一个被评价的职位都与其他职位分别加以比较，然后根据职位在所有比较中的最终得分来划分职位的等级顺序。评分的标准是，价值较高者得一分，价值较低者失去一分，价值相同者双方得零分。

（3）因素计分法

该方法是将所有职位的工作特性抽象成若干付酬要素，再将职位的具体内容与这些要素标准相比较，从而得到每个职位的价值分数，然后通过分数排序就得到了职位价值序列。表 4-4 所示为某职位的评价过程及其结果举例。

因素计分法评价过程为：选取合适的计酬要素；对每一种付酬要素的各种程度和水平加以确定；确定不同付酬在职位评价体系中所占的权重和相对价值；确定每一种付酬要素的不同等级或水平的点值；运用这些付酬要素来评价每一个职位；将所有被评价职位根据点数高低排序，建立职位等级结构。

表 4-4　某职位的评价过程及其结果举例

付酬要素	权重	付酬要素等级	点值
知识	20%	2	40
技能	5%	3	15
监督责任	25%	4	100
决策	25%	5	125
预算影响	10%	4	40
沟通	10%	2	20
工作条件	5%	5	25
合计	100%	—	365

因素计分法是一种定量分析方法，其结果容易被人理解和接受，评定准确性高。但该方法工作量大、操作较为烦琐，费时费力，在选定评价项目及定权数时带有一定的主观色彩。该方法一般适用于生产过程复杂，岗位类别、数目较多的大中型企业。

（4）因素比较法

因素比较法最初是计分法的一个分支。因素比较法将所有职位的内容抽象为若干个要素，普遍的做法是将职位内容抽象成下述 5 种因素：智力、技能、体力、责任及工作条件。根据每个职位对这些要素的要求不同，得出职位价值。

例如：常见非关键职位月薪确定过程（见表 4-5 和表 4-6）。

表 4-5 常见非关键职位月薪确定基准表

付酬要素		技能			智力			体力			责任			工作条件		
关键职位	现有月薪	要素月薪	按薪额排序	按要素排序	要素月薪	按薪额排序	按要素排序	要素月薪	按薪额排序	按要素排序	要素月薪	按薪额排序	按要素排序	要素月薪	按薪额排序	按要素排序
模具工	3500	1480	1	1	960	1	1	220	3	3	600	1	1	240	5	5
机修工	3300	1360	2	2	920	2	2	200	4	4	520	4	4	300	3	3
装配工	2900	1120	3	3	680	4	4	260	2	2	560	2	2	280	4	4
叉车司机	2880	1080	4	4	720	3	3	180	5	5	540	3	3	360	2	2
搬运工	2760	960	5	5	640	5	5	280	1	1	500	5	5	380	1	1

表 4-6 根据基准表确定常见非关键职位要素薪额计算表

要素月薪	技能	要素月薪	智力	要素月薪	体力	要素月薪	责任	要素月薪	工作条件
1480	模具工	960	模具工	280	搬运工	600	模具工	380	搬运工
1440		920	机修工	260	装配工	580		360	叉车司机
1360	机修工	880		240		560	装配工	340	
1320		840		220	模具工	540	叉车司机	320	
1280		800		200	机修工	520	机修工	300	机修工
1240		760		180	叉车司机	500	搬运工	280	装配工
1200		720	叉车司机	160		480		260	
1160		680	装配工	140		460		240	模具工
1120	装配工	640	搬运工	120		440		220	
1080	叉车司机	600		100		420		200	
1040		560		80		400		180	
1000		520		60		380		160	
960	搬运工	480		40		360		140	

因素比较法将各种不同工作中的相同因素进行了相互比较，然后再将各种因素的工资累计，减少了主观性，使评价结果较为公正。同时，因所选定的影响因素较少，简化了评价工作的内容，缩短了评价时间。此外，因素比较法的特点使得企业评价过程和内容减少，大大减少了工作量。但是，由于各影响因素的相对价值在总价值中的所占百分比来自于考评人员的直接判断，对评定结果的精确性有一定影响。同时，该方法操作较为困难，也难以对员工进行操作说明。

2．职位评价流程

企业在进行职位评价时，总体上来说，应分为 3 个阶段，即准备阶段、实施阶段、完善与维护阶段，每个阶段有不同的工作内容和操作方法，但是各个阶段又是相互联系、相互影响的。

（1）准备阶段

① 确定职位评价的目的。不同的目标指向对职位评价的内容和重点是有差异化影响的，因此进行职位评价，首先要明确职位评价的目的。本章所述职位评价结果主要适用于为实现企业的战略目标而确定的薪酬决策。

② 企业现状分析。主要分析企业所处的各种内外部环境等内容，如企业的战略目标、行业环境、企业规模、组织结构、生产流程、目前经营状况以及人员状况等。

③ 职位说明书确定。职位说明书中的职位职责、权限、任职资格、工作环境等重要的职位信息是职位分析的重要成果，也是获取职位评价信息的主要途径。

④ 成立职位评价委员会。职位评价委员会是职位评价的组织与执行机构，在职位评价过程中担负有重要职责。其主要职责是组织职位评价的各项工作，如根据职位分析的结果进行职位评价体系设计，选择合理的职位评价方法，组织实施对职位做出评价，形成职位等级结构等。

⑤ 选择标杆职位。一般来说，企业很难对所有职位进行全面评价，常常选择一些具有代表性的标杆职位进行评价，然后以标杆职位为基础，将其他职位与标杆职位进行对比分析，进而确定所有职位的评价结果。一般来说，标杆职位的选择不宜太多，也不宜太少，标杆职位数目一般占企业中全部职位的 10%～15%。

⑥ 建立职位评价体系。根据前期职位分析结果将企业内部所有的职位划分为不同的职位类别，然后针对不同职位类别选择适当的职位评价方法，确定职位评价指标、各指标的分级定义以及指标权重。

（2）实施阶段

① 对参与评价者进行培训。要做好对职位的评价工作，首先需要对评价者进行各种培训：职位评价的目的、意义，评价方法、评价流程、评价技术等。需要注意的是，不同的职位的职位评价方法与操作流程可能存在差异，因此在培训过程中要加强评价方法与流程的针对性培训。

② 职位评价。对职位进行初评，了解职位评价体系并对职位评价体系的科学性和实用性进行检验。在此基础上展开职位正式评价，形成职位等级结构。

③ 建立申诉机制和程序。评价过程中，评价者需要不断与员工交流，使评价的目的、方法、标准等透明化，建立申诉机制和程序，给员工发表见解的机会与途径[①]。

（3）完善与维护阶段

将职位评价结果形成书面报告。职位评价结束后，应及时对职位评价的工作过程、评价方法、评价流程等进行整理，编制成书面报告，并在实施过程中及时验证与完善整个评价体系。

4.2.3　四大职位评价系统

目前常用的职位评价系统有海氏职位评价系统、IPE 职位评价系统、全球职位评价系统和CRG 职位评价系统，各系统分别有其操作的独特性及优势。

1．海氏职位评价系统

海氏职位评价系统又叫"指导图表—形状构成法"，它实质上是一种评分法，是定量分析的一种，是由美国工资设计专家艾德华·海在 1951 年开发的。该系统适用于管理类、技术类岗位[②]。海氏职位评价系统将付酬因素抽象为具有普遍适用性的三大类因素，并设计三套标尺性评价量表，最后将所得分值加以综合，计算出各个职位的相对价值。

（1）职位薪酬要素

① 三要素的内容。海氏职位评价系统的三大类要素包括技能水平、解决问题能力和风险责任，每一个薪酬要素又分别由数量不等的子因素构成，具体如表4-7所示。

① 方雯，闫双营. 民营企业职位评价体系的构建与应用. 中国人力资源开发，2013，（5）：51-55+69.
② 周斌，汪勤. 薪酬管理：理论·实务·案例. 北京：清华大学出版社，2014：117-118.

表4-7 职位薪酬三要素一览表

薪酬要素	解释说明	子因素	子因素解释说明
技能水平	技能水平，是指使绩效达到可接受的程度所必须具备的专业理论知识及相应的实际操作技能	专业知识	所在领域的理论、方法、技术等的理解程度，分为基本的、初等业务的、中等业务的、高等业务的
		管理技能	为达到职务绩效水平而必需的计划、组织、执行、控制及评价等管理能力
		人际能力	有关激励、沟通、协调、培养等人际关系技巧
解决问题能力	解决问题能力，是指任职者在工作中发现、诊断、分析问题，并提出解决办法的能力	思维环境	根据环境对工作职位承担者要求的紧松程度或应变能力强弱，分为高度常规的、常规性的、半常规性的、标准化的、明确规定的、广泛规定的、一般规定的和抽象规定的8个等级
		思维难度	针对解决问题所需的创造性思维，由低到高分为重复性的、模式化的、中间型的、适应性的和无先例的5个等级
风险责任	风险责任，是指任职者行为对工作结果的影响程度及相应的职位责任大小	行动自由度	是任职者工作时间受指导和控制的程度，分为有规定的、受控制的、标准化的、一般性规范的、有指导的、方向性指导的、广泛性指引的、战略性指引的和一般性无指引的9个量级
		行为结果的作用	分为后勤性、辅助作用、分摊性、主要作用4个级别
		职位责任	分为微小的、少量的、中级的和大量的4个等级，并有相应的金额范围

② 要素的标尺性评价量表。进一步地，评价系统对三大要素相应设计了三套标尺性评价量表。将各项得分值相加，就可以得到各个工作职位的相对价值，如表4-8所示。

表4-8 技能水平评定量表

人际技能		管理技能													
		基础的			相关的			多样的			广博的			全面的		
		关键的	基本的	重要的	关键的	基本的	重要的	关键的	基本的	重要的	关键的	基本的	重要的	关键的	基本的	重要的
专业知识	基本的															
	初等业务的															
	中等业务的															
	高等业务的															
	基本专门技术的															
	熟练专门技术的															
	精通专门技术的															
	权威专门技术的															

在海氏职位评价系统中，技能水平、解决问题能力和风险责任这3类要素，在加总评价分数时实际上被归结为两个方面。

A. 技能水平与解决问题能力的乘积。该乘积反映的是某职位人力资本存量使用性价值，即该职位承担者所拥有的技能水平（人力资本存量）实际使用后的绩效水平。

B．风险责任反映的是某工作职位人力资本增量创新性价值。即某职位承担者利用其主观能动性进行创新所获得的绩效水平。

（2）海氏职位评价的操作流程

海氏职位评价是一种非常有效、实用的职位评价方法，在企业的实际操作中，必须遵循一定的操作程序，否则评价结果的准确性将大打折扣。海氏职位评价的操作流程一般分为以下 6 个步骤。

① 选取标杆职位。标杆职位选择有 3 个原则：够用，即标杆职位选择不能过多也不能过少，过多则评价难度太大，不够精简，过少则安排难度太大，有些岗位价值得不到评价；好用，即所选择的标杆职位有利于与其他职位进行横向比较；中用，即标杆职位的选择要具有广泛的代表性，这样才有利于评价所有职位。

② 标杆职位的工作说明书确认。工作说明书是职位测评的基础，尤其是在对所有标杆职位不是很清晰的情况下，完善、科学的职位说明书能有效避免测评者出现仅凭主观印象对职位打分的现象。

③ 成立专家评估小组。评估小组的人员应该包括外部专家与内部评估人员两个部分，其中外部专家能站在中立、客观的角度，对内部评估人员进行评估培训。而内部评估人员则具有对企业内部业务和职位非常了解的优势。

④ 对评估小组培训。聘请外部专家对所有测评者进行培训，使其在从事测评工作前全面了解、掌握海氏测评法的设计原理、逻辑关系、评分过程、评分方法和评价技巧等。

⑤ 对标杆职位进行评分。海氏评价法的培训专家可以首先选出两个标杆职位并进行对比打分，详细阐述打分的过程和缘由，同时要求测评人员进行评价演练，直到掌握全部打分技术。测试完毕后应对测试结果统计分析，专家认为测试结果满意后再全面铺开评价工作。

⑥ 计算职位的海氏得分并建立职位等级。计算出各标杆职位的平均分后，算出每位评分者的评分与平均分的离差，去除离差较大（超出事先设定标准）的分数。然后，将所有标杆职位按分数从高到低进行排序，并按一定的分数差距（级差可根据划分等级的需要而定）对标杆职位分级分层。最后，再将非标杆职位按其对应的标杆职位安排到相应的层级中。

2．IPE 职位评价系统

IPE 职位评价系统又称国际职位评估系统（International Position Evaluation，IPE），可适用于不同行业不同规模的企业中的职位比较。国际职位评估系统（IPE）包括 4+1 个因素，即 4 个必需的因素和一个可选的因素：影响、沟通、创新、知识和危险性（可选）。相应地，这些因素可以区分为 10+2 个维度，63+7 个刻度。IPE 职位评价系统由评价指标、评价标准、评价技术方法和数据处理等若干个子系统构成，这些子系统相互联系、相互衔接、相互制约，从而构成具有特定功能的有机整体。

（1）职位评价指标

在劳动过程中，劳动者不论是智力还是体力的使用都会受到环境和其他因素的影响。在劳动管理中，可以将这些影响因素归纳为劳动责任、劳动技能、劳动心理、劳动强度、劳动环境生产五要素。从这 5 个方面进行职位评价，能较为全面科学地反映职位的劳动消耗和不同职位之间的劳动差别。为了便于对五因素进行定量评定或测定，根据企业生产职位的实际情况和管理状况，可以将这些因素分为 24 个指标。这 24 个指标中，按照指标的性质和评价方法不同，可分为以下两类。

① 评定指标。即劳动技能和劳动责任及劳动心理等 14 个指标。

② 测定指标。即劳动强度和劳动环境等 10 个指标，这类指标可以用仪器或其他方法测定。

评价生产职位的 5 个因素、24 个指标能够较全面地体现各行业生产职位劳动者的劳动状况。但具体对每个行业或企业而言，由于生产经营情况各不相同，劳动环境和条件各有差异，因此，在进行职位评价时，应具体结合各自的实际情况，从中选择合适的评价指标。

（2）职位评价标准

职位评价标准是指对职位评价的方法、指标及指标体系等方面所做的统一规定。它包括评价指标标准和评价技术方法标准。职位评价必须采用统一的标准进行评价，评价结果才具有科学性、可比性。应将国家颁布的有关标准和行业标准作为评价标准，使用国家标准规定的方法和技术进行评价。对于暂时还没有国家标准的部分，则应根据制定国家标准的基本思想和要求制定统一的评价标准。

（3）职位评价技术方法

职位评价的因素较多，涉及面广，需要运用多种技术和方法才能对多个评价因素进行准确的测定或评定，最终做出科学的评价。一般地，常见职位评价技术方法有排列法、分类法、评分法、因素比较法等。

（4）职位评价结果的加工和分析

通过对评价方案的设计、评价获得数据并进行加工整理有利于揭示现象背后的内在关系，通过数量关系的描述表现各个职位之间的差异性，并明确各个职位在工作性质、工作责任、工作环境和工作场所的职位劳动之间的区别与联系，以达到数据资料配套、规范的目的，更好地完成数据资料的有机配合、完整配套、规范统一的任务。

同时，还需要对整理以后的资料进行分析研究，评价结果的分析研究工作是对整个评价工作的综合和分析，分析质量的好坏直接影响着评价结果的运用效果。

总之，职位评价系统的各个子系统都具有特定的功能和目的，同时它们又是相互联系、相互作用和相互依赖的。它们采用各种专业技术方法，从不同的角度，全面、准确地反映劳动量的大小，为企业实行科学薪酬管理提供客观科学依据。

3．全球职位评价系统

全球职位评价系统，又称全球职等系统（GGS），是华信惠悦（Watson Wyatt）公司专有的职位评估软件工具，是能够在跨职能、跨业务、跨地域环境下进行企业内部职位评估的有效工具。该系统共分为 25 个等级架构，通过企业业务和规模确定企业整体最高职位等级，通过问题的回答进行职位归类；然后详细分析各职位的专业知识、业务专长、团队领导、影响性质、影响领域、人际关系技巧等多方面因素，进行全方位平衡比较，以计算机软件的形式进行职位评估。

企业在运用全球职位评价系统进行职位评价时，为确保职位评价的一致性，必须遵守以下基本规则。

（1）评价必须基于职位要求、职位职责和任职条件开展，不需要考虑任职者在职位上的具体表现。

（2）评价不可超越职位包含信息的准确性与完整性。

（3）评估成员不能掺杂职位等级的主观判断。

（4）避免个人偏见或成见影响判断。

4．CRG 职位评价系统

CRG 职位评价系统是瑞士的国际资源管理集团（CRG）开发的一种职位评价方法，这种方法有一套比较系统的评价标准及指标，常用的评价指标如表 4-9 所示。

表 4-9　CRG 职位评价方法常用指标

指标内容	具体说明
组织影响力	在企业起什么作用？对企业影响有多大？规模有多大？
监督治理	管理多少个部门？管理多少人？管理什么样的岗位？
责任范围	独立性怎样？责任的宽度和广度？
沟通技巧	交往频度如何？技巧难度多大？
工作复杂性	要求什么样的学历？要求什么样的经验？
解决问题难度	是不是需要有很强的创造性？
环境条件	工作环境是什么样的？什么样的工作条件？

【启发与思考】

扫一扫→南宁首场网约车驾驶员从业资格考试今日开考

【思考练习题】

1. 职位分析的含义是什么？
2. 职位分析的成果包括哪些内容？
3. 常见的职位分析方法有哪些？
4. 职位评价指标的选择方法是什么？
5. 职位评价常用方法有哪些？
6. 职位评价流程的阶段和各阶段的工作内容是什么？
7. 四大职位评价系统分别是什么？
8. 职位薪酬三大要素是什么？
9. 职位评价与薪酬等级的关系主要表现在哪些方面？

【模拟训练题一】

某公司是专业从事互联网硬件设备生产和销售的高科技民营公司，公司现有员工 120 人，其中业务代表 30 人，生产/操作工 32 人，技术支持工程师 31 人，销售工程师 15 人，销售经理 12 人。公司致力于为客户提供优质和高效率的产品，在互联网硬件设备生产和研发领域积累了大量经验，拥有多项专利。公司拥有实力雄厚的产品研发队伍和完善的质量保证体系。随着业务的快速发展，公司在薪酬设计方面遇到了一定困难，为此，公司决定重新分析职位，请你利用本章所学的内容为公司选择比较好的职位分析方法并说明原因（见表 4-10）。

表 4-10　职位分析方法比较表

序号	方法	操作要点	优点	缺点	适用范围
1					
2					
3					
…					

选择方法：

选择原因：

……

【模拟训练题二】

W 公司成立于 2014 年，是一家高新技术企业。在运营比较成熟之后，公司于 2015 年对组织结构做过一次调整，这种结构的调整适应了公司发展的需要，但是也因此造成了公司内职责不清、工作任务相互推诿的现象。（1）请分析产生这种现象的原因是什么。有什么方法可以解决这些问题。（2）公司市场部经理的部分简历和岗位职责等如表 4-11 所示，请为其制作一份职位说明书。

表 4-11　公司市场部经理职位信息表

个人信息	
专业	市场营销专业
学历	大学本科
经验	在外企 2 年工作经验
计算机水平	熟练操作常用办公软件
外语水平	英语 4 级，口语流利
沟通能力	具有较强沟通和表达能力
岗位职责	
1. 开展市场调研，及时向公司决策层提供有价值的市场信息和应对市场变化的策略建议	
2. 协同公司制定细致周密的市场营销战略、新产品开发战略、目标市场战略	
3. 激励员工工作积极性，安排、协调、指导和监督部门成员的工作	
4. 协调公司各部门的关系，加强公司内部各部门的协作	
5. 协调公司外部主管部门、媒体、广告公司、行业协会、代理商有关单位的关系	
工作评价指标	
1. 产品销量　2. 产品销售额　3. 产品的市场占有率　4. 员工满意度　5. 顾客满意度	

【情景仿真题】

M 公司是一家大型的技术型公司，为合理确定职位相对价值，公司决定采用国际通行的 IPE 码进行职业评价。公司拥有 100 多个职位，分为技术类、管理类、营销类 3 类，职位评价小组以纵向的职位等级选择标准，从中选择了 40 个职位作为标杆。公司采取人力资源部门会同直接上级评价和专家评价的方式确认职位的价值。而评价结果却显示：技术类职位的平均水平低于管理类职位。这一结果明显与公司倡导的薪资分配向技术人员倾斜的导向相违背，而按照这一结果所得的薪酬也一定会引起员工的不满，导致人员流失。

问题：如果你是 A 公司人力资源管理部经理，你将采取何种职位评价系统以保证职位评价结果与公司薪资分配导向相匹配，为什么？

第5章 薪酬结构

学习目标

1. 了解薪酬结构的内涵、模式。
2. 了解影响薪酬结构设计的因素。
3. 明确薪酬结构的横向设计与纵向设计的区别。
4. 了解薪酬纵向设计中薪酬级别、级差等要素的确定。

【引导案例】

华为的薪酬设计

近些年，华为公司像中国企业界的一颗耀眼的明星，许多学者、企业人都热衷于探讨华为崛起的种种原因。其中，华为 CEO 任正非的观点是：华为能够走到今天，主要得益于"分钱分得好"。

如果企业有无穷的钱可以分，大家都可以随意分钱，那么就无所谓怎么分。遗憾的是大多数企业可分的钱都很有限。因此"如何把有限的钱合理分配"即分钱规则成了核心问题。

华为的"分钱历程"，主要包括3个阶段。

第一阶段：实行非物资薪酬

华为创业初期的前 8 年，处于起步阶段，各种外部资源缺乏，公司采取了与当时所处阶段最相适应的非现金式的员工激励政策。就是说，不论员工的年龄和资历，只要你对公司做出大的贡献，即使是刚刚毕业几年的大学生也能够管理几十个人的团队。据说在华为，年纪最小的高级工程师的纪录是 19 岁，升任高级工程师所用时间的最短纪录，是加入公司的一周后。

另外，为了缓解给提供员工浮动收入或者奖金所带来的现金压力。华为创业 2 年后开始陆续建立全员的股权激励制度，这在当时的市场上是极其罕见的。

第二阶段：实行领先薪酬

在随后的 5 年间，华为从创业阶段过渡到高速发展阶段，企业的内外资源非常"给力"，开始实施了领先市场的薪酬策略。当时华为每年新增的人才数量不少于 3000 人，为了能够保证足够多高质量的科技人才的及时到岗和留用，华为的薪酬策略从最初的非经济性薪酬转变为高薪酬、高压力补助加班费的模式。

"有竞争性的薪酬"成了当时华为薪酬政策的代名词，给应届生的起薪和社会招工的薪资增长比率，都高出深圳一般公司的 20% 左右。另外，华为的薪酬长期激励制度开始演化为现在的虚拟受限股，开始给全体员工固定配股分红（截至 2014 年 12 月 31 日，华为员工持股人数为 82471 人）。

华为内部股的发放配额并非是固定不变的，通常会实时根据"能力、责任心、付出、工作积极主动性、风险担当"等因素进行定期动态调整。在华为的股本结构中：30% 的优秀员工可享有集体控股，40% 的骨干员工按照一定的比例控股，10% ～20% 的低级别员工和新入职员工只能视具体情况而定适当参股。

第三阶段：实行获得分享制

从 2005 年到现在，华为渐渐步入成熟的发展阶段，业务已经拓展到海外，并且国外的业务销售已经超过了国内销售额。相应的，华为对国际化人才的需求量开始增加，尤其是对一些级别比较高并且对公司起着关键作用的职位，比如高级法律顾问、销售总监、财务总监等。

此时，华为的薪酬实行基于能力的职能工资分配制，奖金的分配与团队和个人的绩效直接挂钩，退休金发放的多少依据平时的工作表现，医疗保险按照个人对公司的贡献度，对于公司高级别的重点职位和一般员工实施差别化待遇，从而使公司的薪酬同业务战略的发展阶段相匹配，达到最优化组合。

案例思考：

1. 华为为什么要存在多种形式的薪酬？
2. 各种形式的薪酬配比的比例又应该是多少？
3. 薪酬配比的调整又是根据什么进行的？

在进行充足的职位分析和职位评价之后，企业就应该确定各个职位的薪酬组成结构，即薪酬结构的设计。薪酬结构就像企业的组织架构一样，用不同类型的薪酬组合，充分激发员工的工作积极性，提高员工的薪酬满意度；同时，又可以给予每一位员工清晰可见的薪酬结构，一个自己将来通过晋升就可以达到的薪酬"愿景"。

5.1 薪酬结构设计概述

在人力资源管理的诸多领域中，薪酬结构的设计是富有挑战性的项目之一。企业在设计薪酬结构时，应结合本企业所在行业的性质、特点以及各职位的工作特点，并秉承合法性、公平公正、激励性和竞争性等原则。

5.1.1 薪酬结构的定义

薪酬结构指各职位的薪酬组成结构，也就是每个职位的薪酬是由哪几部分组成，以及组成比例。薪酬结构设计是对各项工作的相对价值及其对应的实付薪酬之间保持何种关系的设计，它包括对薪酬的各组成部分（如职位薪酬、技能薪酬、绩效薪酬、津贴、福利，以及股票、期权等）的合理组合及组合比例的确定，即薪酬结构横向设计。它还包括对企业的组织结构中各项职位的相对价值及其应付薪酬之间的关系的确定，即薪酬结构纵向设计。

现实生活中常见的体现企业不同薪酬结构的薪酬制度有职位工资制、技能工资制、绩效工资制、组合工资制等，如表 5-1 所示。

表 5-1　薪酬组成结构确定常用方法

薪酬方案	方法说明	操作要点	适用范围
职位工资制	薪酬水平和结构针对职位而不是针对员工个人	建立在工作分析的基础上，通过职位评价，综合考虑薪酬策略，确定不同职位薪酬水平等级、级差的标准	适用于责权明确的企业
绩效工资制	将员工个人绩效与企业绩效相关联，并根据其绩效来支付薪酬	员工薪酬需要根据一定的技术标准来衡量和评定，个人绩效会随业绩的变动而变动，如业绩提成、奖金等	适用于任务饱满有超额工作必要的企业

薪酬方案	方法说明	操作要点	适用范围
技能工资制	薪酬水平和结构以任职者技能和能力为基础	通过对任职者技能和能力的评价、鉴定来确定其薪酬水平、薪酬等级、薪酬级差及级差标准	适用于技术性强、技术复杂及技术差别影响较大的企业
组合工资制	将薪酬分解成几部分、分别确定各部分所占比例、额度，如职位工资制、技能工资制、薪点工资制	薪酬结构反映诸要素的差别，各要素各有其职能，分别计酬，从不同侧面和角度反映员工贡献大小	适用于各种类型的企业

5.1.2　薪酬结构设计的基本要求

薪酬结构设计属于薪酬管理体系中的一个子模块，因此在设计薪酬结构时需考虑薪酬管理体系的基本要求。

具体来说，企业进行薪酬结构设计时需要注意以下几个方面。

1．凸显优秀人才

奖励优秀者原则。使优质资源向优秀人才倾斜，让强者更强，让有能力的优秀员工通过长期在企业服务，得到晋升和加薪的机会，获得相应的回报。同时，鼓励弱者跟上强者的步伐。

2．付出等于收获

薪酬应该体现价值和贡献。对于员工来说，最担心的就是自己卖力工作，得到的薪酬反而很低。这不但会损伤员工工作积极性，而且会破坏企业工作氛围。因此，企业给员工支付的薪酬不应单纯是基于员工的职级，而且还应基于职位的价值，基于该职位任职者对企业的贡献。

3．增强企业吸引力

薪酬要具有吸引力和竞争力。薪酬管理体系设计的一个重要原则是公平性。因此，在进行员工薪酬设计时，我们必须尊重市场的规律来确定薪酬标准。只有这样，企业才可以吸引众多人才加入，才可以留住人才。

4．强化员工安全保障

重视员工的安全需求。在企业劳动关系双方中，员工属于弱势群体，风险较大，所以员工本身具备不安全感。为了提升自身的安全感，员工希望与企业签订合同，缴纳社会保险，及时发放工资等。企业管理者必须尊重并重视这种需求，让员工有安全感，这样员工才会愿意去为企业打拼。

5．有机结合员工利益与企业利益

注重员工与企业利益的结合。绩效薪酬，以及与企业和个人经营业绩相关的薪酬管理体系均将员工个人利益与企业利益有机结合起来。除此之外，企业还可以考虑如分红制、股份制的设计等，这些制度设计都能够有效将员工与企业的中长期的利益结合起来，形成利益共同体。

5.1.3　薪酬结构设计的模式

薪酬结构主要是指企业总体薪酬中固定部分薪酬与浮动部分薪酬所占比例，比例大小不同所体现的薪酬设计策略也有很大不同。一般而言，企业对于不同级别、类别的员工所采用的薪酬结构是不同的，通常可以根据差异性和稳定性来进行区分，常见的薪酬结构模式主要包括以下几种[1],[2]。

1. 高稳定性薪酬结构

这是一种稳定性很强的薪酬模式，固定薪酬所占比例很高，浮动薪酬所占比例很低，如职位工资制、技能工资制。这种薪酬结构的优点是，员工收入与业绩关联不大，波动小，员工安全感很强；缺点是缺乏激励功能，容易造成员工懒散。此种薪酬结构的设计偏向于高刚性和较高差异性的组合，组织队伍稳定性较强、员工对组织忠诚度较高，但激励性较差，企业需要承担较高的固定人工成本。目前，这种薪酬模式已不太符合现代薪酬管理理念。

2. 高弹性薪酬结构

高弹性薪酬结构中，浮动薪酬所占比例很高，固定薪酬所占比例很低，如绩效工资制。在该种薪酬模式下，由于激励薪酬占比较大，一定时期内员工的薪酬起伏可能较大，员工薪酬的多与少几乎完全依赖于员工工作绩效的好与坏。当员工的绩效非常优秀时，薪酬非常高；当员工绩效非常差时，其薪酬会非常低。因此，这种薪酬模式的优点是激励性很强，可以有效避免大锅饭现象，且公司需要支付的固定人工成本较低；但是在该种薪酬模式下，由于员工收入波动性很大，员工心理上缺乏安全感和收入保障，易产生短期行为的倾向。因此，企业在选择高弹性薪酬模式时，应根据员工的特点和其风险偏好程度，有针对性地选用。

3. 折中性薪酬结构

固定薪酬、浮动薪酬各占一定的合理比例，对员工有一定激励性也有一定的稳定性。随着固定薪酬和浮动薪酬的比例调整和变化，这种薪酬模式可以演变为以稳定性为主或以激励性为主的薪酬模式。折中性薪酬结构的设计偏向于适度弹性和适度差异性，薪酬分配中注重员工的业绩、个人资历和组织经营状况的有机统一。该种薪酬结构综合了高稳定性薪酬结构和高弹性薪酬结构的优势，因此为大多数企业所钟爱。但是，要同时达到这两点，并不是简单地调整各个组成要素所占比例就能实现，有时需要增加薪酬的绝对数量（然而这会同时增加企业经营成本）。此外，该类型的薪酬结构设计也需要花费较大的人力和财力才能实现。表 5-2 对比给出了 3 种薪酬结构的优缺点。

表 5-2　3 种薪酬模式的比较表

	高稳定性薪酬结构	高弹性薪酬结构	折中性薪酬结构
特点	基本薪酬是薪酬结构的主要组成部分，绩效薪酬等处于非常次要的地位，所占的比例非常低（甚至为零）	绩效薪酬是薪酬结构的主要组成部分，基本薪酬等处于非常次要的地位，所占的比例非常低（甚至为零）	绩效薪酬和基本薪酬各占一定的比例
优点	员工收入波动很小，员工安全感很强	对员工的激励性很强，员工的薪酬完全依赖于其工作绩效的好坏	对员工既有激励性又有安全感
缺点	缺乏激励功能，容易导致员工懒惰	员工收入波动很大，员工缺乏安全感及保障	必须制定科学合理的薪酬系统

由于各种薪酬结构模式都有其优缺点，适用的人群也不尽相同。对于收入水平较低、家庭负担较重的员工，他们可能更偏向于稳定性的薪酬模式，如果企业不能够为他们提供较稳

---

[1] 刘昕. 薪酬管理. 北京：中国人民大学出版社，2014：223-256.
[2] 刘亚萍. 薪酬管理工作手册. 北京：人民邮电出版社，2015：145-168.

定的薪酬，他们可能会由于缺乏安全感而离开企业；对于勇于挑战、追求自我和实现自我价值的员工，他们可能更偏向于高弹性的薪酬模式，从而达到自身目的。因此，企业在选择薪酬模式和进行薪酬结构设计时，既要考虑企业自身特点和所处发展阶段，还需要考虑员工的特点。

5.1.4　薪酬结构设计的影响因素

企业的薪酬结构设计就是对薪酬结构的各种横向的组成要素的选择和比例配置，以及同一要素在不同职位和不同岗位的安排，并对同一要素内部纵向薪酬水平的确定。而这些选择和确定受到众多因素的影响。这些影响因素可以归结为战略环境的影响、薪酬功能因素的影响、劳动因素的影响以及工作分析与岗位评价的影响等，以下主要讲述一下前三个的影响。

1. 企业战略对薪酬结构的影响

有效的薪酬战略及其系统为组织增加价值，主要体现在吸纳和留住所需人才、控制劳动力成本、激励员工的学习热情和工作积极性、提高工作和组织绩效等方面。有效的薪酬战略及其系统应当具有同行或者竞争对手难以模仿的核心竞争力和差异化优势，并在既定战略的保持、调整、舍弃的时机上，做到棋高一着，这样才能增加组织的竞争优势。薪酬战略对薪酬结构的影响最主要是来自于其"匹配性"，即薪酬结构与组织经营的战略和价值、与组织内外环境、与人力资源其他活动等方面的适应性和协调性，匹配性越高，就越能增加组织的竞争优势[①]。

企业整体战略一般可以分为两个层次，一个层次是企业的发展战略或公司战略，另一个层次是企业经营战略或竞争战略。下面以企业经营战略为主线说明战略对薪酬结构的匹配性影响。

（1）差异化战略

企业差异化方式有很多种，其中比较典型的就是产品差异化和服务差异化。如果企业采用产品差异化战略，企业主导业务为创新产品。随之，企业对人力资源的要求体现为对勇于创新、敢担风险、保持灵敏性的人的需求增加。因此，与之相适应的薪酬结构表现为能够进行灵活的工作描述、薪酬以市场水平为基础、奖励产品创新和技术革新。

如果企业采用服务差异化战略，企业就以提高客户满意度、提高服务质量和效率为工作重点。企业对人力资源的要求体现为能够满足客户需要、发现客户潜在需要、取悦客户等。因此，企业薪酬结构应加强以客户满意度为基础的激励工资，以与客户交往状况为依据，确定薪酬结构。

（2）低成本战略

企业采用低成本战略，就会注重提高效率和控制成本。企业对人力资源的要求主要为少用人、多办事，并强调工作岗位的稳定性。在该种情况下，企业更有可能建立基于成本的薪酬决策制度。因为，这一制度既可以是在确保产品数量和质量前提下的总成本包干制，也可以是在核定基本成本水平基础上的成本降低奖励制。同样由于低成本战略背景下的企业薪酬制度强调的是效率工资，在规模生产条件下，尽可能减少其他奖金项的设置，突出以效率工资为主的薪酬结构，也是低成本战略背景下的薪酬制度的又一明显特征。

此外，由企业战略支配的不同企业的工作文化，也影响薪酬结构。功能型工作文化强调部

---

① 张丽梅. 基于员工关系管理的薪酬结构设计[J]. 国际商务研究. 2006（6）：53-56.

门功能、管理层级、稳定与可靠性、尽可能使风险减到最小，往往是简单地采用财务指标来评价公司和部门业绩。流程型工作文化的最大特点是使客户的满意度最大化——从外部来看，具体表现为对客户的理解，重视对客户的承诺，获得客户的信任；从内部来看，从以产品为中心，到以流程为中心，从部门间严格的责任划分到部门间的团队工作。时效型工作文化的公司特征是迅速适应商业环境变化，抓住机会，集中公司资源，以最快速度把产品和服务推向市场。网络型文化的公司内部没有严密的层级关系，承认个人的特殊性贡献，通过与其他公司结成战略伙伴或充分利用外部资源以及发挥个人的天才使公司投资效益最大化，强调以合伙方式共同为公司总目标服务[①]。总之，对企业而言，企业要实现这种工作文化，就必须调整薪酬结构，引导员工行为。

2．薪酬功能对薪酬结构的影响

薪酬的目的是吸引、保留和激励组织所需要的人力资源，满足员工和组织的双重需要。薪酬的总功能与人力资源的总功能是一致的，但是对薪酬结构影响较大的功能主要有：经济保障功能、激励功能、稳定功能和信号功能。

（1）经济保障功能。薪酬的经济保障功能在薪酬结构的体现上，主要表现在增加间接货币报酬的比重以及直接货币部分的基本薪酬固定部分的比重。为实现这一功能，主要采用高稳定性的薪酬模式，即福利和基本薪酬所占比重大，而津贴和激励工资部分所占比重小。这种模式员工的薪酬收入与员工的工作绩效关系不大，主要取决于企业的经营状况及员工的工龄和资历等，因此它是一种员工收入相对稳定的薪酬计发模式[②]。

（2）激励功能。薪酬具有满足员工多种需要，激发其工作热情，影响其态度和行为，鼓励其创造优良绩效，发挥个人潜力和能动性，努力为企业效力的激励作用。激励功能更多地体现在激励工资、成就工资之中。强调和突出激励功能就是要采用高弹性模式，即激励工资和津贴部分所占比重较大，而福利和基本薪酬所占比重小。这种模式是一种以短期绩效为主的高浮动的薪酬计发模式。当某人近期工作绩效很高时，就可获得相应的高报酬；如果他的工作绩效降低，则只能得到较低的薪酬支付。

（3）稳定功能。稳定功能主要体现在吸引和留住人才为企业效力方面。稳定性的薪酬既能够激励员工的劳动热情和工作绩效，又能给他们一定的安全感，即薪酬结构兼具稳定性和弹性。它的要点是适当加大奖金、福利和津贴的比重和差异性，基本薪酬的刚性也不宜太小，应以保证员工的基本安全感为度。这种模式对薪酬结构要求在纵向结构方面进行比较复杂的计算和设计，使得企业的薪酬结构在一定的战略环境下，既符合内部一致性的要求，又具有较强的外部竞争性，并且带来持久的良性经济循环效果。

（4）信号功能。薪酬的信号功能既可以反映一个人在社会流动中的市场价格和社会位置，又可以反映一个人在组织内部的价值和层次。它要求企业在设计薪酬结构时，要考虑企业整体的人力资源规划，从企业战略的角度审视企业在将来的若干年中所需各种人才的数量、质量和相应的人力资源结构，准确预测企业人力资源的需求和供给状况，对企业的未来人力资源配置进行预见性的配置规划，并向企业内外相关人员发出相关信息，促使企业内外的劳动力流动，使企业（甚至是全社会）的劳动力流动趋于合理。因此，企业薪酬结构设计就要强调对特殊岗位或紧缺岗位的重视，并对此类岗位或职务设置高刚性和高差异性的薪酬

① 王萍．自助式薪酬方案[J]．中国人力资源开发．2004（8）：43-44.
② 向志强，刘社瑞，李明阳．媒介产业激励型整体薪酬结构的设计研究[J]．生产力研究．2007（6）：60-61.

等级和薪酬水平。

3．劳动因素对薪酬结构的影响

员工为创造财富而贡献劳动，从不同的角度可以对劳动进行分类，如定额劳动、超额劳动、特殊劳动、社会劳动需要等。这些不同的劳动分类（即劳动结构）与薪酬结构之间具有一定的匹配性。

（1）定额劳动。定额劳动与薪酬结构中的基本薪酬匹配，如最低薪酬、岗位薪酬、技能薪酬、年功薪酬。

（2）超额劳动。超额劳动与薪酬结构中的激励薪酬相匹配，如经常性工作奖励、劳动分红、年终奖励和特殊贡献奖。

（3）特殊劳动。薪酬结构中与特殊劳动相匹配的是特殊津贴，如特殊岗位津贴、特殊职务津贴和特殊劳动时间津贴等。

（4）社会劳动需要。社会劳动需要与薪酬结构中的补助相匹配，如地区差异补贴和边远地区补贴。

5.2　薪酬结构的横向设计

根据薪酬结构设计的内容，将薪酬结构的设计分为横向设计和纵向设计，其横向设计主要是指将薪酬的各组成部分，如基本薪酬、职位薪酬、技能薪酬、绩效薪酬、津贴、福利，以及股票、期权等进行合理组合，并确定其各组成要素的比例大小。

5.2.1　薪酬结构的横向设计内容

我们知道薪酬的各个组成部分可以分为长期激励部分与短期激励部分，固定部分与浮动部分等不同的薪酬形式，合理地组合薪酬的各部分会达到不同的薪酬激励效果。而薪酬结构横向设计的目的就是使得这种薪酬组合方式在符合企业战略目标、企业文化、企业实际情况等因素下，能达到最佳的薪酬激励效果。这里首先了解一下薪酬各组成部分的作用，表5-3是一些常见的薪酬组成要素对员工的影响。

表5-3　薪酬组成要素对员工的影响[1]

薪酬的组成要素	对员工的影响		
	吸引	保留	激励
基本薪酬	高	高	中
员工福利	低	中	低
特殊津贴	低	中	低
短期激励	中	中	高
长期激励	中	高	中

[1] 周斌，汪勤. 薪酬管理：理论·实务·案例. 北京：清华大学出版社，2014：269-298.

5.2.2 薪酬横向结构框架

基于职位的一些要素特征的考虑，通常将职位分为管理序列、职能序列、技术序列、销售序列、操作序列五大类别，从而也相应地形成了 5 种常见的薪酬结构框架。

1．管理序列薪酬结构框架

管理序列职位是指从事管理工作并拥有一定管理职务的职位。例如，在一般企业中使用的比较粗放的"中层和高层"的概念。

企业管理人员的薪酬构成框架基本采用如下形式。

> 薪酬=基本薪酬+奖金+红利+福利+津贴

（1）基本薪酬。基本薪酬与个人的经营业绩大多没有直接关系，它是管理人员的基本生活保障，也是工资体系中最基本的也是最重要的部分。基本薪酬不仅对个人的生活保障有重要意义，而且其他工资项目，如奖金、红利、津贴等大多依据基本薪酬的多少来确定。一般来说，基本薪酬往往占员工总薪酬的 1/3～2/3，具体要视管理职位的高低而定，管理职位越低，基本薪酬占比就越高。

（2）奖金和红利。它是薪酬体系中的浮动部分，包括短期奖金和长期奖金。其中短期奖金的适用范围更为广泛，适用于企业各个阶层的管理岗位，而长期奖金侧重于企业的中高层管理人员。与管理人员的基本薪酬不一样，奖金和红利与管理人员的工作绩效以及企业的绩效之间紧密相连，这种绩效往往是基于企业的经营结果。它们将管理人员的利益与企业整体利益结为一体。

（3）福利与津贴。管理人员可享用的福利津贴很多，一般有养老金计划、住房补贴、各种商业保险、舒适的办公环境等，这些福利与津贴是企业吸引和稳定管理人员的竞争手段之一。

2．职能序列薪酬结构框架

职能序列职位是指从事职能管理、生产管理等职能工作且不具备或不完全具备管理职责的职位。与上述"管理序列"的区别在于该职位可能有下级人员，被管理对象有可能是人也有可能是物。如从事办公室职能管理、生产管理等职能工作的职位，这类人员的企业付薪依据不是其承担的计划、组织、领导、控制职责，主要是其辅助、支持的职责。职能序列职位人员的薪酬结构整体框架，通常采用如下形式。

> 年总薪酬=年基本薪酬+年其他薪酬
> 　　　　=（月固定工资+工龄工资+各类补贴或补助）+
> 　　　　　（月绩效工资+年度延迟支付工资+企业业绩分享）

基于职能序列的薪酬结构的优点在于能促进员工稳定性和提高员工日常工作的积极性。较多企业也在为职能序列的职位增加福利项目，但总体数量要比高层管理人员项目少，额度偏低。

3．技术序列薪酬结构框架

技术序列职位是指企业内部从事技术研发、设计、操作的职位，完成这些职位的工作需要一定的技术和技能，企业付薪的依据主要是该职位所具备的技能和技术，一般付薪的项目不体现为计件的形式，但不排除少量的项目奖金。

技术序列职位因为其短期内不容易有业绩体现，以及平时行为不易被监督等特点，薪酬结构的整体框架通常采用如下形式。

> 年总薪酬=年基本薪酬+年其他薪酬
>
> = （月固定工资+工龄工资+技能工资+项目奖金+福利和服务+年度延迟支付工资）

这种薪酬结构增加了企业对技术人员薪酬控制和行为监督的灵活性。

4．销售序列薪酬结构框架

销售序列职位是指在市场上从事专职销售的职位，销售职位员工一般工作场所不固定。销售序列职位的薪酬结构的整体框架一般采用如下两种形式。

（1）纯佣金制。即销售人员没有基本薪酬，薪酬完全取决于个人业绩的大小。

（2）基本薪酬+佣金制，如下公式所示。

> 年总薪酬=年基本薪酬+年其他薪酬
>
> = （月固定工资+工龄工资+各类补贴或补助）+（佣金+销售奖金+年度延迟支付工资）

基于这种岗位的特殊性，企业在设置固定工资与浮动工资时适用的比例一般为1：1。

5．操作序列薪酬结构框架

操作序列指在企业内部从事生产作业或者从事最基础的决策层工作的职位，一般工作场所比较固定，其岗位对创新的要求较低，工作内容较单一且专业。其薪酬结构常采用以下形式。

> 年总薪酬=年基本薪酬+年其他薪酬
>
> = （月固定工资+工龄工资+各类补贴或补助）+（计件工资+年度延迟支付工资）

5.3 薪酬结构的纵向设计

薪酬结构的纵向设计是指对职位的相对价值大小与其实付薪酬之间的关系的确定，它需要根据劳动的复杂程度、繁重程度、精确程度和工作的责任大小等因素对同一企业内的不同职位进行等级划分，确定其等级数量和等级差距，以及确定这种差距的标准。薪酬结构的纵向设计包括薪酬等级数量、各个薪酬等级之间的级差、每个薪酬等级的薪酬变动范围等[①]。

5.3.1 薪酬等级

本小节将从薪酬等级的定义、类型、结构及薪酬等级划分的影响要素4个方面进行阐述。

1．薪酬等级的定义

薪酬等级是指在同一企业中，由于不同的职位或者技能等级，从而形成的序列关系式的或梯次结构形式的不同薪酬标准，它主要反映不同职位在薪酬结构中的差别，并将职位价值相近的

---

① 周斌，汪勤．薪酬管理：理论·实务·案例．北京：清华大学出版社，2014：281-285.

职位归入同一个管理等级，且采取一致的管理方法处理该等级内的薪酬管理问题。

企业在进行薪酬管理时必须遵循一定的薪酬等级划分原则，做到公平、适度、安全、认可、成本控制、平衡等，这样才能保证薪酬等级的有效性。在管理实践中各企业的薪酬等级数目差异较大，一般而言，企业薪酬结构的等级构成主要以企业的规模、性质、组织结构及工作的复杂程度来衡量，其数目多少没有绝对的标准。

2. 薪酬等级的类型

不同的企业有不同的职位，因此薪酬的等级也不一样。薪酬等级主要包括以下两种类型。

一是分层式薪酬等级类型，即所谓的等级工资制，其特点是企业包括的薪酬等级比较多，薪酬等级与组织层级存在着一定的对应关系，总体上呈金字塔形排列，因此员工薪酬水平受到员工职位等级的制约，薪酬水平的提高与个人职位级别的向上发展紧密相关。这种等级类型在成熟的、传统的等级型企业中比较常见。分层式薪酬等级类型，由于等级较多，所以每等级的薪酬浮动幅度一般比较小。

分层式薪酬等级类型有其独特的优缺点，如表 5-4 所示。

表 5-4　分层式薪酬等级类型的优缺点

优点	缺点
1. 容易操作，方便管理 2. 客观性强 3. 员工的工作积极性可以通过职位晋升的竞争得到提高	1. 薪酬水平仅与职位等级相关，无法有效激励专业技术人员 2. 不利于员工个人能力的增强和职位职能的变化，缺少内部竞争公平性 3. 形成企业内部等级森严的气氛，不利于团队合作，且容易出现论资排辈现象

二是宽泛式薪酬等级类型，其特点是企业包括的薪酬等级少，与组织结构的层级关系联系不紧密，员工薪酬水平的提高可以通过个人职位级别向上发展而实现，也可以通过横向工作调整而提高。这种薪酬等级类型在不成熟的、业务灵活性强的企业中较常见，也适用于扁平式的组织结构形式。

这种薪酬等级类型体现了一种新的薪酬策略，即让员工明白，借助各种不同的职位去发展自己比职位升迁更重要，企业是根据人而不是根据职位提供薪酬的。

3. 薪酬等级的结构

企业薪酬等级结构的确定，通常有 3 种基本的设计思路，或者说定薪基准，如表 5-5 所示。

表 5-5　薪酬等级结构确定表

定薪基准	解释说明
以职位为主导的薪酬等级结构	根据职位价值评估的结果来确定薪酬的高低。这是目前最普遍的薪酬设计基准，这种薪酬设计原理比较适合于职能管理岗位和职责比较固定的职位
以能力为主导的薪酬等级结构	根据任职者的能力素质的高低来确定其薪酬的高低。通常，科研人员、技术类员工应该适用这种薪酬设计原则
以业绩为主导的薪酬等级结构	根据员工的实际业绩来决定其薪酬的高低。如实行"零底薪、纯提成"的销售人员的薪酬体制，其工资高低完全由其业绩决定。当然，目前这个做法已经不再合法。员工底薪必须至少等于当地规定的最低工资标准

需要注意的是，由于企业不同部门、不同岗位的性质差异很大，目前企业在薪酬等级结构设计的实际操作中很少采用单一的基准，而是多种基准的综合使用。薪酬等级结构设计更为常见也更为科学的做法是：不同的序列采用不同的薪酬设计基准。而不同序列之间的薪酬由于设计基准的不同，在相互之间不具有任何可比性。只有同一序列内的员工薪酬因为等级结构的设计采用了相同的基准才具有可比性。

4．薪酬等级划分的影响要素

薪酬等级划分的影响要素包括企业文化、企业所属行业、企业规模、企业发展阶段和企业组织架构，具体如图 5-1 所示。

在进行等级划分时，企业必须考虑企业规模、组织层级等因素进行薪酬等级划分。需要注意的是，等级越多，薪酬管理制度和规范要求越明确，但容易导致机械化；等级越少，相应的灵活性也越高，但容易使薪酬管理失去控制。所以，企业应该根据自身的规模、组织结构、文化、行业、发展阶段等因素，设计适合自身的薪酬等级。

图 5-1　薪酬等级划分的影响要素

5.3.2　薪酬级差

薪酬级差又称中点差异，是指相邻薪酬等级中位值之间的差距。实践中，在设计薪酬级差前，一般要先确定最高与最低薪酬等级的中位值，可以对不同的等级级差进行统一处理，即不同的薪酬等级中级差相同；也可以根据不同的薪酬等级将级差设置差别化。

薪酬级差可以用绝对额、薪酬等级系数表示，薪酬级差绝对额形式下的职位薪级标准的公式如下。

职位薪级标准=薪酬基数×薪酬系数

薪酬基数水平的高低取决于员工基本生活保障和企业经营状况。薪酬系数取决于职位评估、技术评定或能力测评的结果，薪酬系数也反映了薪酬管理体系中最高值和最低值薪酬水平之间的差距，如薪酬系数是 1～5，则说明最高薪酬水平是最低薪酬水平的 5 倍。

企业薪酬级差的特点是：需要考虑的因素有——薪酬级差的大小与等级数量的多少成反比关系；等级之间的劳动差别越大，薪酬级差越大。企业在确定薪酬极差时需要注意的是：级差过大可能会使企业薪酬成本超过企业支付能力；级差主要用于激励低级别的员工，对高层管理者来说一般不适合。

5.3.3　其他相关概念

1．薪酬最大值与最小值

薪酬最大值与最小值主要根据职位评估结果、内外部薪酬调查数据和公司薪酬政策等内容来确定。其中，职位评价和薪酬调查在本书中第 4 章和第 7 章分别有详细介绍，此处不再赘述。

公司薪酬政策线主要是结合市场薪酬线和公司薪酬战略而制定。它能够确切地反映公司的薪酬水平政策和薪酬结构政策，是用于指导公司薪酬设计的重要工具。

此外，薪酬最大值与最小值的确定，还需要考虑人力资源市场供需情况及市场薪酬水平的发展趋势等因素[①]。

2．薪酬幅度与薪酬变动比率

薪酬幅度指在薪酬职位等级中所设的最高与最低薪酬之间的差额，也是每个薪酬等级内的薪酬范围。通常薪酬曲线经过薪酬幅度的中点，在薪酬曲线向上及向下延伸至一定的百分比，如10%的范围，便可划出薪酬幅度。在确定薪酬幅度后，即可以确定每个薪酬等级的最低薪酬与最高薪酬。薪酬变动范围与薪酬的等级数量之间有着密切的关系，通常等级越多，各等级幅度越小；反之则反。

薪酬变动比率指同一薪酬等级内部的最高和最低薪酬之差（即薪酬幅度）与最低值之间的比率。由此可以看出，薪酬变动范围随着薪酬变动比率的增减而增减，由于较低职位所需的技能与能力、承担的责任、对组织的贡献都较小，而且在组织内部还有较大的发展空间，可以通过晋升来提高薪酬。因而，薪酬等级较低时，变动比率也比较小。所以，随着薪酬等级的提高，薪酬变动范围也会趋于增大。在薪酬区间中值与薪酬变动比率这两种因素的作用下，薪酬变动范围比薪酬区间中值有更快的增加速度。

3．薪酬叠幅

薪酬叠幅指的是相邻两个薪酬等级之间薪酬的交叉重叠程度。如果相邻两个薪酬等级之间没有交叉重叠或交叉重叠很少，意味着相邻两个薪酬等级的区间薪酬水平差异过大。但是，如果相邻薪酬等级之间的薪酬的交叉重叠区间太大，会使不同薪酬等级之间的中值差异减少，削弱不同的薪酬等级反映不同职位价值的作用。目前大多数企业相邻两个薪酬等级之间有一定的交叉重叠部分。

薪酬叠幅可以由以下公式算出。

> 薪酬叠幅=2×低薪酬等级中值/（2+薪酬变动比率）-2×（与之相邻的高薪酬等级中值-低薪酬等级中值）/（2+薪酬变动比率）

由此可以看出，相邻的薪酬等级的中值越是接近，变动比率越大，则薪酬区间的叠幅就越大。反之，薪酬等级的区间中值级差越大，同一薪酬区间的变动比率越小，薪酬区间的重叠区域就越小。

4．薪酬比较比率

薪酬比较比率用于员工群体或整个组织时，指某一薪酬等级的中值与市场平均薪酬的比值。它反映了员工群体或组织的薪酬在劳动力市场上的状况。大多数的组织会尽量将薪酬比较比率控制在100%左右，既有利于控制薪酬成本，又不会使自己在劳动力市场上处于劣势。

当薪酬区间的比较比率用于员工个人时，指某位员工实际获得的薪酬与相应的薪酬等级的中值的比值，它反映了其在相应的薪酬区间的地位。当比较比率等于100%时，说明该员工的薪酬为相应的薪酬等级的中值。员工个人的薪酬比较比率取决于员工的资历、技能、经验和绩效。

---

① 岳龙华．薪酬设计与薪酬管理．北京：中国电力出版社，2014：76-80．

5.3.4　薪酬结构纵向设计的流程

企业在进行薪酬纵向设计时一般应遵循以下工作程序。

（1）确定薪酬总额。即根据员工薪酬结构中职位薪酬所占比例和预算的薪酬总额，确定职位薪酬总额。

（2）明确薪酬分配原则。根据企业战略等确定职位薪酬的分配原则，如以岗定薪、按劳分配等。

（3）进行职位分析和评价。根据职位的劳动强度、责任、风险、环境等因素对每一个职位进行分析和评价，并进行重要性排序。

（4）确定薪酬等级数量并划分等级。根据职位评价的结果，确定企业薪酬等级的数量并将所有职位划分成不同的等级。

（5）确定薪酬等级的标准额度。根据企业薪酬策略确定各薪酬等级的标准额度，即确定各个薪酬等级同所有薪酬标准中点的比较额度。

（6）确定不同薪酬等级之间的薪酬差距。主要是指薪酬额度的差别。

（7）确定薪酬幅度，即确定各个薪酬等级内的薪酬幅度。即每个薪酬等级内的多个薪酬标准间最高标准与最低标准的差额。

（8）确定等级之间重叠幅度。确定相邻等级之间的薪酬等级和额度的重叠部分额度的大小。

（9）确定计算方法。确定薪酬等级和额度的具体计算方法。

5.4　薪酬结构设计的注意事项

需要强调的是，企业在进行薪酬结构设计时需要注意以下几个方面。

（1）薪酬结构设计是一个系统工程，不同的薪酬结构适用于企业不同的发展阶段。因此，随着企业的发展，要不断地优化企业的薪酬结构，同时使得薪酬结构设计与企业的分配方式、企业所在行业的特点、企业文化等相一致。

（2）注意平衡薪酬结构中各个部分之间的比例关系。构成薪酬结构的基本薪酬、激励薪酬、津贴、福利等都具有自身的特点，其中基本薪酬具有高刚性和高差异性，激励薪酬具有高差异性和低刚性，津贴具有低差异性和低刚性而福利具有高刚性和低差异性。针对这些薪酬构成的特性及功能，企业应该注意在薪酬结构中进行比例综合平衡。

（3）企业在进行薪酬结构设计时要注意运用多种策略选择，不能过分强调基本薪酬或奖金，更应该注意薪酬结构的激励功能。例如，对高管实施薪酬领先策略时，可以把基本薪酬定位在市场薪酬水平中等偏上，把激励薪酬比重降低。这样就可以在企业薪酬支付保持不变的情况下，通过薪酬形式结构优化，提高薪酬的可变性、差异性、时效性以及现金流使用的弹性。

（4）企业在进行薪酬结构设计时不仅要考虑到成本概念，还应该注重薪酬与企业绩效之间的结合关系。例如，可以考虑使激励性薪酬与企业未来绩效相结合，让员工和股东的共同利益及风险程度适度挂钩，在员工群体中建立长期风险性报酬的观念，适当拉开薪酬差距等。

（5）企业的薪酬结构设计还要注意到职位的特点。基于职位性质的差异，企业可以选择不同的薪酬结构。例如，企业中掌握核心技术的专业人员关系到企业的生存和发展，他们工作的困难程度和重要性是显而易见的，却因许多工作不是例常的而不易衡量。因此，这一类人员的薪酬结构应充分体现职能资格不同的薪资差异和创新奖励，甚至应包括收益提成、利润分享和企业股票认购等。而一般的职位，可以采用职位工资、技能工资和绩效工资的薪酬结构，或者采用基本工资、浮动工资加奖金的薪酬结构。

5.5　宽带薪酬设计

为响应快速变化的市场，越来越多的企业（尤其是大型的民营企业）提出组织扁平化、流程再造等战略，这对传统的薪酬制度提出了挑战。宽带薪酬设计作为一种新型的薪酬结构设计方式，是对传统上那种带有大量等级层次的垂直型薪酬结构的一种改进或替代，它对企业战略目标的实现具有非常重要的作用。

5.5.1　宽带薪酬定义

宽带薪酬是指将组织中用少数跨度较大的薪酬范围替代原有的跨度较小、级别较多的一种新型薪酬结构。宽带薪酬结构中，薪酬等级压缩成相对较少的薪酬等级，同时将每个薪酬等级所对应的薪酬浮动范围拉大，从而形成一种新的薪酬管理系统及操作流程。宽带薪酬起源于 20 世纪 90 年代，是一种与组织扁平化、流程再造理念匹配的薪酬结构。

它的设计基础是海氏评分法，并着眼于确定不同工作对实现组织目标的相对重要性。根据海氏评价方法可以给企业的每一个职位提供一个评价点数，一般来说，每个薪酬等级的最高值与最低值之间的区间变动比率达到 100%或以上。一个典型的宽带薪酬可能不会超过 4 个等级，每个薪酬等级的最高值和最低值之间的变动比率可达到 200%～300%。而在传统薪酬结构中，这种薪酬区间的变化通常只有 40%～50%[①]。

同时，在宽带薪酬结构中，员工不是沿着公司中唯一的薪酬等级层次垂直往上走；相反，他们可能在其职业生涯的大部分时间里都处于同一薪酬等级内。员工只要在其职位上业绩优秀就能够获得更高的薪酬，这打破了传统的"低职位、低薪，高职位、高薪"现象。同时，企业可根据员工的需要和其能力，对其进行横向流动的晋升（即不同职位之间的流动）。

根据宽带薪酬的设计原理，它与传统的窄带薪酬在薪酬等级和薪酬变动范围等方面存在差异，具体如表 5-6 所示。

表 5-6　宽带薪酬与窄带薪酬差异

内容	窄带薪酬	宽带薪酬
薪酬等级	多	少
薪酬变动范围	小	大
薪酬驱动力	职位驱动	绩效驱动
适应企业组织类型	层级制组织结构	扁平式组织结构
直接管理者参与	几乎没有	更多参与
员工职业发展模式	单一的	多元的
薪酬调整方向	纵向	横向及纵向

---

① 刘昕. 宽带薪酬：一种新型的薪酬结构设计形式[J]. 职业，2003（1）：32-33.

5.5.2 宽带薪酬的优缺点

与传统的薪酬相比，宽带薪酬模式有其独特的优势，同时也有其自身的局限性，具体内容如下。

1. 宽带薪酬模式的优点

（1）有利于打破等级观念。打破等级观念，即减少了工作之间的等级差别，有助于企业组织结构向扁平化发展。同时有利于企业提高效率以及创造学习型的企业文化，从而提升企业的核心竞争优势和企业的整体绩效。

（2）有利于职位轮换与员工职业生涯的发展。在宽带薪酬结构下，薪酬高低的决定性因素不再是层级职位，而是能力与贡献。员工的薪酬水平摆脱职位的束缚，只要员工乐意通过相关职能领域的职务轮换来提升自己的能力，来获得更大的回报，就可以简单、快速执行，这也有利于推动员工职业生涯的发展。

（3）在宽带薪酬模式中，由于员工的职业发展道路拓宽了，员工的工作晋升、工作选择等方面都有了很大选择权，它使得员工更关注自身的发展和能力，不将事业上的成败（尤其是失败）归咎于他人，这有助于创造更和谐的工作氛围。同时，能有效地避免低素质员工驱逐高素质员工，避免"格雷欣"效应的出现，帮助企业留住优秀人才。

（4）有利于管理人员以及人力资源专业人员的角色转变。宽带薪酬结构中，由于每一个薪酬带的薪酬区间的最高值和最低值之间的变动比率比较大，因此，部门经理就可以在薪酬决策方面拥有更多的权力和责任，可以对下属的薪酬定位提出更多的意见和建议。在企业中，这既充分体现了人力资源管理的思想，又有利于促使直线部门的经理人员切实承担起自己的人力资源管理职责；同时也有利于人力资源专业人员从烦琐的事务性工作中脱身，转向关注对企业更有价值的高级管理工作中去，充分扮演好部门经理的战略伙伴和咨询顾问的角色。

2. 宽带薪酬模式的缺点

（1）让晋升变得困难。传统薪酬制度下的职位级别多，员工职位晋升相对容易，但是宽带薪酬制度下的职位级别少，员工很可能只有薪酬的变化而没有职位的晋升。在国内企业当中，晋升是非常重要的一种激励手段，而且很多员工也非常看重这一点，这可能会影响员工的工作积极性[1]。

（2）成本上升。在宽带薪酬模式下，经理在决定员工工资时有更大的自由，并且宽带薪酬结构在同一职级支持涨薪的导向性打破了传统薪酬结构中的自动遏制机制，因而使人力成本有可能大幅度上升。相比传统薪酬，可能宽带薪酬下成本上升的速度要更快，这对于企业的经营来说可能是一个不小的挑战。

（3）适用性不广。不是任何类型的企业都适合宽带薪酬模式，采用宽带薪酬模式的企业一般对技术、创新、研发等智力因素要求较高，员工的创造能力对企业绩效有着至关重要的作用。一般国内实行宽带薪酬管理模式的企业多是外资企业和 IT 企业，有的还仅限于企业的技术部门和研发部门。那些提倡"无边界组织"，强调跨职能、跨部门的团队型组织为了保持较高的生产率，需要建立一种综合性的方法来将薪酬与新技能的掌握、能力的成长、宽泛的角色以及最终的绩效联系在一起，同时还要有利于员工的成长和多种职业生涯轨道的开发。而宽带薪酬的设计思路恰恰与这种组织相契合。

（4）门槛较高。企业实行宽带薪酬有较高的门槛条件，要做好宽带薪酬，企业必须有明确

---

① 罗梦娜. 宽带薪酬的基本理论及初步设计. 科技创业月刊，2006，（10）：114-116.

的企业发展战略，科学的组织结构，完善的公司治理结构及良好的技术条件。

（5）给绩效管理带来困难，可能使绩效考核流于形式。宽带薪酬是基于绩效考核的，绩效和能力是宽带薪酬模式的本质内容，所以绩效管理水平是决定宽带薪酬成功与否的重要因素，绩效评价就成为宽带薪酬不可或缺的组成部分和重要构件。随着绩效管理中的固有缺陷不可避免地被移植，其极有可能成为宽带薪酬的致命硬伤，从而在薪酬这一敏感问题上引发争议，恶化人际关系，放大人事风险，甚至从根本上破坏薪酬结构。

综上所述，宽带薪酬作为新型的薪酬管理模式，它的优缺点也是非常鲜明的，尤其是缺点方面，需要企业特别注意。

5.5.3　宽带薪酬设计条件

宽带薪酬有一定的局限性，它并不一定在所有企业中适用。企业在进行宽带薪酬设计时，其必须满足以下的宽带薪酬设计条件[①]。

1．扁平化的组织结构

为了提高企业对外部环境变化的反应能力和反应速度，越来越多的企业强调组织的扁平化，以避免企业管理的层级限制，并加快企业与外界环境的信息交换。为了支持企业组织结构的扁平化——企业的组织结构层级的减少、同层级管理范围的增加，企业内部的工资结构必须做相应的改变，即由原来的多等级工资体系，转变为少数的几个等级的工资体系，并增加员工工资的灵活性。由此可见，宽带薪酬结构更匹配扁平化的组织结构，它们之间相辅相成，并作为彼此功能实现的前提条件。

2．积极参与型的管理风格

宽带薪酬制度的一个重要特点就是各部门经理在参与下属员工的薪酬决策中拥有更大的空间，因此各部门经理在人力资源管理方面必须要有足够的成熟度，才能更好地与人力资源部门一起做出各种关键性决策，以顺利执行宽带薪酬制度。如果部门经理不能对下属员工进行客观的评价，将会破坏内部平衡；如果部门经理不重视员工的发展，宽带薪酬制度中员工的个人潜力也难以真正发挥；如果各部门以自我为中心，不认同宽带薪酬制度，那么人力资源部门就很难发挥其顾问角色的作用。

3．公平竞争的管理原则

在宽带薪酬制度中，薪酬等级减少了，等级内工资范围增加了，员工在某一职位上可能会拿到高于该薪酬等级的职位上的人的工资，这对员工的工作积极性和其潜能的发挥有非常重要的作用。但是，如果企业内部缺少公平竞争的原则，还是以"高职位、高薪"，或者以资历、辈分论人，而忽视个人能力和技能，那么宽带薪酬制度的作用是很难发挥出来的。因此，企业内部合理的、公平的竞争原则对宽带薪酬制度的成功实施有非常重要的意义。

4．"人本管理"的企业理念

劳动者是人的因素，又是生产力诸因素中起决定作用的因素，是最积极、最活跃的因素。因此，现代企业管理必须以人为中心，才能取得成功[②]。"人本管理"的企业理念即为"以人为本"，在该理念下企业将员工放在更重要的位置，它们更加注重员工的个人需求与员工职业发展，并要求员工由被动变为主动。在宽带薪酬制度下，员工的个人空间更多了，"人本管理"理

---

① 徐斌. 薪酬管理与设计禁忌 86 例. 北京：电子工业出版社，2011：146-147.
② 赵曙明. 论以人为中心的企业管理. 南京社会科学，1996，（1）：71-75.

念释放了员工固有的发展道路，更能激发其个人潜能。

5．需配有积极的员工发展工具

宽带薪酬制度为员工的发展及个人职业生涯提供了更大的弹性。企业需配有积极的员工发展工具，使员工能够不断地获取新的技能，让他们对自己在企业的职业生涯有清晰的认识，帮助他们充分利用宽带薪酬制度所提供的空间，同时企业也能不断获得更具有竞争力的员工。

6．注重沟通

引入宽带薪酬制度需要让管理层和员工及时全面地沟通，让全体员工能清晰地理解企业的报酬决定因素以及企业发展的策略，并让员工看到自己在企业的前途。同时，企业具有健全的人力资源管理体系，市场化程度较高的用工制度和薪酬制度，扎实的企业管理基础工作，以及相应的实施宽带薪酬制度的技术条件和数据基础等都会进一步支持宽带薪酬制度的设计。

从上述基本条件分析可见，并非所有企业均适合使用宽带薪酬管理模式。企业在开展宽带薪酬前应先健全相应的基础工作。

5.5.4 宽带薪酬设计流程

企业在进行宽带薪酬设计时应遵循以下流程。

1．确定企业的人力资源战略

支持企业战略目标的实现是人力资源管理体系的根本目标，也是企业薪酬管理体系的根本目标，否则，人力资源管理就无法成为企业的战略伙伴，因此企业应该根据战略和核心价值观确定企业的人力资源战略。企业通过建立人力资源战略，将企业战略、核心竞争优势和核心价值观转化为可以测量的人力资源管理的行动计划和指标，并借助激励性的薪酬结构强化员工绩效行为，从而能够有效增强企业的战略实施能力，促进企业战略目标的实现。基于此，企业人力资源管理体系不仅仅是一套对员工贡献进行评价并予以肯定激励的方案，它更应是将企业战略及文化转化为具体行动，以及支持员工实施这些行动的管理流程。

2．制定切合于企业需要的薪酬战略

在人力资源战略的基础上，企业还应该基于相关的法律环境、行业竞争态势及企业的发展特点制定相应的薪酬战略，把薪酬结构和企业的经营战略有机结合起来。

企业在进行薪酬结构设计时，应该从薪酬策略的选择、薪酬计划的制订、薪酬方案的设计、薪酬的发放及沟通等多个方面体现薪酬结构对企业战略、核心竞争优势和价值导向的支持、支撑作用，对那些符合企业战略和价值取向的行为和有助于提高企业核心竞争优势的行动在薪酬上予以倾斜。

企业的薪酬结构需要体现企业战略和核心价值观对人力资源尤其是激励机制的要求，但同时需要注意，企业的薪酬结构不能脱离企业所在行业的特点和企业的生命周期。

首先，企业所在行业的特点主要体现为企业所在行业的技术特点和竞争态势。技术是用来使组织的投入转变为组织产出的工具、技能和行动，技术常常通过对劳动效率的影响进而影响企业的薪酬结构，而行业的竞争态势则会影响企业之间在人才方面的竞争性，进而对企业制定有竞争力的薪酬产生影响。

其次，企业也要经历出生、成长、成熟、衰退等不同阶段。处于不同生命周期的企业具有不同的特点，因此需要不同的薪酬结构来适应其生命周期不同阶段的特点。

3．选择适合于运用宽带技术的职务或层级系列

在传统的金字塔型组织结构或强调个人贡献的文化氛围中，宽带薪酬模式并不适用，企业往往

采用等级制的薪酬模式。但随着组织的等级逐渐趋于平坦，强调团队协作而不是个人贡献，在这种情况下，企业就可以考虑采用较少的工资范围，跨度很大的工资类别来代替以前较多的工资级别。

4．运用宽带技术建立并完善企业的薪酬结构

（1）确定宽带的数量。首先，企业要确定使用多少个工资带，根据美国公司的经验，宽带工资一般只采用 4~8 个职位等级，而且职位等级的划分通常与组织内部的管理层级相联系。具有相同或类似职位名称或职位头衔的职位往往划分到同一个职位等级中[①]。通常，在这些工资带之间有一个分界点，每一个工资带对人员的技能、能力的要求都是不同的。

（2）根据不同工作性质的特点及不同层级员工需求的多样性建立不同的薪酬结构，以有效地激励不同层次员工的积极性和主动性。

（3）确定宽带内的薪酬浮动范围。根据薪酬调查的数据及岗位评价结果来确定每一个宽带的浮动范围以及级差，同时针对每一个工资带，各职能部门根据市场薪酬情况和岗位评价结果确定不同的薪酬等级和水平，这就会出现在同一等级内，由于其承担的责任和任职资格等薪酬要素不同，其职位的薪酬宽带呈现不一致现象。例如，在专员等级内，财务部门专员的薪酬水平可能要高于行政部门的专员，即财务专员的薪酬宽带要高于行政专员的薪酬宽带。

（4）宽带内横向职位轮换。同一工资带中薪酬的增加与不同等级薪酬增加相似，在同一工资带中，企业应该鼓励员工跨部门流动以增强组织的适应性，提高员工多角度思考问题的能力。因此，员工职位的变化更可能的是跨职能部门，而从低宽带向高宽带的流动则难度较大，机会较少。

（5）做好任职资格及工资评级工作。宽带薪酬虽然有很多优点，但由于经理在决定员工工资时有更大的自由，因此很容易导致企业人力成本有可能大幅度上升。美国联邦政府的经验表明，在宽带结构下、薪酬成本上升的速度比传统工资结构快。

因此，为了有效地控制人力成本，抑制宽带薪酬模式的缺点，在建立宽带薪酬结构的同时，还必须构建相应的任职资格体系，明确工资评级标准及办法，营造一个以绩效和能力为导向的企业文化氛围。

（6）员工工资定位。在设计好宽带薪酬结构后，需要对员工工资进行定位，即将员工放入宽带薪酬中的特定位置中去。企业一般采用以下 3 种方法对员工工资进行定位。

① 对于强调绩效的企业来说，可以根据员工的个人绩效，将其放入宽带薪酬中的相应位置；

② 对于强调新技能获取的企业，可以根据员工的新技能获取情况，确定其在宽带薪酬中的位置，而员工是否具备这些企业所需要的新技能，则是由培训、资格证书或者员工在工作中的表现决定的；

③ 对于强调员工能力的企业，则可以首先通过人力资源部门确定某一明确的市场工资水平，其次在同一宽带薪酬内，对低于该市场工资水平的部分，根据员工的知识、能力、技能和绩效的综合情况对工资进行定位，而对于高于该市场工资水平的部分，可以根据员工关键能力开发状况对其工资进行定位[②]。

5.5.5　宽带薪酬的常见体系

传统的宽带薪酬结构有 3 种：基于能力的宽带薪酬结构、基于职位的宽带薪酬结构和基于绩效的宽带薪酬结构。

---

① 张丽华，王蕴．薪酬管理．北京：科学出版社，2009：198-204．

② 岳龙华．薪酬设计与薪酬管理．北京：中国电力出版社，2014：82-86．

1．基于能力的宽带薪酬结构

基于能力的宽带薪酬结构是根据特定职位的员工工作的胜任能力高低（知识、技术、能力的深度、广度和类型）及对公司的忠诚度的高低确定薪酬支付的水平。

基于能力的宽带薪酬结构，其优点如图 5-2 所示。

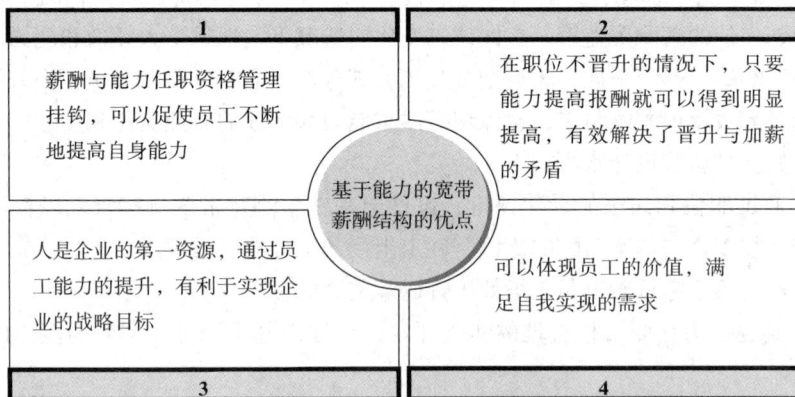

1	2
薪酬与能力任职资格管理挂钩，可以促使员工不断地提高自身能力	在职位不晋升的情况下，只要能力提高报酬就可以得到明显提高，有效解决了晋升与加薪的矛盾
人是企业的第一资源，通过员工能力的提升，有利于实现企业的战略目标	可以体现员工的价值，满足自我实现的需求
3	4

中心：基于能力的宽带薪酬结构的优点

图 5-2　基于能力的宽带薪酬结构的优点

2．基于职位的宽带薪酬结构

基于职位的宽带薪酬依据职位对组织目标实现的贡献程度的大小及承担职位所需要的个人能力（知识、技能、经验等）和工作特性（应负责任、解决问题的难度等）确定薪酬支付水平。不同职务的薪酬差别应该以职位分析与职位评价作为基础。

（1）基于职位的宽带薪酬结构的特点

① 员工的地位和价值确定是基于其在组织中的职位。

② 在人岗有效配置的基础上建立基于职位价值的薪酬序列。

③ 以职位为核心确定人与组织，人与职位之间的关系。

④ 以职位所赋予的权力处理上下级及组织成员之间的沟通和协调。

（2）基于职位的宽带薪酬结构的局限性

① 职责过于明晰化，使员工明确自己应该对什么负责，对什么不负责，这就可能造成员工难以从事其他职位上的工作，从而导致了组织缺乏灵活性和弹性。

② 不利于员工个人职业发展。宽带薪酬较少的层级结构会使员工的晋升难度加大，而且如果员工在某一个带宽领域中已达到了最高点，要想获得薪酬增长只有通过职位晋升，这就可能使员工追求不适合本人发展的职务。

③ 等级森严，决策链条增长，制约着员工知识技能的发挥与提高。

3．基于绩效的宽带薪酬结构

基于绩效的宽带薪酬结构是根据任职者在特定岗位上产生的业绩水平和价值大小确定薪酬水平。其包括与年度工作业绩、目标达成有关的中期奖金计划，与长期工作绩效、目标有关的长期激励计划（股权、奖金等）。

基于绩效的宽带薪酬结构，其目的如下：

（1）通过绩效考核使员工不断提高业绩贡献；

（2）通过绩效指标的设定，使得员工朝着企业设定的方向努力，有利于实现企业的战略目标；

（3）通过绩效管理使员工发现自己的问题所在并及时纠正，有利于企业的长期发展。

4．三位一体的宽带薪酬结构

基于能力、职位或者绩效的宽带薪酬结构都各有其优势和局限性，但是如果能综合设计这 3 种薪酬结构，使其充分发挥自身的优势，就会有意想不到的效果。

基于能力、职位和绩效的三位一体的宽带薪酬结构，与传统薪酬结构相比，减少了薪酬等级，增加了相邻岗位的薪酬覆盖度。在岗位未变化的情况下，通过个人绩效和能力的提高增加薪酬，从而维护薪酬的内部公平性，将会增强员工的满意度；同时，薪酬与员工个人的绩效和能力紧密联系，能最大效用地激励员工，也体现了注重能力和绩效的企业文化和理念[①]。

三位一体的宽带薪酬设计步骤如下。

第一步：通过职位和岗级的量化评价，设计出基本薪酬宽带薪酬等级表以及津贴和福利，并依据各岗级绩效工资与基本薪酬的比例，确定出绩效工资的宽带范围。

第二步：通过绩效考核确定员工绩效工资以及奖金数额。

第三步：通过能力任职资格管理的能级评定，设计出基于职位、绩效与能力的三位一体的宽带薪酬结构。

具体的三位一体宽带薪酬结构如图 5-3 所示。

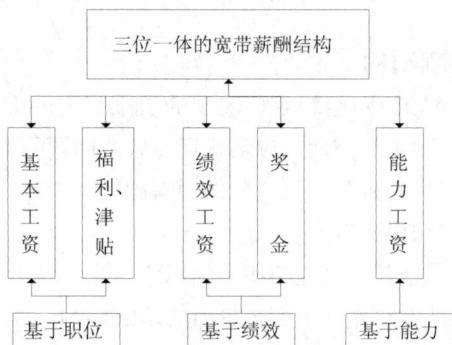

图 5-3　基于职位、绩效和能力的三位一体的宽带薪酬结构

【启发与思考】

扫一扫→央企责任人薪酬改革方案正式施行

【思考练习题】

1. 什么是薪酬结构设计？它与薪酬设计有什么不一样？

---

① 陈倩，葛玉辉，赵士军. 基于职位、绩效与能力的三位一体宽带薪酬体系设计——以 X 公司为例. 中国人力资源开发，2010，（12）：44-46.

2. 薪酬结构的模式包括哪些？

3. 影响薪酬结构设计的因素有哪些？

4. 什么是薪酬横向设计？

5. 常见薪酬结构框架有哪些？并详细说明。

6. 什么是薪酬纵向设计？

7. 什么是薪酬等级？

8. 如何确定薪酬级差？

9. 薪酬幅度和薪酬叠幅分别指什么？

10. 简述薪酬结构纵向设计流程。

11. 薪酬结构设计要点主要包括哪些方面？

12. 什么是宽带薪酬？它的设计条件是什么？

13. 常见的宽带薪酬结构有哪些？

【模拟训练题】

你可以参照表 5-7 设计一份简单的企业员工薪酬等级表。

表 5-7　企业员工薪酬等级表[①]

等级	职称	起薪	级差	级别						差等	每年
				1	2	3	4	5	6		
1	实习生										
2	管理助理 技术助理										
3	副经理 技术员										
4	副工程师 代理经理										
5	经理 医师工程师										
6	行政助理 代行政主管										
7	行政主管										
8	总监 副总经理										
9											
10											
	制表人						制表日期				

---

① 杨付怀. 人力资源经理案头工作手册. 北京：人民邮电出版社，2008：134.

【情景仿真题】

BC 公司于 2004 年 12 月 16 日正式成立，是经 ZN 发展集团总公司批准筹建、由 ZC 总公司控股的投资主体多元化的股份有限公司，是隶属中央企业的三级股份制公司，是国内中速大功率柴油机的专业化生产企业。BC 公司成立 10 多年来，经历了创立、增长、成熟、平稳、衰退、再造 6 个阶段。目前公司处于再造阶段，正着力于构建人力资源管理体系，改革其薪酬管理体系。

改革后的薪酬管理中，公司负责人实行年薪制，其年薪由基本年薪、绩效薪金、特殊奖励等构成；管理、技术人员、无定额的其他人员实行岗位绩效工资制，其岗位绩效工资由岗职工资、绩效工资、工龄工资、职称补贴、其他补贴、年度奖金等构成；生产车间有定额生产工人实行计件工资制，其计件工资制由技能工资、工龄工资、绩效（计件）工资和补贴等构成。

在新的薪酬管理体系方案实施半年后，公司人力资源部对其实施情况进行全面调研，结果显示，新的薪酬管理体系存在的问题有：（1）公平性问题。公司没有开展相应的职位评价工作，职位等级常由管理人员随意判定，导致薪酬分配的内部不公平。（2）科学性问题。薪酬等级结构未得到各层级员工的认可。（3）专业技术职务评聘问题。因技能评定内容复杂，等级界定困难，公司往往根据工龄长短进行套改，技能工资变成了工龄工资，致使有人达到高技能水平，也拿不到高技能职级和工资，尤其对年轻员工不利。（4）激励效果问题。员工工作绩效的考核不到位、重视物质激励而忽视精神激励、对经营者的激励力度不够等；同时，员工薪酬总额主要是由所在岗位的工资系数决定，员工只有在岗位晋升时工资才会有较大的变动，而岗位的调整又存在着很多障碍。这一定程度上导致了近半年公司员工（特别是一线高技能人员）离职 67 人。

（资料来源：刘冠生，戴磊. BC 公司薪酬管理的改革与完善[Z]. 中国管理案例共享中心案例库，2014，09.）

思考：

BC 公司应该怎样进一步完善薪酬管理工作呢？合理科学的薪酬管理体系的形成应该有哪些准备工作？各准备工作又是怎样服务于薪酬管理体系的？同时，在设计薪酬管理体系时，主要进行哪些工作？

第6章　不同群体的薪酬设计

学习目标

1. 了解不同群体的薪酬的特点与常见模式。
2. 掌握不同类型员工薪酬设计的特点与设计方法。
3. 掌握各种不同方法的结合使用。

【引导案例】

Buffer 公司员工薪水的背后

Buffer 公司成立于 2010 年 9 月，是一家社交媒体创业公司。Buffer 公司主要经营一个网络社交平台，在该平台上，用户可以进行动态、自由流动的社交谈话，类似于人们在聚会上见面，大家围在讲故事的人身边倾听，随着谈话内容的改变，人们自然地聚集和散开。同时，公司会使用匹配功能和信誉引擎，给内容找到合适的受众，用户不需要进行搜索，也不用关注他人或加其他人为好友。目前企业正处于发展阶段。

2015 年，Buffer 公司公布了 2014 年该企业部分员工的薪酬情况，如表 6-1 所示。

表 6-1　Buffer 公司部分员工薪酬及组成情况（单位：美元）

员工姓名	Joel	Leo	Andy	Colin	Brian	Matt
职位	首席执行官	首席运营官	资深工程师	后台工程师	设计师	安卓工程师
基本薪酬	75000	70000	60000	60000	60000	60000
基础系数	20%	20%	5%	5%	—	—
每百万的提成工资	12000	10000	3000	3000		
经验系数	1.2	1.2	1.1	1.2	1.2	1.2
地区补助	22000	22000	22000	12000	12000	12000
额外薪酬	—	—	10000	10000	10000	10000
总计	158800	146800	107900	104800	94000	94000

总薪酬的计算公式为：

总薪酬=[基本薪酬×（1+基础系数）+提成数÷公司的百万美元收入]×经验系数+地区补助+额外薪酬

其中，（1）基本薪酬是根据不同岗位而设置的不同薪酬水平；（2）基础数据是根据员工的工龄、岗位等因素确定；（3）经验系数是根据员工的技能确定：大师 1.3X、高级 1.2X、中等级别 1.1X、初级 1X；（4）地区补助则是根据员工经常所在的工作场所而确定；（5）额外薪水是员工在放弃股票时所得。

例如：Joel，他是执行官，所以他得到了 75000 美元的基本薪酬。然后，作为一名 CEO，他的基础系数是 20%，也就是 12000 美元/年。然后因为他的经验是"高级"，因此他的经验系数是 1.2，而且因为他生活在旧金山，所以得到了 22000 美元地区补助。将这些数字都加起来，Joel 挣到了 158800 美元。

从 Buffer 公司员工的薪酬不难看出，企业在设计员工薪酬时通常会根据员工所在岗位而设定不同的薪酬水平，并采用不同的薪酬组合方式。

（资料改编自：http://blogs.bnet.com.cn/?uid-19109-action-viewspace-itemid-28522）

案例思考：

在实际运用中，企业是如何为不同岗位的员工设计不同的薪酬呢？其设计依据又是什么？这样设计的好处是什么？

在学习了职位分析、职位评价和薪酬结构相关知识的基础上，我们就可以根据薪酬结构设计的相关理论进行企业各类人员的薪酬结构设计了。但在企业中，也可在薪酬结构设计理论的基础上，针对一些特殊的企业群体进行薪酬设计，本章将分别介绍中高层管理人员、基层管理人员、专业技术人员、销售人员、生产人员、新进员工和外派员工的薪酬特点及其设计的相关内容。

6.1 中高层管理人员薪酬设计

针对中高层管理人员的有效激励，对于提高中高层管理人员工作积极性，使之为企业创造更高的价值有着重要的意义。激励管理人员以及把企业管理人员的收入与其经营责任、经营风险及经营业绩相联系，必须结合科学、合理、有效的绩效考核制度和薪酬管理体系[1]。

6.1.1 中高层管理人员薪酬特点

中高层管理人员具有与普通员工不同的特点，所以其薪酬也就与普通员工有所不同。中高层员工的特点要从股东与高管之间的代理关系谈起。公司股东聘请中高层管理人员管理企业，股东与高管之间就形成了委托—代理关系。这种委托代理关系具有 3 个特点。一是利益不一致。股东希望高管努力工作，实现股东价值最大化，而高管可能仅追求自身收益最大化。二是存在信息不对称。高管对公司进行日常管理，非常了解公司的运作内幕，因此掌握很多股东不知道的专有信息。三是监督困难，股东无法时时刻刻观察高管的行为，很难判断高管为提高公司业绩付出了多少努力。

由于存在上述 3 个问题，中高层管理人员薪酬通常有以下特点。

（1）薪酬结构中，组成部分以浮动部分为主，与企业的经营效益高度相关。

（2）个人利益与企业经营效益密切相关，能够增强中高层管理人员的责任感。

（3）坚持利益共享、风险共担的原则，让中高层管理人员和企业均有一定的安全保障。

中高层管理人员常见的薪酬方式，是固定薪酬加分成薪酬。将管理者的薪酬与所实现的产出水平相联系，即从业绩中提取一部分作为管理者的薪酬，让管理者与股东的利益趋于一致。

但是，这种分成薪酬的方式又会引发新的问题：如果当年业绩提成薪酬过高，容易导致中高层管理人员做出为了获得当期业绩而牺牲公司长期利益的短期行为，损害股东的长期价值。中高层管理人员付出的努力大致可以分成两种类型：为提高短期业绩所做的努力和为提高公司长期利益所做的努力。根据当年业绩提取分成薪酬的方式，只能有效地激励管理人员做短期努力。因

---

① Conyon M J, Peck S I. Board control, remuneration committees, and top management compensation. Academy of Management Journal, 1998, 41(2): 146-157.

此，一定要有长期性激励薪酬，以激励中高层管理人员为公司的长远价值而努力。所以，股东设计薪酬时，可通过调整短期薪酬和长期激励性薪酬的比例，达到中高层管理人员短期努力与长期努力之间的平衡，实现股东利益最大化。

6.1.2　中高层管理人员薪酬模式

目前，很多企业中高层管理人员的薪酬采用年薪制和股权激励模式。

1．年薪制

年薪制是指以企业的一个经济核算年度为一周期进行基本薪酬确定，并根据其年终经营成果确定其效益收入的一种薪酬体系。实行年薪制的企业，中高层管理人员的利益与企业利益紧密相连；年薪与中高层管理人员的工作责任、决策风险、经济效益紧密挂钩。

（1）年薪制的工资结构

年薪制工资结构一般包括基本年薪和效益年薪两部分。企业年薪制工资的具体组成结构要视企业所处的经营发展阶段而定，基本结构遵循以下形式：

> 年薪收入=基本年薪+效益年薪
>
> 或　年薪收入=基本年薪+效益年薪+奖励年薪
>
> 或　年薪收入=基本年薪+效益年薪+福利津贴

① 基本年薪。基本年薪是按年度确定，按月度支付给管理人员的固定现金收入，是根据管理人员的经营知识、管理能力、经验和承担的岗位职责确定的。基本年薪的确定是综合平衡外部劳动力市场和企业承受能力的结果。具体的确定方法包括以下两个。

A．根据劳动力市场确定，通常采用协商制来确定基本薪酬。

B．按照本企业员工的基本薪酬比例来设计，计算方法如下：

> 基本年薪=基本薪酬×调整系数
>
> 调整系数=责任系数+企业规模系数+企业类型系数

由于基本薪酬一般不与管理者的成果相关，因此这部分薪酬一般不宜过高，这样企业可以避免一定的经营风险。

② 效益年薪。效益年薪的确定依据是年度经营业绩，按事先约定的计算办法进行核算，随企业经营效益的好坏而变动。常见的两种计算方法如下：

> 效益年薪=基本薪酬×倍数×考核指标完成系数
>
> 或　效益年薪=超额利润×比例系数×考核指标完成系数

这两种方法的核算均需要结合绩效考核指标的完成情况，因此给管理者的日常经营管理提出了更高的要求。

（2）年薪制的具体表现形式

中高层管理人员年薪制的具体表现形式通常有 5 种：准公务员型模式、一揽子型模式、非持股多元化模式、持股多元化模式、分配权型模式，如表6-2所示。

表 6-2 中高层管理人员的年薪模式

形式	薪酬额度	考核指标	适用范围	激励作用	结构
准公务员型模式	视企业经营状况和管理者的职位而定，通常基本薪酬是普通员工平均薪酬的 2～4 倍，养老金是普通员工平均养老金水平的 4 倍	政策执行和工作任务完成情况	大型国企，对国民经济有重大影响的集团公司、控股公司	激励力量来源于职位升迁，退休后的养老金计划排除了管理者的短期行为	基本薪酬+津贴+养老金计划
一揽子型模式	薪酬数量与年度经营目标相关联，经营目标实现的前提下兑现管理人员薪酬，金额一般较高	根据企业经营状况确定主要考核指标，考核指标应准确、具体，如利润率、销售收入额等	适用于有特殊问题急需解决的企业。如希望扭亏为盈的企业	激励作用很大，具有招标承包式的激励作用，但易引发管理者的短期行为。激励作用发挥的关键是绩效考核指标制定的科学性、真实性和准确性	单一固定的年薪
非持股多元化模式	取决于经营难度和责任，一般为普通员工平均薪酬的 2～4 倍，风险收入根据经营业绩来确定，一般没有封顶	1．确定基本薪酬时要参考企业的资产规模、销售收入、员工人数等指标　2．确定风险收入时要考虑净资产增长率、利润增长率、销售收入增长率、上交税利增长率、员工工资增长率等指标，还要参考行业的平均效益水平和经营者的业绩	适用于追求利益最大化的非股份制企业	风险收入不封顶，在考核指标选择科学、合理、准确的情况下更具备激励作用，但不足之处是缺乏长期激励机制	基本薪酬+津贴+风险收入（效益收入和奖金）+养老金计划
持股多元化模式	1．基本薪酬取决于经营难度和责任，一般为普通员工平均薪酬的 2～4 倍　2．含股权、股票期权形式的风险收入取决于其经营业绩、企业的市场价值，风险收入无法以员工平均薪酬为参照物，但企业市场价值的大幅升值会使管理者得到巨额收益	1．确定基本薪酬时要参考企业的资产规模、销售收入、职工人数等指标　2．确定风险收入时要考虑净资产增长率、利润增长率、销售收入增长率、上交税利增长率、员工工资增长率等指标，还要参考行业的平均效益水平和经营者的业绩	适用于股份制企业，尤其是上市公司	指一种多种形式的、具有不同的激励约束作用的报酬组合，保证了管理者行为的规范化、长期化	基本薪酬+津贴+含股权、股票期权等形式的风险收入+养老金计划

形式	薪酬额度	考核指标	适用范围	激励作用	结构
分配权型模式	1. 基本薪酬取决于经营难度和责任，一般为普通员工平均薪酬的2～4倍 2. 以"分配权""分配权期权"形式出现的风险收入取决于企业利润的情况	1. 确定基本薪酬时要参考企业的资产规模、销售收入、职工人数等指标 2. 确定风险收入时要考虑净资产增长率等企业业绩指标	各类企业中都可以实施	能起到类似股票、股票期权的激励	基本薪酬+津贴+以"分配权""分配权期权"形式出现的风险收入+养老金计划

2．股权激励模式

中高层管理人员的股权激励模式已被越来越多的企业重视[1]。股票期权是指企业授予员工在未来一段时间内可以按预定的价格（行权价）购买一定数量的企业股票的权利。

对非上市公司来讲，股权激励有利于缓解公司面临的薪酬压力。由于绝大多数非上市公司都属于中小型企业，它们普遍面临资金短缺的问题。因此，通过股权激励的方式，公司能够适当地降低经营成本，减少现金流出。与此同时，也可以提高公司经营业绩，留住绩效高、能力强的核心人才。

对原有股东来讲，实行股权激励有利于降低职业经理人的"道德风险"，从而实现所有权与经营权的分离。非上市公司往往存在一股独大的现象，公司的所有权与经营权高度统一，导致公司的"三会"制度等在很多情况下形同虚设。随着企业的发展、壮大，公司的经营权将逐渐向职业经理人转移。由于股东和经理人追求的目标是不一致的，股东和经理人之间存在"道德风险"，需要通过激励和约束机制来引导和限制经理人的行为。

对公司中高层管理人员来讲，实行股权激励有利于激发员工的积极性，实现自身价值。中小企业面临的最大问题之一就是人才的流动问题。由于待遇差距，很多中小企业很难吸引和留住高素质的管理和科研人才。实践证明，实施股权激励计划后，由于员工的长期价值能够通过股权激励得到体现，中高级员工的工作积极性会大幅提高，同时，由于股权激励的约束作用，中高层员工对公司的忠诚度也会有所增强。

6.2 基层管理人员薪酬设计

基层管理人员也就是在企业中从事基础管理工作的管理人员，他们在企业中通常起着承上启下的作用。正是由于他们具有如此特殊的地位，如今很多企业非常关注其薪酬的设计问题。基层管理人员的薪酬设计的合理与否往往会对基层管理人员的流动率和工作积极性产生重大影响。

6.2.1 基层管理人员薪酬特点

基层管理者的作用：他们是企业发展规划的落实者，也是将高层管理人员的重要决策和管

① Balkin D，Swift M. Top management team compensation in high-growth technology ventures. Human Resource Management Review，2006，16（1）：1-11.

理念转变为基层员工行为的中间人，基层管理者是企业政策最具体的传达和落实者，同时又是按照决策、目标要求使其他员工具体执行的带领者。当然，作为基层员工的直接管理者，管理活动的开展及其方式直接影响到员工的积极性、组织的团队性和员工的整体业绩。基层管理人员是企业发展的中坚力量，科学的薪酬对其积极工作的激励作用应受到重视。因此，基层管理人员的薪酬设计应激发基层管理人员的工作积极性和主观能动性，从而为企业创造更多的效益。

6.2.2　基层管理人员薪酬模式

针对基层管理人员的特点，企业在设计基层管理人员的薪酬时，应以基本薪酬+激励性薪酬+福利和服务的模式为主，这也是一种通用的薪酬结构模式。对于三者之间的比例协调，应当视企业所处行业、地域和经济环境等情况来决定。

1．基本薪酬

基层管理人员的基本薪酬除了要考虑当地的薪酬整体情况以及行业本身的竞争力外，还要根据管理者的工作年限、管理的能力、管理的幅度、管理难度、管理业绩和管理职责内容来确定，其比例一般占整体薪酬的 60% 左右。基本薪酬主要是对基层管理人员的生活起到保障作用，激励的作用并不明显。

2．激励性薪酬

基层管理人员的绩效直接与其管理部门的产量增加、质量提高等工作完成情况密切相关。绩效考核则从效果标准和效率标准两方面进行考核。效果标准针对组织层面和基层管理者层面的抽象目标，而效率标准则是针对成本控制层面的具体实施绩效。由于基层管理者既是管理者又是生产者，效率标准则是对基层管理者管理能力的最直接体现。

基层管理人员的激励性薪酬一定要体现出其完成业绩的能力，以正确发挥其激励作用，进一步提高业绩水平。同时，不能使基层管理人员与基层员工之间产生过大的差距，这样会不利于管理者与员工之间距离的拉近，从而可能会阻碍管理活动的进行。

3．福利和服务

对于基层管理人员来说，工作内容较为单一，工作节奏较为忙碌。因此为基层管理人员考虑福利计划时可以为其增加一些实物性的福利项目，如在工作场所设置一些娱乐设施、健身设施等；或者开展一些团体性的活动，如带薪年假的机会或者家庭旅游活动等。又或者为其提供种类多样的"自助式的福利餐"，由其自己按照个人需求选择某种组合方式，决定自己的福利待遇。同时，由于基层管理人员在工作过程中时刻面向基层员工，在履行管理职责时可能发生冲突。所以可以在基层管理人员的福利项目中增加一些保障性的福利，如人身伤害险等。企业还可以为基层管理人员提供一些培训学习、外出考察和交流的机会，这样在提高其管理技能的同时也有利于增加其晋升机会。

这种基本薪酬+激励性薪酬+福利和服务的薪酬模式对于企业薪酬管理具有一定的优势：首先，薪酬中基本薪酬与基层管理人员的管理能力和经验相挂钩，具有较好的保障功能，增加了基层管理人员的稳定性和安全感；其次，激励性薪酬部分有效地激励基层管理人员完成工作目标，在稳定团队的同时最大限度地促进了企业整体绩效的提升，具有明显的激励功能；最后，基层管理人员福利和服务比较灵活，可以满足基层管理人员对于物质之外的需求，有利于稳定基层管理人员，降低基层管理人员流失。这些优势是此模式广泛应用于基层管理人员薪酬结构的前提，但是需要注意的是，在实施这种薪酬模式前，一定要有一套相应的岗位评价体系作为薪酬水平确定的依据，同时岗位工资要灵活调整，以适应市场不断提高的薪酬水平与生活水平。

6.3　专业技术人员薪酬设计

　　吸引和留住拥有智力资本的专业技术人员是企业培育核心竞争力、获取竞争优势的关键，而薪酬管理作为一种吸引和留住专业技术人员的重要手段，也越来越引起企业管理者的重点关注[①]。

6.3.1　专业技术人员薪酬特点

　　专业技术人员一般是指组织中从事具有专门知识或专业技术职称，并在相关领域从事产品研发、市场研究、财务分析、法律咨询等工作的专门人员，包括工程师、技师、会计师、律师等。企业在进行专业技术人员薪酬设计之前应先对专业技术人员的工作特点进行分析。

1．专业技术人员的工作特点

　　专业技术人员的工作具有一些区别于一般工作人员的特点，具体内容如图6-1所示。

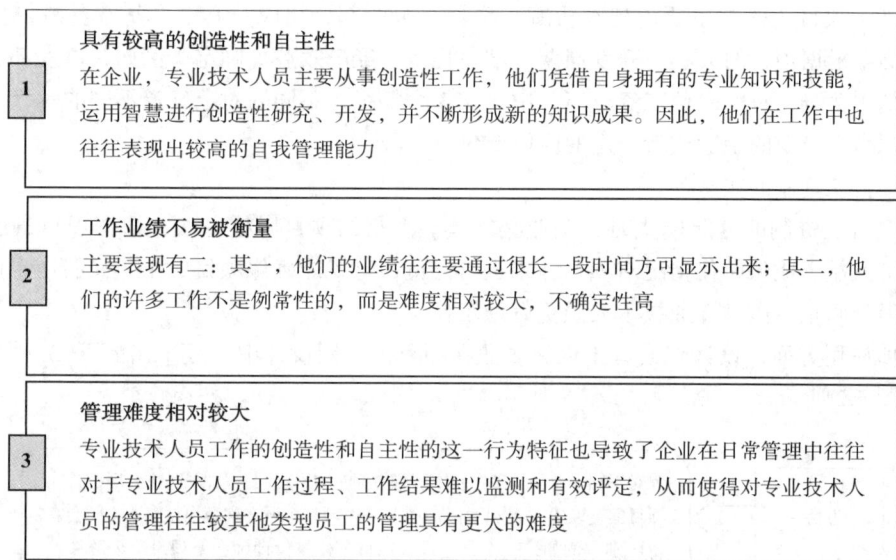

> **1** **具有较高的创造性和自主性**
> 在企业，专业技术人员主要从事创造性工作，他们凭借自身拥有的专业知识和技能，运用智慧进行创造性研究、开发，并不断形成新的知识成果。因此，他们在工作中也往往表现出较高的自我管理能力

> **2** **工作业绩不易被衡量**
> 主要表现有二：其一，他们的业绩往往要通过很长一段时间方可显示出来；其二，他们的许多工作不是例常性的，而是难度相对较大，不确定性高

> **3** **管理难度相对较大**
> 专业技术人员工作的创造性和自主性的这一行为特征也导致了企业在日常管理中往往对于专业技术人员工作过程、工作结果难以监测和有效评定，从而使得对专业技术人员的管理往往较其他类型员工的管理具有更大的难度

图6-1　专业技术人员工作特点

2．专业技术人员的薪酬模式特点

　　（1）核心技术决定薪酬水平。专业技术人员的薪酬水平要综合平衡岗位价值与市场供求关系，只有这样才能有效预防技术人员的流失。

　　（2）长短期激励相结合，重视员工长期发展。专业技术人员的工作结果对企业的影响具有一定的滞后性，难以短期内观察到。因此，企业对专业技术人员的考核更要注重其对企业的长期贡献。同时，企业对专业技术人员的激励也应该实施长期的捆绑式激励政策，以使得专业技术人员与企业利益共享，协同发展。股票期权政策是常见的长期激励政策。

　　（3）个性化的工作性质决定了个性化的薪酬结构。企业内部处于不同组织层级的人员需求存在一定差异，对于专业技术人员来说，薪酬结构需要比较稳定，薪酬水平要有较高的市场竞争能力，要注意运用和采用多种福利形式，促进专业技术人员潜心工作，增强对其的吸引力，增加

[①] 刘军胜. 专业技术人员薪酬设计. 企业管理，2003，（7）：68-70.

其对组织的认同感。

6.3.2　专业技术人员薪酬模式

吸引人、留住人、高效使用人是企业人力资源管理的重要工作，这就需要企业建立科学合理的薪酬激励分配模式，发挥薪酬的最佳激励效果。常见的专业技术人员薪酬模式有以下几种。

1. 项目工资制

项目工资制主要适用于参与科研项目研究的专业技术人员。项目工资制使专业技术人员的薪酬与项目完成情况挂钩，可操作性强，能客观反映员工的工作业绩情况，有利于参与项目的专业技术人员专心进行研究，调动了专业技术人员的工作积极性。

（1）项目工资制结构

结构一：项目工资制主要由保障工资、项目考核工资两部分组成。保障工资是项目工资制的基本组成部分，主要用于保障项目参与人员基本生活，保障工资与项目考核没有关系。项目考核工资与项目的完成情况挂钩。项目完成情况越好，项目考核工资越高。

结构二：项目工资制主要由基本薪酬、项目奖金两部分组成。其中，基本薪酬依据岗位设定，项目奖金根据项目的大小、开发周期、难易程度、经济效益等确定。例如，研发部员工依据岗位设定基本薪酬，每一岗位工资分高、中、初3个等级，不同的对象确定不同的等级。项目奖金可以按照事先设定的金额或者一定的比例支付。

（2）项目工资制的实施

采用项目工资制的分配模式时，企业必须建立严格的项目考核办法，根据项目进展情况、产生的经济效益、成果转化情况对项目结果进行评价，这既能确保项目成果，又能使专业技术人员的努力得到回报，激励专业技术人员更好地工作。

在具体应用方面，设计院或者工程类企业在项目工资制设计中一般采用如下 3 种方法。具体内容如图 6-2 所示。

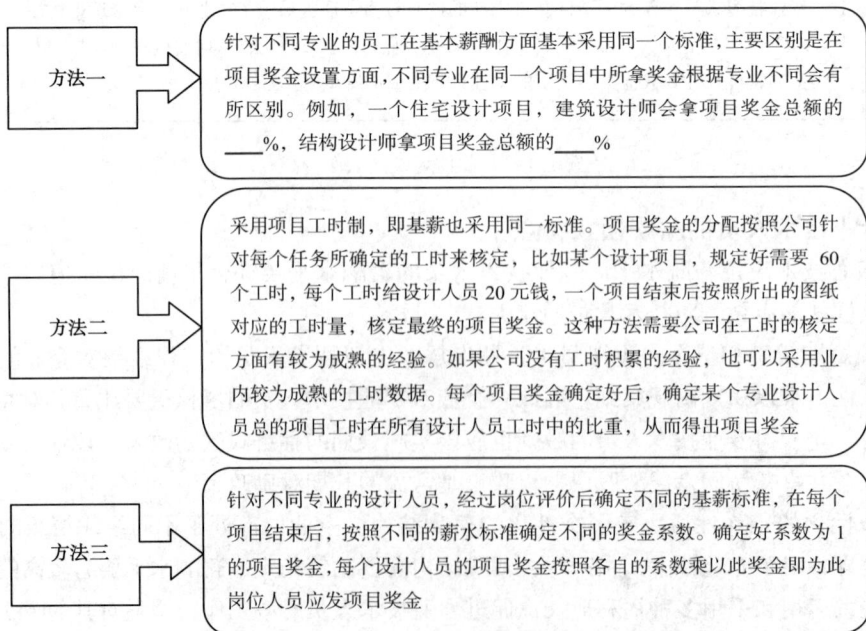

方法一：针对不同专业的员工在基本薪酬方面基本采用同一个标准，主要区别是在项目奖金设置方面，不同专业在同一个项目中所拿奖金根据专业不同会有所区别。例如，一个住宅设计项目，建筑设计师会拿项目奖金总额的____%，结构设计师拿项目奖金总额的____%

方法二：采用项目工时制，即基薪也采用同一标准。项目奖金的分配按照公司针对每个任务所确定的工时来核定，比如某个设计项目，规定好需要 60 个工时，每个工时给设计人员 20 元钱，一个项目结束后按照所出的图纸对应的工时量，核定最终的项目奖金。这种方法需要公司在工时的核定方面有较为成熟的经验。如果公司没有工时积累的经验，也可以采用业内较为成熟的工时数据。每个项目奖金确定好后，确定某个专业设计人员总的项目工时在所有设计人员工时中的比重，从而得出项目奖金

方法三：针对不同专业的设计人员，经过岗位评价后确定不同的基薪标准，在每个项目结束后，按照不同的薪水标准确定不同的奖金系数。确定好系数为 1 的项目奖金，每个设计人员的项目奖金按照各自的系数乘以此奖金即为此岗位人员应发项目奖金

图 6-2　项目工资制实施的 3 种方法

项目工资制实施过程中，关键要注意抓好随时关注项目进展情况、做好项目的考核、项目工资的兑现等工作。

2．协商工资制模式

为了吸引人才，针对新产品开发、技术课题攻关、项目承包等科研活动的人员或企业短缺的专业人才，其薪酬分配可采用协商工资制。

协商工资制是指引进的专业技术人员与企业工资分配制度、形式、收入水平进行平等协商，并在协商一致的基础上签订工资协议的一种薪酬分配模式。

实施协商工资制首先要签订协商工资协议。其次，制定考核标准。企业需制定考核兑现办法。其中需明确考核时间和考核标准，并将考核结果与支付协商工资挂钩。

此外，协商工资制实施时要认真考察引进专业技术人员的水平与工作能力，准确把握协商工资的标准。其标准可参照劳动力市场价位和单位员工的收入水平来合理确定。

3．提成工资制

提成工资制是一种技术要素参与分配的模式，是对专业技术人员的技术创新项目、专利技术等科研成果转化为生产力，根据产生的经济效益确定一定提成比例的薪酬模式。提成工资的发放可采取一次性奖励、技术转让收益比例奖励、利润提成比例奖励、科研成果作价入股获得股权收益等形式。

提成工资制的实施，有助于调动专业技术人员科研攻关的主动性，但是需要注意确定恰当的提成方式和合理的提成比例。如提成时需要综合考虑应用效果、经济效益等因素，提成比例可以采用固定比例也可以采用分期提成的方式。

4．技术承包工资制

技术承包工资制是指通过一定的承包协议，将某些技术管理工作指定由专业技术人员个人或技术小组负责，依据工作成果考核兑现工资的一种分配模式。技术承包工资制主要适用于从事生产现场技术管理工作的专业技术人员。

技术承包工资制示例如图6-3所示。

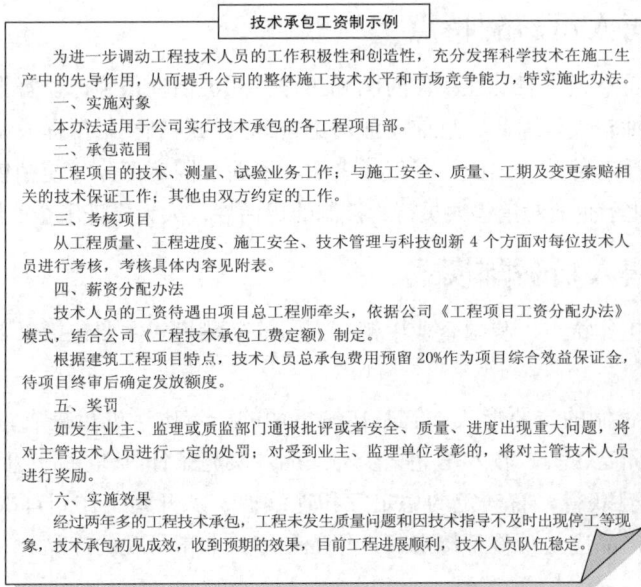

技术承包工资制示例

为进一步调动工程技术人员的工作积极性和创造性，充分发挥科学技术在施工生产中的先导作用，从而提升公司的整体施工技术水平和市场竞争能力，特实施此办法。

一、实施对象

本办法适用于公司实行技术承包的各工程项目部。

二、承包范围

工程项目的技术、测量、试验业务工作；与施工安全、质量、工期及变更索赔相关的技术保证工作；其他由双方约定的工作。

三、考核项目

从工程质量、工程进度、施工安全、技术管理与科技创新4个方面对每位技术人员进行考核，考核具体内容见附表。

四、薪资分配办法

技术人员的工资待遇由项目总工程师牵头，依据公司《工程项目工资分配办法》模式，结合公司《工程技术承包工费定额》制定。

根据建筑工程项目特点，技术人员总承包费用预留20%作为项目综合效益保证金，待项目终审后确定发放额度。

五、奖罚

如发生业主、监理或质监部门通报批评或者安全、质量、进度出现重大问题，将对主管技术人员进行一定的处罚；对受到业主、监理单位表彰的，将对主管技术人员进行奖励。

六、实施效果

经过两年多的工程技术承包，工程未发生质量问题和因技术指导不及时出现停工等现象，技术承包初见成效，收到预期的效果，目前工程进展顺利，技术人员队伍稳定。

图6-3 技术承包工资制示例

实施技术承包工资制时，要注意签订的承包协议内容全面、清楚，并且注意对专业技术人员日常工作过程的监督。

除此之外，还要充分发挥薪酬的激励作用，除了建立科学合理的薪酬分配模式外，还需制定相关完善的配套措施，相关内容如图 6-4 所示。

加强绩效管理工作	建立动态的岗位分析、评价制度，明确专业技术人员岗位职责与任职要求，在此基础上对专业技术人员进行严格的绩效考核，以考核结果作为薪酬分配的依据，充分发挥薪酬的激励功能
扩大软性福利范围	企业可根据自身实际，实施弹性福利计划，将涉及专业技术人员的住房、医疗健康、子女教育、外派进修等非工资性收入的福利项目"打包"，由其根据个人需要选择福利项目
建立畅通的薪酬沟通渠道	建立薪酬分配策略的多渠道沟通机制，避免因收入多少的原因不清而使员工产生负面情绪
完善职业生涯规划设计	企业要对专业技术人员的职业生涯做出科学合理规划，保证专业技术人员与企业的未来发展是一致的，预防企业的人才流失

图 6-4　专业技术人员薪酬激励的配套措施

6.4　销售人员薪酬设计

与企业其他人员相比，企业销售人员的工作具有独特的特点，对销售人员的管理也需要有独到的方法。

6.4.1　销售人员薪酬特点

销售人员的工作特点通常表现在工作时间和工作方式灵活性很强，监督很难，工作业绩可以清楚衡量，工作风险性较大。因此，目前企业对销售人员的薪酬多采用提成制、佣金制或效益奖金的形式。这增大了浮动部分的比例，降低或者取消了薪酬固定部分，使销售人员的收入与其业绩结果紧密相连，强化了企业对销售人员行为控制的灵活性，大大降低了企业经营风险。

6.4.2　销售人员薪酬模式

基于销售人员的工作特点，我国企业中销售人员的薪酬模式主要包括以下 3 类。

1．变动工资制

提成制是变动工资制的主要形式，它是按销售额的一定比例进行提成，作为销售报酬，此外销售人员没有任何固定工资，收入是完全变动式的。实施条件具体包括：已有人获得众所周知的高额收入，收入一旦获得，有一定的稳定性和连续性；从开始工作到首次提成的时间不能太长；纯佣金制适用的产品应是单价不特别高，但毛利率又非常可观的产品。

（1）提成的比例

提成的比例通常分为固定提成比例和累进或累退提成比例两种方式。固定提成比例，即不论业绩的大小，所有的业绩都按照固定的比例提成。累进或累退方式即根据产品的特性和成本结构，以财务核算为基础，将提成比例与一定的业绩区间挂钩，也即分成几个不同的区间分别使用递增或递减的比例予以提取。

实行提成制的薪酬，关键在于确定合适的提成比例，合适的提成比例不仅会激励员工努力工作，提高生产率，也能更好地控制企业生产经营成本，所以一般应根据市场行情和企业战略确定提成比例。

（2）提成的方式

提成的方式类似计件制，有全额提成和超额提成两种。具体内容如表 6-3 所示。

表 6-3　常见的提成方式

提成方式	解释说明
全额提成	即按照销售额的一定比例提成，浮动工资制
超额提成	顾名思义，即保证完成一定的基本业务量，超额部分会有提成的奖金，当然这种方式员工会有一定的基本薪酬

企业在设置提成方式时既可以采用全额提成方式，也可以采用超额提成方式，具体应根据企业的实际情况确定。

（3）提成的考核

实行提成制的薪酬首先要确定合适的提成指标，一般企业将销售人员的提成指标设定为业务量或销售额。另外，企业实行提成制薪酬，应该确定提成的基数，即销售人员的业绩达到一定额度标准之后，才能够按照某个比例进行提成。

企业在考核期末，根据事先设置好的提成基数和比例对员工实际完成业绩进行考核。员工按约定完成定额标准，则按比例进行提成；没有完成定额标准，若企业事先声明有相应惩罚措施，则按相应的惩罚措施执行。

2. "固定+变动"工资制

固定工资制就是对销售人员实行固定的工资制度，而不管当期销售完成与否。

（1）基本薪酬加佣金制

基本薪酬加佣金制指将销售人员的收入分为固定薪酬和销售提成两部分内容，销售人员有一定的销售定额，当月不管是否完成销售指标，都可得到基本薪酬即底薪；如果销售人员当期完成的销售额超过设定指标，则超过以上部分按比例提成。

基本薪酬是员工薪酬总额的最基本的部分，它满足员工基本的生活需要。基本薪酬对于同岗位同级别的员工来说几乎没有差异，它是员工作为公司成员的最基本的回报。相比之下，津贴、奖金以及股权等其他形式的薪酬是以激励为主要目的，而基本薪酬对于员工更多的是保障作用，属于保健因素。在满足《劳动法》及各地方政府出台的有关最低工资标准的要求的基础上，基本薪酬具有稳定人心的重要作用。对于基本生活的保障能够稳定企业人心，减少员工生活方面的担心，从而使其将精力放在工作上。

此外，基本薪酬是其他各种形式薪酬的基础和前提，其他薪酬的水平和形式必须考虑基本薪酬的数量。如果基本薪酬很高，而提供的奖金相对于基本薪酬而言很少，那么奖金的激励作用就不能很好地发挥。同时基本薪酬在一定时间内是稳定不变的，这既体现了它的基础性，同时也在一定程度上限制了企业在生产经营不同阶段的自由度。

（2）基本薪酬加奖金制

这种薪酬制度与基本薪酬加佣金制有些类似，但还是存在一定区别。这种区别主要体现在，佣金直接由绩效表现决定，而奖金和业绩之间的关系却是间接的。通常销售人员的业绩只有超过了某一销售额，其才能获得一定数量的奖金。

这种薪酬制度设计的特殊性在于，它将佣金制和奖金制结合到了一起，使销售人员薪酬中包含底薪、佣金和奖金3种成分。

3．其他工资制

（1）瓜分制

瓜分制是指先以团队为单位确定团队的业绩，然后在此基础上确定个人业绩，在考核期末根据个人业绩完成占团队业绩总额的比例来确定个人工资。

计算公式如下：

团队总工资=单人额定工资×人数

个人工资额=团队总工资×（个人业绩额÷团队业绩总额）

个人工资额=团队总工资×（个人业绩毛利完成额÷团队业绩毛利完成总额）

通常情况下，瓜分制的人数应多于 5 人，否则容易导致串通作弊，达不到鼓励内部竞争、提高工作效率的目的。

（2）浮动定额制

浮动定额首先要确定平均业绩定额（即当月的业绩总额除以当月生产总人数所得的人均业绩额度），然后乘以一定比例计算工资。

实际完成业绩额在浮动定额以下，则只拿基本薪酬，在浮动定额以上，除了加基本薪酬外，超过定额部分按一定比例另外提成。

计算公式如下：

个人工资=基本薪酬+（个人当期销售额-当期浮动定额）×提成率

当期浮动定额=当期人均销售额×比例

实施条件具体包括生产人员的生产机会比较均衡；参与浮动定额制的生产人员数量要尽可能多。

（3）同期比制

同期比制，指将每人当期业绩额与上一年同期比较，根据本期与上一年同期业绩的比较关系，确定对销售人员采取奖励、处罚或者保持不变的措施。实施同期比制主要是防止销售人员由于工作时间较长，资格较老而出现工作态度的懈怠；或者是不安心于本职工作，在外兼职而导致销售额下降。但同期比制不适合由于市场状况的整体恶化而导致的销售额下降的情况。

计算公式如下：

个人工资=[基本薪酬+（当期业绩额-定额）×提成率]×（当期销售额÷上一年同期销售额）×n

n 可以为 1 或 2 或 3……视需要而定

各种模式的优缺点[①]如表 6-4 所示。

表 6-4　销售人员薪酬模式的优缺点

销售人员薪酬模式	优点	缺点
提成制	有较强的激励作用，易于控制销售成本	不适于销售波动情况，销售收入没有保障
固定工资制	易于了解、计算简单，销售人员收入有一定的保障，增加了员工的安全感	不利于激励员工
基本薪酬加佣金制	销售人员既有固定工资保障，又有与业绩相关的提成，进而产生销售激励作用	佣金少时激励作用不大
基本薪酬加奖金制	佣金直接由绩效表现决定	销售人员的奖金较模糊，激励作用减弱
基本薪酬加佣金加奖金制	收入稳定，有效控制销售成本	提高了管理费用
瓜分制	操作简单，易学易懂，成本相对固定，却照样能鼓励竞争	员工理解较为困难，瓜分制可能会引发内部竞争，不利于部门之间的工作协调
浮动定额制	可以综合反应市场行情，减弱环境的剧烈变化对销售人员收入的影响；操作起来比较简单，可以减少误差程度；能够充分鼓励内部员工竞争，大大提高工作效率，有助于控制成本	引发激烈的内部竞争，有损内部的团结合作
同期比制	防止销售人员由于工作时间较长、资格较老而出现的"老油条"的工作态度	容易产生矛盾；而且由于操作时前后换算的困难，也使得采用同期比制往往只能持续几个月时间

企业采用哪种薪酬方式，均需要根据自身的特点，结合财务周密核算，有针对性地进行选择，这样才能实现薪酬的激励作用。

6.5　生产人员薪酬设计

生产人员的薪酬设计主要是为了调动生产人员的积极性，提高企业的生产效率，建立起规范合理的工资分配体系，体现按劳分配的原则。在对生产人员薪酬进行设计时，需要考虑生产人员的薪酬特点和薪酬模式等相关问题。

6.5.1　生产人员薪酬特点

生产人员是企业主营产品的生产制造者，包含车间管理人员和一线生产人员，他们直接影响了企业产品的质量与产量。因此，生产人员的薪酬应具备能直接体现所生产产品的质量与数量的特点。

6.5.2　生产人员薪酬模式

生产人员是生产型企业人员的重要组成部分，生产人员的薪酬水平直接影响着生产人员的工作积极性和企业的人工成本总额。设计生产人员的薪酬模式，在保证生产人员对薪酬水平满意的同时能实现企业薪酬总额的有效控制。

1．计件工资制

计件工资制能将劳动者的实际成果与其所得紧密相联，是按劳分配的直接体现。然而，由

---

① 张尹莉. 4S 店销售人员的薪酬管理. 中国人力资源开发，2010，（8）：56-59.

于计件工资计件单价的透明性，因而计件工资有很强的物质激励作用。但计件工资制也会造成人工成本随着产量增加而增加，因此，可能造成企业的人工成本控制的困境。

2. 岗位绩效工资制

其实，岗位绩效工资制是一个社会过渡产物。伴随世界经济一体化的推进，我国企业面临严峻的挑战。这迫使国有企业和事业单位需要尽快转换经营机制，建立现代企业制度，走入国际市场并广泛地参与国际竞争，岗位绩效工资制也就应运而生。

岗位绩效工资制是以职工被聘上岗的工作岗位为主，根据岗位技术含量、责任大小、劳动强度和环境优劣确定岗级，以企业经济效益和劳动力价位确定工资总量，以职工的劳动成果为依据支付劳动报酬的一种工资制度。岗位绩效工资制，既强调岗位工资，又强调绩效工资。岗位工资就像是固定工资一样，对员工有保障生活的作用；绩效工资是一种变动工资，有调动员工工作积极性的作用。岗位绩效工资制现在主要应用于国有企业、事业单位和加工制造型企业。

（1）岗位绩效工资制的薪酬结构及优点

岗位绩效工资制的薪酬结构及其优点如图6-5所示。

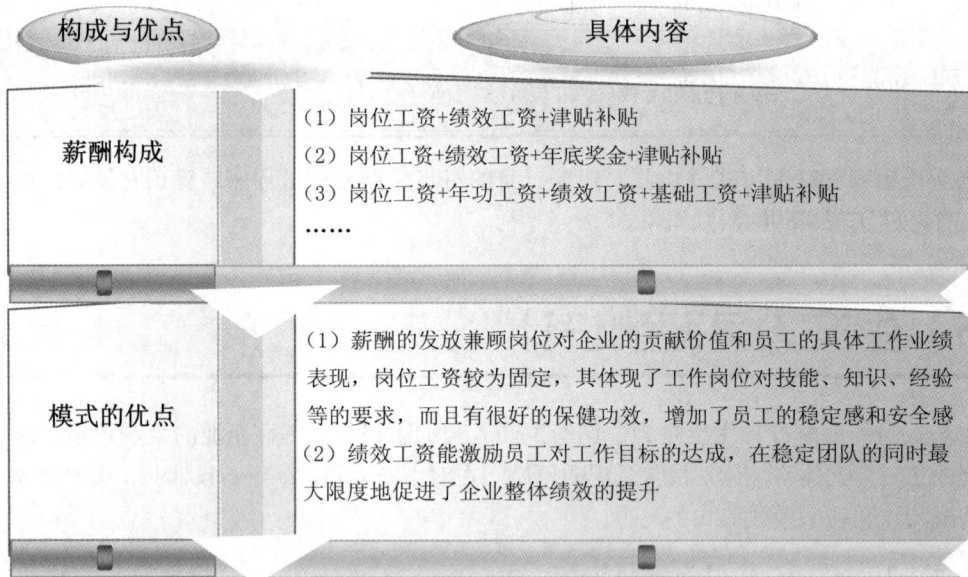

图 6-5　岗位绩效工资制相关说明

（2）生产人员岗位绩效工作分析

不同岗位的绩效目标不同，主要是由于不同岗位的工作内容和工作职责的不同，毕竟，绩效是为了考核员工完成工作、履行职责情况而设定的。生产部门的不同岗位，其绩效有所不同，下面以生产经理和车间主任为例加以说明[①]。

① 岗位绩效目标。生产经理和车间主任负责的工作事务不同，岗位绩效也就不同，具体绩效目标如表6-5所示。

---

① 童章成，赵勇. 绩效工资制的理论基础与设计[J]. 浙江经济，2002，16：47-48.

表6-5 生产经理和车间主任绩效目标表

职位	目标
生产经理	完成生产任务,提高生产质量
	改进生产工艺,降低成本
	维护生产设备及杜绝生产事故
	做好本部门的管理工作
车间主任	按时完成车间生产任务
	降低车间生产成本,提高产品质量
	做好车间安全生产和设备管理工作
	做好本车间的人员管理工作

② 考核指标设计。不同岗位的考核项目、指标应有所不同。其示例如表6-6、表6-7所示。

表6-6 生产经理考核指标设计

岗位	生产经理			直接上级	
考核项目	KPI指标	权重	绩效目标值	指标说明	
生产计划完成情况	生产计划完成率	20%	达到___%	$\dfrac{实际生产量}{计划生产量}\times100\%$	
	产品质量合格率	20%	达到___%	$\dfrac{合格产品数量}{总产品数量}\times100\%$	
	交期达成率	10%	达到___%	$\dfrac{交期达成批数}{交货总批数}\times100\%$	
设备管理	生产设备利用率	5%	达到___%	$\dfrac{全部设备实际工作时数}{设备工作总能力(时数)}\times100\%$	
	生产设备完好率	5%	达到___%	$\dfrac{完好设备台数}{在用设备总台数}\times100\%$	
生产安全管理	安全事故发生次数	15%	___次	考核期内生产安全事故发生次数合计	
成本管理	生产成本降低率	15%	降低___	$\dfrac{上期生产成本-本期生产成本}{上期生产成本}\times100\%$	
部门管理目标	培训计划完成率	10%	达到___	$\dfrac{实际完成的培训项目(次数)}{计划培训的项目(次数)}\times100\%$	

表6-7 车间主任考核指标设计

岗位	车间主任		直接上级	
业务目标	实际完成	权重	评价标准	
车间生产任务完成率达到___%	___%	30%	每低___%,减___分	
交期达成率达到___%	___%	10%	每低___%,减___分	
车间产品废品率低于___%	___%	10%	每高___%,减___分	
返工率低于___%	___%	10%	每高___%,减___分	
车间生产成本降低率达到___%	___%	10%	每低___%,减___分	
车间安全事故损失金额控制在___元内	___元	10%	每高出___元,减___分	
车间设备完好率达到___%	___%	10%	每低___%,减___分	
车间员工考核合格率达到___%	___%	10%	每低___%,减___分	

从表 6-6 和表 6-7 也可以看出，生产经理更多的是负责整个企业或者工厂的生产情况；而车间主任更多的是负责一个车间的生产管理情况，负责的范围较生产经理小。

（3）生产人员岗位绩效工资设计

岗位绩效工资设计的基本原则是通过激励各个岗位上的员工，提高员工绩效进而促进组织的绩效。即通过绩效工资传达企业绩效预期的信息，刺激企业中所有的员工来达到它的目的。

① 岗位绩效工资的形式。从不同角度划分，绩效工资表现形式也就不同，例如，从绩效工资支付对象角度划分，绩效工资分为个人绩效工资和团队绩效工资。具体内容见表 6-8。

表 6-8　绩效工资的形式

划分角度	形式
绩效工资支付周期	日绩效工资、月绩效工资、季度绩效工资、半年度绩效工资、年度绩效工资
一年内绩效工资的发放次数多少	经常性绩效工资和一次性绩效工资
绩效工资考核项目的多少	单项绩效工资、综合性绩效工资
绩效工资支付的依据指标	产量（计件工资）绩效工资、质量绩效工资、销售额绩效工资、利润绩效工资、成本（成本节约、成本降低率）绩效工资、复合指标（经济指标+行为指标）绩效工资
绩效工资支付对象	个人绩效工资、团体绩效工资

② 配置比例。绩效工资所占员工薪酬总额比例的确定可以通过切分法和配比法实现。切分法是依据岗位评价和外部薪酬水平，确定不同岗位的总体薪酬水平，再对各个岗位的总体薪酬水平进行切分。配比法是依据岗位评价和外部薪酬水平，确定岗位基本固定薪酬的水平，在基本薪酬的基础上上浮一定比例，使得薪酬的总体水平保持一定的竞争力。

车间主任薪酬设计示例如图 6-6 所示。

车间主任薪酬设计示例

一、薪酬构成
车间主任薪酬总额由固定工资（60%）+绩效工资（30%）+津贴福利（10%）三部分构成。
二、固定工资
固定工资根据岗位评估结果及外部市场薪酬水平予以确定，定为____元/月。
三、绩效工资
1. 与营业利润挂钩（5%），以公司确定的车间目标营业利润为基数，该车间当月考核实现的营业利润比目标营业利润每增减____个百分点，则车间主任当月该项工资总额对应增减____%。
2. 与质量挂钩（10%）。质量目标按公司质量管理标准执行。凡出现质量事故，分清责任，负有责任时，情节轻微者，扣除绩效工资总额的____%；情节严重者，扣除该项目工资。
3. 交货期目标（5%）。凡出现交货期延误，且无特殊情况时，扣除该项目工资。
4. 安全目标（10%）。凡出现安全事故，除承担相应责任外，依照后果的严重性扣除数额不等的该项目工资。
四、津贴福利
1. 职务津贴。本公司对车间主任一职，设置的职务津贴定为____元/月。
2. 其他津贴补贴及福利（略）

图 6-6　车间主任薪酬设计示例

6.6 新进员工薪酬设计

新进员工主要指新加入企业工作的员工，既可能是普通职能部门员工也可能是专业技术人员。总体来讲，由于缺乏历史数据，企业往往难以对新进员工的生产产出能力进行直接的判断，因此我们建议遵循以下步骤制定新进员工薪酬。

6.6.1 新进员工的起薪

普通新进员工主要是指企业招聘的普通职能部门的员工及非急需的专业技术人员[①]。急需聘用的新进员工指的是由于企业发展的迫切需要，紧急招聘的新进员工。通常来讲，为提高招聘成功率，企业在招聘急需聘用的新进员工时往往会提高起薪。

1. 普通新进员工起薪

这些新进员工的起薪标准可以参照企业薪酬政策进行确定，对于能力较强或对于所工作岗位来讲，学历较高的员工可参照与其能力和学历相当的员工确定其起薪标准。另外，企业还可以考虑以岗位技能工资作为新进员工薪酬的必要补充。

2. 急需聘用的员工起薪

对于企业急需聘用的岗位上的新进员工，可以参照普通新进员工的起薪，但为了更加及时地招聘到所需人才，避免因为招聘不及时或起薪太低而给企业造成更多的损失，企业可以采取提高起薪的方法。

当然，如果简单地将急需招聘的新进员工的起薪提高很多，一定会招致其他员工的不公平感，也会带来不好的企业风气。最好的解决办法是采取工资加奖金的方法，可以参照普通新进员工的起薪制定其工资，然后将为其提供的高出其他新进员工的部分按照奖金的形式进行发放。这种方法要求企业的财务部门做好相应的核算工作，这样既可以满足企业对于某些岗位的紧急需求，也可以解决新进员工起薪的公平性。

6.6.2 新进员工的试用期薪酬

无论是哪一种新进员工，由于新进员工不具备在本企业创造价值的经验，企业也难以准确判断新进员工的实际生产能力或发展潜力。因此，企业往往为新进员工设置为期1个月到6个月不等的试用期制度，并结合员工在试用期的培训考核成绩以及其他因素，综合考虑新进员工是否适用于本企业。在试用期薪酬方案以及时间设置方面，应当注意以下内容。

1. 试用期薪酬方案

许多企业实施试用期的薪酬方案，一般做法是，于试用期内，在任职者合同约定的工资金额上进行打折发放；或者在试用期内，任职者无法获得合同约定范围内的奖金发放。也有不少企业只是在试用期间，暂时扣除一部分员工工资或奖金，等员工试用期转正入职后，会把扣除的工资和奖金补发给员工。

需要特别注意的问题是，根据《劳动合同法》第二十条的规定，劳动者在试用期的工资不得低于本单位同岗位最低档工资或者劳动合同约定工资的 80%，并不得低于用人单位所在地的最低工资标准。

---

① 杨毅宏. 绩效与薪酬管理全案（第2版）. 北京：电子工业出版社，2015：291-294.

2．试用期的时间长短

试用期的时间长短与劳动合同的期限相对应：劳动合同期限 3 个月以上不满 1 年的，试用期不得超过 1 个月。劳动合同期限 1 年以上不满 3 年，试用期不得超过 2 个月。3 年以上固定期限和无固定期限的劳动合同，试用期不得超过 6 个月。

3．试用期的薪酬标准

企业在为新进员工制定试用期薪酬标准时还需要考虑新进员工的来源，充分考虑新进员工原有的工作或学习经验对其在薪酬的心理预期方面的价值判断。

（1）从全日制学校毕业进入企业的初次任职者，其试用期内薪酬标准按照其所在岗位的月工资的一定比例发放，低于法定薪酬标准者按照法定薪酬标准发放。具体薪酬示范标准参照表 6-9。

表 6-9　试用期薪酬标准（全日制学校毕业生）示例

学历	试用期薪酬标准（发放比例）
高中（含技校）毕业生	60%
中专、大专毕业生	70%
本科毕业生	80%
硕士毕业生	90%
博士毕业生	100%

（2）从社会进入企业且无工作经验的初次任职者，试用期薪酬标准按所在岗位的月工资的一定比例发放，低于法定薪酬标准者按照法定薪酬标准发放。具体薪酬示范标准参照表 6-10。

表 6-10　试用期薪酬标准（社会人员）示例

学历	试用期薪酬标准（发放比例）
初中学历	40%
高中（含技校）学历	50%
中专学历	60%
自考大专学历	70%
自考本科学历	80%

（3）非初次任职者试用期薪酬标准为：若招聘时签订薪酬协议者，按照其所签订的薪酬协议执行；若没有签订薪酬协议者，试用期薪酬标准按所在岗位的月工资的一定比例发放，低于法定薪酬标准者按照法定薪酬标准发放。具体薪酬示范标准参照表 6-11。

表 6-11　试用期薪酬标准（非初次任职者）示例

岗位类别	工作经验	试用期薪酬标准
一般技术工人、初级管理人员	3 年及 3 年以下	80%
	3 年以上	100%
高级技术工人、熟练工	4 年及 4 年以下	80%
	4 年以上	100%
部门经理及以上人员	—	100%

6.6.3　新进员工的正式工资定级

通过试用期考核并成为企业正式员工的新进员工，通常还需要进行工资定级。新进员工的工资定级主要有以下 3 种方式。

1．考核定级

考核定级是对新进员工按照规定进行考核或考试，根据其考核或考试的结果达到的等级标准确定工资的一种方式。对于没有工作经验的新进员工，定级的顺序一般从该岗位的最低工资等级开始，根据其今后的职位变动逐步上调其工资。这种定级方式一般适用于企业的技术工人的工资定级。

2．按职位定级

按职位定级是指对于职位已经明确的新进员工确定其相应的工资标准。这种定级方式比较适用于有专门特长或企业专门招聘的员工。

3．比照定级

比照定级是指在岗位发生变化后，比照新的工作岗位的职务或其他的定级标准确定新进员工的工资等级。新进员工工资等级确定后，其工资等级并不会一成不变。员工的工资等级可以采取自然晋级的方法上调，即根据员工的绩效考核及其工作表现提高其工资等级，或者采取调资升级的方法进行上调。例如，由于生活资料成本的增加，企业会对员工的工资进行调整，就属于这种上调工资等级的方法。

6.7 外派员工薪酬设计

随着企业的发展壮大，越来越多的企业向海外发展，大量的员工被派往海外公司工作，所以外派人员的薪酬管理已经变得越来越重要。

6.7.1 外派人员的工作特点

外派人员是指由母公司任命到其他国家工作的非该国公民，外派人员多数为母国公民或者第三国公民。企业外派员工的动机主要有3个方面：企业文化移植过程中的监管；通过外派员工达到技术转移；企业全球化的需要。外派人员与一般职员的最大区别在于要在陌生的环境中开展工作，其个人承受能力、适应能力都应该比一般员工强。具体体现在以下几个方面。

1．工作环境的特殊

母国与东道国在文化、经济发展水平、法律、商业习惯等方面都存在着差异。

2．工作受家庭方面的影响较大

外派人员在国外待的时间短则三五年，长的甚至10年以上，其中最大的问题就是家庭如何处理，这涉及配偶工作问题、子女教育问题。

3．对培训的要求更高

外派人员要在不同的经营环境中指导和协调企业的经营活动，因此要对他们进行充分的培训，以适应这种复杂的环境，胜任新的工作。

4．更强的适应、交流及调节能力

这是由于在外派的过程中，员工工作面临一个全新的环境，因此员工的跨文化适应能力、个性特征、交际能力等是比专业的技术水平和管理能力更为重要的因素。

6.7.2 外派人员的薪酬特点

1．更高的薪酬，福利的多样化

外派员工在新的环境中要将工作做好，则会需要更高的薪酬水平，这样才能提高其工作积极性。另外，外派人员需要企业提供更多的福利，如培训、探亲假期、交通费用等，以此来缓解其在国外工作所带来的各种不便。

2．更加重视津贴

增加国外服务津贴，用以补偿与外派工作有关的个人与家庭方面的支出；对于外派到艰苦条件下工作的员工，设置艰苦条件服务津贴，作为员工安心努力工作的额外报酬。

3．更需要长期激励和精神激励

外派人员通过在国外的学习，掌握了更多的经验和技术，其业务能力、个人素质也在不断提升，相应地其需求不再限于更高的薪酬，这就需要公司通过员工持股计划的长期激励方式来留住员工。另外，除公司发放的薪酬外，外派员工更希望能得到公司的重视和关心，使其感受到公司的关怀。

4．关注归国后的安置问题

外派人员归国时，国内社会和企业也会发生很大的变化。一方面，外派人员面对着"逆文化"的强烈冲击。另一方面，在他们回国后，短时间内难以找到合适的职位予以安置，这容易使得外派人员对个人需求和职业失望，缺乏职业发展目标和发展空间。

6.7.3　外派人员的薪酬确定方法

由于外派人员工作性质的特殊性，因此在确定外派人员的薪酬时，不同的企业可根据自身情况，选择不同的方法。一般来说，常用的外派人员的薪酬确定方法有以下5种。

1．母国定价法

母国定价法即根据母公司所在国的生活标准和薪酬水平制定外派人员的薪酬，并且对外派员工在国外任职期间所产生的额外费用加以补偿的一种定价方法。其优点是能够保证优秀员工在国外同样能够保持与国内生活标准相当和相等的购买力，员工所承担的汇率风险比较小，也有利于企业控制薪酬成本。缺点是薪酬组合结果非常复杂，任务繁重，而要将海外派遣员工与母国员工的薪酬水平进行平衡对比非常不容易。

该法适用于驻外时间较短，母国与派遣目标国之间的生活水平可以进行比较的情况。

2．当地定价法

当地定价法就是根据派遣国家的类似岗位的薪酬标准确定派遣员工的薪酬标准。其优点是可以保持派遣员工与当地员工之间的公平性，促进其本土化的进程，对于企业来讲管理更加简便。缺点在于可能会使海外派遣员工与母公司所在地员工进行薪酬比较，增加派遣难度。另外，如果海外派遣员工的经济状况与当地员工之间存在较大差异，其薪酬常常要通过谈判的形式进行补充，这增加了管理的复杂性。

该方法适用于长期性海外派遣任务及初级海外派遣人员。

3．平衡定价法

平衡定价法就是企业支付给外派员工一定数量的薪酬，确保外派人员能够享受与母国员工相同或相近的生活水平，并使其薪酬水平、薪酬结构始终与母国员工具有一定的可比性。其优点是可以保持海外派遣员工与国内员工之间的平衡，有利于海外派遣工作和员工在企业内部流动的展开。缺点是管理难度较大，容易使外派员工产生既得的享受资格，某种程度上可能会减少外派人员的经济收入。

该定价方法适用于外派员工为中高层管理者。

4．区域定价法

区域定价法就是跨国公司对某一区域制定统一的外派薪酬标准，该标准介于国际薪酬水平与派遣目标国薪酬水平之间，常以该区域中同行业的公司中类似职位的平均薪酬作为标准，并且企业提供海外补贴。其优点是有利于海外派遣员工在其所在区域内流动，降低外派激励薪酬。缺点是很难适应同一区域需求各异的外派员工的各种需求。

该方法适用于派往不同区域的派遣员工。

5．全球定价法

全球定价法就是跨国公司为某些在全球范围内流动的高级管理人员和技术专家设计的薪酬管理制度，主要根据全球范围内相类似岗位的平均薪酬水平来确定其薪酬，并提供统一的外派奖金和津贴。其优点是有利于吸引和留住国际一流人才，使成本的有效性更高。缺点是薪酬标准高，成本昂贵。

该定价方法适用于高层外派管理人员和对于基本薪酬来说总体收入较高的外派人员。

6.7.4　外派人员的薪酬管理要点

确定外派员工的薪酬问题是企业人力资源部门的重要工作之一，也是较难处理的问题。如果外派员工薪酬过高，本地员工就会觉得不公平；如果外派员工薪酬在异地或者海外没有竞争力，外派员工就会流失到本地其他企业工作[1]。

企业在外派员工的薪酬管理方面应注意以下几点。

1．外派与本土员工的薪酬关系

与传统的薪酬管理相比，跨地域扩张的企业外派员工的薪酬管理显然更复杂、更繁重。同时，为了支持企业整体战略，还必须考虑本土员工的积极性与创造性。例如，同样工作，外派员工的待遇过高，本土员工待遇过低，容易使本土员工感到落差，导致工作不积极。因此，外派员工与本土员工薪酬的差距应保持在合理范围之内，这样才能调动不同员工的积极性、创造性。

2．支持总体战略

薪酬是一个支持系统，是为企业的总体战略目标服务的，为企业发展提供战略性、前瞻性的支持，外派员工的薪酬也不例外。外派员工的薪酬设计，必须保证其所确定的资源分配方案最终能够产生企业所需要的效果，进而实现企业的整体战略目标，提高企业竞争力。

3．具有外部竞争力

企业薪酬水平是决定薪酬外部竞争力的主要标志，是通过选择高于、低于或平于竞争对手的薪酬水平实现，这一选择过程即"根据市场决定薪酬"的过程。企业在制定外派员工薪酬时，参考员工所在地区或东道国同行业其他企业的薪酬待遇，使本企业的薪酬始终略高于同等行业的平均待遇。

4．实现有效激励

根据各个阶段区域市场战略目标的不同，海外员工的激励有所不同。处于引入阶段的市场时，企业对外派员工以增强激励为主，而面对成熟阶段的市场时，企业则以控制成本为主，浮动奖励为辅，以实现对外派员工的有效激励。

5．确保内部公平

内部公平是外派员工薪酬管理的一个重要目标，是员工对自身工作在企业内部获得的相对价值认可。要想调动外派员工工作积极性，创造高水平绩效，在薪酬福利管理方面，要求企业设计出的薪酬福利体系既能体现外派员工的贡献，又能满足外派员工的需要，这样才能使外派员工焕发出更高的工作热情，创造性地完成企业既定目标。

6．经营因素

在薪酬福利体系设计中将经营因素考虑在内，使整体的薪酬福利结构与水平既能够随着外

---

① 赵曙明. 公平合理的薪酬铺就外派未来之路. 管理@人，2010，（7）：32-35.

派员工经营业绩和业务的变化而变化，又能够使整个薪酬福利体系呈现出一致性，不至于让员工对企业产生"朝令夕改"的印象，从而影响外派员工的热情、积极性和创造性。

【启发与思考】

扫一扫→春运看经济　薪酬差距缩小　珠三角"打工族"返乡找工作

【思考练习题】

1. 企业中高层管理人员的薪酬特点是什么？
2. 年薪制的定义是什么？
3. 中高层管理人员年薪模式有哪些？
4. 专业技术人员的薪酬模式包括哪两种？
5. 企业经常采取的专业技术人员薪酬方案有哪几种？
6. 我国企业中销售人员的薪酬模式主要包括哪几种？
7. 传统的生产型企业生产人员薪酬模式是什么？
8. 新进员工的薪酬定级有哪几种方式？
9. 外派员工薪酬的管理要点有哪些？

【模拟训练题一】

A公司是一家从事办公软件的开发与管理的公司。A公司经营过程中以诚信为本，为众多行业提供了众多优质方便的服务，本着专业、诚信、创新、追求永续经营的原则，多年来深受广大客户的信任及支持。

公司准备进行薪酬变革，使薪酬不断完善。请你利用本章所学的内容，为公司做一份针对研发类员工的薪酬方案。

科研人员薪酬方案

一、科研人员薪酬构成

（此部分主要写薪酬的构成要素及计算方式和方法）

……

二、薪酬调整

（此部分主要写员工取得学历学位、职称或物价上涨行业工资调整等因素带来的薪酬变动）

……

三、薪酬发放

（此部分主要写月薪、年薪、假期薪酬、离退休薪酬等的发放方式和方法）

……

【模拟训练题二】

某公司是一家大型的电子元器件生产企业。从 2013 年开始，公司实行了新的工资制度，建立了员工薪酬与其对企业的贡献和业绩紧密联系的薪酬分配制度。

首先，公司以员工创造的价值为依据，确定职位等级和分配标准。公司将职位类别划分为科研、管理和生产三大类，每类又划分出多个等级，每个等级都有相应的工资和奖金分配标准。科研人员实行职称工资，管理人员实行职务工资，工人实行技术工资。科研岗位的平均工资是管理岗位的 1.5 倍，是生产岗位的 3 倍。

其次，公司以职位性质和目标达成情况为依据，确定奖金分配数额。每年对科研、管理和生产工作中有突出贡献的人员给予重奖。

最后，公司以公平公正为导向，对科研人员实行聘任制，每年一聘。这样既稳定了科研人员队伍，又鼓励优秀人员脱颖而出，为企业长远发展和人才涌现提供了良好的环境。

请根据案例回答以下问题：

1. 该公司薪酬的特点是什么？
2. 该公司的薪酬的合理性与缺陷各是什么？

【情景仿真题】

N 建筑设计公司成立于 2005 年，隶属于某集团下属企业，是建设部批准的甲级设计单位，拥有市政公用行业甲级、排水甲级、建设工程甲级、工程咨询甲级等行业重要资质。公司设计的项目曾多次获得该市优秀工程设计奖。随着业务量的增加，N 公司迅速扩张，不到 10 年就由 50 人的小公司成长为 400 多名员工的大家庭。随着公司体系的庞大和员工多样化，如何公平合理地分配"蛋糕"成为管理层的最大难题。

N 公司员工以技术人员为主，其中高级技术人员占 15%，中级技术人员占 25%，低级技术人员占 30%（多为新员工），中高级管理人员占 5%，其他为行政与后勤人员。近年来，公司内应届生的比例越来越高，他们与老员工对工作的态度和看法完全不一致。公司没有成立专门的人力资源部，只有人事行政部门，部门内员工的专业性不强。随着公司员工的增加，越来越多的员工对公司薪酬及激励制度感到不满。

三位创业高管及近年加入的两位副总都是专业设计水平很高的业务骨干、没有专门学习过人力资源管理知识，也没有精力专门研究这个问题。因此，他们"解决问题"的方法是每年春节放假前一天再将各位员工的年终奖打至各自的账号中，寄希望于利用春节长假使员工"消化"（可能存在的）对薪酬的不满。

老员工 B 说"咱们的奖金都是所长说了算，也没有一个公开的算法，看着活干的都差不多，可人家就是比你拿得多，你也问不出所以然来；问多了，还倒是显得你斤斤计较，唉，没法说！"新员工 C 今年 7 月初正式入职，9 月份所里就接了个大单；实习时的表现相当优秀，几乎每天都是最早到公司的那批人，加班基本上也是到最晚的。与 C 同期的新员工 M 却没有这么用心。最终 C 知道新员工第一年没有年终奖金，自己拼死工作与 M 没有任何差别。

（资料改编自：薪"语"薪"愿"：J 公司知识型员工薪酬管理改革. 中国管理案例研究共享中心，2014.08.）

1. 该公司现存的薪酬有哪些问题？
2. 如何改进薪酬来解决新员工 C 的问题？
3. 如何通过改进薪酬来消除老员工与新员工对薪酬的不公平感？

第三篇

薪酬水平设计

第7章 薪酬调查

学习目标

1. 理解薪酬调查的具体含义。
2. 了解薪酬调查在薪酬结构建立中的作用。
3. 掌握薪酬调查的各种方式及优缺点。
4. 理解薪酬调查的设计原则。
5. 熟悉薪酬调查的实施流程。
6. 了解薪酬调查数据使用时存在的偏差。

【引导案例】

蔚蓝公司员工的离职原因调查

蔚蓝公司经历了战略重新部署之后，逐步摆脱了困境，产品种类不断增多，产品市场也从国内扩展到国外。市场扩大了，企业的经济效益也随之提高，在同行业中处于领先地位并于 2005 年被评为国家一级企业。尤其自 2006 年集团确定上市的目标后，在王瑞韬总经理的带领下，集团的管理体系也日趋完善。王总对所取得的成绩感到欣慰，对企业的未来发展也充满信心。

近几年，外资企业不断涌入中国市场，企业中的青年技术人员经不住外资企业的高薪诱惑，千方百计"跳槽"离开集团。为了留住人才和激励青年技术人员，公司管理层在集团举办了"十佳青年技术骨干"评比活动，并破格提拔十位青年技术人员为高级工程师，颁发证书、登报纸、上电视。让人意外的是，仅仅事隔两月，其中一位"技术骨干"却提出要辞职；而更出乎意料的是，已经在该公司工作十年，且取得卓越成绩的一位中层管理者也提出了辞职。不仅如此，整个集团最近几个月的经营业绩一直处于停滞不前的状态，而且客户的投诉也不断增加，员工失去了往日的工作热情，越来越多的技术、管理骨干离职，其他人员也出现不稳定的预兆。这对企业的日常经营活动造成了很大影响。

此时，公司的高层管理者王总与离职员工的同事和上司进行了面谈，探讨员工离职原因。经过深入的沟通，王总了解到"对薪酬福利的不满意"是员工离职的主要因素。例如，李经理最近得知自己的收入与新进的行政部经理的收入相差很少时，感到不公平。他认为 PIE（Process Integration Engineer）部经理这一岗位相对行政部经理，工作难度大、责任重，应该在薪酬上体现出这种差别，所以，工作起来没有了以前那种干劲，甚至提出辞职要求。

为进一步明确员工离职原因是由薪酬设计中的哪部分的不合理而引起的，公司人力资源管理部门又立刻对集团内部管理进行深入了解和诊断，发现引起员工离职的主要原因包括：关键技术骨干力量的薪酬水平较市场明显偏低，对外缺乏竞争力；集团的薪酬结构也不尽合理，对内缺乏公平，从而导致技术骨干和部分中层管理人员流失。针对这一具体问题，蔚蓝公司就薪酬水平进行了市场调查，主要是针对类似企业和类似岗位的薪酬进行了数据收集和分析，同时对企业内部员工进行进一步薪酬调查。企业通过获取到的数据，最终对集团原有薪酬制度进行了调整，制定出新的与企业战略和组织架构相匹配的薪资方案，激发了员工的积极性和创造性，集团发展又开始恢复良好的势头。

在该案例中，你能说出蔚蓝公司是如何进行薪酬调查的吗？它是如何进行的？那么在实际操作中，为避免薪酬结构设计的不合理引起的企业问题，企业应该如何进行薪酬调查？薪酬调查的方法有哪些？企业如何对薪酬调查数据进行分析？这些都是企业进行合理薪酬设计前必须解决的问题。

（改编自：李玉萍．博锐管理在线．http://www.boraid.cn/article/html/223/223036.asp）

相对于难以量化和难以标准化的职业发展前景、组织文化、工作生活质量等影响因素，员工更易于用"薪酬"在不同企业之间进行比较，来做出留职或离职的选择。因此，薪酬政策、薪酬水平对于企业来说不仅关系其在产品市场上的价格竞争力，而且还影响其内部员工的稳定和吸引外部优秀人才。薪酬调查是企业了解其自身薪酬结构的内、外竞争力的有力武器。

7.1 薪酬调查概述

7.1.1 薪酬调查的含义

薪酬调查是指企业在进行薪酬结构编制前，借助专业统计调查方法，有针对性地了解有关市场薪酬信息，掌握薪酬数据资料，为薪酬管理体系的设计和薪酬战略规划提供依据。具体而言，就是对企业外部相关行业、相关岗位的薪酬实施情况，采用科学的方法进行调查研究的过程。其主要包括对竞争对手的工资和薪酬条款的收集、整理和分析，还包括对劳动力市场上同类企业或相似岗位的薪酬水平的统计分析，以及相关企业的福利措施，并最终形成薪酬现状的调查报告。

影响企业薪酬水平的首要因素是外部竞争性，企业如果不掌握外部薪酬行情，自然也无法构建具有外部竞争优势的薪酬管理体系，而薪酬调查为企业提供了薪酬设计方面的决策依据和参考。鉴于薪酬外部竞争力的重要性，薪酬调查也已经是现代薪酬管理中的重要组成部分和重要技术，对企业的可持续发展有着十分重要的意义。

在此，有必要对职位分析、职位评价和薪酬调查进行概念辨析。首先，职位分析是了解一个职位并以职位说明书的形式把这些信息加以综合后描述出来，使其他人能了解这个职位的过程。而职位评价就是系统全面地评定各个职位及各职位之间的相对价值，然后建立一个职位结构。薪酬调查是企业通过收集（总体的薪酬）信息来判断同行业及相关行业的其他企业总薪酬状况的一个系统过程。以上3个步骤之间联系紧密。职位分析为职位评价奠定基础，而市场薪酬调查的结果必须结合职位分析和职位评价的结果以确定适合企业的薪酬定位策略。

7.1.2 薪酬调查的作用

企业薪酬调查的作用具体表现在以下几个方面。

1. 确保薪酬的外部均衡性

企业薪酬的外部均衡性是指企业的薪酬水平在社会上同行业企业里应该具有一定的竞争性，不能偏离太大。如果企业薪酬远远高于外部薪酬水平，会增加企业的人力资源成本；如果企业薪酬远远低于外部薪酬水平，就会造成企业薪酬失去对外竞争性，人员流动率加大，不利于吸引和留住人才。企业通过对劳动力市场和竞争对手的薪酬水平调查，就可以获取外部薪酬信息，从而确保薪酬的外部均衡性。

2．为制定或调整薪酬和福利制度提供重要的参考依据

通过收集特定目标的薪酬，企业可以分析各职位在同行中的平均薪酬水平；企业再根据自身的经营目标，确定自身在市场中的定位，并合理设计各职位的薪酬水平，或者找出企业中薪资不合理的岗位。此外，通过薪酬调查，企业还可以了解竞争对手的福利体系，这为企业制定合理的福利制度提供了重要的参考依据。同时，企业可以掌握目前薪资的给付方式及未来的调整方向，这也是企业薪酬调整的参考依据[①]。

3．评估竞争对手的劳动力成本

获取行业内平均薪酬成本和其变化情况对每家企业而言都非常重要，但是这些数据只能作为企业制定或调整薪酬时的参考依据，还不能让企业获取真实的竞争对手更详细的薪酬成本。为了更好地理解竞争对手如何获取市场份额以及对产品或服务定价，许多企业开始利用薪酬调查活动来研究竞争对手的具体薪酬实践[②]。

企业进行薪酬调查获得的数据还具有其他作用，包括了解市场薪酬状况、保持企业竞争位置、确定人工成本标准、确定职位起薪基点以及作为劳动关系双方沟通的依据等。

7.2　薪酬调查方式与方法

任何一家企业，都会面临以何种方式获得薪酬调查数据的问题。由于企业自身情况不同，适合企业的调查方式也就不同。

7.2.1　薪酬调查的方式

企业薪酬调查主要有 6 种方式。

1．企业之间互调

相关企业人力资源管理部门可以采取联合调查的形式，共享相互之间的薪酬信息，调查可以采用座谈会、问卷调查等多种形式[③]。这种方式适合于那些有着良好对外关系的企业。通过这种方式，企业可以较为轻松地获取到所需要的薪酬信息。目前，很多企业建立了人力资源联盟，凭借自身的信用和承诺，定期交换有关人力资源的相关信息，实现信息共享。这种方式无疑是简便、经济的。但是，这种薪酬调查报告具有很强的针对性，所调查的企业的代表程度存在不确定性。同时，一般企业也没有足够的人手和时间从事薪酬调查的事务性工作。

2．委托中介机构、专业机构进行调查

委托企业所在地的专业调查机构根据企业的要求进行薪酬相关调查。由于薪酬调查工作费时费力，采集数据的处理分析需要专门的技术和人员，企业没有能力和时间去完成这些工作。因此，有些企业考虑从中介结构、商业性人力资源公司购买最新的薪酬调查报告。尤其是当企业处

---

① 岳龙华. 薪酬设计与薪酬管理. 北京：中国电力出版社，2014：35.
② 李永周，郭朝晖，马金平. 薪酬管理理论、制度与方法. 北京：清华大学出版社，2013：198-199.
③ 葛玉辉. 薪酬管理实务. 北京：清华大学出版社，2011：236.

于新兴行业，或者企业的某职位属于高新技术职位，在确定薪酬水平时，企业常常更倾向于购买薪酬调查报告。

3．从政府部门、职介等机构公开的信息中了解

如通过招聘会上，企业发布的招聘信息，人才、职介等招聘就业机构发布的招聘信息进行薪酬调查。在招聘会上，企业发布的招聘信息是较为可靠的，但是企业招聘信息中给出的薪酬很多是一个范围，参考价值不高。还有某些企业为了防止竞争对手获取薪酬信息，对薪酬都是采用与应聘者"面议"的方式，所以这种方式获取信息虽然简便，但是信息的效用性不高。

4．从招聘中获得

在企业对外招聘时，可要求应聘人员提供以往相关行业的薪酬待遇信息。这种方式，需要企业自身的大量积累。企业在招聘时，往往会保留应聘者的简历信息，建立自己的人才储备库。同时，企业对于应聘人员提供的以往薪酬信息也会保留，作为将来确定薪酬水平时的参考。但是，这种方式获取到的薪酬信息可靠性不高，信息不全面。

5．其他就业辅导机构，通过报刊、求职广告等渠道获取调查信息

表 7-1 以美国为例，列举了可以查找到调查结果的地址清单[1]。这些调查报告具有地区性、行业性，对于具体企业来说，针对性不强，只能用于对企业薪酬进行一个大概的把握和参考。

表 7-1　薪酬调查数据查寻地址

机构	薪酬调查数据查寻地址
政府	美国劳动统计局
	美国联邦储备银行
	《劳动评论月刊》
专业商业组织	行政管理协会
	美国管理协会
	美国人力资源管理协会
其他组织	美国国家事务出版社
	咨询公司
	海氏公司
	管理薪酬服务
	薪酬数据服务
杂志	《商业周刊》
	《薪酬和福利评价》
	《福布斯》
	《财富》
	《医院管理》
	《国家商业》

6．到竞争对手企业假装应聘，对工资薪酬进行摸底

适用于部分特殊岗位，如导购、前台等。以家具市场导购为例，欲了解某市商品导购工作的基本薪酬和业务提成情况，可以提前准备相关信息，然后到附近的市场，走进一个品牌店，假

---

[1] 约翰·M. 伊万切维奇，赵曙明，程德俊. 人力资源管理. 北京：机械工业出版社，2013：245.

装自己是应聘者，问他们现在是否在招导购，然后询问他们的基本薪酬，一个月平均薪酬，以及提成的方式等。

由于该方式耗费大量人力和时间，所以只适用于某些特殊岗位。同时，摸底的企业应是行业中的标杆企业，或者是企业自身确定的追赶对象。

在进行外部薪酬调查时，具体要注意以下 3 点。

（1）明确调查岗位及相应岗位的主要工作内容。保证所调查岗位的主要工作内容与本企业相一致，只有这样，才能实现薪酬的可比性。如果岗位主要工作内容存在较大的差别，则薪酬也应该进行相应的增减。

（2）同一调查时间。外部调查时间必须与企业要实施薪酬政策的时间基本同步，不应用其他企业过去的薪酬作为本企业现在的实施标准，也不能用其他企业将来可能的薪酬水平作为本企业目前的参照，而是必须保证在同一时期。

（3）明确调查方式。依据企业操作的便利程度及企业愿意为调查支付的费用预算，采用企业间互调、聘请专门机构、通过政府部门发布信息等各种不同形式进行调查。

7.2.2　薪酬调查的方法

企业自行组织薪酬调查时，可采用的主要方法有问卷调查法、面谈法、电话访谈和小组座谈会等。

1．问卷调查法

问卷调查法是指通过薪酬问卷的形式对企业的员工进行调查，根据对问卷结果的统计与分析，发现薪酬差距。问卷的发放可以通过被调查企业的总经理和人力资源部进行，也可以通过快递、传真或电子邮件的方式进行。

2．面谈法

面谈法要求人力资源工作人员事先对面谈内容进行设计，再根据设计好的问题一一对员工进行面谈。

3．电话访谈

电话访谈是指不与被调查者进行直接的面对面交流，而是提前通过预约的方式，与被调查者在电话上进行访谈。该调查方法也要求人力资源工作人员事先对访谈内容进行设计。

4．小组座谈会

小组一般由 8～12 人组成，由专业主持人引导大家对某个主题进行深入的探讨。小组座谈会虽然较少被用来采集薪酬数据，但它仍有一定的长处。在会议之前，需有专人准备会议议程，描述会议目标、要被收集的薪酬数据类型和通过工作描述确定相匹配的工作。当参加者充分准备后，在相当短的时间内采集的数据的数量和质量会相当好。这种方式进一步提高了受访者对薪酬管理的理解，增加了对相同职务或不同职务的了解，在相互交流和提供数据的过程中，主动合作意识得到增强[①]。

7.3　薪酬调查的设计实施

薪酬调查并不是一件短时间的事情，过程复杂而艰巨，所以企业需要对调查过程严谨设

---

① 理查德·I·亨德森. 薪酬管理（第 10 版）. 刘洪，韦慧民，译. 北京：北京师范大学出版社，2013：257.

计、周密准备、严格执行，这样才能成功。

7.3.1 薪酬调查的设计原则

如何使薪酬调查结果更有效？如何使薪酬调查实施成本最低？如何让决策者们相信调查结果的指导作用？企业开展薪酬调查设计需要遵循以下几个基本原则。

1．有效性原则

有效性是指通过调查采集数据以及分析产生结果的可靠程度。它需要通过纠正调查数据的偏差，以及保持调查数据的实效性和代表性来实现。第一，纠正数据偏差在薪酬调查的设计中要确保采集数据样本的多角度多渠道。当数据样本存在偏差时，应通过有效手段对偏差进行及时纠正。第二，通过数据分析保持实效性，薪酬调查的真正意义是通过对数据分析形成规律性和趋势性结论，为企业提供决策参考，因此，保持数据实效性也是薪酬调查设计的核心。第三，选择具有代表性的目标企业。目标企业的选择要充分考虑其在行业中的代表性，它决定着薪酬调查结论的高度和影响力。

2．市场化原则

市场化原则就是薪酬调查要以市场实际情况为设计依据，不可脱离实际。劳动力市场理论具有4个基本假设：第一，企业的目标是追求利润最大化。第二，所有员工是同质的，因此是可以互相替代的。第三，薪酬水平反映了与雇佣有关的所有成本。第四，雇主面临的市场是竞争性的。它告诉我们薪酬水平受劳动力市场环境因素作用，薪酬具有市场化的特性。所以，薪酬调查必须遵从市场化原则，立足于市场环境因素开展调查设计与实施。

3．可比性原则

在现实的劳动力市场中，劳动力的价格是有差异的。为了对同类劳动力的价格进行比较，必须制定一个标准。由于公司的规模大小、组织结构、盈利状况、职位的职责各不相同，因而不同企业的薪酬水平不具有绝对可比性。为此，企业在决定开展薪酬调查时，必须考虑选择那些与企业自身相似的企业（目标企业），这样可以增强可比性。

同时，需要了解薪酬获取的条件与环境，如员工实际工时的长短、岗位工作的负荷程度等。部分企业，尤其国企的一些岗位，其工作时间低于标准工时，岗位的负荷程度较低。而一些中小企业或以项目型工作为主的岗位，其正常工作时间可能高于标准工时，这种情况下建议对薪酬做标准化的处理，转换成标准工时下的薪酬水平，以保证可比性。

4．全面性原则

薪酬是一个相对宽泛的概念，包括但不仅限于工资、奖金、补贴与津贴、股权、福利等具体形式。薪酬的竞争力往往体现在其"整体"上，因此，收集薪酬构成的全面信息至关重要，这也是薪酬调查中信息收集的重中之重。为使薪酬调查的信息全面、深入和准确，不但要调查货币性薪酬，如工资、奖金、津贴、补贴、分红等，也要调查非货币性薪酬，如员工培训、社会保险、商业保险、公积金、外出考察、培训和学习机会等。而且，在薪酬信息收集时需要注意了解隐性的福利项目，如培训学习的机会、舒适的工作环境、人性化的管理方式等。这些很难用具体化的数字去统计，但这些因素对于员工的影响却是不能忽视的。

7.3.2 薪酬调查的实施

虽然薪酬市场调查是一项相对庞大的工作，过程费时费力，但是随着经济发展和市场环境的变化，企业各岗位的薪酬水平也处于不断变化之中，薪酬调查的资料和数据也必须紧跟市场，保持动态更新。

本书以问卷调查法为例，介绍薪酬调查过程。薪酬调查简单来说，包括 3 个阶段，即准备阶段、实施阶段、结束阶段[1,2]。具体实施步骤如图 7-1 所示。

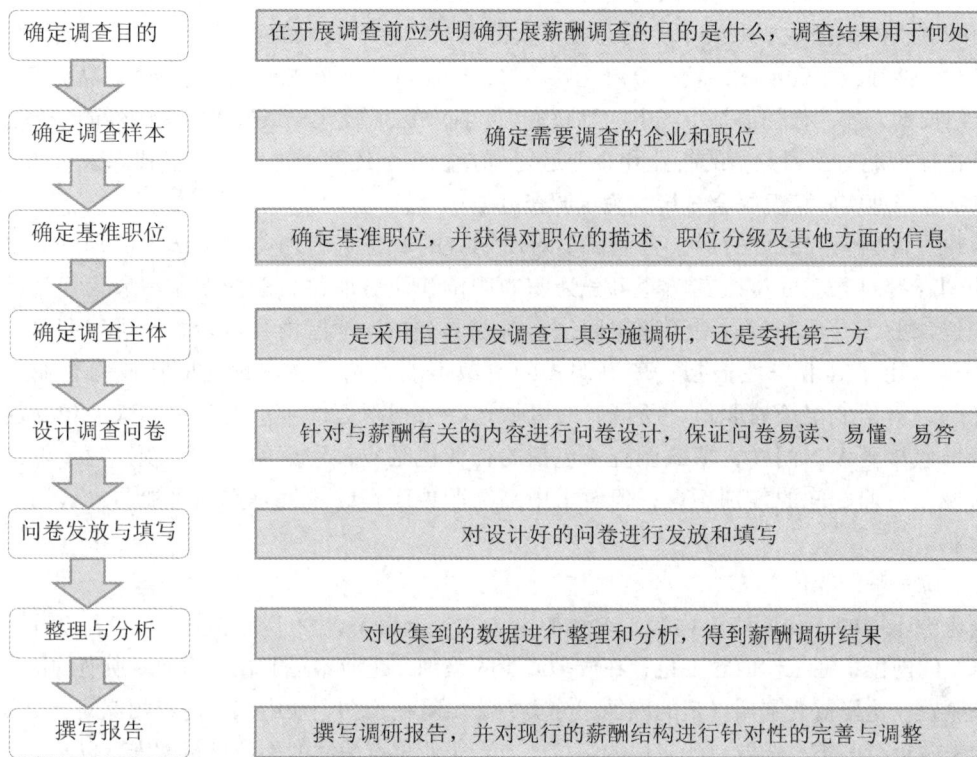

确定调查目的	在开展调查前应先明确开展薪酬调查的目的是什么，调查结果用于何处
确定调查样本	确定需要调查的企业和职位
确定基准职位	确定基准职位，并获得对职位的描述、职位分级及其他方面的信息
确定调查主体	是采用自主开发调查工具实施调研，还是委托第三方
设计调查问卷	针对与薪酬有关的内容进行问卷设计，保证问卷易读、易懂、易答
问卷发放与填写	对设计好的问卷进行发放和填写
整理与分析	对收集到的数据进行整理和分析，得到薪酬调研结果
撰写报告	撰写调研报告，并对现行的薪酬结构进行针对性的完善与调整

图 7-1　薪酬调查的具体流程

1．准备阶段

（1）确定薪酬调查的目的

在薪酬调查前，首先应该清楚企业为什么要实施薪酬调查，薪酬调查的目的是什么，薪酬调查结果的用途又是什么。基于不同的薪酬调查目的，企业需要了解的信息也会有所不同，如果薪酬调查的目的是为了了解某一类职位的薪酬标准和调整该职位的薪酬水平，那么企业只需要对该类职位进行市场调查；如果薪酬调查的目的是为了控制薪酬成本，那么企业可能需要对某些职位或企业内所有职位进行薪酬调查；如果调查目的是要调整或优化现有的薪酬结构，则采集信息要侧重于薪酬构成要素、各部分所占比例。企业只有在明确这些问题后，才能开始组织薪酬调查，才能让企业薪酬调查更具有目的性，其工作实施才具有价值。

（2）确定调查的样本

企业在选取调查对象时，务必坚持可比性优先的原则，操作时尽量选择与本企业具有一定相关性的企业。一是区域相关，即同一地区的企业。同一地区的企业主要适用于普通基层岗位和

---

① 郭爱英，宋长生. 薪酬管理理论与实务. 北京：清华大学出版社，2011：103-112.
② 葛玉辉. 薪酬管理实务. 北京：清华大学出版社，2011：238-239.

通用岗位的调查，如操作工人、导购、前台、行政、人事、会计等，以选取公司规模及管理模式相似的企业为佳。二是业务相关，即同行业的企业。同行业之间对人才的竞争较为激烈，了解同行业企业的薪酬状况是企业制定薪酬标准、调整薪酬水平的重要参考。三是人才竞争相关，即与本企业雇佣同类的劳动力，构成人力资源竞争对象的企业。

薪酬调查的范围主要取决于劳动力在多大范围内转移与获取的可能性。普通基层岗位的员工，可替代性强，工资不高，较少会跨地区转移，企业可立足于本地区进行调查；高级管理人才或者专门技术人才，往往都是市场上的稀缺资源，流动区域较大，最好进行全国性的薪酬调查，尤其是选择可能与公司竞争的行业和企业进行调查；在上述两者之间的中级技术人员和管理人员，可结合当地实际情况综合分析，确定调查范围。

明确了薪酬调查的目的后，企业需要对所调查的职位进行功能和层次上的划分，以此确定薪酬调查的对象。职位按其功能可分为职能职位和业务职位，职能职位一般为通用职位，业务职位一般为专项职位。对于通用职位，薪酬调查在本地区内各企业之间进行即可；对于专项职位，由于其业务性很强，薪酬调查的对象可能要选择在本地区同行业内企业之间展开。此外，对于低层级的职位，所调查的区域选在公司附近即可；对于中高级职位，薪酬调查的区域应该更大。同样，薪酬调查所包括的行业也是应该考虑的一个问题，对于低层级的职位来说，行业之间的差别不大；但对于中高级职位而言，最好是选择可能与本公司竞争人才的行业。

（3）确定基准职位

企业中不同的工作职责、内容、名称的岗位几十上百个，对于大型企业来说甚至几百个，不同企业的岗位，在工作内容上也存在或多或少的差别，企业不可能也不需要对所有的岗位都进行薪酬调查。这里需要利用一定的归纳、分类方法。对在不同企业中工作内容相似的、工作价值相当的岗位进行归类，选取有代表性的岗位，或者企业重点关注的岗位进行调查，以它们的薪酬水平作为制定本企业薪酬水平的参照点。这些有代表性的岗位就是薪酬调查的基准岗位，它们的职位内容清晰并已得到长期广泛的认同、覆盖了企业各个不同的职位层级、在大多数企业中大量存在并以类似的方式执行。在实践中，通常采用四大类基准岗位：经理类、管理类、技术类、操作类。每一类中包含不同的层级，企业根据自己的调查目的选择基准岗位的类型和每种类型的数量，通常以总数不超过 30 个为宜。

在调查实施前，还必须对所调查的职位进行明确而清楚的描述（基于第四章职位分析与职位评价），其内容包括每一职位的名称、职位的主要价值和贡献、职位职责、任职者基本要素（知识、学历、经验、技能、能力等方面）。由于同样的职位名称，其工作内容可能相差甚大或对任职者的基本素质要求有很大差别，因此企业在购买或使用薪酬调查结果时，一定要注意该调查是否包括所调查职位的职位描述。只有当调查所提供的职位描述与企业中该职位描述重合率达到70%以上，企业才能根据所调查职位的结果来确定企业相应职位的薪酬水平，同时还要对职位进行清晰的层级划分。同一企业包括不同的职位族，同样的职位族内部所包括的职位层级可能仍不一样，如人力资源职位族包括人力资源总监、人力资源经理、人力资源专员等职位。薪酬调查所包括的职位层级数极有可能与公司的职位层级数不一致；即使两者的职位层级数相同，每一层级的职位描述也可能不相同。因此，划分好职位层级，保证调查对象的职位层级与公司的职位层级一致，是准确确定薪酬水平的重要前提[①]。

---

① 葛玉辉. 薪酬管理实务. 北京：清华大学出版社，2011：228-233.

（4）确定薪酬调查的主体

在实施薪酬调查之前，必须明确薪酬调查的主体，即薪酬调查是采用自主开发的调查工具并自行实施，还是委托别人来完成这项工作。理论上，企业自主开发调查工具并自行实施调查的帮助更大，因为调查的制定者可以自己设计调查问卷的内容、选择所要调查的目标企业，这有利于获得最具有参考价值的数据。但是，在实际操作中，企业如果存在以下问题，则有必要考虑委托第三方机构进行薪酬调查。

一是开发和实施有效的薪酬调查需要拥有问卷设计、抽样方法和统计方法方面的专业知识和特长，而大多数企业内部缺少合适的员工来执行这项任务。二是薪酬管理体系是企业获取竞争优势的工具，因此被调查企业往往不愿意把自己的薪酬计划和政策透露给竞争对手；即便有企业愿意合作，它们提供的信息也可能不准确或不全面。例如，被调查企业可能会把企业中最低收入的技术人员的工资水平告诉调查者，而不是提供其所有技术人员的平均工资水平。三是企业自己开发并实施薪酬调查的成本很高。薪酬调查并不是企业人力资源管理部门需要经常展开的工作，其实施频率远远低于企业招聘、培训、绩效考核等工作模块；为一项非常态化的工作安排专门的人手，甚至外聘专家，显然得不偿失，还不如一开始就把薪酬调查外包给更为专业的中介机构[①]。

2．实施阶段

（1）设计调查问卷

调查问卷是收集调查数据最常用的方法。调查问卷的内容一般包括组织本身的有关信息，如组织名称、地址、所在行业以及组织规模等，还包括有关职位和任职者的信息，例如，职位类别、职位名称，以及对任职者的教育程度和相关工作年限的要求等。此外，问卷调查的内容还应包括员工薪酬方面的信息，主要包括基本薪酬、奖金、福利，以及津贴。薪酬调查问卷需要涵盖以上内容，而且要更具体详细，例如，福利就包括养老金、休假制度、医疗、住房、交通饮食等方面。此外，还应该设计一些有关企业基本情况的内容，如员工人数、产值利润、行业及薪酬增长率、员工流失率等与企业薪酬密切相关的内容。

同时，调查问卷的设计应当具有易读、易懂、易回答的特点，以方便被调查者使用。表 7-2 是一份薪酬调查表。

表 7-2　薪酬调查表

职位名称		职位编号		所属部门	
主要职责					
任职资格					
薪酬构成	金额（元）	比重（%）	公司上年度水平（元）	增幅（%）	备注
基本薪酬					
奖金					
津贴					
其他收入					
合计					
被调查人签名：		调查人签名：		年　　月　　日	

[①] 李永周，郭朝晖，马金平. 薪酬管理理论、制度与方法. 北京：清华大学出版社，2013：198-208.

（2）问卷发放与填写

由于薪酬涉及组织机密，很多企业都实行薪酬保密制度，企业与员工之间都有关于薪酬保密的约定，有时即使是人力资源经理也不一定了解企业内所有员工的薪酬，即使知道也不允许向外泄露。因此在发放薪酬调查问卷时，应首先做好与企业总经理的沟通工作，通常可以采用两种合作方式来达成协议。一是将被调查者作为成员之一纳入合作队伍中，被调查者可以分摊一定的调查费用，并同时获得最终的薪酬专项调查报告；二是根据调查的规模向被调查者提供一定的优惠的综合性调查报告。这两种合作方式均需要与企业签订合作协议，并约定保密条款，对企业提供的薪酬资料要严格保密。

在做好沟通工作后，企业可以通过两种方式发放调查问卷。一是直接向总经理寄发，对于规模较大的组织可向人力资源管理部门寄发；二是直接上门发送，或采取特快专递、传真和电子邮件等方式来发放。此外，在被调查企业填写问卷的过程中，应该做好解释和指导工作，使获取的信息更准确。

除了调查问卷法获取数据外，企业还可以通过电话访谈、实地访谈、网络调查等方法来收集调查数据。在实际操作中，问卷调查再配以专业人员面谈，则问卷调查的效果会更好。网络调查作为一种新兴的调查方式，由于其具有便捷、快速和良好保密性的特性，大大提高了薪酬调查结果的可靠性，越来越受到企业的青睐。

（3）数据整理与分析

1）数据整理

由于薪酬调查具有时效性，因此在调查问卷回收以后，应及时针对收集到的信息进行整理、分析。尽管每份问卷都是标准问卷的格式，但是问卷上的答案仍然会存在各种各样的问题。因此，在整理中应注意将不同职位、不同调查内容进行分类，并注意排查错误信息[1]，对数据进行合理的整理，整理时应注意以下几个方面。

① 数据是否真实可靠。例如，调查者需要检查企业所提供的薪酬浮动范围与其报告提供的职位实际薪酬水平之间是否存在不一致的现象。如果某一职位的薪酬数据远远超出其应属于的薪酬范围，就需要核查该职位与基准职位之间的匹配性，看某一职位所承担的职责比基准职位描述中的内容是更多还是更少。发现有承担的职责比基准职位更少的情况时，要及时给被调查的企业打电话询问和核对数据。如经核实，职位匹配性的问题确实存在，就要根据实际职位与基准职位之间的匹配程度，调整薪酬调查数据。

② 统计口径的一致性。例如，同样在薪酬调查数据表中，两个企业均实行年薪制，但由于按月分解后的月薪发放方式的不同，出现了基本薪酬和奖金一栏不一致的现象，那么在进行数据整理时，就应该对这种情况进行分析，并请被调查者对此做出解释，然后严格按照薪酬、奖金的定义进行区分，以确保统计口径的一致性。

③ 数据的完整性。在问卷调查中，经常会出现数据填写不全面的情况，此时应该就那些未完整填写的内容询问被调查者，补齐该部分内容。不建议采用舍去该数据的方法。

2）数据分析

薪酬调查分析，是在薪酬调查结果的基础上，对调查数据采用一定的方式方法进行统计、分析，以发现数据或信息之间存在的联系的过程。企业常用的调查数据分析方法有以下3种。

① 葛玉辉. 薪酬管理实务. 北京：清华大学出版社，2011：232.

① 频率分析法。一般来说，薪酬调查很难得到被调查企业准确的薪酬水平数据，而只能得到该企业的大致平均薪酬，在这种情况下可以采取频率分析法，记录在各薪酬额度内各企业平均水平出现的频率，从而了解这些企业或某些职位的薪酬水平。

② 数据排序法。即将调查的同一类数据由高至低排列，再计算出数据排列的中间数据，即25%、50%、75%处。

③ 回归分析法，是指借用一些数据统计软件所提供的回归分析功能，分析两种或多种数据之间的关系，从而找到影响薪酬水平、薪酬差距的主要因素及其影响程度，进而对薪酬水平或者薪酬差距的发展趋势进行预测的方法。

3．结束阶段

结束阶段的主要任务就是撰写调查报告，薪酬调查报告的内容主要包括以下几点。

（1）制作出不同职位的薪酬分布表。依据薪酬调查数据按四分位法分类，以了解薪酬分布状况，再依据最低薪酬与最高薪酬的差距，求出每项职位的平均薪酬与其中位数及标准差。

（2）描绘出所有受调查岗位的薪酬曲线。在绘制出调查曲线后可与本企业目前的薪酬曲线相比较，以检视本企业的实际薪酬地位。

（3）根据本企业的薪酬策略，选择确定适合本企业的行业薪酬水平分位点，以作为本企业薪酬水平确定的参考数据。

（4）调整本企业的薪酬曲线，使之与调查后的薪酬曲线保持适当关系。但在调整过程中因为报告的处理过程需要时间，因此调查数据仍然可能产生时差。

7.4　薪酬调查的偏差

不管是薪酬调查过程还是企业在使用薪酬调查报告时，都有可能出现各种偏差，导致最终结果不准确或者错误，出现徒劳无功的局面。有些偏差往往是致命的，企业需要严加小心。可能存在的偏差主要有以下几个方面。

7.4.1　盲目相信

现在，很多企业对薪酬调查的结果拿来就用，盲目相信。很多企业认为有了薪酬调查报告，就能按照企业的薪酬战略确定或者调整薪酬制度，如大部分市场跟随战略企业认为只要把自己的薪酬水平设定或者调整为 50 分位，而实行领先战略的企业只要按照 75 分位，甚至 90 分位调整自身薪酬即可。应该明确的是任何调查都会受到数据来源的地域、样本量、职位匹配度、统计工具等种种因素的干扰。因此，在使用薪酬调查的结果之前，企业应先判断数据的信度、企业需要的分析类型等，在判断分析的基础上使用。

7.4.2　错误比较

将名字相同但职务不同的职位进行比较，是企业最常见的薪酬报告的使用误区，即按照市场上相同职位名称的薪酬水平、薪酬标准和薪酬结构确定或者调整本企业相应职位的薪酬水平、标准和结构。这样做的危害是十分巨大的，其结果很可能是付出很大的成本却没有得到预期收益甚至还会产生负面影响。事实上，名称不同的职位其职责可能是相同的，例如，企业对于普通销售人员的命名可能会采用"销售代表、客户经理"等不同的岗位名称，但他们的工作职责却可能是基本一致的（一般而言，若有 70% 以上职责内容一致就可以进行直接比较），都可以对应到标准的"销售代表"职位。同样，名称相同的职位其职责也可能是不同的。因此，企业绝不能只关注职位名称相同与否，就确定是否直接进行数据比较。企业必须明确的是，我国目前并没有关于职位的统一标准体系，因此，没有进行严格的职位匹配而收集获得的薪酬数据是没有市场参考价值的。而与此相对应的是，在使用薪酬调查结果时，同样必须首先解决职位匹配问题。企业正确的处理方法应该是按照职责而不是职位进行数据比较。

7.4.3 利用不足

部分企业只是将薪酬调查结果用于确定自己企业的职位薪酬，这显然是对薪酬调查的结果功能了解不全造成的。很多企业，其数据来源主要是购买薪酬调查报告，所以它们对薪酬调查的过程和初衷根本不加关注，这在很大程度上降低了企业对薪酬调查报告的利用率。事实上，根据薪酬调查报告数据，企业可以调整薪酬标准、薪酬结构、薪酬水平，还可以估算对手的人力成本，甚至了解公司战略方向。所以调整薪酬水平在结果使用体系中只是一个很小的环节，如果企业把它看成了结果使用的全部，企业的视野将不能扩大，从报告中获得的信息也只是片段。薪酬调查结果的使用方向应该是系统且全面、持续的，只有如此，企业才能以最少的投资取得最大的回报。

【启发与思考】

扫一扫→行业探秘——江苏昆山：普工成堆 技工难觅 薪酬不再是首要因素

【思考练习题】

1. 什么是薪酬调查？
2. 企业薪酬调查的内容是什么？
3. 企业外部薪酬调查的方法主要有哪些？
4. 企业开展薪酬调查的步骤具体包括哪些？
5. 调查数据分析的方法有哪些？
6. 企业常用的调查数据分析的方法有哪几种？
7. 薪酬报告使用的偏差有哪几种？

【模拟训练题】

某企业某类职位的市场薪酬调查结果如表 7-3 所示[①]：

[①] 张广科，黄瑞芹. 薪酬管理. 武汉：华中科技大学出版社，2013：170-172.

表 7-3 某企业某类职位的市场薪酬调查结果 （单位：月/元）

序号	薪酬数据	序号	薪酬数据
1	1000	10	11000
2	13000	11	5000
3	4000	12	7000
4	2000	13	8000
5	18000	14	12000
6	3000	15	1000
7	4100	16	13000
8	5100	17	15000
9	19000	18	16000

如果该企业该类职位的薪酬定位为市场薪酬的 80 分位或 75 分位，请计算该企业的薪酬水平应该设定为多少？

提示：可先对获取到的 18 个薪酬数据进行从小到大的排序，重复薪酬数据只保留一个，得到新的从小到大的薪酬数据排序表；然后，利用公式 $r=1+p\times(n-1)$ 计算企业定位的薪酬分位对应的薪酬数据序号；最后，利用最新得到的薪酬排序数据表，采用插值法计算该职位具体的薪酬水平。

【情景仿真题】

公司在制定薪酬结构时，一般都会直接或间接地使用薪酬调查结果。目前，一些专业机构开始进行薪酬调查，并为企业提供薪酬调查结果。各种各样的薪酬调查结果充斥了媒体，令人眼花缭乱。但这些调查结果良莠不齐。有些调查公司的操作比较规范，所得结果比较科学合理；有些调查公司的所得结果则值得怀疑。在购买和使用这些薪酬调查结果时，人力资源工作者和薪酬专家应该注意哪些问题，才能做出正确的决策呢[①]？

一问：调查数据是否最新？

从调查的策划、实施、数据处理到最后向市场推出薪酬调查结果，需要一段时间。这段时间的长短与调查公司的专业水平和能力密切相关。时间越长，受到外界环境变化的影响越大，数据的有效性就越值得怀疑；时间越短，相对来说数据就更有效。因此，在购买调查结果时，要特别注意调查的时间，一般应该购买最新的薪酬调查结果。当然，如果能购买不同时间段的薪酬调查结果，然后自己根据这些数据进行分析，效果会更为理想。

二问：哪些公司参与了薪酬调查？

从理论上来说，最好参与调查的公司是本公司在人才、产品和市场等方面的竞争对手。在调查中包括与本公司竞争人才的公司，可以了解市场同类职位的薪酬水平，确保公司的薪酬方案具有外部竞争力。在调查中包括本公司在产品和市场方面的竞争对手，可以确保本公司的薪酬方案与这些公司保持同步，同时也可以了解这些公司的劳动力成本。但是，一般专业公司所调查的公司不可能完全与我们的期望一致。此外，大多数公司一方面希望通过填写薪酬调查问卷而获得调查公司所提供的薪酬调查结果，另一方面又担心泄露本公司的薪酬信息，所以在填写时总是特别谨慎，这就使得调查结果大打折扣。因此，在使用专业公司提供的薪酬调查结果时，一定要了解哪些公司参与了调查，并谨慎地解释薪酬调查的结果。

---

① 李超平. 薪酬调查九问[J]. IT 经理世界，2001，18：92-93.

三问：是否报告了数据处理方法？

对于同样的数据，可以采用不同的统计处理方法，得到的结果也可能不一样。在购买专业公司提供的薪酬调查结果时，一定要特别注意数据的统计处理方法，比如对于明显不符合情况的异常值是怎么处理的？对由于被调查者没有填写而造成的缺省值又是怎么处理的？是怎么对数据进行分组处理的？对于不能提供最终数据处理方法的调查公司，最好不要相信其调查结果。

四问：是否报告了数据搜集方法？

数据搜集是薪酬调查中的重要一环，采用不同的数据搜集方法可能会得到不同的结果。在薪酬调查过程中，常用的方法有问卷调查法、访谈法等。问卷调查法相对来说实施起来更容易，成本更低，但是由于不同的人对问题可能会有不同的理解，这必然会使调查结果受到影响。访谈法实施难度大，成本高，虽然相对来说数据更可靠，但是数据的可靠性受到访谈员的影响。不管采用什么方法搜集数据，都应在调查报告中以附录的形式列出调查问卷或访谈提纲。在购买薪酬调查结果时，应通过调查问卷或访谈提纲来了解调查公司调查了哪些信息，是通过什么方式来获取这些信息的，进而判断其薪酬调查结果的准确性和可靠性。

五问：平均数、中位数、25P 和 75P 之间的关系？

一般的薪酬调查结果都应该报告薪酬的平均数、25P、50P、75P。所谓 25P、50P、75P 就是指，如果调查了 100 家公司，将这 100 家公司的薪酬水平从低到高排序，25P、50P、75P 分别代表排名第 25 位、第 50 位、第 75 位的薪酬水平。通过检查平均数、25P、50P、75P 的关系可以让我们对调查结果有一个初步的了解。一般情况下，平均数和 50P 应该比较接近，25P 与 50P 的差别应该与 75P 与 50P 的差别比较接近。如果其差距超过 5% 时，就应该认真检查有关的统计数据，以保证这种偏差不是由于数据搜集和统计处理等人为因素造成的。

六问：每年参加调查的对象是否一致？

在某些专业机构的薪酬调查中，所调查的公司基本比较稳定。这样，可以对历年的数据进行分析，找出薪酬的发展趋势。而如果参加调查的公司变动特别大的话，就无法得出薪酬的发展趋势。也有些薪酬专家通过分析多家公司提供的多年的薪酬调查数据，来推测薪酬的发展趋势。这种方法在一定程度上能降低由于参加调查公司的不同所带来的误差。

薪酬调查是一门复杂的科学，尤其是当调查的内容涉及企业的整个薪酬结构时就变得更为复杂。在我国，由于一些企业的工资尚未完全市场化，"工资"的概念比较模糊，使得薪酬调查难度就更大，所得结果的准确性就更值得怀疑。因此，在购买薪酬调查结果时，一定要注意从比较权威的机构购买，尽可能确保自己获得比较准确、全面的相关信息。

思考：

1. 除上述应该注意的问题之外，是否还存在其他应该注意的问题？

2. 当前有哪些机构、公司是提供薪酬调查服务的？试列举出 5 个。

第 8 章 薪酬水平

学习目标

1. 理解薪酬水平的内涵。
2. 掌握常用薪酬水平策略。
3. 了解薪酬水平的影响因素。
4. 掌握不同企业发展阶段应该选择的薪酬水平策略是什么。
5. 明确薪酬水平设计的思路及方法。

【引导案例】

西方大公司薪酬管理的困境

在经济普遍不景气、普通工薪阶层收入停滞的情形下，大公司高管的天价薪酬引发民众不满，人们开始质疑大公司高管是否应该拿到那么多的薪酬。

美国和英国等西方国家的大公司首席执行官与员工之间的薪酬差距惊人。据统计，2015年，标普 500 指数成分股涵盖的公司中，首席执行官的薪酬中位数为 1080 万美元，富时 100 成分股公司首席执行官平均薪酬高达 550 万英镑。

在美国，企业高管薪酬过高是一个老问题。从 20 世纪早期，美国公司高管就开始享受丰厚的薪酬，而且数额不断增长。20 世纪初期，美国企业高管薪酬曾有过高速增长。到了 20 世纪 80年代以后，大公司高管薪酬更是增速惊人。据统计，美国首席执行官的平均工资和普通员工的平均工资之比，1965 年为 24 倍、1979 年为 35 倍、1989 年为 71 倍、1999 年为 299 倍。

英国智库"高薪酬中心"的统计数据称，2010 年以来，富时 100 指数成分股公司首席执行官的平均薪酬累计已经上涨了 1/3。2010 年时，这些首席执行官的平均薪酬为 410 万英镑。一位名叫约翰的英国退休工人告诉记者说，在他原先供职的一家电力公司，高管的工资收入高得离谱，都成了"商业机密"，除了个别助手，其他人并不知道具体有多少。约翰甚至怀疑公司在体制设置和机制运作等方面存在着严重的财务漏洞，才导致高管钻空子，不断加薪。

企业高管享受丰厚薪酬，在经济高速增长时期不太引人瞩目，但在经济危机之时备受指责。2011 年美国发生"占领华尔街"运动，从纽约扩散到全美各大城市，人们抗议不断。

其实，在 2008 年国际金融危机爆发以后，为了平息日益沸腾的民怨，美国政府及国会也采取了一些措施，对大企业高管薪酬加强了限制。美国国有企业董事会成员的薪酬由美国国会通过的国有企业专项法案规定，这些高管人员基本执行联邦公务员薪酬制度。美国国有企业高管人员薪酬通常为 10 万～30 万美元。此外，美国联邦法律规定，涉及公共事业的企业都要建立公开透明的财务报告制度，财务报告都要按期向社会公开。

英国广播公司（BBC）报道说，在过去的几个月里，英国发生了多起部分公司股东对高管大幅涨工资的反抗行动。2016 年 4 月，英国石油公司的投资者们就在公司年会上拒绝了给首席执行官达德利价值 1400 万英镑的薪金待遇，一名来自英国国教会养老金基金的代表质疑，在这家石油公司 2015 年报告亏损 52 亿美元之后，这样的薪酬是否"正确"。同时，英国医疗器械公司"施乐辉"和快消品公司"利洁时"也发生了类似的股东反抗行动。不过，目前旨在反对高薪酬的投票不具法律效力，公司董事会对此置之不理，依然我行我素。

（资料来源：西方大公司高管薪酬被指"无底线". 王如君，黄培昭. 人民日报. 2016 年 8 月 18 日 22 版）

思考：

1. 英国、美国的大公司高管薪酬水平是否制定合理？

2. 公司高管的薪酬水平到底应该根据什么制定？多少才是合理的薪酬水平？

在进行充足的薪酬调查后，企业就应该根据自身发展状况和发展战略确定各个职位的薪酬水平。合理的薪酬水平设计既能帮助企业增加在人才市场中的竞争力，又能在一定程度上控制企业经营成本，并增加员工薪酬满意度。因此，如何设计合理的薪酬水平对企业而言至关重要。

8.1　薪酬水平概述

薪酬水平在企业内部发挥着重要作用，主要体现在控制人工成本，吸引、留住并激励人才，塑造企业良好形象等方面。企业薪酬水平不仅能影响企业的对外竞争力，而且还能影响企业产品在市场上的竞争力，但同时会增加企业的人力资源成本[①]。因此，薪酬水平的合理设计对企业来说至关重要[②]。在进行企业薪酬水平设计时，不仅要考虑到薪酬的外部竞争力、内部公平性，还必须要结合本企业当前的生命周期、经营状况、发展战略、财务实力等客观因素。

8.1.1　薪酬水平的定义

薪酬水平是指在一定时期内，从某个角度按照某种标准考察的某一领域内员工薪酬的高低程度。薪酬水平是相对的，它可以是企业内部各职位的薪酬水平，也可以是企业在劳动力市场上的薪酬水平，还可以特指某一领域范围内劳动者的薪酬水平。薪酬水平的计算公式如下：

薪酬水平=劳动者薪酬总额/劳动者总人数

从上式可以看出，薪酬水平受到劳动者薪酬总额与劳动者总人数两个因素的共同影响，薪酬水平与劳动者薪酬总额成正比，与劳动者总人数成反比。

对企业而言，企业内部的薪酬水平则主要由员工的薪酬总额和企业员工总人数确定。可用数学公式表示为：

企业薪酬水平=该企业薪酬总额/该企业在业员工人数

对于薪酬水平的理解，我们还可以借助薪酬水平的外部竞争性。薪酬水平的外部竞争性是指一家企业的薪酬水平高低以及由此产生的企业在劳动力市场上的竞争能力大小，它会直接影响

---

① 张广科，黄瑞芹. 薪酬管理. 武汉：华中科技大学出版社，2013：156-160.

② Milkovich G. T.，Newman J. M. Compensation . Boston，MA：McGraw-Hill Irwin Pubs，2002．173-250.

到企业在劳动力市场上获取优质劳动力的能力强弱[①]。同时，它给企业带来的影响还体现在：控制运营成本（劳动成本）、增加高素质员工与提高员工整体素质、减少自愿跳槽人数、减少与薪酬有关的停工4个方面。因此，在进行薪酬水平设计时，对薪酬的相对水平、绝对水平和平均水平的考察都是十分必要的。

值得注意的是，薪酬水平可能不会为企业带来很强的竞争优势，而且，企业的薪酬决策一旦出现失误可能会导致企业陷入危险境地。对企业而言，其薪酬水平的设计主要涉及两方面：企业薪酬水平和个人薪酬水平。企业薪酬水平是指企业内部不同岗位、职位的平均薪酬；个人薪酬水平则指某一特定岗位上，某一特定员工的薪酬水平，该薪酬水平一般能反映出该岗位的价值大小、员工能力等信息。

8.1.2　薪酬水平的划分

薪酬水平有不同层次的划分，它可以指一定时期内一个国家、地区、部门或企业任职人员的平均薪酬水平，也可以指某一特定职业群体的薪酬水平，其中企业员工的薪酬水平主要指以企业为单位计算的员工总体薪酬的平均水平，包括时点的平均水平或时期的平均水平。测定企业薪酬水平主要有两种方法：其一是企业支付给不同职位的平均薪酬，是一种绝对量指标；其二是企业薪酬水平在相关劳动力市场中的位置，是一种相对量指标。

综合而言，薪酬水平可以分别从时间和范围角度进行划分。从时间上划分，薪酬水平分为年薪酬水平、月薪酬水平、周薪酬水平与日薪酬水平；从统计范围上划分，薪酬水平又分为全国薪酬水平、地区薪酬水平、行业或部门薪酬水平。

8.1.3　薪酬水平的影响因素

薪酬水平的设计需要确定企业薪酬水平和个人薪酬水平，了解薪酬水平的影响因素能帮助企业设计更合理的薪酬水平。薪酬水平的影响因素可以分为3类：宏观因素、企业因素、个人因素。

1．宏观因素

影响企业薪酬水平的外部因素有劳动力市场的供求水平、地区工资水平、生活水平和物价水平、行业工资水平等。如果企业是跨国公司，那么国家环境也是影响薪酬水平的一个重要因素。企业整体薪酬水平影响因素如表8-1所示。

表8-1　企业整体薪酬水平影响因素一览表

影响因素	详细说明
劳动力市场的供求水平	劳动力市场供大于求，企业可以以较小的代价招到合适的人选；劳动力市场供不应求，企业将要花费较高的代价来满足企业生产对人力资源的需求
地区工资水平	企业应参考所在地居民生活水平、薪酬水平，本企业各岗位的薪酬水平定位不能低于所在地同行业企业同岗位的薪酬水平，否则就失去了对外竞争力（见表8-2）
生活水平和物价水平	企业在制定薪酬标准时，要考虑到社会物价水平的上涨，必须能满足企业员工基本生活需要，保证其基本购买力
行业工资水平	除了考虑同行业的薪酬水平之外，不同行业的薪酬水平也可作为企业薪酬水平的制定标准，如朝阳产业薪酬水平较高，夕阳产业薪酬水平较低

由于我国各地区政策以及地理位置不同，各地区薪酬水平差距较大，2016年具体数据如表8-2所示。

[①] 周斌，汪勤．薪酬管理：理论·实务·案例．北京：清华大学出版社，2014：35-54.

表 8-2　地区对工资水平的影响示例表 　　　　　　　（单位：元/月）

2016 年夏季求职期平均薪酬城市分布					
排名	城市	平均薪酬	排名	城市	平均薪酬
1	北京	9420	18	昆明	6230
2	上海	8962	19	南宁	6197
3	深圳	8315	20	郑州	6191
4	广州	7409	21	长沙	6186
5	杭州	7330	22	天津	6178
6	宁波	7152	23	合肥	6173
7	佛山	7017	24	大连	6144
8	东莞	6998	25	无锡	6095
9	厦门	6886	26	济南	6067
10	苏州	6719	27	青岛	6057
11	南京	6680	28	石家庄	5886
12	重庆	6584	29	西安	5872
13	福州	6522	30	沈阳	5842
14	贵阳	6437	31	太原	5841
15	成都	6402	32	烟台	5765
16	武汉	6331	33	哈尔滨	5659
17	南昌	6235	34	长春	5332

数据来源：智联招聘网，2016.

2．企业因素

企业在进行薪酬水平设计时，除了要遵循地区、行业的一些薪酬规则外，在企业内部还应该针对不同的岗位，采取不同的薪酬水平策略。因为各岗位之间在技能要求、工作性质、工作环境、工作强度等方面均有不同的地方，因此，企业在进行不同岗位薪酬水平设计时，应该针对各岗位不同的特征要素采用不同的薪酬水平政策，以实现薪酬服务于企业经营管理的目标。

（1）岗位价值

岗位工作任务的价值和岗位工作内容的重要性决定了该岗位能为企业带来的效益大小，从而决定了该岗位薪酬水平的高低。为企业创造效益较大的岗位相应的回报也应该要高一些，因而岗位的薪酬水平也应该较高，反之，岗位的薪酬水平应该较低。

（2）工作任务

各岗位的工作任务是根据企业经营战略目标逐级分解的，工作任务通常作为企业对岗位业绩考核的主要内容，业绩考核的结果直接影响着任职者的个人收益甚至是职业发展。

工作任务对该岗位任职者提出了业务技能、专业知识、道德素养等多方面的要求，进而也就决定了任职者在劳动力市场上的价值水平，因此工作任务作为各岗位的核心要素，也是企业薪酬水平设计时要考虑的关键内容。工作任务的难易程度，直接决定了该岗位在企业内部的价值，进而也就决定了岗位的薪酬水平。

（3）工作性质

根据不同的角度和标准，企业内部各岗位工作性质也有不同，因而也决定了各岗位的薪酬结构存在一定的区别。不同工作性质的岗位与薪酬之间的关系大致分为以下4种。

① 脑力劳动型和体力劳动型。

脑力劳动型主要是运用智力完成工作，如管理岗和办公室职能后勤等相关岗位。企业中高层领导、后勤基层管理人员、教学人员、科研人员、财务人员等岗位人员从事的工作均为智力工作，一般都凭借专业技能或智力完成其岗位工作任务。

体力劳动型是以体力劳动为主，运用身体来完成工作。如从事生产劳动和服务的工作，生产线上的装配工、技术工等。

在薪酬结构设计时也要根据各岗位的工作性质进行有针对性的设计。体力劳动型的员工和智力劳动型的员工均因其从事工作的技术难度不同和人才稀缺性不同，而使得薪酬水平有所不同。

② 领导型和非领导型。

领导型人员主要是指在企业内有一定官职的人员，在其职责范围内具有管理、调配、处理、处置等职权，或者具有组织、管理、协调、指挥、决策等权力。而非领导型人员是指没有官职或不属于领导岗位上的人员。需要注意的是，如果工作性质属于对财产有管理、处理或处置权的工作内容，那么虽然这类人员没有直接下属，也应被列入领导型行列。

通常情况下，领导型人员的工作成果不能马上见效，其行为结果存在较强的滞后性，因而其担负的风险和责任相对较大。而非领导型岗位的人员，其工作内容或行为存在很强的时效性，即其行为结果能马上体现出来，不需要太长的潜伏时间。两类人员工作性质的差异需要企业在进行薪酬水平设计时体现一定的岗位倾向，领导型岗位的薪酬水平设计应该更加注重长期性。

③ 工作内容单一型和多样型。

有些岗位工作内容非常单一，就一件事、一句话或者一个动作，反复操作，如流水线工人、话务人员等。有些岗位可能工作量不大，但工作内容相当烦琐、多样化，比如办公室行政人员工作内容。因此，针对这两类岗位的薪酬水平设计也应该不同。

工作内容单一的岗位，薪酬水平设计应该关注于对工作数量和工作质量的业绩考察。而工作内容多样的岗位，薪酬水平设计应该关注于对工作完成的效率、结果、数量的考察。

④ 常规型与挑战型。

有些岗位的工作内容是常规性地、重复性地、按部就班地跟踪落实，企业内部有章可依，没有太多的突发问题或高难度的技术风险、任务风险等。有些岗位没有明确的规章制度或游戏规则，企业内部也无章可循，遇到问题时只能靠员工自己独立地从不同的角度，动用各方资源进行策划解决，这些岗位的人员经常需要面对不同的突发性问题，面对不同的新型挑战。

针对这两类性质的岗位进行薪酬水平设计时应注意，常规型工作岗位的薪酬水平应侧重考察岗位日常工作内容的完成情况，如针对此情况所实施的月度绩效薪酬、季度绩效薪酬等薪酬方案。而挑战型的岗位薪酬水平设计应该侧重于考察新成果、新项目的完成情况或突发问题解决情况。

（4）工作时间

工作时间是指劳动者为履行工作义务，在法定限度内，在用人单位从事工作或者生产的时间。工作时间的长度由国家相关法律具体规定，企业通过劳动合同形式遵守执行。不同的工作时间段及采用不同类型工作时间制的企业，薪酬支付标准也不同，劳动者或用人单位不遵守相关规定或约定的，要承担相应的法律责任。

（5）工作环境

工作环境对企业薪酬水平设计也有一定的影响，工作环境通常包括硬环境和软环境两种类型。硬环境是指工作场所的建筑设计、室内装修装饰、配套设备设施、室内光线、噪声、卫生状况等。软环境是指工作氛围、工作人员的素养、组织凝聚力等。不同的环境将会影响人员心理、态度、行为以及工作效率。

处于不同工作环境中的工作人员，其薪酬水平也应有所不同。企业在进行薪酬水平设计时应有一定的侧重点。工作环境在室内的，环境区别不会太大，工作环境的主要区别在于室外工作者。在一些特殊行业，有些从业人员的工作环境存在着很大的危险性和危害性，如高山、矿井、道路、桥梁、窑洞、悬崖、高温、寒冷、潮湿、阴冷、噪声等环境，从事这类工作的人员在薪酬水平设计时应该考虑工作的环境特点。对于在比较恶劣的环境中工作的人员，一般考虑采用基本薪酬加津贴或补贴的形式，且补贴或津贴的额度通常都会非常高。

（6）工作强度

工作强度是劳动的内含量，工作强度是影响岗位薪酬水平的一个重要因素。工作强度也称为"劳动强度"，表现为在一定时间内劳动者在创造物质产品和劳务中所消耗的劳动量。衡量工作强度的指标有以下几个，如表8-3所示。

表8-3 工作强度衡量指标一览表

指标	解释说明
体力工作强度	劳动者体力消耗的多少
工作利用率	净劳动时间的长短，它等于净劳动时间与工作日总时间之比
劳动姿势	劳动者主要劳动姿势对身体疲劳的影响程度
劳动紧张程度	劳动者在劳动过程中生理器官的紧张程度
工作班制	如轮班作业制度

影响工作强度的因素可分为外部因素和内部因素两大类。外部因素如表8-4所示。

表8-4 影响工作强度的外部因素一览表

因素	具体说明
劳动对象因素	包括工作性质与工作量密度，其中 1. 工作性质主要由生产系统的岗位或工种来决定，它与劳动能力的相容性决定着劳动者外部环境的优劣，决定着体力劳动者的动作力度、速度和技巧难度，决定着脑力劳动者遵循的思维方法和逻辑处理程序等，因而在很大程度上决定着工作强度 2. 工作量密度的提高意味着恶化了劳动者原有的外部环境，从而提高了劳动强度。劳动者的体力输出功率可以近似反映出人体肌肉和神经的运动强度
劳动工具因素	包括机器的操作力度、速度、技术难度、容错性能、宜人特性等。劳动工具的发展通常体现在劳动工具越来越适合于人的使用，意味着改善了劳动的外部环境，降低了工作强度
劳动环境因素	是指劳动者在劳动过程中所处的外部环境，它分为自然环境和社会环境两个方面： 1. 劳动的自然环境包括气候条件、温湿度、噪声、照明以及空气中的氧、灰尘和有毒物质的含量等。同一劳动内容，在不同自然环境下将会产生不同生理、心理和精神效应，从而体现出不同的工作强度：在恶劣的自然环境下，工作强度较大；在宜人的自然环境下，工作强度较小 2. 劳动的社会环境包括人际关系、生产管理制度、工资待遇、思想潮流等。例如，当人际关系处于紧张状态时，劳动者在劳动过程中的心理和精神紧张程度就会增加，从而产生额外的工作强度。劳动条件优良本身就意味着工作强度低，劳动条件恶劣本身就意味着工作强度高

影响工作强度的内部因素可分为生理、心理和精神状态特征 3 个方面。此外，劳动时间（或作息率）和老弱病残可以看作是一种特殊的影响工作强度的内部因素，因为它综合体现了生理、心理和精神状态特征对工作强度的影响情况。

（7）工作风险

工作风险即工作岗位上存在的风险，指由于岗位职责的特殊性导致的风险及存在思想道德、外部环境和制度机制等方面的实际风险。工作风险，可以是指可能造成在岗人员不正确履行行政职责或不作为，构成失职渎职、"以权谋私"等严重后果的风险；也可以是指在从事岗位工作作业时，因工作环境原因或者自身操作技能失误等原因而存在的风险。

因为每个岗位上存在着不同程度、性质的工作风险，企业在进行薪酬水平设计时，也必须考虑不同岗位上的风险程度，并在薪酬水平方面给予一定的倾斜。

3．个人因素

企业各职位的薪酬水平受到企业外部诸多因素的影响。然而，企业内部各职位之间的薪酬水平，即员工个人的薪酬水平，也有着很大的区别。这些区别的主要影响因素包括：员工的贡献、职务的高低、岗位价值、技术水平、工作时间等。另外，工作岗位的性质特点、年龄与工龄等都会影响其薪酬水平。具体如表 8-5 所示。

表 8-5　员工个人因素一览表

影响因素	具体说明
员工个人贡献大小	员工能力有差异，从而给企业带来的价值也不相同，在相同条件下，通常只能参照员工给公司带来的工作质量和数量的大小来衡量其贡献大小
员工职务有高低	职务是权力和责任大小的象征，所以职务不同员工薪酬水平也不同，一般是职务越高薪酬水平就会越高
员工所在职位的相对价值	职位的存在能决定着企业的存亡，如核心技术岗位，职位价值相对较高，薪酬水平也会相对较高
技术水平的高低	技术水平高的人能为企业解决更多的问题，给企业带来的价值会更高。技术水平高者与技术水平低者之间的薪酬差距应能弥补技术水平低者为提高技术水平付出的精力、体力、时间，以及因此而减少的机会成本，从而保证员工不断学习新知识，提高生产率
工作时间	一般来讲，从事季节性与临时性工作的人员，其薪酬水平略高于长期工种，以维持其歇工时的正常生活
补偿性工资差别	从事某些岗位工作的员工，因为其工作场所或工作性质的特殊性，影响其生命安全或人身健康的，要给予一定的经济补偿
年龄与工龄	年龄和工龄也是影响薪酬水平的重要因素之一，通常，较多企业采用早期低工资、晚期高工资的薪酬策略

8.2　薪酬水平策略

一般来说，企业在战略目标指引下，往往会根据企业战略和劳动力市场状况制定薪酬水平策略。薪酬水平策略的类型主要有 4 种，分别是：薪酬领袖策略、市场追随策略、滞后型策略和混合型策略[①]。

8.2.1　薪酬领袖策略

该策略又叫薪酬领先型策略，该策略采取的是本公司的薪酬水平高于同行业竞争对手或市场薪酬水平的策略。这种薪酬策略是以高水平薪酬为代价，通常需要企业具备高的支付能力，以吸引大量优秀求职者，有利于企业挑选到优秀人才，同时还可能降低职位空缺的时间；选择薪酬领袖策略，对外薪酬极具竞争力，员工不会轻易跳槽，公司人员流失率低，有利于维护企业形象；选择薪酬领袖策略，将员工对薪酬的不满降低，减少因薪酬问题发生员工与雇主之间的劳动纠纷，有利于提高企业的知名度。

8.2.2　市场追随策略

市场追随策略又叫市场匹配策略，是指本企业的薪酬水平接近同行业竞争对手的薪酬水平或者与市场薪酬水平保持持平，使本企业吸纳员工的能力基本与竞争对手接近。企业如果选择薪酬水平低于同行业竞争对手，不仅不利于保留人才，同时也不利于吸引人才，尤其不利于吸引优秀的人才加入。企业如果选择市场追随策略，也不至于因为支付过高的薪酬水平，而让相关方面的成本增长太快或者太高，因此市场追随策略是企业最常用的策略。

8.2.3　滞后型策略

滞后型策略，是指本企业的薪酬水平低于同行业竞争对手或市场薪酬水平的策略。选择滞后型薪酬策略，一般是由于企业受较低的利润率所限制，几乎没有能力提供与市场薪酬水平一致的内部薪酬，因此该种策略又称为"成本导向策略""落后薪酬水平策略"或"拖后型薪酬策略"。采用滞后型薪酬策略，不仅不利于吸引人才加入，而且还会导致内部团队极不稳定，人员流失率高。该种薪酬策略，短期内可以作为一种过渡办法，若长期采用必将是弊大于利的。

8.2.4　混合型策略

混合型薪酬策略，是指非跨区域经营的企业中同一地区所有员工的薪酬水平并未采用同一类型的薪酬策略，或跨区域经营的企业中不同地区相同岗位的薪酬水平并未采用同一类型的薪酬策略，而是结合地区发展阶段、战略目标、经营状况、成本承受能力以及职位评价等指标，对内部不同地区、不同职位族等分别选择不同的薪酬水平决策或在不同的薪酬构成部分之间实行不同的薪酬策略。例如，对核心职位族选择"领先型薪酬策略"，对非核心职位族选择"跟随型薪酬策略"。在固定薪酬部分选择等于甚至略低于市场或同行业竞争对手，但在浮动薪酬方面则选择领先于市场或者同行业竞争对手，从而确保公司总薪酬整体水平的外部竞争力。

混合型薪酬策略同时采用两种或两种以上策略，企业综合每种策略优劣，根据具体情况灵活掌握。混合型薪酬策略最大的优点就是其灵活性和针对性，对于劳动力市场上的稀缺人才以及企业希望长期保留的关键职位上的员工采取薪酬领袖策略，对于劳动力市场上的富余劳动力以及鼓励流动的低级职位上的员工采取市场匹配策略甚至拖后策略，这样既有利于公司保持自己在劳

---

① 葛玉辉. 薪酬管理实务. 北京：清华大学出版社，2011：265-266.

动力市场上的竞争力，同时又有利于合理控制公司的薪酬成本支出。

此外，通过对企业薪酬构成中的不同组成部分采取不同的市场定位战略，还有利于公司传递自己的价值观以及实现自己的经营目标。

8.3 薪酬水平设计

薪酬水平设计是企业根据自身经营特点，基于企业发展战略，确定企业薪酬水平高低的过程。

8.3.1 薪酬水平的设计原则

为保证薪酬的有效性，薪酬水平的设计最重要的三点就是确保其外部竞争性、内部公平性和成本效益对等性。

1．外部竞争性

外部竞争性，在实际操作中表现为设定一个高于、低于、等于竞争对手的薪酬水平，或者确定与竞争对手相对应的薪酬形式的组合，其目的就是合理控制成本的同时，吸引和保留优秀人才。

2．内部公平性

薪酬水平的内部公平性指的是单个企业内部不同工作、技能、能力人员之间的薪酬具有公平性。内部一致性原则是亚当斯公平理论在薪酬设计中的运用，它强调在设计薪酬时要保持企业内部的平衡。企业内部薪酬的不合理，会造成不同部门或相同部门员工之间在比较中产生不公平感，造成心理失衡。员工对于公平的感知不仅取决于是不是因为做了同样的工作而得到相同的报酬，他们还关心薪酬是如何体现技能水平、职责范围、服务质量及危险程度等要素的。因此，要保证企业薪酬的内部一致性，就必须合理确定企业内部不同岗位的相对价值，做好企业内部的岗位评价和绩效考核工作。

3．成本效益对等性

薪酬是企业为员工提供的劳动报酬，对企业而言是一项可变成本。一个企业要在激烈的市场竞争中不断地发展壮大，就得以尽量少的成本去博得更高的收益。然而，以极具竞争力的薪酬水平吸引和保留优秀的人才，又是与同行业竞争的一个重要手段，因此就需要企业在保持具有竞争力的薪酬水平与控制高额的人工成本之间找到平衡。

（1）从人力资源角度来看，提供公平合理的薪酬水平，一方面能够激发劳动者的工作热情，容易产生工作成就感，促进整体绩效的提升；另一方面，能够不断激发员工对薪酬的满意感和对工作的归属感，从而使得他们的工作积极性不断提高，最终促进工作绩效的提升，提高企业经济效益。

（2）从企业自身来看，合理的薪酬水平，有利于薪酬与人工成本之间的平衡，保证薪酬水平增长同企业生产和工作效率的提高保持必要的比例协调。假定企业的工资总额不变，使用滞后型薪酬策略，为了达到企业的生产标准，需要增加员工的数量，而员工的工资水平相当，其薪酬水平不能体现按劳动效率分配的原则，不利于提高员工的工作积极性，容易出现"吃大锅饭"的现象，导致员工缺乏进取精神、企业缺少前进的动力。然而在合理的薪酬制度下，企业的薪酬总额不变，按照员工的知识、技术水平、生产经验等生产要素的差异进行分配，所需员工的数量要远远少于前一种方案。一方面，企业的人力资源管理成本大为降低；另一方面，按

133

绩效计薪，能够激发员工的工作积极性，企业内部更容易形成良好的竞争机制，为企业的发展增添活力。

（3）从社会外部效应来看，合理的薪酬水平能够提高企业的知名度，帮助企业在社会上获得良好的口碑及较高的认可，因而能够吸引更多的优秀人才加入该企业，在引入人才方面，比同行业更有竞争优势。从长远发展来看，人才计划的完美实现，对企业而言，具有重要的战略意义。同时，伴随着知名度的提高，合理的薪酬水平间接地对企业产品进入市场起着良好的促进作用。企业采用公平合理的薪酬制度，制定合理的薪酬水平，对吸纳优秀人才，维持员工的稳定性具有非常大的作用，在提高企业的经济效益上的贡献不可磨灭。因而每个企业都应该制定与市场变化相适应，与本企业的业绩相适应的薪酬制度，从而不断增强本企业的竞争力。

8.3.2 薪酬水平的设计方式

在进行薪酬水平设计时，企业可以依据经济能力、市场薪酬水平、招聘面试信息、企业生命周期等因素确定企业的薪酬水平。

1．依经济能力而定

以企业的经济承受能力为主导确定薪酬水平，主要是指结合劳动力市场的薪酬调查数据，从企业的实际经营状况出发对薪酬水平进行调整。

市场对产品的需求是企业对劳动力需求的根源。市场对产品的需求状况决定了企业的薪酬水平。例如，市场对某产品的需求价格弹性越大，那么企业就越要注意控制产品成本，意味着对人工成本也要控制，进而需要企业控制内部薪酬水平。

2．依市场薪酬水平而定

以市场薪酬水平为基本依据确定企业的薪酬水平，关键是对本企业竞争对手的薪酬水平进行调查了解。竞争对手主要是指同行业中生产同类产品或类似、替代品的企业，或使用类似技术的企业，因为它们对劳动力市场的需求与本企业是相似的、有竞争的，所以只有它们的薪酬水平才值得本企业调查了解。

3．依招聘面试信息而定

一般企业在进行人员招聘面试的时候都会与应聘人员进行薪酬方面的沟通，在应聘人员正式入职企业之后，企业常常根据之前的沟通情况确定相应的薪酬。这种方式有利于稳定员工队伍，也有利于树立良好的企业信誉。

4．依企业生命周期而定

（1）初创期企业

初创期企业的特点是：经营规模小、品牌影响力小、资金可控性差、市场占有率低、核心人才缺乏；其业务流程和组织架构不清晰，各岗位分工不明确，常存在一人身兼多职，如下级向上跨级承担上级职责、上级向下兼职承担下级职责。处于该时期的企业，更加注重提高产品和服务质量，资金投入向生产、销售以及服务等创造价值的环节倾斜。初创期公司的薪酬水平会受到来自公司规模、发展目标、产品生命力和被市场接受的程度等诸多因素的影响。故初创期企业强调外部竞争性、淡化内部公平性。公司核心人才的薪酬水平，对外一定要极具竞争力，公司非核心人才的薪酬水平，基本保持市场行业薪酬水平。而且，鉴于成立初期，组织架构不清晰，分工不明确，人人身兼数职等特点，不应该过分要求内部薪酬差距，要让大家淡化对内部公平性的关注。

此外，初创期公司财务可控性相对较差，流动资金较为紧张。为吸引和保留员工，又能适当控制公司的费用成本，应采用长期激励的方式，来吸引和保留核心人才；加大浮动薪酬如绩效奖金的比重和调节范围，来激励非核心人才。不仅要保障他们的现金收入和满足他们的工作成就感，同时还要提升他们对公司的认同感。总之，成立初期的企业薪酬水平策略，既要符合公司自身的发展规律，还要让公司在激烈的竞争环境中生存和发展。

（2）发展期企业

发展期企业特点是：经营规模扩大，主要业务流程及组织架构日趋稳定，岗位职责划分清晰，逐步进入规范化阶段；成长速度加快，人才需求日益加大；生产经营能力强，公司现金存量增加。因处于发展期的企业有了一定的利润和经济效益，所以应选择领先型薪酬水平策略，即支付高于同行业标杆企业的薪酬，以达到激励、吸引、保留优秀人才以及推动公司更好、更快发展的目的。

（3）成熟期企业

成熟期企业特点是：公司内部管理更加规范、更加科学；公司的市场占有率以及资本收益率基本处于稳定状态；优秀人才的获取开始从外部劳动力市场转向内部劳动力市场。公司内部人力资源管理的重心从靠高薪吸引外来人才，调整为在公司内部发现人才、培养人才；更加强调组织效率和团队合作。

身处成熟期企业的员工，与身处发展期企业的员工不同，不会因为收入的不确定性或者风险性，注重短期收入，而是更加注重长远、稳定的工作和由此带来的长期收益。所以，这个阶段的企业，应选择跟随型的薪酬水平策略，即与同行业竞争对手的薪酬水平不相上下。在进行具体薪酬结构组合管理时，基本薪酬如固定薪酬、岗位薪酬等，应保持与市场竞争对手持平，而浮动薪酬如奖金，则可以调整到适当偏低或与市场竞争对手薪酬水平持平的状态，同时保持较高的员工福利待遇，持续增加员工对企业的认同感和归属感。处在这个阶段，企业必须特别注重员工薪酬的内部公平性，充分调动员工的工作积极性和创造性，提高人均生产效能，维持公司健康发展，同时尽量控制或者减少人工费用，为公司创造更多的利润。

（4）衰退期企业

衰退期企业的特点是：市场销售额迅速下降，费用紧张；人员流失率高。处在这个阶段的企业，应选择滞后型薪酬水平策略。浮动薪酬部分，如奖金沿用成熟平稳阶段的薪酬水平，这样操作，可以降低企业的现金支出，从而达到降低公司整体薪酬水平的目标。

根据薪酬调查的结果，企业可以此来确定自己当前的薪酬水平在劳动市场的位置，以及自身薪酬水平的竞争力。企业在确定薪酬水平时，还必须要注意，不同企业之间的整体薪酬水平的对比意义越来越小，通常只有不同企业同类职位的薪酬水平对比，以及同一企业不同职位的薪酬水平的对比才更有意义。例如，A 企业相对 B 企业的整体薪酬水平较高，但 A 企业内部职位薪酬差距较小。虽然 A 企业具有较高的整体薪酬水平，但由于其薪酬水平并未体现出不同职位的相对价值大小，其相对价值较高的职位的竞争性（这里可以简单理解为薪酬水平）可能还没有 B 企业高。因为 B 企业给相对价值较高的职位支付了更高的薪酬、给相对价值较低的职位支付了更低的薪酬。而对于普通职位，由于劳动力市场的巨大，其薪酬水平的相对低下并不能影响 B 企业对普通劳动力的获取。总之，在进行薪酬水平设计时，应该更多地关注企业不同职位之间的薪酬水平设计，不能简单地停留在企业的整体薪酬层面上。

8.3.3　薪酬水平的设计流程

薪酬水平的设计流程一般包括 5 个步骤。

第一步，职位分析，企业结合自身经营目标，进行业务分析和人员分析，明确部门职能和职位关系，并在此基础上编写《职位说明书》；

第二步，职位评估，从知识技能、解决问题的能力以及工作责任等角度对职位进行评价，并形成《职位评估报告》；

第三步，薪酬调查，主要指通过薪酬调查了解竞争对手和市场薪酬水平，以及员工对薪酬的意见，并形成《薪酬调查报告》；

第四步，薪酬定位，根据内外部影响因素、薪酬调查结果，以及企业自身定位等特征，确定薪酬策略和薪酬水平；

第五步，薪酬水平设计，主要包括根据不同的职位确定不同的薪酬结构及薪酬比例，并建立薪酬台账，确定薪酬总额，最终形成《薪酬管理制度》和《薪酬等级表》。

【启发与思考】

扫一扫→BBC 首度公开高薪榜　男女薪酬差距巨大惹争议

【思考练习题】

1. 什么是薪酬水平？
2. 影响薪酬水平的因素有哪些？
3. 薪酬水平策略包括哪几类，其策略适用性如何？
4. 薪酬水平设计的原则是什么？
5. 不同企业发展阶段对薪酬策略的选择是什么，为什么？
6. 薪酬水平设计流程是什么？

【模拟训练题】

H-Power 公司成立于 2001 年，是一家集充电电池研发、生产、销售为一体的高新技术企业。凭着开拓进取的精神，借助先进的技术设备和科学的管理方式，H-Power 公司已发展成为中国最大的专业镍氢可充电电池的生产基地之一。目前，公司建筑面积达 40000 平方米，资产过亿元，各类加工设备 1000 多套，技术力量雄厚。公司拥有百余人的专业品质监管队伍，从原材料采购到成品出货的每一制作环节，均由专人监控，运用先进的技术设备、科学的管理方法和完善的检测手段，保证了产品的安全性和稳定性。2005 年公司投入技改资金 1500 万元，使公司在生产、设备、工艺、工装等方面都有了很大的进步和提高，现已建设成国内领先的自动化生产线，生产能力达 1500 万节/月，产品 80% 销往日本、欧美及东南亚等国家和地区。

（1）品质管理

"品质至上，精益求精"是公司的一贯追求。公司现已通过 ISO9001：2000 质量体系认证和 ISO14001：2004 环保体系认证；产品获欧盟 CE 认证、北美 UL 认证，符合 ROHS 指令；公司成立十多年来，不断提升品质及管理体系，对促进公司持续成长，促品质持续提升打下了坚实的基础。

（2）生产规模

作为一家资本、技术密集型高科技企业，公司坚持跟踪世界一流的电池技术和生产设备，来增强公司的核心竞争力。目前公司共有 7 条正极生产线、9 条负极生产线、10 条装配生产线、1000 多台化成设备及测试设备。经过 10 年年均增长 44.6% 的高速发展，到 2011 年年产 1.80 亿节电池，日产能超过 70 万节，产量在全球镍氢电池企业中位居前列。

（3）产品市场

充电电池是一个竞争激烈的行业。公司在过去十年中，以年均 44.6% 的增长速度领先于整个行业。2008 年和 2009 年公司在中国镍氢电池出口企业中排名第三位，2010 年和 2011 年排名第二位。市场占有率方面，公司电池在全球的市场占有率不断提升，2011 年占到全球镍氢电池的 15% 左右。

根据以上情况，尝试给该公司制定薪酬水平制度。

【情景仿真题】

BEST 公司成立于 20 世纪 90 年代，是某国有大型集团旗下的证券公司。公司具有稳定持续的盈利能力、科学合理的风险管理架构和全面专业的服务能力。经过 20 多年的创业发展，BEST 公司以扎实的作风和卓越的服务致力于实现客户价值增长，推动证券行业进步，逐渐发展成为产品丰富、服务一流、品牌卓越的国际化金融服务机构。

BEST 公司与其他证券公司一样，属于典型的人力资本密集的企业，自成立以来逐渐发展成为拥有 11 个业务部门、13 个支撑部门，员工近 894 人的大型企业。公司总部主要分为总部前台部门（包括业务部门、研发部门）和中后台支撑部门等三类。其中，业务部门主要是指投资银行部、零售经纪部、债券销售交易部、股票销售交易部、证券投资部和资产管理部等。支撑部门主要是指战略发展部、人力资源部、法律合规部、财务部、稽核部、工程部、市场部、培训中心、信息技术中心、董事会办公室、总裁办公室、监事会办公室等。业务部门员工 462 人，占51.68%；研发部门员工 89 人，占 9.95%；支撑部门员工 343 人，占 38.37%。目前，公司共有 13 个职种：投资银行业务类、投资银行支撑类、研发、投资管理、营销服务、信息技术、风险控制、审计法律、财务、人力资源、清算运营、行政推广、后勤。据统计，员工人数最多的两个职种分别是投资银行业务类和营销服务类。员工人数分别占总部人数的 23.71% 和 20.81%。

BEST 公司经过 20 多年的发展，已经形成了一套较为完备的薪酬结构。公司总部前台部门（包括业务部门人员、研发部门人员）和中后台支撑部门人员的经济性薪酬由固定薪酬、浮动薪酬、福利和津贴构成。BEST 公司业务部门依据部门绩效作为个人绩效奖金的调整系数的依据（该月本部门绩效较好，整体系数定为 1.2；或该月未完成绩效目标，整体系数定为 0.8；支撑部门则以全公司的整体绩效作为调整系数的依据。），个人绩效仅作为员工表现的评价，暂时未作为核发绩效奖金的依据。公司的人才市场定位为证券行业，选取了其他 9 家证券公司作为目标人才竞争市场。

对公司内部员工进行薪酬问卷调查后发现，员工对薪酬制度的总体满意度为一般；前台员工对目前薪酬待遇在行业内的竞争力水平普遍感到不满意；中后台支撑部门的员工对此问题的态度表示一般；员工对公司现行绩效考核制度普遍不满意，仅有 4.57% 的员工认为较为满意。

根据以上案例分析：

1. 公司的薪酬水平存在哪些问题？
2. 公司的薪酬水平策略应该确定为哪一种？为什么？
3. 对于该公司的薪酬水平制度，你有哪些改进意见？

第四篇

薪酬模块设计

第9章 基本薪酬设计

学习目标

1. 了解基本薪酬的定义及特征。
2. 了解基本薪酬的作用。
3. 熟悉几种常见的基本薪酬制度及其优缺点。
4. 掌握基本薪酬的设计方法。

【引导案例】

华立公司的薪酬设计问题

华立（化名）电子商务有限公司由某大型国有企业与某外资企业合资成立，公司位于北京市。经过多年的研究与实践，探索出一套简捷、有效、科学、稳定的盈利模式和交易规则，年回报率可达到 150%，实现了公司持续、稳定、快速的发展。近年来，随着企业的快速发展，其管理上的问题逐渐显露出来，其中薪酬管理体系方面的问题尤为突出。

目前，该公司的员工主要由 3 部分组成：原国有企业员工，原外资企业员工，以及面向社会招聘的员工，这种人事组成结构的复杂性导致了薪酬结构的内部复杂性。原国企员工照搬国企工资水平，原外企员工按外企标准拿很高的外资企业补贴，合资公司招聘的员工按照合资工资的标准发放薪酬。3 种截然不同的薪酬管理体系导致了薪酬管理的许多内部矛盾，员工对自己的薪酬也存在较大的不满，严重影响了工作积极性，甚至导致核心人才的流失。鉴于此，该公司领导决定实施薪酬改革，逐步统一公司内部薪酬标准。但是新的薪酬标准带有浓烈的国企色彩，固定基本薪酬与岗位工资占了很大的比重，而浮动绩效工资只占很少的一部分，无法体现员工间在岗位、素质、贡献等方面的差异。这与追求效率和激发员工积极性的外企薪酬标准形成了鲜明的对比。薪酬改革不但没有消除员工的不满，反而将矛盾进一步升级。

经人力资源管理咨询公司调查，发现该公司主要的薪酬问题在于：（1）国企薪酬文化与外企薪酬文化的冲突。国企薪酬文化注重固定工资，绩效工资部分中处罚多，奖励少；而外企薪酬文化则注重员工绩效工资，以激励员工为主，考核指标中更多的是给员工增加绩效奖金的条款。（2）岗位价值体现不公平。国企注重公平，外企注重效率。在该公司内部，忽略了公司各岗位之间工作内容、岗位职责、工作难度、责任风险等的差异。这些差异体现在员工的能力素质、努力程度、工作量大小上。忽略了这些差异，很难保证薪酬分配的公平性，严重影响了员工的积极性，也难以起到有效的激励作用。

案例思考：

1. 华立公司到底该怎样设计薪酬制度，其薪酬该如何设计？
2. 薪酬设计的类型包括什么？
3. 应该怎样针对不同的员工选择不同的薪酬制度？

（资料改编自：电子商业行业薪酬管理体系怎么做[Z]. 世界经理人论坛，2014，07.）

本书的第二篇和第三篇主要介绍了企业的薪酬结构设计和薪酬水平设计，通过第二篇和第三篇的学习，我们已经基本掌握了如何通过职位分析建立员工的薪酬结构，如何通过薪酬调查确定企业的总体薪酬水平等。在此基础上，本篇将从基本薪酬设计、绩效薪酬设计、激励性薪酬设计、福利与津贴设计等方面进一步阐释企业薪酬的模块设计。

9.1 基本薪酬的内涵与作用

基本薪酬也叫标准薪酬，是员工收入的基本来源，也是薪酬结构中相对稳定的部分。员工的基本薪酬受到员工职位、技能、服务时间、企业整体效益、本地区同行业企业基本薪酬水平、劳动力市场的供求关系、劳动协商等因素的直接影响。同时，因为基本薪酬具有经济保障的功能，其不仅要能够满足员工个人及其家庭的基本生活需求，而且还要在员工及其家庭的文化、教育、娱乐及发展方面起到一定的保障作用，因此，员工的基本薪酬需求还会受地区的经济发展水平、社会生活水平、消费物价水平等的影响。随着《劳动法》等法律法规的实施，员工的基本薪酬还必须要满足国家法律、地方法规等的基本要求。

9.1.1 基本薪酬的内涵

在我国，基本薪酬一般是指，在员工完成法定劳动时间和劳动定额的情况下，企业根据员工所承担或完成的工作本身或员工所具备的完成工作的技能或能力，按照薪酬等级和薪酬标准支付的固定薪酬。基本薪酬是企业员工薪酬构成的基本部分，是企业向员工支付的相对稳定的经济性报酬，基本薪酬在比较长的时间内会保持相对稳定。

基本薪酬首先要满足员工基本的生活需要，它是员工作为公司成员的最基本的回报。与奖金、津贴以及股权等以激励为主要目的的薪酬相比，基本薪酬对企业员工来说主要起"保健"作用。

9.1.2 基本薪酬的作用

从薪酬的基本功能来看，对员工来说，基本薪酬不仅对员工的基本生活有经济保障作用，而且能够稳定员工队伍，对员工队伍产生激励和行为导向的作用。对企业来说，合理的基本薪酬有助于提高企业绩效、改善企业经营业绩和优化企业人力资源结构。

基本薪酬除了具有以上作用之外，还能为其他形式的薪酬提供参考标准：基本薪酬是其他各种形式薪酬的基础和前提，其他薪酬的水平和形式必须考虑基本薪酬的情况。如果基本薪酬很高，而提供的奖金等其他薪酬相对于基本薪酬而言很少，那么其他薪酬的激励作用就不能很好地发挥。

9.2 基本薪酬制度

员工基本薪酬对员工及其家庭的基本生活与发展起到最基础、最核心的作用。在组织内外部，基础薪酬也是员工对企业的薪酬制度合理性、公平性、竞争性判断的基础，因此，组织建立和发展科学合理的基本薪酬制度就显得极度重要。根据员工基本薪酬确定的依据，可以将基本薪酬制度分为以下几种类型：职位薪酬制、技能/能力薪酬制、年功序列薪酬制、结构薪酬制和年薪制。

9.2.1　职位薪酬制

职位薪酬是一种传统的基本薪酬，企业依据职位的差异确定不同的基本薪酬，其主要依据是员工所在职位的价值，即以某职位的价值作为该职位基本薪酬的基础。确定职位基本薪酬时，需要首先对职位进行分析和评价，确定不同的职位的相对价值，然后结合企业外部相同或相似职位的薪酬状况、企业绩效及薪酬战略等，确定不同职位的平均薪酬水平，最后形成每个职位的具体基本薪酬。通过这样的设计，不同的职位会对应不同的基本薪酬等级，员工的基本薪酬完全由其所在职位的薪酬等级决定，员工正常的职位变动伴随着基本薪酬的变动，即所谓的"对职不对人"。

依据职位确定基本薪酬，保证了企业内部基本薪酬的相对稳定性，薪酬管理相对容易，能够在一定程度上鼓励员工通过职位变动的方式实现基本薪酬的变化，从而提高员工的劳动积极性。但是，依据职位确定基本薪酬的制度首先要求对不同职位的分析和评价是科学的，某职位基本薪酬的确定是合理的，否则因为相对"固化"，不合理的基本薪酬将造成员工劳动积极性的长期挫伤。另外，在知识经济时代，员工的知识、技能、能力等对员工的绩效影响越来越大，就算是在同一职位，具有不同知识、技能和能力的员工对组织的贡献也可能有巨大差异，这种"对职不对人"的基本薪酬制度就显现出明显的缺陷，可能造成员工的不公平感。同时，组织发展的扁平化趋势决定了员工的职位晋升难度越来越大，晋升空间越来越有限，当希望通过职位改变而改变基本薪酬的可能性越来越小的时候，员工的劳动积极性会降低。

9.2.2　技能/能力薪酬制

技能薪酬，是指企业以员工所具有的技能知识水平、技能种类等情况来确定基本薪酬，这就改变了职位薪酬"对职"的基本薪酬设计思路，技能薪酬主要是对人，以员工本人的技能要素作为基本薪酬的设计依据。

与基于职位设计的基本薪酬不同，技能薪酬制对基本薪酬的设计是在规避职位薪酬制缺陷的基础上逐步发展起来的。相对于职位的固化和以此为依据的基本薪酬的超稳态，员工的技能知识是处于不断变动中的，因此，以技能要素设计基本薪酬能够促使员工不断努力提高自身的技能知识水平，也打破了职位薪酬制下一旦占据了某个职位就可以"终身"享有与该职位对应的基本薪酬而造成的员工惰性。另一方面，职位的有限性，尤其是高阶职位的稀缺可能造成员工之间的过度竞争或非理性竞争，从而破坏组织内部和谐与团结，而人的技能提高是不受组织层级和职位限制的，员工可以通过不断学习使个人技能增强、增多，这有助于鼓励企业员工学习和提高技能知识水平和种类，为员工提供更多的流动性和发展机会。

能力薪酬是以员工胜任其工作所需的知识、技术及相应的心理、行为特征等能力要素为依据进行基本薪酬设计的。能力薪酬设计改善了职位薪酬设计中的对职不对人的缺陷，也改善了技能薪酬设计中的对人不对职的缺陷，将工作任务与完成工作任务的能力要素进行结合，这种人与事的有机结合更加符合组织的实际运行，能够有效激发员工之间的竞争行为，刺激员工提高工作效率。当然，以能力为依据设计基本薪酬的有效性，是以对能力的科学测量、合理量化，以及能力与工作的有效匹配为基本前提的。

9.2.3 年功序列薪酬制

年功序列薪酬是以员工的工作年限，即按照连续工龄或者在本企业中的工龄为依据确定其基本薪酬的。年功序列薪酬制也叫年资薪酬或工龄薪酬。年功序列薪酬曾经在日本的企业中广泛运用，这些企业在设计基本薪酬时，员工的职位、技能、能力等并不是决定性的因素，而员工的年龄、员工在企业的工龄和员工的学历等因素决定了其基本薪酬水平，因此员工的基本薪酬会随着员工的年龄、工龄等的增加而定期增加。

这种基本薪酬设计方式能够有效保持员工队伍的稳定，增强企业内部的凝聚力和培养企业与员工之间的相互忠诚，能够有效缓解因员工流动对企业和员工自身造成的摩擦性成本增加问题。但是这种基本薪酬设计的不利后果之一就是企业薪酬成本的必然增加，尤其是环境发生变化或企业经营遇到困难时，这种薪酬制度无疑会增加企业的负担。同时，年功序列薪酬制度对于员工来说，未来的预期是明确的，因此在薪酬管理中缺乏弹性和激励效果。再者，在网络经济时代，超边界组织逐渐兴起和发展，员工与企业之间的契约边界越来越模糊，年功序列薪酬制刚性的制度设计，使其时代适应性也较差，因此这种基本薪酬设计方式越来越不被企业青睐。

9.2.4 结构薪酬制

结构薪酬是指通过将影响员工基本薪酬的主要因素分解之后，根据各种因素分别确定薪酬标准，最终形成员工总的基本薪酬。

结构薪酬的各个组成部分相对独立，同时又具有内在的联系，基本薪酬的各个组成部分互相依存，互相制约，形成基本薪酬统一的有机结构。从企业薪酬实践来看，结构薪酬制中的基本薪酬部分包括职位薪酬、技能/能力薪酬、年功序列薪酬等。例如，在我国，不少企业都采用学历水平来确定基础薪酬，根据员工在企业工作时间的长短来确定工龄（年功）薪酬，根据员工的工作技能和工作能力来确定技能/能力基本薪酬，根据所在职位的价值来确定职位薪酬。

在确定员工的基本薪酬方面，结构薪酬制度相对复杂，但是因为其充分吸收了其他薪酬制度的优势，因而结构薪酬制度在设计员工的基本薪酬方面具有较好的环境适应性、全面性、综合性和灵活性，对员工也能够起到多方面的激励作用，有利于充分发挥薪酬的激励功能，避免了其他基本薪酬确定方式中决定性因素相对单一的缺陷，有助于促进员工在组织中的全面发展。但是，结构薪酬制在设计基本薪酬方面也存在着如何设计各个基本薪酬单元和确定相应的比重关系的难点，导致其在薪酬管理的应用中比较复杂，难度较大。

9.2.5 年薪制

年薪制的主要适用对象是企业的高层管理人员，一般以年度为单位确定高层管理者在某些年限内的基本薪酬。一般来说，对于企业的高管，除了货币性的年基本薪酬之外，一些企业常常为高管提供一些固定的非货币服务或者收益，如汽车、司机、俱乐部会员卡等，这些也常常被视为年度基本薪酬的组成部分。

年基本薪酬情况不仅受到企业的资产规模、利润水平、职工人数、企业发展水平、企业经营管理难度等企业内部因素的影响，还会受到行业发展情况、企业在行业中的地位、企业发展的战略目标定位等因素的影响。同时，高层管理者在本企业或者其他企业的历史经营绩效状况也是确定其年基本薪酬的重要影响因素。

区别于企业内部其他员工，企业的高层管理者因为本身是重大智力资本、重大社会资本的拥有者，因此，高管具有一定的人才异质性，很多时候高管的基本薪酬是通过与股东或者董事会进行协商的结果。

另外，除了企业的高层管理者之外，企业的一些创造性人才，如主要科研人才、重要销售人才等也可以运用这种方式确定年基本薪酬。

在确定基本薪酬方面，除了以上的一些基本制度方式之外，企业还可以采用以下几种方式，如表9-1所示。

表9-1 制定员工基本薪酬的其他制度方式

基本制度	具体内容
基础薪酬制	按照保障员工基本生活需求为目标确定基本薪酬，其基本依据是员工的基本生活需求，它会受到所在地区的经济生活水平和物价水平的影响，但是不会受到职位因素、技能/能力等因素的影响
岗位薪酬制	以岗位职责、岗位劳动强度、劳动环境等因素为依据确定某岗位的基本薪酬，而不是从"价值"的角度确定员工的基本薪酬
市场薪酬制	根据某个职位、岗位在本地区和本行业范围内竞争企业的基本薪酬，结合本企业的薪酬战略、经营状况等确定基本薪酬；或者将员工的个人技能、能力、年龄、工龄与本地区和本行业其他类似员工的基础薪酬做比较确定基本薪酬
协商薪酬制	当雇佣关系的双方在基本薪酬方面发生异议时，根据员工个人（工会）与雇佣方（管理方）进行协商的结果来确定基本薪酬

9.3 基本薪酬的设计方式

基本薪酬的制度为企业进行员工的基本薪酬制定指明了基本方向，为了进一步提高对员工基本薪酬方面的认识，还需要对员工基本薪酬设计的方式方法进行深入了解。接下来，本节以职位薪酬制和技能/能力薪酬制为例，介绍在这些基本薪酬制度之下，设计企业员工基本薪酬的具体方式方法和程序。

9.3.1 职位薪酬的设计方式

在基本薪酬设计方面，职位薪酬制主要考虑的是职位的价值，即员工如果承担了在一定职位上的具体工作和责任，就可以享有相应的基本薪酬。需要注意的是，在企业实践中，基于职位的基本薪酬并不是一个绝对的薪酬点，而是适当考虑了其他因素的一个薪酬区间。如某软件公司将其软件工程师的基本薪酬确定为月标准薪酬15000元，该职位的月标准薪酬区间为12000～18000元，资历较浅、不熟悉行业的可以定为13000元或14000元，而资历较深、熟悉行业的可以定为16000元或17000元。

1．适用范围

在企业内，根据职位性质的不同，一般可以将职位划分为管理类职位、销售类职位、研发类职位、生产类职位和后勤类职位等。但是，不同职位类型的基本导向存在差异，如管理类职位以过程为导向，销售类职位以结果为导向，研发类职位以能力为导向等。而以职位为基础的基本薪酬设计更加适合管理类职位，因此，企业在采用职位薪酬制进行基本薪酬设计时，也应适当考虑职位类型之间的差异并进行灵活设计，尽量避免"一刀切"带来的负面后果。

2．基本前提

虽然以职位为基础设计基本薪酬具有很多优点，但是企业在运用职位薪酬制设计基本薪酬时，需要满足以下基本条件。

（1）职位分类合理。首先，企业应该根据一定的标准进行职位划分，职位的特点要明确，职位之间的性质差异要显著，尽量避免职位之间的交叉和重叠，在以职位为基础确定基本薪酬之前，企业必须建立起清晰的职位系统。其次，明确各个职位的任职基本条件，清楚说明任职的知识、技能、能力、经验等的要求。最后，职位的工作内容要相对稳定，如果职位的工作内容经常发生变化，需要不断调整基本薪酬，这就破坏了基本薪酬的稳定性，从而可能影响基本薪酬的公平性与合理性。

（2）职位与技能/能力要匹配。虽然以职位为依据进行基本薪酬设计本身不需要考虑员工的技能、能力等因素，但是这并不意味着可以完全忽视对与该职位匹配的员工技能和能力的考察。如果职位与技能/能力匹配不好，就极有可能在企业内部产生不公平现象。

3．基本流程

以职位薪酬制度设计员工的基本薪酬一般需要经过以下步骤：职位分析、职位评价、基本薪酬调查、基本薪酬定位、基本薪酬结构设计和建立基本薪酬反馈与调整机制。

（1）职位分析。职位分析是确定职位基本薪酬的基础。企业需要在业务和人员分析的基础上，结合公司战略、薪酬战略等明确部门职责和职位关系，编写好工作和职位说明书。

（2）职位评价。企业需要先建立一定的职位价值评价标准体系，然后运用这些评价标准对企业内部众多职位的相对价值进行评估，形成一定的职位等级序列。通过良好的职位评价，能够有效实现企业内部职位基本薪酬之间的公平性。

（3）基本薪酬调查。企业通过自身力量或者委托外部中介机构，对本地区、本行业竞争企业中相同或者相似职位的基本薪酬情况进行调查，收集到准确的外部数据，为企业内部的基本薪酬定位提供客观的外部依据。

（4）基本薪酬定位。运用在职位评价阶段建立的价值评价标准体系，在对外部基本薪酬情况进行评估的基础上，结合本企业的战略和薪酬战略，确定本企业不同职位的薪酬水平，如薪酬领先或市场追随等，从而构建合理的基本薪酬竞争力。

（5）基本薪酬结构设计。对于任何一个职位来说，基本薪酬都不应该是一个薪酬点，而应该是适当考虑了其他因素（如知识与能力因素，市场竞争因素等）的基本薪酬区间。

（6）建立基本薪酬反馈与调整机制。以职位为基础的基本薪酬设计虽然具有很多优点，但是企业基本薪酬的确定并不是静态的，而是需要收集在其执行过程中存在的问题，再结合变化了的内外部环境对基本薪酬进行持续动态调整，最后达到基本薪酬的相对稳定。

4．优缺点

以职位为基本依据确定员工基本薪酬方式的优点有以下几个。

（1）保证了基本薪酬的相对公平性。以职位为基础的基本薪酬建立在价值判断的基础之上，基本薪酬的差异反映的是不同职位之间的价值差异，体现了基本薪酬在企业内部的公平性，客观上能够对所有员工起到激励作用。

（2）实现了基本薪酬和企业目标的紧密结合。一般来说，对职位价值的判断是以企业的经营目标为导向的，而不同职位的价值评估结果体现了其在实现企业目标中的地位和作用，从而可以实现员工的基本薪酬与企业经营目标之间的一致性。

（3）有利于提高企业人力资源管理的统一性。基本薪酬管理仅仅是企业员工薪酬管理和人力资源管理的一部分，基本薪酬与职位体系的结合有利于实现企业内部人力资源管理的统一性。

（4）实现了基本薪酬的稳定性与灵活性的结合。在企业实践中，以职位为依据的基本薪酬标准常常表现为一定的薪酬区间，这既保证了基本薪酬的稳定性，同时也能够根据员工个人的实际情况对基本薪酬进行有限调整，适当体现员工的收入差距，这种稳定性与灵活性的结合不仅有利于企业员工队伍的稳定，也能够对员工产生一定的激励作用。

（5）有利于降低企业薪酬管理的成本。与职位相联系的基本薪酬设计简单、直观，对基本薪酬的设计和在企业内推行都比较方便、容易，客观上能够降低企业薪酬管理的成本。

但是，企业在基本薪酬的管理中也需要注意规避以下缺点。

在职位薪酬之下，企业员工要获得较高的基本薪酬只能依赖于职位的升迁，当职位升迁的机会有限时，就可能打消员工的积极性。另外，这种基本薪酬稳定性强，弹性弱，员工基本薪酬受到环境、工作绩效的影响不大，基于职位的基本薪酬设计也可能造成对员工的激励效果不足的问题。

9.3.2 技能/能力薪酬设计方式

以职位为基础的基本薪酬是以对企业工作、任务的描述为中心展开，而员工在某个职位上的实际工作情况并不影响其基本薪酬水平。与之相对，技能/能力薪酬制度在确定员工基本薪酬方面则是以人为中心展开的，员工基本薪酬的影响因素不再是其所在的职位，而是员工个人所具备的技能/能力因素。与职位薪酬制相比，技能/能力薪酬制在制定员工基本薪酬方面更加强调员工对企业的贡献力，这实质上是一种以企业绩效为导向的基本薪酬设计方式。

1．适用范围

与职位作为基本薪酬依据类似，技能/能力作为基本薪酬的依据也具有一定的局限性和适用范围。其主要适用于那些技能/能力与员工个人绩效或者组织绩效关系明显的工作，而对于一些工作绩效难以评估，或者工作绩效还要受其他的因素影响的工作任务来说，以技能/能力作为基本薪酬的决定性因素还是存在一定缺陷的，如普通行政管理人员的绩效难以直接衡量，市场销售人员的绩效不仅取决于销售人员，还要受到竞争、购买力、产业周期等的影响。因此当企业将员工的技能/能力作为决定基本薪酬的依据时，也需要适当考虑员工工作类型的差异。

2．基本前提

企业要实现良好的以技能/能力为依据的基本薪酬的管理，需要满足的基本条件包括以下两个方面。

（1）企业要能够科学、合理地界定员工完成某项任务、某项工作所需要的技能/能力。技能/能力以工作任务为目标，只有对员工完成任务所需要的技能/能力进行合理界定，以技能/能力为依据的基本薪酬设计才会产生绩效导向作用。

（2）企业要能够有效地对员工的技能/能力进行科学与合理的评价。如果企业不能够对员工的技能/能力有客观、理性、准确的评价，那么技能/能力本身就会变得主观、抽象和不可靠，以此为依据的基本薪酬自然就缺乏公正性、合理性与激励作用。

3．基本流程

以技能/能力为依据进行基本薪酬设计一般需要经过以下步骤：技能/能力提炼、技能/能力分析分级、技能/能力评价、技能/能力定价。

（1）技能/能力提炼。技能/能力提炼是指企业以发展战略为转移，分析何种技能/能力对实现企业的战略目标是有价值的和重要的。虽然技能/能力是以员工为基本分析对象，但是技能/能力的指向是企业的绩效，因此，只有能够服务于企业绩效，有助于企业战略目标实现的技能/能力才适宜作为基本薪酬确定的真正依据。

（2）技能/能力分析分级。在确定了基本的技能/能力指标之后，需要对技能/能力的内部构成进行详细分析分级，也即，作为基本薪酬确定依据的这些技能/能力在哪些细分维度上应该达到什么样的水平或状态。例如，可以通过对企业内部技能/能力存在着差异的群体进行调查，从差异人群中提炼出技能/能力构成要素的优秀、良好、合格、不合格等等级。对企业员工技能/能力分析分级是对员工的技能/能力进行评价和定价的基础。

（3）技能/能力评价。以技能/能力分析分级的结果作为标准，对企业员工进行诸如专业知识评价、专业经验评价、专业技能评价和工作行为评价等，对企业内员工的技能/能力形成评价结果，并以此作为员工技能/能力定价的基本素材。

（4）技能/能力定价。在掌握了企业员工技能/能力水平的基础上，可以采用市场定价法或者绩效关联定价法对不同技能/能力水平确定相应的基本薪酬水平。前者主要通过市场薪酬调查手段，在获得相关市场信息的基础上确定企业内部员工的基本薪酬，也即，以相同技能/能力的市场定价为基准确定企业内部员工的基本薪酬，后者主要通过企业内部员工技能/能力状况与历史绩效状况的关联程度确定基本薪酬，也即，某种技能/能力与绩效关联度高就会获得较高的基本薪酬定价，反之则会得到较低的基本薪酬定价。

4. 优缺点

以技能/能力为基本依据确定员工基本薪酬方式的优点有以下几个。

（1）有利于促进企业员工个人的发展。职位薪酬制下，为了能够增加自身的基本薪酬水平，员工将会有极大的职位晋升冲动，因为职位的升迁是基本薪酬提高的唯一途径。以技能/能力作为基本薪酬的决定因素则能够促使企业员工更加注重个人技能/能力的提升和提高，而不是单纯的职位晋升，这使企业员工对自身的职业生涯发展有了更多的选择。

（2）有利于提高员工的工作主动性。以技能/能力作为依据确定基本薪酬，其潜在的含义是将员工的技能/能力作为一种绩效行为能力，也就是说，某员工在技能/能力方面表现优秀就意味着该员工的绩效行为能力较强。但是，从根本上看，技能/能力并不是现实的绩效，而是绩效的预期，如果员工的技能/能力没有真正转化为现实绩效，则其技能/能力就不会得到长期认同。在此背景下，为了获得稳定的、与自身技能/能力匹配的基本薪酬，员工将会有足够动力认真工作，将技能/能力优势转化为真实的绩效优势。

（3）有利于企业内部的合作与团结。职位薪酬制在确定员工基本薪酬时对企业员工的职业发展导向单一而明确，那就是，为了实现基本薪酬的提升，员工就必须努力获得职位晋升。这必然造成部分员工在职位晋升中落败从而丧失提高其基本薪酬的机会。但是技能/能力薪酬制却打破了职位有限的禁锢，不同的员工为了达到同样的目标可以选择互不干扰、互不影响的途径，缓解了在职位晋升中存在的你死我活的过度竞争问题，从而有利于提升企业的团队合作与团结，有利于提升企业的凝集力和稳定性。

与职位薪酬制度相比，虽然技能/能力薪酬设计有其明显的优点，但是也存在着一定的缺点。

（1）企业员工的技能/能力提升是一个持续发生和发展的过程，但是企业对技能/能力的评估却具有明显的周期性，因此，在一个评估周期内，部分已经在技能/能力方面获得长足进步的员工可能会觉得自身的基本薪酬较低，从而产生不公平感。

（2）企业员工的技能/能力的评估或测定有较多变量，其中部分变量是内隐变量，不容易发现，也不容易准确测量，这不仅将造成企业对员工的评估难度加大，薪酬管理成本升高，也可能造成员工一定程度上的不公平感从而影响其积极性。

（3）技能/能力作为依据的假设前提是，认为技能/能力与工作任务的完成以及绩效之间有必然的联系。但是技能/能力本质上的绩效预期性与绩效现实性之间总是存在一定差别，极端情况下，部分员工甚至可能为了个人利益人为地割裂技能/能力与绩效之间的关系，那么技能/能力的绩效导向设计将无法实现。

【启发与思考】

扫一扫→今天是第十个国际社工日　我国社工工资低于社会平均水平

【思考练习题】

1. 基本薪酬的含义是什么？
2. 常见的确定员工基本薪酬的制度有哪几种？
3. 如何在企业内采用职位薪酬制度确定员工的基本薪酬？
4. 如何在企业内采用技能/能力制度确定员工的基本薪酬？

【模拟训练题一】

某公司人力资源部准备做一份工资汇总表，包括基本薪酬、奖金、津贴、补贴、福利等指标，另外，还要包括五险一金、所得税等指标。请参照以下工资汇总表，制作一份完整的工资汇总表（见表 9-2）。

表 9-2　工资汇总表[①]

姓名	发放部分			扣除部分				实发工资	备注
	基本薪酬	奖金	津贴	病事假	保险金	公积金	所得税		
……									
工资合计									
部门主管签字			财务主管签字			总经理签字			

① 罗辉，孙宗虎. 人力资源管理操作全案. 北京：人民邮电出版社，2008.

【模拟训练题二】

B 公司主要经营服装和鞋类商品，其战略愿景是成为中国最优秀的贸易公司，其战略使命是通过优秀的服务水平实现领先全行业的战略目标。2015 年，公司店铺数量达到 160 家，实现销售额近 20 亿元人民币。它以优质的服务树立了良好的公司形象，在群众中有较好的口碑。

公司的基本薪酬制度是根据员工的技能/能力状况确定的，也即，首先收集分析员工的技能/能力状况，然后通过中介机构收集主要竞争对手同类技能/能力员工的基本薪酬情况，结合本公司的市场领先战略定位，制定比竞争对手更高的员工基本薪酬。

请回答下列问题：

1. 公司基本薪酬制度的优点和缺点是什么？
2. 你还有更好的基本薪酬设计方式吗？请说明。

【情景仿真题】

C 公司是广东省一家生产五金配件，集研发、生产、销售于一体的民营企业，现有员工 500 多人，主要面向广东及国际市场销售五金产品，其产品规格型号不多，属于大批量生产模式。C 公司在广东地区一直处于行业领导者地位，但近几年随着行业内竞争的加剧，其地位降到追随者行列。

C 公司的工资由基本工资、岗位工资和绩效工资三项构成。基本工资和岗位工资分别占工资总额的 50% 和 35%，以固定工资形式发放。工资构成中没有工龄工资，很多在公司工作多年的员工，工资与岗位相同的新进员工一致。在 C 公司的主体薪酬结构中，绩效工资占工资总额的 15% 左右，公司没有对员工进行绩效考核，15% 的动态工资实际是固定工资中的一部分。

目前 C 公司员工只有行政晋升一条通道：普通员工→班组长→主管→经理，在当前的薪酬结构下，行政晋升基本上是工资增长的唯一途径，这使能力强而资历低的核心骨干感到不公平，导致了骨干人才的流失。

C 公司的薪酬结构没有体现不同岗位的业务特征以及相应的风险特征，过分强调薪酬结构的简单、易操作，所有岗位的薪酬构成相同，各部分比例设置也"一刀切"，与岗位特征不一致，员工抱怨多，激励作用不明显。

（资料改编自：制造企业职位薪酬体系的设计. 百度文库，2015.03.）

请根据 C 公司现存的问题，为 C 公司设计一套职位薪酬结构。

第 10 章　绩效薪酬设计

学习目标

1. 了解绩效薪酬的定义、特点以及分类。
2. 熟悉常见的绩效薪酬的类型。
3. 掌握常见的绩效薪酬设计方法。
4. 掌握不同类型的绩效薪酬实施方式。
5. 了解绩效薪酬实施中应该注意的问题。

【引导案例】

海底捞的"五色卡标准"薪酬

海底捞创办于 1994 年，到现在已经 20 多个年头了，它所在的火锅行业既不属于资源垄断型行业，也不是高科技行业，其商业模式也没什么特别，但海底捞却在行业内创造了惊人的增长业绩，其经营管理的一些方式方法甚至成为了哈佛商学院经典案例。在海底捞的各种管理方式中，其基于"五色卡标准"的考核体系及在此基础上的绩效薪酬展现了其独特的薪酬管理模式，大大地提高了员工的积极性。

海底捞把整个生产服务过程分为 5 个颜色卡，红卡、黄卡、白卡、绿卡和蓝卡。其中，红卡是服务，黄卡是出品，白卡是设备，绿卡是食品安全，蓝卡是环境卫生。对于整个绩效考核体系，海底捞全部都是由上级考核下级。设置有多年工作和管理经验的团队负责进行上级考核，考核团队主要由店长和经理组成。考核时，考核团队会到每个餐厅观察客人反应、就餐区服务与环境以及服务员工作态度等因素。考核完成后，采取"小区考核门店"的方式进行打分，分值用 A、B、C 3 个等级表示，每个等级都有对应的提成和奖励金，反映到每月的员工收入中。

"五色卡标准"体系出来之后，大大调动了员工的积极性，每个店的分数都在上涨。因为在月底分数公布之前，大家都不知道自己门店分数能排到第几名，所以大家就会完善各方面的工作，努力提高绩效分数。绩效考核的结果直接与薪酬挂钩。员工积极性越高、服务和菜品质量越高，门店营业收入也随之提高。"五色卡标准"体系让员工的收入增加了 20%～30%，但公司总支出并没有增加，这就是提高效率的一个办法。

对于绩效考核的结果反馈，海底捞也是努力做得更加全面。第一，就绩效结果会与被考核者沟通，特别是对不认同考核结果的这一部分人，以安抚员工情绪并鼓励其努力工作为原则。第二，对考核结果的 A、B、C 3 个等级，海底捞也及时调整，力求将考核结果与整体薪酬、员工晋升相对应，以保证绩效考核制度的激励性和有效性。

案例思考：

1. 在本案例中，海底捞的薪酬结构设计是如何提高员工的工作积极性的？
2. 绩效薪酬的前提是绩效评价，你觉得海底捞的绩效评价还可以有所改进吗？

在以职位、技能、工作年限等为基础的薪酬结构中，员工所在的职位、岗位和一定的技能水平具有相对稳定性。因此，薪酬水平也具有一定的稳定性。但是，员工的绩效薪酬会随着员工的工作绩效的变化而动态变化，这不仅有利于推动企业对员工的工作绩效进行合理评价，也有利于在企业内部建立起合理的、与绩效紧密联系的薪酬结构。

10.1　绩效薪酬的基本概念

绩效薪酬是企业薪酬设计中的重要组成部分，本部分将从绩效薪酬的定义、特点入手，介绍绩效薪酬的概念。

10.1.1　绩效薪酬的定义

绩效是指工作效果和效率。绩效薪酬是基本薪酬之外的员工薪酬的增加部分，即员工薪酬根据员工、团队或者组织绩效的变化而变化的一种薪酬设计。一般来说，绩效薪酬有广义绩效薪酬与狭义绩效薪酬之分。狭义绩效薪酬是指员工的个人工作效果和效率与其薪酬之间的匹配，而广义的绩效薪酬则是依据员工、团队和企业绩效的变化而做出的相应调整与匹配。

10.1.2　绩效薪酬的特点

相对于基本薪酬来说，绩效薪酬具有以下几个方面的特点。

1．绩效薪酬依据个人工作绩效的表现动态变化

与员工的基本薪酬不一样，员工的绩效薪酬一般不受员工所在的职位、技能、能力、工作年限等员工个人因素的影响。绩效薪酬的多少由员工工作绩效水平的高低确定，这保证了员工薪酬与工作绩效之间的相关性和一致性。这不仅在一定程度上解决了基本薪酬过于稳定、激励性不足的问题，也有利于员工在得到合理的绩效薪酬之后获得相应的心理满足感。

2．绩效薪酬要基于对员工工作绩效的评价

对员工工作绩效的评价是实施绩效薪酬的基本前提，如果没有客观的工作绩效评价，会影响绩效薪酬实施的有效性，从而造成企业薪酬的内部公平性缺失。常见的员工工作绩效评估方法有关键绩效指标评估法、平衡计分卡评估法和360°评估方法。

3．绩效薪酬实施要有特定的绩效目标

企业实施绩效薪酬必须让员工明白企业需要的绩效目标和员工自身实现的绩效目标是什么。只有如此，才能够帮助员工确定自身工作目标并努力实现，才能够使得企业绩效目标和员工个人绩效目标相统一，从而使绩效薪酬有效促进员工个人绩效和企业整体绩效之间的良性互动。

4．绩效薪酬实施要注意建立完善的绩效管理体系

绩效管理包含了计划、指导、评定和薪酬确定 4 个阶段，这几个阶段必须具有统一性和协调一致性。实施绩效薪酬还应该注意绩效本身的多样性和复杂性，以及员工绩效表现形式多样性和绩效薪酬表现形式多样性之间的统一和协调问题。

10.2　绩效薪酬的类型

绩效薪酬的理论基础是科学管理理论。科学管理之父雷德里克·泰勒提出的"差别计件工资

制"认为，员工是追求个人利益最大化的"经济人"，在确定了一定定额的基础上，根据员工的劳动效率确定差别的工资支付标准，可以使员工的收入随个人产出的不同有所变化。不同职位的绩效薪酬要以相应的绩效评价为基础，本节以基于生产的生产人员的计件绩效薪酬制度和基于销售绩效的佣金制度为对象，介绍绩效薪酬的类型和特点。

10.2.1　基于生产计件的绩效薪酬制度

基于生产计件的绩效薪酬制度是一种比较典型的绩效薪酬制度，它是指企业基于确定员工生产的产品数量，运用一定的绩效薪酬率确定员工计件绩效薪酬的一种制度。其最简单的计算公式为：计件绩效薪酬额=计件单价×合格产品数量。但是在实际实施的过程中，为了体现企业与员工共同分享生产提高的收益，企业大多会确定一定的产量定额，然后基于产量定额来确定差别的绩效工资计算率。也就是说，产量较高的员工可能获得更高的单件绩效薪酬计算率，而产量较低的员工只能获得较低的单件绩效薪酬计算率。

1. 基于生产计件的绩效薪酬制度的优点

基于生产计件的绩效薪酬制度有以下几个方面的优点。

（1）绩效成果能够准确测量出员工的工作量，在此基础上的绩效薪酬设计容易使人们感觉公平，而且绩效成果也容易评定，不会受到评价者主观因素的影响。

（2）与计时的方式相比，以生产计件为基础的绩效薪酬不仅能反映不同等级工人之间的劳动差别，而且能够反映同等级工人之间的劳动差别。即使是同等级的工人也会因为所生产合格产品的数量、质量不同，得到不同的绩效薪酬，这会促使工人更加关心自己的劳动成果，激发其劳动积极性，促进劳动生产率的提高。

（3）由于绩效成果与薪酬直接挂钩，基于生产计件的绩效薪酬制度能够促进计件工人经常改进工作方法，提高技术水平和劳动熟练程度，提高工时利用率，增加产品数量。

（4）基于生产计件的绩效薪酬制度核算简单，方便易懂，有利于降低企业的管理成本和减少因为评价标准模糊而造成的企业内部的摩擦与冲突。

2. 基于生产计件的绩效薪酬制度的缺点

虽然基于生产计件的绩效薪酬制度有诸多优点，但是也存在着一定的不足，主要表现在以下几个方面。

（1）以生产计件为基础的绩效薪酬，可能导致员工为了追求产量效率而忽视了质量效率，还可能造成企业在原料成本、设备成本甚至安全等方面的重大浪费或者事故。

（2）如果企业因为技术进步或者工艺过程变化而使得劳动效率提高，那么，为了提高绩效水平和增强竞争能力，企业就会有强烈的欲望来提高产品的产量定额或者压低工时定额，这可能受到来自员工方面的阻力。

（3）以生产计件为基础的绩效薪酬制度缺少与其他企业之间的比较，也不能反映员工生活成本的变化，这就可能造成绩效薪酬脱离市场水平或不能够满足员工生活需要等问题。在这种情况下，企业需要解决在劳动效率不变的情况下，根据市场水平调整单件计酬率的问题。

（4）以生产计件为基础的绩效薪酬制度还可能造成员工延时劳动、工作过度紧张、损害身体健康等问题。

10.2.2　基于销售绩效的佣金制度

基于销售绩效的佣金制度是另外一种比较典型的绩效薪酬制度，它是指在对销售人员的工作业绩进行评价的基础上，按照一定的标准确定员工绩效薪酬的制度。例如，常见的基于产品销量绩效的佣金计算方式是：佣金额=单位产品的佣金单价×产品销量。但是在企业实际实施的过程中，大多首先确定员工的销售目标任务，然后确定梯次性佣金计算方案，也就是说，销售业绩较高的员工可能获得呈阶梯性增长的绩效薪酬。

与基于生产计件为基础的绩效薪酬制度类似，基于销售业绩的佣金制度也有自己的优缺点。其主要优点是：佣金与销售业绩直接挂钩能够有效提高销售人员的工作积极性；销售业绩的客观性和可测量性保证了佣金制度实施的公平性；核算方法简单，有利于降低企业的相关管理成本和减少企业内部的冲突与摩擦。其主要缺点是：基于销售业绩的佣金制度可能导致销售人员过于重视短期业绩，在提高了销售人员积极性的同时也可能造成为了提高销售而出现一些不合理的内部竞争行为；销售业绩的评价可以采用多种指标，如销售量、销售额、回款金额、客户数量和新开拓客户数量等，这就可能造成员工为了提高自身的绩效薪酬而出现与管理层方面过多的讨价还价，导致销售人员业绩衡量指标频繁变动等问题。

10.3 绩效薪酬的设计原则

与激励性薪酬相比，绩效薪酬是通过对员工已经完成的业绩的认可达到对员工激励的目的。因此，绩效薪酬设计要能够激励员工提高个人绩效以促进团队绩效，即通过绩效薪酬传达组织绩效的预期；刺激员工以达到目标；保证高绩效员工获得高回报绩效薪酬；实现不同绩效的员工有不同薪酬。

10.3.1 条件原则

一般来说，只有当员工的绩效达到或者超过组织期望时，才可以获得相应的绩效薪酬，否则，员工就不能获得绩效薪酬，这保证了绩效薪酬的公正性。当然，在一些企业中，为了激励和改善那些没有达到企业期望但接近企业绩效期望的员工，企业通常也会给予一定的绩效薪酬，不过，这种做法容易对那些达到或者超过组织期望的员工的积极性产生消极影响。

10.3.2 及时原则

及时原则是指企业应该对员工的绩效结果进行及时认定，并根据认定的结果确定相应的绩效薪酬。及时性能够对员工的行为产生积极的导向作用，促使员工继续保持那些取得高绩效结果的行为，也能够促使那些尚未完成绩效的员工改变自己的行为，从而在未来实现组织期望的绩效目标。

10.3.3 公平原则

公平性对绩效薪酬设计十分重要，只有保证了绩效薪酬的公平，才能够消除员工的不满进而对员工产生激励作用。在绩效薪酬的设计中，绩效应该是唯一和确定的衡量指标，企业只有依据员工的工作绩效和企业的绩效期望确定绩效薪酬，才能够保证绩效薪酬在组织内部的公平性。

10.3.4 竞争性原则

绩效薪酬本身就包含竞争的性质。当企业当前绩效薪酬水平偏低时，企业很难吸纳优秀人才，在人力资本市场中缺乏竞争力。不仅如此，企业内部的员工也可能因为其他企业的绩效薪酬水平更高而产生不满情绪，进而工作积极性下降，甚至跳槽。因此，在企业确定绩效薪酬水平时，应了解市场中的绩效薪酬水平，结合自身情况，确定具有竞争力的薪酬绩效水平。另外，人力资本市场中的供求状况也是进行绩效薪酬设计时需考虑的影响因素之一，一些特殊和专门的人才，如高级管理人员与专业技术骨干这类稀缺人才，也可以在绩效薪酬设计方面进行一些有针对性的特殊安排。

10.3.5　经济性原则

良好的绩效薪酬设计有助于吸引和留住优秀人才，也能够对员工的工作积极性产生一定的激励作用，但是，企业在进行绩效薪酬设计时还应该考虑到经济性因素。因为，如果仅从激励和竞争的角度设计绩效薪酬，就很可能出现盲目提高绩效薪酬水平的情况，从而增加企业的薪酬负担，进而影响企业的经营活动。因此，绩效薪酬的设计应该兼顾激励、竞争和企业成本等多方面因素之间的综合平衡。

10.4　绩效薪酬计划

根据设计对象的不同，绩效薪酬设计通常分为个人绩效薪酬计划和团队绩效薪酬计划。关注个人绩效有利于强化个人行为，促进企业内部员工的适当竞争，激发员工工作热情；而关注团队绩效则有利于团队合作意识的培养，实现团队绩效的最大化。

10.4.1　个人绩效薪酬计划

个人绩效薪酬计划是针对员工个人的工作绩效提供相应薪酬的一种制度。它的基本特征是将员工的绩效薪酬收入与个人绩效挂钩，重在给予员工差别化的薪酬，鼓励个人取得更好的工作绩效。

1．个人绩效薪酬计划的设计

个人绩效薪酬计划设计主要包括3个方面：（1）设立绩效指标与绩效标准；（2）采取科学的绩效评估方法；（3）设计绩效与薪酬之间的联系。实际上前两方面都是绩效考评工作，后一项才直接与薪酬管理有关，可见，绩效考评是否公正有效、准确完善是个人绩效薪酬计划设计的重要基础。

在个人绩效薪酬计划下，企业根据员工的行为表现和业绩进行相应的薪酬调整。由于员工自身的业绩和行为在较大程度上能受到自己控制，因此员工可以控制他们自己薪酬总量水平的高低，从而达到薪酬对员工业绩调控的目的。

2．个人绩效薪酬计划的缺点

在设计个人绩效薪酬计划时，需要注意尽量规避以下几个方面的问题，如表10-1所示。

表10-1　个人绩效薪酬计划的缺点一览表

主要缺点	缺点说明
只注重个人绩效，忽视了团体绩效	个人绩效的薪酬结构在实施过程中，企业往往只看到了个人所带来的效益，却忽视了企业是一个团体，打击了其他员工的工作积极性，从而影响了员工的工作热情

续表

主要缺点	缺点说明
对个人的业绩评估可能脱离其所在企业总体业绩状况	个人绩效是组织绩效的逐步分解，个人绩效不可能脱离组织而独立存在。很显然，多数问题存在于企业的体制内，很少是由个体引发的
不同的领导对业绩的看法可能存在差异，导致绩效奖励不统一	绩效评价的指标没有全部量化，指标设计不可能完全与企业实际相吻合，评价标准模糊，主观性强。因此，员工有机会通过政治技巧以及逢迎去换取薪酬，而不是用工作绩效去赢得薪酬
绩效指标的片面性可能会歪曲其实际作用	员工可能只关心上级所考核的那项指标，关注有利于自己报酬提高的工作，而忽视其他有价值的但又与绩效薪酬没有直接关系的工作。这样在自认为个人业绩良好的情况下，却可能忽略整个企业绩效和组织战略目标的实现
鼓励员工注重短期效益，损害企业长期利益	在衡量绩效时，企业往往侧重的是可量化的绩效，忽视了其他能影响企业长期效益的因素。从短期来看，个人绩效薪酬的确能改进部分绩效；但从长期来看，它会极大地破坏组织方面的绩效
付出与绩效结果关联性不大	员工付出与绩效结果关联性不大，影响了个人绩效薪酬的客观性、公正性，难以达到满意效果
员工绩效取得可能会受外部因素的影响	员工绩效的取得不可避免地要受到个人不可控因素的影响，如经济周期、市场环境、工作环境、企业竞争力、工作机会、上级的管理水平等，如果因外部因素导致员工业绩低下，员工会觉得绩效薪酬不合情理
不利于员工去获取更多的技能，对企业长期发展不利	员工担心学习其他技能影响生产速度，进而影响其短期收入。同时对于需要进行长期性、试验性的科研工作也是不利的，容易造成短期行为，而不利于高水平科研成果的出现
增加机器损耗	为实现个人绩效，员工不注意设备保养和维护、滥用设备，或者浪费生产资源
增加与管理者之间的摩擦	绩效薪酬与员工利益直接相关，结果不够明确，执行过程中，员工容易与管理者产生争执，如工作机会不均等、指标不合理、考核不公正等

另外，在绩效薪酬计划中，企业不仅要重视外在的经济性薪酬，也要重视工作本身所具有的内在薪酬。这种内外兼顾、关注系统、强调整体优化的绩效薪酬计划，将会极大地促进员工的工作积极性和创新性，从而极大地提高企业的整体绩效[①]。

10.4.2 团队绩效薪酬计划

所谓团队绩效薪酬就是企业对团队职责和业绩完成结果进行考评后，根据考评结果对整个团队的贡献程度大小进行衡量，进而为团队支付相应的薪酬。

团队绩效是组织绩效考核的一个层面。团队绩效薪酬以团队建设为核心，它有效结合了组织绩效管理与岗位绩效管理，通过团队绩效管理，使企业关注团队，以团队为绩效管理对象；团队则关注成员的绩效，提高企业绩效管理的效率[②]。

1．团队绩效薪酬计划的设计

与个人绩效薪酬计划的设计类似，团队绩效薪酬计划的设计也包含了 3 个基本方面：设立绩效指标与绩效标准；采取科学的绩效评估方法；设计绩效与薪酬之间的联系。

在团队绩效薪酬计划下，团队是企业绩效薪酬的实施对象，企业根据团队的行为表现和业

---

① 伍如昕. 绩效薪酬的心理成本：公平偏好和过度自信. 中国人力资源开发，2014，（1）：22-28.
② 赵海霞，龙立荣. 团队薪酬对团队绩效的作用机制研究. 管理学报，2012，（6）：843-849.

绩进行相应的薪酬调整。由于团队自身的业绩和行为在较大程度上由团队成员共同协作完成，因此团队绩效薪酬有助于提高团队成员的工作协作。

2．团队绩效薪酬计划设计的特点

一般来说，团队绩效薪酬计划的设计有以下几个方面的特点。

（1）团队绩效薪酬关注的对象是整个团队的绩效。

（2）绩效薪酬分配方式是先在团队间进行分配，然后在团队内再依据个人绩效进行分配。

（3）绩效薪酬在整个薪酬结构中占有较大比例。

（4）绩效薪酬的增长方式以一次性的业绩奖励为主。

总之，团队绩效薪酬计划必须明确需要达到的团队目标，并有效利用绩效与薪酬的联系，使得企业只为那些做出了良好业绩贡献，实现了绩效目标的团队支付较高的绩效薪酬，而对那些没有完成绩效目标的团队则不提供相应的绩效薪酬。另外，在团队内部进行绩效薪酬二次分配的时候，那些具备关键技能创造出高绩效的员工将会获得较高的绩效薪酬支付，而那些只具备了一般技能，绩效较低的员工只能够获得平均或者较低的绩效薪酬。这使得企业能够吸引所需的拥有关键技能的人才和留住高绩效员工以满足战略需要，也能够对企业的成本进行控制[①]。

10.4.3 短期绩效薪酬

短期绩效薪酬是与某个项目或某个受时间约束的目标相联系的绩效薪酬，这个时间约束往往不到一年。结合绩效薪酬的不同对象，短期绩效薪酬分为个人层面和团队层面，其具体内容如表 10-2 所示。

表 10-2 短期绩效薪酬的分类

类别划分	具体类型	定义
个人层面	计件工资	计件工资是按照工人生产的合格品的数量（或工作量）和预先规定的计件单价，来计算员工劳动报酬的一种工资形式
	计时工资	计时工资是按照单位时间工资标准和实际工作时间支付员工劳动报酬的一种工资形式
	佣金	佣金是按销售额确定销售人员的报酬，是根据业绩确定报酬的一种典型工资形式。它的主要表现形式就是底薪+提成
团队层面	收益分享	如果一个团队的生产成本或者人工成本节约，或者生产率提高，就获益的部分按照事先规定的额度在团队内进行分配
	项目奖励	团队在规定时间内共同完成一个项目，并达到预期目标为组织带来利润，按预先规定得到奖励

10.4.4 长期绩效薪酬

长期绩效薪酬是指对企业经营管理业绩绩效关注期限超过一年的薪酬绩效。一般适用于企业中高层管理人员。其分类如表 10-3 所示。

---

① 张勇，龙立荣. 绩效薪酬对团队成员探索行为和利用行为的影响. 管理科学，2013，（3）：9-18.

表 10-3　长期绩效薪酬的分类

具体类型	定义
利润分享计划	指根据组织绩效目标的衡量结果来向员工支付报酬的一种奖励方式
收益分享计划	指企业为员工在成本减少、生产率和质量提高的情况下而带来的收益进行分享的模式
目标分享计划	主要采用平衡计分卡来设定绩效标准

参考资料：李业昆，郑佳，张景一. 绩效薪酬主要形式研究[J]. 人力资源管理，2015（11）：181-182.

10.5　绩效薪酬实施需要注意的问题

虽然绩效薪酬有利于解决基本薪酬过于稳定的问题，能够将员工工作绩效与薪酬直接挂钩，但是在实施的过程中也需要注意以下一些问题，这样才能够达到较好的效果。

（1）绩效薪酬实施中的绩效评价要做到精确与客观公正。只有做到对员工工作绩效的科学合理认定之后，相应的绩效薪酬才能够良好实施，否则，绩效薪酬只能够流于形式。

（2）在实施绩效薪酬的同时，要注意规避企业员工之间、群体之间产生不正当的竞争行为，否则将对企业的整体绩效产生不利影响，而员工的绩效薪酬也会受到企业整体绩效的影响。因此，在实施绩效薪酬的过程中要注意引导员工之间、群体之间展开良性竞争。

（3）要注意建立管理层与员工之间良好的协商机制。因为在绩效目标的制定、员工工作绩效的认定与评价过程中，基于不同的利益考虑，可能造成员工与管理层之间的摩擦和竞争，所以在实施绩效薪酬的过程中还应该在管理层与员工之间建立起良好的沟通与协商机制。

（4）绩效目标的制定应该合理。企业在实施绩效薪酬的过程中，应该进行绩效薪酬的外部调研和分析，使企业的绩效薪酬具有合理的竞争性，而不是单纯地不断提高绩效目标和绩效考核标准，这样很容易造成员工为了绩效薪酬疲于奔命，甚至导致员工对工作和管理层，乃至对企业产生反感。

【启发与思考】

扫一扫→陆家嘴见闻　高管薪酬创新高　高不高还需看业绩

【思考练习题】

1. 绩效薪酬具有哪些特点？与基本薪酬的区别有哪些？
2. 绩效薪酬有几种类型？其优缺点分别是什么？
3. 开展绩效薪酬设计时应注意哪些方面？
4. 个人绩效薪酬计划与团队绩效薪酬计划的侧重点有何不同？

【模拟训练题】

A 公司最近准备进行一次绩效薪酬调整。但是在调整绩效薪酬制度时，管理者们都有自己的想法和意见，公司分管领导张总认为，要先听取解决各位经理和老总的意见，才能更好地开展这次绩效薪酬的工作。

李总认为："不应将绩效加薪和绩效奖励计入当前的基本薪酬，否则会引起公司劳动成本的长期上涨。"

刘经理说："计件工资和佣金提成操作复杂，管理成本很大。在绩效薪酬制定过程中，不应该选择这两种方式。"

陈总则认为："计件工资、佣金提成是将客观的绩效指标作为依据，能够比较准确、全面地体现员工的工作表现。因此，本次绩效薪酬调整的首要任务是完善绩效评价指标。"

林总在陈总的基础上补充道："计件工资和佣金提成使员工过分关注个人绩效，忽视了一些对组织重要的，但对员工个人绩效没有直接关系的问题。"

你认为他们说的都对吗？如果你是张总，你会采纳他们的意见吗？为什么？

【情景仿真题】

李武刚来到 A 制造公司人力资源部上任，他最想做的事情之一就是通过公司每一个层级上的团队合作来提高生产效率。作为这家郊区工厂的新任人力资源总监，李武准备改变公司的文化，从而实施他非常热衷的团队工作计划。

A 公司绩效薪酬实施中的绩效评价流于形式，在实施绩效薪酬的同时，企业员工之间、群体之间容易产生不正当的竞争性行为。而企业内部不正当竞争行为的产生也会对企业的整体绩效产生不利影响，员工的绩效薪酬也会受到企业整体绩效的影响。A 公司因为缺乏良好的协商机制，因此在绩效目标的制定、员工工作绩效的认定与评价过程中，员工与管理层之间不时出现摩擦。除此之外，A 公司单纯地提高绩效目标和绩效考核标准，造成了员工为了绩效薪酬疲于奔命进而使员工对工作和管理层，甚至对企业产生了反感。

基于 A 公司存在的绩效薪酬的问题，李武首先在高层管理人员中灌输团队管理的概念，使大家自上而下地审视工厂的总体运营状况。随后他采取了相应的措施，将团队的理念传递给公司中的所有员工。沟通的过程进行得意外的顺利，他非常高兴地看到，自己宣传的"所有者员工"的理念正在逐渐形成。团队成员们一起接受培训，一起制订生产计划，热烈地欢迎由上级、下级、同事以及其他内部和外部客户来共同完成对员工的绩效评价。

公司绩效开始改善，员工士气逐渐高涨，生产率也出现了上升的势头。公司甚至已经开始偶尔召开庆祝会来欢庆团队所取得的成就，团队结构似乎已经稳稳当当地建立了起来。然而，当李武着手进一步完善时，却受到 A 公司一个长期以来的政策的冲击：给所有的员工提供相同幅度的年度加薪。李武认为，在新型的团队环境中，杰出的绩效应当成为加薪的标准。在与公司首席执行官协商之后，他向所有的员工发出了一份备忘录，宣布公司将转而实行以团队为基础的绩效薪酬。

员工们立即做出了反应，大家 100% 地反对。没有一位员工对于这种变革感到舒服，在他们提出的抱怨中，有两条是最为显著的。第一，反馈系统让每一个人都要对其他人的绩效做出自己的评价，但没有人愿意看到自己的加薪会被同事的意见所左右。第二，大家普遍觉得做出这种变革决策的方式以及宣布变革的方式，似乎表明公司并不是真的愿意以团队的方式来完成工作。简而言之，员工们觉得他们被排除在了决策过程之外。李武和执行官在第二天一早安排了会面。他们在办公室里一边喝着咖啡，一边开始进行令人不愉快的争论。到底是应当将这一刚刚通过的政策撤销呢？还是应当坚持实施下去呢？

问题：

1. 在制订并传达新的薪酬计划时，他们犯了哪些错误？
2. 李武本来可以采取何种不同的方式来推动这场重大变革？

第11章 激励性薪酬设计

🔖 学习目标

1. 了解奖金的定义、特点以及分类。
2. 熟悉奖金的设计方法及设计流程。
3. 熟悉奖金的评比及发放的基本知识。
4. 掌握不同类型的奖励计划下奖金的设计方法及注意事项。
5. 掌握股权激励的定义、类型和作用。
6. 熟悉股权激励的设计流程。
7. 了解股权激励的应用现状。

【引导案例】

云之绅集团激励性薪酬——薪酬制度的新改革

云之绅集团改制以来，以建立适应市场的薪酬制度为目标，从企业的实际出发，建立了适应市场的企业薪酬分配机制，这是现代企业制度的要求，也是增强企业内部激励机制的重要内容。云之绅集团根据不同的激励对象，制定不同的薪酬激励形式，对企业薪酬分配制度改革进行了有益的探索。

公司对个人实行岗效工资制。这将员工的劳动报酬与岗位责任、技术含量、劳动强度、工作条件和劳动成果紧密联系起来。推行岗位效益工资制要以岗位测评为依据，参照劳动力市场工资指导价位，合理确定岗位工资标准和工资差距。岗效工资由岗位工资和效益工资两个单元组成，其核心是以岗定薪、岗变薪变。岗位工资标准要与企业经济效益相联系并随之上下浮动，职工个人工资根据其劳动贡献大小而增减。

公司对经营者实行按职责和贡献的年薪制。年薪具体标准由集团公司按经营规模、经营风险、经营业绩等统一测算确定，经营规模按人数、销售收入和资产额3项指标测算。1999年以前，集团公司对所属二级单位经营者是根据年度效益指标完成情况进行一次性奖励，2000年开始逐步对所属二级单位经营者试行经营者年薪制，之后，随着企业发展的情况逐步修订完善。

公司对其旗下的分、子公司实行"算发工资"制，也称"算、发工资双挂钩"，即在审批单位工资总额时，将单位工资总额的提取同企业经济效益以及资金上缴状况进行挂钩考核的一种工资管理形式。

对管理人员和专业技术人员实行股权、期权激励政策。在岗位效益工资的基础上，对专业技术人员实行按岗位、按任务、按业绩确定报酬的工资收入分配制度。按照建立现代企业制度的要求，集团公司对改制重组的企业，试行员工持股。公司以货币形式投入，置换等量期权，将其按贡献大小分配给创造效益的单位和个人，并在一定条件下将期权逐渐转为股权，记入个人名下。

探索技术要素参与收益分配的办法。对技术密集型的高科技企业的学科带头人、贡献突出者，试行科技成果和技术专利作价折股，由科技发明者和贡献者持有。在研究开发和科技成果转化中做出主要贡献的人员，所得股份应占较大的比重。

云之绅集团建立了科学合理的薪酬激励机制，发挥了薪酬的最佳激励效果，帮助企业吸引和留住了人才，造就了一支高效、稳定的员工队伍，实现了可持续发展。

（资料改编自：焦煤集团以"四制四 M"为核心的薪酬激励. 中国管理案例共享中心，2011，12.）

思考：

1. 在本案例中，云之绅集团的薪酬制度中包含哪几种类型的激励性薪酬？

2. 各类激励性薪酬制度对企业的薪酬管理和人力资源管理起到了哪些作用？

虽然绩效薪酬在薪酬管理中有重要作用，但是为了让薪酬对员工的行为发挥更好的激励作用和对工作绩效产生更好的推动作用，企业有必要在薪酬管理中专门设计相应的激励性薪酬。

根据本书关于薪酬的定义，激励性薪酬包括长期激励薪酬和短期激励薪酬两个部分。在本章中，短期激励薪酬以奖金设计为对象，长期激励薪酬以股权激励设计为对象，对此我们将分别进行阐述。

11.1 奖金设计

奖金是企业针对劳动者所创造的额外劳动而给予的奖励，它是企业激励员工最重要最常见的方法，在企业薪酬管理中占据着十分重要的地位。

11.1.1 奖金的基本概念

与基本薪酬的较固定的特性不同，奖金具有激励性、灵活性和明显差异性、及时性、非累加性和不稳定性以及货币性等特征。通常来讲，奖金也是企业用以调节和激励员工工作产出的重要手段之一。

1. 奖金的定义

关于奖金的表述，目前在专业薪酬理论的研究层面上有着并不统一的界定。从激励性上看，它可以被界定为激励工资；从可变性上看，它可以被界定为可变工资或浮动工资；从相对基本工资的不确定性上看，奖金又可以被界定为风险工资。此外，目前很多企业都实行对预定目标进行激励的整体性方案，从这个角度讲，奖金又可称为激励工资计划等[①]。尽管对于奖金的界定从表述上有一些差异，但是从本质上看，奖金是企业针对员工超额完成工作任务或取得优秀业绩而支付的可变薪酬，其目的在于对员工进行激励，促使其继续保持良好的工作势头。由于奖金不累计计入基础薪酬部分，一般基数相对较大，所以能够有效地激励员工。

2. 奖金的特点

通过奖金的定义，可以知道奖金具有以下几个特点。

（1）激励性。奖金的设立需要起到鼓励员工超额完成工作的作用。

（2）灵活性和明显差异性。奖金的形式应该是灵活多样的，其奖励的数量及对象也随时间

---

① 张正堂. 战略人力资源管理的理论模式. 南开管理评论，2005，（5）：50-56.

情况的变化而变化。对于不同员工，他们之间的奖金也因此具有明显的差异。

（3）及时性。奖金的使用需要能够及时反映员工贡献的大小，一般在员工提供了超额劳动或取得突出业绩后，奖金就应立即兑现。

（4）非累加性和不稳定性。奖金的兑现仅仅是针对本次员工所提供的超额劳动量的奖励，它并不受受员工以往工作和未来工作的影响。也正因为如此，员工的奖金收入还具有不稳定性。

（5）货币性。顾名思义，奖金必须是一种以现金形式支付的货币收入。

值得注意的是，企业在设计奖金时需要考虑奖金是否具有以上的一些特点，否则就说明该奖金的设立有待商榷，并未完全发挥出奖金应有的作用。与此同时，奖金也有一定的负面影响，如鼓励员工之间的内部竞争、鼓励员工追求个人的高绩效，由此可能导致员工为追求个人高绩效而损害客户利益。有关奖金优缺点的具体描述如表 11-1 所示。

表 11-1 奖金的优缺点

优点	缺点
1．将个人的收入与其工作绩效直接挂钩，会鼓励员工创造更多的效益，同时又不增加企业的固定成本 2．可以让企业不断改进员工的工作能力、工作方法，提高员工绩效 3．使绩效好的员工得到了奖励，同时也能获取、保留绩效好的员工 4．当经济不景气时，虽然没有奖金，但由于薪酬成本较低，公司也可以不炒人、少炒人，让员工有安全感，增加员工的忠诚度；当经济复苏时，公司也有充足的人才储备	1．奖金鼓励员工之间竞争，破坏员工之间的信任和团队精神。员工之间会封锁信息，保守经验，甚至可能会争夺客户。对那些一定需要团队合作才能有好产出的企业，这种方法就不适用 2．奖金鼓励员工追求个人的高绩效。如果员工的绩效同组织（部门、公司）的利益不一致，就可能发生个人的绩效提高了，组织的绩效反而降低的情况，这时候这种方法就失去了价值。例如，销售员为了达成交易，可能会对客户做出很多免费服务承诺，公司为了兑现承诺可能会投入很高的成本 3．员工可能为了追求高绩效而损害客户的利益。例如，保险公司的业务员，为了达成交易过度夸大保单价值。当被客户识破后，客户有可能会要求退保，同时，客户也会对保险公司产生不信任

3．奖金的类型

奖金在薪酬设计中占有重要地位，并对员工有较强的激励作用，其形式也多种多样，根据不同的标准，可分为不同的类别，其中有的相互交叉。主要的奖金种类有以下几种。

（1）根据奖金的周期划分，可划分为月度奖、季度奖和年度奖。

（2）根据在一定时期内（一般指一个经济核算年度）发放奖金的次数，分为经常性奖金和一次性奖金。经常性奖金是指预先规定奖励条件、范围、标准等，在其预定的时期内，给予员工的超额工作量的例行性奖励，一般是月度奖或季度奖，如节约奖、超产奖、全勤奖等。一次性奖励是对员工的特殊贡献给予的不定期奖励，如见义勇为奖。

（3）根据奖金的来源，划分为由工资基金支付的奖金和非工资基金支付的奖金。如节约奖，它是从节约生产材料等的价值中提取出来的给予节约者的奖金。

（4）根据奖金范围来划分，有针对不同个人的奖励、针对集体的奖励和针对公司整体的奖励。

① 针对不同个人的奖励。

个人奖励是用来奖励达到与工作相关的绩效标准的员工，常见的有计件制、管理激励计划、行为鼓励计划、推荐计划。

② 针对集体的奖励。

当企业中部分工作性质相互依赖，并且员工个人的贡献很难考核时，最适合使用针对集体的奖励计划，这种集体可以是项目组、生产班组、管理团队、部门等。在集体奖励计划中，企业在集体达成事先设定的绩效标准之后，给集体内的每个员工发放奖金。

③ 公司整体奖励。

全公司奖励是在公司超过最低绩效标准时，给员工发放奖金。公司整体计划可以将企业的生产率、成本节约或利润率作为基础。公司的整体计划有多种形式，如分红制、员工股权计划和斯坎伦计划等。

分红制是将公司利润按事先规定的百分比分配给员工的一种薪酬计划。分红计划有多种衍生形式，当前计划、延期计划和联合计划是其3种基本形式。当前计划是利润一经确定即以现金或股票方式向员工支付；延期计划是将公司的待分配资金存入一家不可撤销的信托公司，记在员工个人账户上；联合计划是允许员工现期得到根据公司利润应得的一部分薪酬，而另一部分薪酬延期支付。

员工股权计划是指公司给予员工购买股票的权利。公司股票代表公司的所有财产价值；公司股份是把股本划分为价值相等的份额；股权是员工购买公司股票的权利，员工只有在行使其股权之后才真正拥有股票。员工行使股权是在公司确定的一段时间期限之后，按指定价格购买股票。员工股权作为一种促进生产力的激励手段，是希望员工集体生产力的提高能最终增加公司股票的价值。

斯坎伦计划是一种把员工和公司业绩紧密连在一起的利益分享计划。一般指许多或所有员工共同努力以达到公司生产率目标的奖励计划。它是一种成功的集体奖励方法，在小企业中尤为有效。员工因为他们所提的建议节省了劳动成本而受到经济奖励。这种计划与其他利益分享计划的不同之处在于强调员工的权利。

（5）根据奖励的条件区分，有综合奖和单项奖。

综合奖，是对员工的劳动贡献和劳动成绩进行全面评价，统一计奖，如优秀员工奖。单项奖则是以生产或工作中的某一项指标作为计奖条件的奖金形式，如节约奖、发明创造奖、技术改进奖、超额奖等。

11.1.2 奖金的设置

企业奖金设置的主要依据是：员工个人绩效、企业成本节约、部门或团队的绩效、企业产量、企业利润增长、企业投资回报、企业收益、企业质量标准。但是，在实际操作中，企业设计奖金时，还必须进一步明确奖金经费来源、奖金设立的项目、如何奖励、奖励多少等问题。企业遵循以下程序可帮助其解决这些问题，并设计出更合理的奖金。

1. 确定奖金经费来源

奖金经费来源可以是企业按照一定的比例和标准从指定的奖励基金中提取，从节约的资金中提取，从企业基金中提取，从企业实现的利润中提取。

2. 选择奖励的主要项目

可以根据本企业经营、工作的需要，确定奖励的项目和相应的奖励指标。例如，可以以刺激员工超额贡献为目的，可以以节约成本、减少消耗为目的，也可以以用于体现部门性质为目的。

3．制定奖励指标和奖励条件

在确立了奖励的主要项目的基础上，根据所选定的奖励项目来确立奖励指标，即具体确立某种奖励制度的特定目标，明确指出对哪种性质的超额劳动给予奖励，同时确立奖励条件，即根据某项奖金，具体规定员工获奖所需达到的超额劳动的数量和质量标准，它是奖金制度的核心，是奖金效用能否发挥的关键所在，因此企业在设立奖金条件时需注意以下 6 个原则：

（1）要与劳动者的超额劳动紧密结合，多超多奖励、少超少奖励、不超不奖励；

（2）不同性质的超额劳动其评价指标和奖励方式应不同，以准确反映各类岗位所创造的超额劳动价值为准；

（3）奖励重点应与企业效益相关，以提高企业生产经营效益、降低成本为准则；

（4）奖励条件要公平合理、明确具体、便于计量；

（5）奖励条件应立足于现实，不可过高或过低；

（6）奖励指标要和奖金评比方式相结合。

表 11-2 是我国企业常见的奖金指标和奖励条件。

表 11-2　我国企业常用的奖励指标和奖励条件一览表

部门	奖励指标	奖励条件
生产部门	产品产量	超出定额目标部分，按比例计奖
	产品质量	按合格率、优良品率或低于规定的不良品率计奖
	产品投入产出	投入量与产出量的比率，超标计奖
	成本节约	单位产品能耗、允许损耗，从节约额中计奖
	利润	超出生产利润指标，从超额利润中计奖
	劳动纪律	按违纪项目、次数扣奖
	操作规程	按违规项目、次数扣奖
	客户投诉	按投诉次数、性质、造成损失程度扣奖
	交办事项	按完成时效和质量，予以加奖
	其他	按工作环境、出勤率、协作和服务满意度等，给予加奖或扣奖
销售部门	销售或订货	按单位时间完成的销售或订货量，予以计奖
	货款回收	按限期内货款的回收率，予以计奖
	毛利率	按产品定价与成本的比率，予以计奖
	其他	按销售或采购费用、出勤率、劳动纪律等，给予加奖或扣奖
服务部门	所属部门效率	按所属部门平均奖金的一定比率计奖
	部门特定指标	按维修及时率、故障率、盘库误差率、保养费支出等，予以计奖
	其他	按出勤率、用户满意度等，予以加奖或扣奖

4．制定奖金分配办法

奖金分配的常用办法有计分法和系数法。

计分法即对有定额的员工按照超额完成情况评分，对无定额的员工按照任务完成程度进行综合评分，计算公式为：

个人奖金额=（企业奖金总额÷各人考核总得分）×个人考核得分

系数法，即在工作评价的基础上，根据岗位贡献大小确定岗位奖金系数，最后根据个人完成任务情况按系数进行分配，计算公式为：

个人奖金额=［企业奖金总额÷∑（岗位人数×岗位系数）］×个人岗位计奖系数

5．确定奖金发放周期

奖金发放周期应根据奖励项目的性质、目的和工作需要来选择确定。如与企业整体经济效益和社会效益有关的奖励项目，可采取年度奖金的形式发放；对于持续的、有规律的工作奖励可设置月度奖、季度奖等形式。

11.1.3　奖金的评比

企业在奖金评比中，要首先明确奖金评比的目的，其次是选择合适的奖金评比方式和奖金评比时间。

1．奖金评比的目的

通过评比发现参与人员成绩结果与企业预定的标准有什么不同或存在多大的差距，进而区分出参与人员的优劣情况，依据优劣情况排名确定人员的奖金。

2．奖金评比的方式

（1）小组讨论式

成立奖金评比小组，根据既定的评比标准对参评人员打分，沟通、讨论确定评比结果。

（2）现场演示式

个别工种属于技术操作型，容易观察，在比赛前制定相应的评比标准，让参与人员按照标准进行操作，以发现成绩优劣情况，并根据结果确定奖金。

（3）闭卷考试式

设计一定的问题，让参与评比人员闭卷考试，并参考标准答案，统一判分进行评比，进而确定奖金。

（4）业绩考核式

根据业绩的实际完成情况，结合业绩计划和评比标准对业绩进行评定，并按照事先界定好的奖金额度范围确定奖金的数量。绩效考核的方法分为系统考评方法和非系统考评方法两大类。系统绩效考核方法主要包括平衡计分卡、关键绩效指标法和目标管理法等；非系统绩效考评方法主要包括交替排序法、配对比较法、强制分布法、关键事件法和行为锚定等级评价法等。

① 平衡计分卡。

平衡计分卡（Balanced Score Card，BSC）是战略绩效管理的有力工具。平衡计分卡以公司战略为导向，寻找能够驱动战略成功的关键成功因素（CSF），并建立与关键成功因素密切相关的关键绩效指标（KPI），通过关键绩效指标的跟踪监测，衡量战略实施过程的状态并采取必要的修正，以实现战略的成功实施及绩效的持续增长。

平衡计分卡分析四方面关键成功因素（财务方面、顾客方面、内部流程方面、学习与发展方面），通过建立各级业务单元乃至各岗位的关键绩效指标，并与企业战略目标紧密相连，形成有机统一的企业战略保障体系和绩效评价体系，可以促进各岗位工作的有序和效率，明显节约企业管理者的时间，提高企业管理的整体效率和业绩。

② 关键绩效指标法。

关键绩效指标（KPI）是基于企业经营管理绩效的系统考核体系，是指企业宏观战略目标决策经过层层分解产生的可操作性的战术目标，是宏观战略决策执行效果的检测指针，对企业战略目标有增值作用。通过在关键绩效指标上达成的承诺，员工与管理人员可以进行工作期望、工作表现和未来发展等方面的沟通。

KPI 指标体系不仅能成为企业员工行为的约束机制，同时也能发挥战略导向的牵引作用。通过使员工的个人行为、目标与企业的战略相契合，KPI 体系能有效地阐述与传播企业的战略，成为企业的战略实施工具。战略导向的 KPI 指标体系是对传统绩效考核理念（以控制为核心）的创新，在评价、监督员工行为的同时，强调战略在绩效考核中的核心作用。

③ 目标管理法。

目标管理的概念是美国管理学家德鲁克 1954 年在其名著《管理实践》中最先提出的，其后他又提出"目标管理和自我控制"的主张。目标管理是一种程序或者过程，它通过企业中的上级和下级一起协商，根据企业的使命确定一定时期内企业的总目标，由此决定上下级的责任和分目标，这些目标作为考核企业绩效以及每个部门和个人绩效产出对企业贡献的标准。

目标管理法的推行步骤有 6 个。第一步，制定企业目标，为整个企业制订年度的工作计划，确定企业的相应目标。第二步，制定部门目标，各部门负责人在了解到企业的目标（如"将利润提高 20%"）之后，还要与他们的上级共同制定本部门的工作目标。第三步，讨论部门目标。部门负责人就本部门的目标与下属雇员展开讨论（一般是在全部门的会议上），并要求雇员初步订立自己个人的工作目标。换言之，部门中的每一位雇员都要考虑，自己如何才能为本部门目标的实现做出贡献。第四步，界定预期成果。部门负责人与他们的下属人员共同制定短期的个人绩效目标。第五步，绩效审查。部门负责人对每一位雇员的实际工作绩效与他们事前确定的雇员个人工作目标进行比较。第六步，提供反馈。部门负责人与下属雇员一起讨论和评价雇员在目标实施方面所取得的成就。

④ 交替排序法。

交替排序法（Alternation Ranking Method）是一种运用最为普遍的绩效评价方法之一。它的操作方法是：首先，将所有需要被评价的下属人员的名单列出来，将不是很熟悉因而无法对其进行评价的下属人员的名字划去；其次，在交替排序绩效评价表上，标注出根据某一绩效特征而确定的排序，即哪位员工应该被排在最前面，而哪位员工应该被排在最后面；最后，再在剩下的员工中挑选出最好的和最差的，以此类推，直至所有需要被评价的员工都被列到表格中为止。

⑤ 配对比较法。

配对比较法（Paired Comparison），使用这种方法，需要根据每一种绩效评价要素（如"工作质量""工作数量"）将每个员工都一一与比较组中的其他员工结对进行比较，选出其中的"优者"和"劣者"。在所有的结对比较完成后，将每位员工得到的"优者"数累计起来，就可以排列出一个总的排序，如表11-3所示。

表11-3　配对比较绩效评价表

被比较对象	A	B	C	D	E	被比较对象得分
A		1	1	0	1	3
B	0		1	0	1	2
C	0	0		0	1	1
D	1	1	1		1	4
E	0	0	0	0		0

这种方法确保每一位员工都与其他的所有人做对比。但当要评估的员工太多时就不适用这种方法了。

⑥ 强制分布法。

强制分布法（Forced Distribution Method）意味着考核结果的运用并不完全依据绩效考核得分进行，而是按照正态分布的规律，先确定好各等级在被评价员工总数中所占的比例，然后按照员工绩效的优劣程度，强制列入其中的一定等级，再根据员工所在的不同等级进行赏罚。

⑦ 关键事件法。

关键事件法（Critical Incident Method）是岗位分析时使用的一种方法。这种方法也同样在绩效评估中使用。在使用这种方法时，主管人员将一位下属在工作活动中所表现出来的非常好的行为或非常不好的行为（关键事件）记录下来，然后在每6个月左右的时间里，主管人员和其下属面对面地以所记录的事件为例，来共同讨论下属的工作绩效。

⑧ 行为锚定等级评价法。

行为锚定等级评价法（Behaviorally Anchored Rating Scale，BARS），通过用一些特定的关于优良绩效和不良绩效的描述性事例来对一个量化的尺度加以解释或锚定，将描述性的关键事件法和量化的等级评价法的优点结合在一起。

建立行为锚定等级评价法，首先需要获取关键事件，然后确定绩效维度，再重新分配关键事件；其次，对这些关键事件进行评价；最后，建立最终的绩效评价工具。行为锚定等级评价法存在的问题是：首先，开发和维护行为锚定等级尺度需要花费大量的时间和精力；此外，需要针对组织中存在的不同类型的工作，开发与之相应的 BARS 评估形式。

3．奖金评比的时间

根据奖金设置的项目性质不同，奖金评比的时间也不同。例如，项目奖金在项目结束时进行评比；优秀奖金评比按照企业计划的月度优秀评选、季度优秀评选或年度优秀评选项目，在相应的月度末、季度末或年度末进行评比。

11.1.4　奖金的发放

奖金的发放原则是鼓励先进，鞭策后进，奖优罚劣，奖勤罚懒。贯彻多超多奖，少超少奖，不超不奖的奖金分配原则。奖金的发放可以根据员工个人的业绩来评定，也可以根据企业或部门的效益来评定。

通常情况下不同目的的奖金，其发放时间和发放方式也不同，常见的奖金发放方式如表 11-4 所示。

表 11-4　常见的奖金发放方式

奖金类型	发放对象	发放时间	发放依据	发放方法
业绩奖金	全体员工	年终一次性发清	结合全年业绩考核成绩，不同分值范围分别给予不同额度的奖金额度	员工依据其对企业的重要程度、工作绩效等因素获得相应额度的业绩奖金
超额完成任务奖金	超额完成任务的员工	年终或考核期末	考核期业绩任务完成情况	根据财务预算，按照营业额的一定比例提取奖金
年终奖金	全体员工	年度发放	企业在年终有利润时，才发放年终奖	从企业的年实际利润总额中按照一定比例提取
项目奖金	项目研发人员及参与研发的其他人员	根据项目节点和进度而定	依据项目完成情况、个人完成情况及个人责任大小确定	项目奖金一般在项目节点完成时发放

除此之外，企业内部还可能存在一定的特殊奖金发放，其主要目的是要对员工的优秀表现予以正强化，以激励员工自觉地关心自身的发展、维护企业形象。一般包括创新奖、优秀建议奖以及优秀员工卓越贡献奖等。各种特殊奖金的发放方式如表 11-5 所示。

表 11-5　特殊奖金的发放方式

奖金名称	发放依据
创新奖	员工在工作方法、工作思路或开拓业务等方面有较大的突破和创新，在改善工作流程、提升工作效率或管理水平方面有突出贡献
优秀建议奖	针对公司的技术、生产或管理中存在的问题提出了建议并被采纳，或者十分关心公司发展，经常提出有效建议
优秀员工卓越贡献奖	在其他方面为公司经营活动做出了特殊贡献、付出了超额劳动

通常情况下，奖金的发放应遵循以下流程：

（1）人力资源部组织实施绩效考核；

（2）各部门申请奖励；

（3）人力资源部汇总奖励申请名单、金额和原因并上报领导审批；

（4）人力资源部根据公司领导审批后的名单编制奖金分配方案；

（5）人力资源部编制部门奖金分配额度核定表并报领导审批；

（6）人力资源部将审批同意的部门奖金分配额度表下发至各部门；

（7）各部门自行编制本部门的奖金分配方案及分配清单；

（8）人力资源部对各部门分配清单没有疑问后编制薪资表并报领导审批；

（9）财务部将审批同意的薪资表进行扣税并下发；

（10）人力资源部将奖金发放资料填入奖金档案。

11.2 股权激励设计

学术界研究发现，以现金方式激励员工，可能会损害员工创造力。同时，以现金方式激励员工，还存在边际效应递减的问题。企业管理实践者发现，让员工对企业有主人翁意识，可以有效地提高员工工作积极性和工作绩效，因此，股权激励应运而生。

11.2.1 股权激励的概述

现代企业理论和国内外企业实践证明，股权激励对于改善公司组织架构、降低管理成本、提升管理的效率、增强公司凝聚力和核心竞争力都起到了积极的作用。为适用于不同的企业，股权激励也发展演变出多种形式。不同的形式之间侧重点也就不同，企业需根据自身情况进行选择。

1. 股权激励的定义

随着公司股权的日益分散和管理技术的日益复杂化，世界各国的大公司为了合理激励公司管理人员，创新激励方式，纷纷推行了股票期权等形式的股权激励机制。

根据中国证监会发布的《上市公司股权激励管理办法》的定义，股权激励是指上市公司以本公司股票为标准，对其董事、监事、高级管理人员及其他员工进行的长期性激励，是一种公司经营者通过一定形式获取公司一部分股权的长期性激励制度，使经营者能够以股东的身份参与企业决策，分享利润，承担风险，从而勤勉尽责地为公司的长期发展服务。

2. 股权激励的原理

经理人和股东实际上是一种委托代理的关系，股东委托经理人经营管理资产。但事实上，在委托代理关系中，由于信息不对称，股东和经理人之间的契约并不全面到位，需要依赖经理人的"道德自律"。股东和经理人追求的目标是不一致的，股东希望其持有的股权价值最大化，经理人则希望自身效用最大化，因此股东和经理人之间存在"道德风险"，需要通过激励和约束机制来引导和限制经理人的行为。

在不同的激励方式中，薪酬主要根据经理人的资历条件和公司情况预先确定，在一定时期内相对稳定，因此与公司业绩的关系不是非常密切。奖金一般以财务指标的考核来确定经理人的薪酬，因此与公司的短期业绩表现关系密切，但与公司的长期价值关系不明显，经理人有可能为了短期的财务指标而牺牲公司的长期利益。但是从股东投资角度来说，其关心的是公司长期价值的增加，尤其是对于成长型的公司而言，经理人的价值更多地在于实现公司长期价值的增加，而不仅仅是短期财务指标的实现。

为了使经理人关心股东利益，需要使经理人和股东的利益追求尽可能趋于一致。对此，股权激励是一个较好的解决方案。通过使经理人在一定时期内持有股权，享受股权的增值收益，并在一定程度上承担风险，可以使经理人在经营过程中更多地关心公司的长期价值。股权激励对防止经理人的短期行为、引导其长期行为具有较好的激励和约束作用。

3. 股权激励的类型

（1）业绩股票

业绩股票是指在年初确定一个较为合理的业绩目标，如果激励对象到年末时达到预定的目标，则公司授予其一定数量的股票或允许其提取一定的奖励基金购买公司股票。业绩股票的流通变现通常有时间和数量限制。另一种与业绩股票在操作和作用上相类似的长期激励方式是业绩单位，它和业绩股票的区别在于业绩股票是授予股票，而业绩单位是授予现金。

（2）股票期权

股票期权是指公司授予激励对象的一种权利，激励对象可以在规定的时期内以事先确定的价格购买一定数量的本公司流通股票，也可以放弃这种权利。股票期权的行权也有时间和数量限制，且需要激励对象自己为行权支出现金。目前在我国一些上市公司中应用的虚拟股票期权是虚拟股票和股票期权的结合，即公司授予激励对象的是一种虚拟的股票认购权，激励对象行权后获得的是虚拟股票。

（3）虚拟股票

虚拟股票是指公司授予激励对象一种虚拟的股票，激励对象可以据此享受一定数量的分红权和股价升值收益，但没有所有权，没有表决权，不能转让和出售，在离开企业时自动失效。

（4）股票增值权

股票增值权是指公司授予激励对象的一种权利，如果公司股价上升，激励对象可通过行权获得相应数量的股价升值收益，激励对象不用为行权付出现金，行权后获得现金或等值的公司股票。

（5）限制性股票

限制性股票是指事先授予激励对象一定数量的公司股票，但对股票的来源、抛售等有一些特殊限制，一般只有当激励对象完成特定目标（如扭亏为盈）后，才可抛售限制性股票并从中获益。

限制性股票如按股票来源细分，即提供给激励对象的股票是通过计提奖励基金从二级市场回购，还是向激励对象定向发行的股票等，又可分为：计提奖励基金回购型、授予新股型（定向发行）。

① 计提奖励基金回购型限制性股票。公司业绩达到股权激励计划约定的奖励基金提取条件后，公司提取奖励基金，从二级市场购买本公司股票，再等到符合股票授予的条件时（如业绩或股价），公司将回购的股票无偿赠予激励对象。

② 授予新股型限制性股票。当公司业绩满足股权激励计划条件时，授予激励对象一定数量的公司股票，其前提是，激励对象按照一定的价格（授予价格）购买公司股票时，该价格一般比确定价格的市价要低。

（6）延期支付

延期支付是指公司为激励对象设计一揽子薪酬收入计划，其中有一部分属于股权激励收入，股权激励收入不在当年发放，而是按公司股票公平市价折算成股票数量，在一定期限后，以公司股票形式或根据届时股票市值以现金方式支付给激励对象。

（7）员工持股计划

员工持股计划是指让激励对象持有一定数量的本公司的股票，这些股票是公司无偿赠予激励对象的、或是公司补贴激励对象购买的、或是激励对象自行出资购买的。激励对象在股票升值时可以受益，在股票贬值时受到损失。

（8）管理层/员工购买计划

管理层/员工购买计划是指公司管理层或全体员工利用杠杆融资购买本公司的股份，成为公司股东，与其他股东风险共担、利益共享，从而改变公司的股权结构、控制权结构和资产结构，实现持股经营。

（9）账面价值增值权

账面价值增值权具体分为购买型和虚拟型两种。购买型是指激励对象在期初按每股净资产值实际购买一定数量的公司股份，在期末再按每股净资产期末值回售给公司。虚拟型是指激励对象在期初不需支出资金，公司授予激励对象一定数量的名义股份，在期末根据公司每股净资产的增量和名义股份的数量来计算激励对象的收益，并据此向激励对象支付现金。

不同的激励模式达到的效果不同，并无高低优劣之分。不同的企业应该结合企业自身的特点和想要达成的目标，选择不同的激励方案或者结合多种股权激励类型制定适合自身企业发展的激励模式。

4．股权激励的作用

企业实施股权激励制度的本质就是通过它实现企业利益和员工利益的统一，从而鼓励员工更加努力地为企业创造价值。从股东投资和企业可持续发展这两个角度来说，股权激励制度的最终作用就是实现企业价值的持续增加。

股权激励的具体作用可以概括为以下3点。

（1）激励作用

激励作用即是通过建立股权激励机制，增强企业可持续发展的能力。目前企业员工的工资或年薪主要根据员工的资历和公司情况而确定，一般在一定时期内会保持相对稳定，与企业的经营业绩的关系并不密切。而奖金的确定一般是以财务指标的考核为标准，这与企业短期内的经营业绩表现关系密切，但与企业的长期价值关系不明显，具有短视性。股权激励制度明确设置了企业现在和未来发展的主要业绩指标，既能充分反映企业的发展战略，也能给企业的管理者和员工提出要求和挑战，可以在很大程度上避免企业经营管理层的"短视"行为，有助于提升企业的持续盈利能力。

（2）约束作用

股权激励通过建立企业所有者和员工之间在所有权、管理权、企业经营收益、企业价值以及企业和个人的事业成就等方面的分享机制，形成企业所有者和员工两者利益的共同体，将过去的以制度性环境约束为主变为以员工自律性的自我约束为主。

（3）稳定企业人才作用

股权激励能够有效地吸引、激励和保留人才，限制性股权激励特定的要求使得企业的员工不能随意"去留"，特别是企业的高级管理人员、技术骨干、销售骨干等关键员工，因为企业针对他们的股权激励力度相对更大，所以企业的利益跟他们的利益之间的联系就更为紧密，这样股权激励就起到了稳定企业员工，尤其是起到了稳定和保留企业核心人才的作用。

11.2.2 股权激励的设计

股权激励的设计是复杂的，也是比较困难的。并且，股权激励的类型有很多，不同的类型，其设计流程也不同。下面我们以股票期权为例，介绍股权激励的设计流程。

1．股票来源

实施期权计划的股票主要来源有两类，一类是企业定向增发的股票，另一类是企业通过留存股票账户回购的股票。

留存股票是指企业购回部分自己已发行的股票，这些股票不再在外流通。企业将该股票放入留存股票账户，根据股票期权激励方式的需要，在未来某个时间再次出售给激励对象。

2．股票期权计划的管理

企业董事会管理股票期权，薪酬委员会确定股票期权的数量、等待时间表，并在出现突发性事件时对股票期权计划进行解释并重新做出安排。重要内容需要形成提案，经股东大会批准。

3．股票期权的授予

股票期权的授予对象由股东大会决定。股票期权（股权激励）的授予对象一般是公司受托人，也就是公司的实际经营者和代表法人。他们是提升公司经营业绩的关键所在。根据证监会《上市公司股权激励管理办法（试行）》，激励对象必须是公司员工，具体对象由公司根据实际需要自主确定，可以包括上市公司的董事、监事、高级管理人，核心技术（业务）人员，以及公司认为应当激励的其他员工。为了保障独立董事的独立性，《管理办法》明确规定，股权激励对象不得包括独立董事。另外，为了督促高管人员勤勉尽责，《管理办法》也规定有污点记录的人员不能成为激励对象。

（1）股票期权的行权价确定

股票期权行权价的确定一般有 3 种方法：现值有利法、现值不利法、现值等利法。现值有利法：行权价低于股票现值，相当于向期权持有者提供了优惠，股东权益被稀释，因而股东不愿意接受。现值不利法：行权价高于股票现值，一般适用于企业股价看涨的时候，并且它提高了获利难度。现值等利法：行权价等于股票现值，即行权价等于当前股价。

根据证监会 2008 年《股权激励有关事项备忘录 1 号》（以下简称《备忘录 1》）的规定，如果标的股票的来源是定向增发，则发行价格不低于定价基准日前 20 个交易日公司股票均价的 50%。

（2）股票期权行使期限

受益人只能在规定时间内行使股票期权所赋予的权利。其有效时间一般不超过 10 年，强制持有期限为 3～5 年。通常情况下，股票期权在授予后需要等待一段时间才能执行，企业在授权时并没有授予行权价的所有权利。同时，《备忘录 1》规定："限制性股票自股票授予日起 12 个月内不得转让"，如果受益人为控股股东、实际控制人时，自股票授予日起 36 个月内不得转让。

（3）股票期权的授予时机和数量

股票期权一般选择在员工受聘、升职或业绩评定时授予。股票期权的授予数量要与受益人的职位、工作绩效、薪酬水平、企业工龄等密切相关。在确定股票期权的授予数量时，可以采用以下 3 种方法。

① 利用 Black-Scholes-Merton 期权定价模型（Black-Scholes-Merton Option Pricing Model），根据期权的价值推算出期权的份数。

② 根据要达到的激励目标决定期权的数量。

③ 利用经验公式，并通过计算期权价值推算出期权数量，具体公式如下：

期权份数=期权薪酬的价值/（期权执行价格×5 年平均利润增长率）

4．股票期权的执行方法

常用的执行方法有现金行权、无现金行权、无现金行权并出售 3 种。

（1）现金行权。受益人以现金向企业指定的证券商支付行权费及相关税金和费用，由证券商以执行价格为行权人购买企业股票。

（2）无现金行权。受益人不需要以现金或支票支付行权费用，证券商以出售部分股票获得的收益来支付行权费用，并将余下的股票存入受益人个人蓝图账户（蓝图账户 blueprint account，是个人在指定的证券商处开设的经纪人账户，用以支付行权费用、税金、佣金和其他费用）。

（3）无现金行权并出售。受益人决定对部分或全部可行权的股票期权行权并立刻出售，以获得行权价与市场价的差价带来的利润。

11.2.3　股权激励的应用

股权激励最初是美国开始实行，并且实施效果也比较明显。而中国和美国的社会环境、政治环境、经济环境等都有所不同，所以在实施股权激励的过程中，难免会出现一些问题。

1. 股权激励应用中存在的主要问题

股权激励实际应用中存在的主要问题有 4 个：股权激励方式单一、考核指标单一、期限较短和行权门槛过低。

（1）股权激励方式单一

股权激励方式有很多种，如限制性股权、股票期权、虚拟股票期权、账面价值增值权等，各有各的特点，适用于不同的企业。在中国，应用比较广泛的，是股票期权和限制性股权两种。然而股票期权和限制性股权并不是没有缺点，也并不能适用于所有企业。股票期权激励的价值会受到股票市场环境的影响，而股票市场的不确定性和价格的波动往往使公司股票的真实价值与股票价格不一致。股价的波动因素很多，行权日的股价与行权价之间差价的高低决定了代理人的获益多寡，受利益驱动，代理人会更关注股价的变化，而不是公司的长远利益。因此，粉饰报表，操纵利润，放弃长远利益来追求近期股价上涨的行为也就随之产生。而限制性股权在科学确定业绩目标或股价时比较困难，而且在支付时会给公司的现金流带来压力。

（2）考核指标单一

股权激励考核指标是决定激励对象能否获得奖励以及所获奖励多寡的标准，这不仅影响着代理人的利益，也关系到股东的利益。如今上市公司评价业绩的标准不仅单一，而且落后，往往只用财务指标来评价业绩，其中净利润与净资产增长率这两个指标比较常用，但是并没有结合非财务指标，不能全面地反映公司的运营状况和未来的发展态势。一般来说，会计指标容易被内部人操控，会驱使代理人做出粉饰报表的行为，这并非股权激励的目的，而且常用的会计指标都有明显的局限性。例如，对于用净利润作为指标的企业，经营者可以通过调整会计政策等方式调节净利润，其结果往往是财务信息失真，决策信息混乱，且该指标是基于历史业绩的评价指标，没有充分考虑企业未来的成长性。过分追求当期利润，会促使管理者在经营中对营运和偿债能力做出牺牲。由于这个指标考核的期限不长，也与长期激励的目的不相符。

（3）期限较短

股权激励是一种长期的激励机制，以促进代理人付出努力改善公司经营。如果只能产生短期激励的作用，那么股权激励的真正价值就难以体现出来。一般来说，行权期限较长，操纵指标的可行性就较小；行权期限较短，则会促进操纵指标的行为。在中国，信息技术和机器设备仪表行业施行股权激励的公司数最多，大约占中国公布实施股权激励计划的公司总数的 36%。这些科技型的企业有很好的成长性，注重科技研发，更加希望通过股权激励吸引和留住企业所需的人才。虽然重视股权激励，但这部分企业股权激励的期限较短。另外，由于我国科技型企业占比不大，其他类型的企业对人才的重视程度不够，人员流动性也比较大。因此，其他公司即使实施了股权激励计划，大多期限也较短。

（4）行权门槛过低

从 2006 年到 2012 年，中小板与创业板的上市公司在设计股权激励方案时，有超过 70% 的公司所规定的行权价格低于当时的股票市价。这使得激励对象不需要通过自身的努力就会获得好处，甚至获得较高的收益，这极大地损害了股东的利益，违背了股权激励的初衷。令人担忧的是，由于企业的激励对象主要集中在管理层，而这些管理层往往会利用他们手中的权力，使得行权的条件不断降低，从而使股权激励成为一种隐性的福利，失去了激励的作用。股权激励方案行权条件过低，一方面反映了"内部人控制"现象的存在，另一方面也显示了公司为了留住管理层和核心技术人员，不得不在较低的业绩增长情况下向高管派红包，以稳定人心。显然，若行权条件过低，股权根本成为不了一种调动管理者工作积极性的激励，管理者努力工作的积极性，反而更像是一种让管理者坐享其成的福利。

2．股权激励应用面临的挑战

（1）上市公司治理结构不完善

股权激励计划的有效实施，离不开完善的公司治理结构。对代理人的有效监督，能够及时预防损害股东利益的行为。然而由于历史原因，在中国的上市公司"一股独大"的现象经常出现，公司的实际经营者也是实际控制者，决策权掌握在少数人手中，因此公司制定股权激励计划时往往是站在这一小部分人的利益角度考虑的，有时会忽略了中小股东的利益。除此之外，在中国很多上市公司中，股东会、董事会、监事会这"三会"之间并没有真正形成相互监督和制约的机制。在股东分散的情况下，股东大会被架空的现象时有发生，管理者全权代理大股东行使其职权。以上就是一种"内部人控制"现象。在上市公司中，经常出现独立董事"不管事"的局面，独立董事没有实质的权力，因而无法实现对管理层的有效监督，发挥不了作用。公司在缺乏有效的内部监督的情况下，管理层能更轻易地通过盈余管理的手段来操纵公司业绩，从而使公司的股票价格的波动有利于其获得股权激励收益。

（2）资本市场的有效性不足

中国资本市场起步较晚，且由于一开始国情比较特殊，之前长期受到计划经济体制的影响，存在股权分置的现象，中国的资本市场还在不断改革发展中。中国资本市场受政府政策影响较大，如一些国有上市公司的业绩出现严重下滑时，会出现地方政府贴补国有上市公司的情况，这样公司利润不能反映企业真实的业绩，没有充分发挥激励的作用。这也在一定程度上阻碍了资本市场的市场化进程。其次，信息披露的情况也是衡量资本市场的有效性的标准。在中国资本市场，信息披露失真、信息披露不充分、信息披露不及时经常会发生。人为操纵股价的现象依然存在，导致股票价格并不能真实反映股票内在价值，使激励对象有机可乘，攫取超额收益，对委托人的利益造成损害，破坏了市场秩序，容易导致恶性循环。此外，由于中国投资者普遍缺乏系统的投资知识与经验，再加上相关数据信息没有被完全理解，投资者往往盲目投资。这些非理性的投资行为使股票价格偏离了真实价值。上述几种原因都会导致资本市场的有效性不足。

（3）职业经理人市场不成熟

有效的职业经理人市场一方面为股东提供了一个挑选、辨别管理者能力和品质的平台，另一方面也促使经理人在经营过程中考虑自身在人才市场中的价值定位而避免采取投机、偷懒的行为。只有在有效的经理人市场环境下，股权激励才可能经济有效。目前，由于中国的职业经理人市场制度缺失，在选拔的方式上存在诸多问题。在规范职业经理人行为方面，也还没有完善的立法，评价机制也不健全。因此，中国的职业经理人市场还很不成熟。现实中，相当一部分经理人，其管理能力往往与企业的实际发展不匹配。相当一部分国有上市公司的经理人都是依靠行政任命的手段上岗的。而在民营上市企业中，尤其在数量占比较大的家族企业中，仅仅在家族成员中挑选人才。在中国人才市场上，高级职业经理人比较缺乏，人才竞争没有那么激烈，加上信息资源也不透明，这就造成了一些企业也很难招聘到优秀的人才。能力不足的经理人接管公司，难免会增加道德风险，不利于最大化股东的财富。除此之外，中国市场对职业经理人的道德约束力不够强，一些弄虚作假的职业经理人仍然能够混迹于职场中，产生了逆向选择的现象，激励的效果自然就不明显。

（4）相关的法律法规不完备

自证监会《上市公司股权激励管理办法（试行）》下发以来，中国陆续出台了相关的法律法规，不断地在完善股权激励的规定，但在具体实施的过程中仍然存在着许多问题，更多细节方面的问题还需要更详尽的法律法规去完善。例如，有必要对上市公司的公司股票期权授予、行权信息、绩效考评标准、经营者业绩等信息的公开透明做出具体的要求和规定，以此抑制代理人弄虚作假、投机取巧的行为。此外，在股权激励计划的施行过程中，对于代理人的弄虚作假、投机取巧的行为，股东的维权成本较高，不仅要承担诉讼费，还要耗费较大的时间和精力。在会计制度方面，还存在着不少漏洞，使管理者有机可乘，操纵指标。例如，在股票期权公允价值的估算中，参数的选择（如无风险利率、股价的波动率等）影响巨大，而中国会计制度对此没有明确的规定，使得企业在具体操作实践中没有一个标准，选择的参数也是各不相同。此外，在税收政策方面，中国目前对股权激励取得的利得并没有特殊的优惠政策，仍然按照个人所得税征收，这样就减少了激励对象实际到手的收益，再加上激励对象手中持有的股票还有禁售期的限制，激励对象在获得股票后一般不会立即转让，但需立即交税，这些都不利于提高激励对象的积极性，从而降低了激励效果。因此，相关法律法规还需要不断完善和修改。

【启发与思考】

扫一扫→老板员工薪酬差距扩大
陈一佳：美国企业高管薪酬高于英国

【思考练习题】

1. 奖金的特点有哪些？
2. 奖金有哪些类型？
3. 奖金评比时，业绩考核方法有哪些？
4. 奖金发放的流程是什么？
5. 企业的奖励计划有哪些？
6. 什么是股权激励？
7. 股权激励的原理是什么？

8. 股权激励的类型有哪些?

9. 股权激励有什么作用?

10. 股票期权激励的设计流程是什么?

11. 股权激励在应用中存在的主要问题有哪些?

12. 股权激励在应用中遇到哪些挑战?

【模拟训练题一】

企业在进行奖金核定时,一般都需要填写相应的奖金核定表,如表 11-6 和表 11-7 分别显示了部门、个人的奖金核定表。请你模拟填写一家小型公司的部门、个人的奖金核定表,确定奖金分配比例。

表 11-6　部门奖金核定表

月份:

本月营业额		本月利润净额		利润率
部门奖金核定情况	部门	部门人数	奖金分配率	应发奖金
合计			100%	
	本月营业额		奖金发放率	
	400 万元以下		0%	
	400 万～500 万元		10%	
	500 万～600 万元		20%	
	600 万～700 万元		30%	
	700 万～800 万元		40%	
	800 万元以上		50%	
总经理审核:			制表时间:　　年　　月　　日	

表 11-7　个人工作奖金核定表

月份:

	本月营业额		本月净利润			利润率		
	可得奖金		调整比率			应发奖金		
	单位	姓名	职别	奖金	单位	姓名	职别	奖金
奖金核定								

	本月净利润	可得奖金	本月营业额	目标利润提高比率
奖金核定标准	10万元以下	0	400万元以下	0%
	10万～20万元	200元	400万～500万元	10%
	20万～30万元	400元	500万～600万元	20%
	30万～40万元	600元	600万～700万元	30%
	40万～50万元	800元	700万～800万元	40%
	50万元以上	每增加10万元增加200元	800万元以上	50%
总经理审核：			制表时间： 年 月 日	

【模拟训练题二】

A公司是专业从事无公害、绿色、有机水果的加工和销售一体化服务的现代化农业企业。公司拥有具有国际先进水平的水果检测、清洗、分选和保鲜贮藏设备，能对果品的大小、重量、颜色、糖度、酸度、硬度、成熟度等进行准确分选。

目前公司的行政人员80人，营销人员240人，生产人员105人，其他人员39人。由于公司规模的不断扩大，需要在薪酬制度方面进行完善，现在公司需要制定一份奖金管理制度，以激励员工，提高其工作效率。请你利用本章所学知识帮助公司拟订一份奖金管理制度，如表11-8所示。

表11-8 奖金管理制度

制度名称	员工奖金管理制度		受控状态	
			编号	
执行部门		监督部门	考证部门	

第1章 总则

第2章 奖金的类型

第3章 绩效奖金

……

第 n 章 附则

……

编制日期		审核日期		审核部门		修改日期	

【模拟训练题三】

泸州老窖 2006 年 6 月的股权激励方案顺利地获得了泸州市国资委和临时股东大会的通过，但尚未来得及实施，证监会、国资委、财政部就陆续出台了许多新的监管法规和监管措施，这使得泸州老窖原有的股权激励方案在用这些新的监管法规和监管措施进行审视时，有很多的不规范之处，从而无法进入正式实施阶段。直至 2010 年 1 月，在对原方案进行大幅度修订之后，才最终得以付诸实施。

请根据泸州老窖股权激励方案具体内容，回答以下问题：

（1）泸州老窖原来的股权激励方案为什么最后没有实施？

（2）时隔三年半之后，时移事易，泸州老窖为什么没有重新制定一个新的股权激励方案，而只是在原方案的基础上进行修订？

（3）哪些条款修订了？哪些条款没有修订？各有什么背景？各说明了什么问题？

（4）国有企业应该如何进行股权激励，有哪些实施障碍？

【情景仿真题一】

TH 电子技术有限公司最近圆满完成了某大型客户公司的网站开发项目，给公司带来了丰厚的收益，总经理王总决定重奖负责这次任务的项目团队。

该团队由技术经理刘明亲任项目经理，负责与客户、公司内部资源的协调与沟通，主导网站开发的方向；程序开发主管杨力与程序开发员孙翔负责后台的程序开发；网页设计主管柳立扬与网页设计员吴佩琪负责网站所有网页的设计；技术支持文员唐红负责文案、测试以及项目组的日常工作。

人力资源部建议项目组召开会议讨论分配方案，在会上，矛盾的焦点主要在程序开发与网页设计这两块，两者都认为自己的工作对项目的重要性更大，网站开发主要是他们在实施，项目经理仅仅是项目统筹与协调，技术支持文员只是提供文案与测试，在实际开发中投入并不多，所得比例不应高于网页设计与程序开发。

刘明却不赞成，"前期的项目分析报告、实施报告都是我与唐红负责完成的，投入了大量的精力与时间。实际上，网页设计与程序开发都只是机械性地执行而已。再者，开发完成后的大量测试工作，都是我与唐红协调其他部门的员工来完成的，唐红在测试期间每天加班到晚上 12 点，连续 4 个周末没有休息。离开她的缜密的测试，只一个小瑕疵就会搞砸整个项目。"激烈讨论无果之后，王总拍板：平分！

分配方案执行后，除了自认为工作技术含量并不高的唐红乐得眉开眼笑外，其他 5 个成员都开心不起来。意见最大的是程序开发主管，杨力坚持认为网站开发是最重要的，平均分配实际上就把自己的技术性工作与文案工作等同，与公司重视人才的价值观不符。但王总却认为个人岗位工作的价值已经在岗位薪酬上体现了。在项目组中，如果大家的贡献是相同的，奖金分配的比例相同就毫无异议。而一直认为分配不公平的杨力，始终认为自己的价值没有得到公司的认可。一个月后，杨力以"不能接受企业文化的环境"为由，提请离职，并不为公司高管人员的诚意挽留所动。而他的离职也影响了其他程序开发人员的士气。

请根据以上案例回答下列问题。

1. 该项目团队的奖金分配办法有哪些弊端？请你为该公司设计一个合理的奖金分配办法。

2. 你认为 TH 公司应该采用哪种奖金评比方式？

【情景仿真题二】

进入 2016 年第四季度以来，ZY 公司一直问题缠身。先是 10 月 20 日公司宣布终止筹划一年的重组事宜，随后于 10 月 23 日发布《关于公司股权激励计划中部分已授权但未行权的股权注销公告》（以下简称"注销公告"），接着在 10 月 27 日发布的《2016 年三季度报告》更是让人担忧：公司的营业收入与利润大幅下降，前三季度的营业收入仅为 3.78 亿元，同比下滑 19.29%；净利润仅为 0.13 亿元，同比下滑 50.12%，净利率仅为 6.10%，而几家同行业的上市公司，前三季度的净利率均超过 25%。受此影响，一年来 ZY 公司的股票价格也持续下跌。从"注销公告"中可以看到，公司的核心管理人员（股权激励计划首次授予对象和预留授予对象）都因个人原因离职并自愿放弃行使其权利。根据相关规定，ZY 公司将上述授权但未行权的合计 208 万份首期股权和 61 万份预留股权进行注销。

ZY 公司本次股权激励计划中的股权是定向增发的股票期权，根据公司核心管理人员的财务报告中的工作绩效确定授予数量。但由于公司上市时间不长，内部治理混乱，再加上几个募股投资项目的经营业绩低于预期，产品研发及推广不佳，公司的状况让高管的信心和积极性受到了很大的打击。股权激励计划又因公司股价低迷、工作绩效不达标而丧失了行权价值，使得高管纷纷放弃行权，甚至以离职来表达对公司的失望。原本看似行之有效的股权激励计划变成空中楼阁，变成令人食之无味弃之可惜的股权鸡肋。

请根据以上案例回答下列问题：

1. ZY 公司的股权激励计划遇到了哪些问题和挑战，使得其最终终止该计划？

2. 请结合 ZY 公司的案例，说明在制订一个公司的股权激励计划时，应当考虑哪些方面的问题？可采取怎样的制订方法以保证股权激励计划的客观可行？

第12章　福利与津贴设计

学习目标

1. 了解福利的基本概念及分类。
2. 掌握福利设计的基本方法。
3. 掌握津贴与补贴设计的基本方法。

【引导案例】

星巴克的"隐形福利"

星巴克已经在中国 100 多个城市开设了超过 2100 家门店，拥有 30000 名身穿绿围裙的伙伴。在中国任何一家星巴克，你几乎都能品尝到一杯出品稳定的咖啡，以及感受到店员脸上的"谜之微笑"。这样高水准的服务品质，使得星巴克不仅成为咖啡饮品界的标杆，更加成为服务行业的经典。马云曾在一次演讲中提到："星巴克员工发自内心的笑，是培训不出来的。"在一次采访中，星巴克中国人力资源副总裁余华女士道出了留人的关键——"隐形福利"。星巴克的"隐形福利"到底有哪些？

① 咖啡师进阶计划：提供黑围裙咖啡大师、棕围裙咖啡公使等认证。

② 伙伴识天下计划和伙伴回家计划：员工可以申请到不同地区甚至海外门店工作，或者申请回到家乡门店。

③ 年假：门店小伙伴可以享受长达 20 个工作日的带薪年假，另还有 12 天带薪病假。

④ 助房津贴计划：星巴克为全职星级咖啡师和值班主管提供每月助房津贴。

⑤ 咖啡豆股票：包括兼职员工在内的所有员工，每年都可以按年薪的一定比例获得期权。

⑥ 星享假期：连续服务超过 10 年的星巴克伙伴可申请享受长达 12 个月的无薪带福利假期。

⑦ 星基金：给伙伴在重要关头或急需要时提供必要的经济援助。

荣誉也是一种"福利"，星巴克设立的"黑围裙"咖啡大师、"棕围裙"咖啡公使等咖啡技能认证，虽与薪水和职务升迁无直接关联，但却有效激发了员工练习核心技艺的热情。

"伙伴回家计划"是与"识天下"一体两面的一种人才交流。长期在外地甚至大城市工作的员工，到了一定年纪想要返回家乡照顾父母，又不想中断职业生涯发展，那么协助员工调回家乡门店，无疑是一个贴心选择。余华说，企业管理者首先要把员工当家人。在制定人力资源政策时，要深入基层，了解第一手资料，只有这样，才能让员工感受到被理解的感觉。企业在员工福利和发展设计上，要精准，要设身处地地考虑这些年轻人当下最需要什么。

以"助房津贴"为例，目前在星巴克中国的伙伴构成中，有 90% 是年纪在 28 岁以下的年轻人。考虑到年轻人群在事业和生活起步初期普遍面临的租房难题，助房津贴应运而生：入职半年以上的全职咖啡师和值班主管，每月获得助房津贴。据了解，星巴克每年在此项目上投入数千万元。在星巴克，有许多一起合租的伙伴，甚至同为一家人的伙伴（夫妻、母子等）。因为同时都能拿到助房津贴，他们可以在原有住房预算的基础上，把每人新增的福利合在一起，共同选择更好的住房条件，这对一个家庭的帮助会更明显。相比之下，很多传统企业端午发粽子、中秋发月饼、过年发桶油的福利发放大法，是不是太过粗放了？

事实上，星巴克伙伴回家计划等隐形福利的背后，折射的是其在中国市场的快速发展，以及向二三线城市渗透的提速。况且，星巴克的开店策略是一旦进入某个区域市场，就会持续深耕，实现规模优势，在一定程度上使得福利能惠及更多人。

通览上述不难发现，传说中的这些"隐形福利"，包括人才发展计划，也包括多样化的成长机会。星巴克的企业文化十分重视"人文精神"，因此，星巴克或许是为数不多将此写入公司使命的品牌之一。如"伙伴识天下计划"，对星巴克来说，不同市场的机制调动和人才交流，不仅满足了年轻人渴望看世界的心理，切中了员工的爽点，也能让不同市场的服务经验相互交流。

（资料改编自：http://chihe.sohu.com/20160616/n454733375.shtml）

思考：

1. 在本案例中，星巴克的"隐形福利"分别从哪些方面影响了企业和员工？
2. 各项"隐形福利"对企业的薪酬管理起到了哪些作用？

福利、津贴与补贴属于员工工资范围之外的薪酬，是对员工工资的一种灵活性经济补偿，不仅具有一定的激励作用，对企业来说还能灵活控制人工成本。福利是企业为员工提供的生活方面的照顾且与任职能力和岗位无关的一种间接性薪酬；而津贴是对额外劳动和额外生活支出的补偿。基于它们性质和作用的不同，本章将分别介绍福利和津贴。

12.1 福利设计

薪酬结构中的员工福利项目，越来越受到企业的重视，福利不仅能提高员工收入，还能激励员工更加努力工作，增强对企业的归属感，也能增加企业在社会上的美誉度。

12.1.1 福利的定义

福利是企业向所有员工提供的，用来创造良好工作环境，方便员工生活，对员工的食、宿、医疗等方面进行照顾的间接性薪酬。它是一种补偿性、调和性的报酬，一般情况下，不以货币形式直接支付，较多以服务或实物的形式支付，主要的福利形式包括现金、实物、带薪休假、旅游、股权、培训、保险等。提供福利主要是企业为了保留和激励员工而采用的一种形式，它作为一种间接的激励方式，已经成为整体薪酬设计的必要的组成部分。

员工福利与薪酬其他部分最大的区别在于，福利不以员工对企业的相对价值和员工的当前贡献为基础，也与员工所在岗位无关、与任职能力无关，因此员工之间的福利差别不大。同时，福利可以免税，一定程度上节省了公司的人工成本，并体现出企业对员工的关怀，能够对员工产生很大的激励作用。

12.1.2 福利的作用

福利的基本目的是为员工提供各种保障，使员工能够安心工作。福利主要有以下几个方面的作用。

1．传递企业文化和企业价值观

员工对企业文化和企业价值观的认同，关系到员工对企业工作环境和组织环境的认同。福利恰恰体现了企业的管理文化，传递企业对员工的关怀。

2．减轻员工税收的负担

相比工资和奖金，福利的一项重要功能在于减免税收。员工可能因为加薪而增加年度所得税的缴纳，而增加福利可以避免这一情况。

3．吸引人才和留住人才

企业提供高薪是吸引人才的重要手段，但良好的福利待遇也是吸引人才和保留人才的关键。高薪只是短期内人才资源市场供求关系的体现，而福利则反映了企业对员工的长期承诺。也正是福利的这一特点，使众多追求长期发展的员工，更看重福利而非仅仅追求高薪。建立员工长期服务的意识和提高员工对企业的忠诚度，更有利于体现公司对员工的关爱，有利于企业实现长远目标。延期补偿可以促进员工更努力地工作，减少员工的流动性，起到留住人才、稳定员工队伍的作用。

4．激励员工的积极性，提升组织凝聚力

完善的员工福利保障计划能有效地实现员工多种层次的需求，为员工提供风险保障，以解除员工后顾之忧。对于员工来说，医疗保险、养老保险、工伤保险等法定企业福利项目，可以使员工生病得到医治、年老能有依靠、遭受工伤后获得赔偿等，从生理上满足员工的需要。而企业更多的自主福利可以满足员工在情感上的需要。例如，企业提供的带薪休假福利，能够更好地缓解员工的工作压力，让他们有更多时间陪伴家人，从而满足人们在感情、亲情方面的需要；企业举办的各种集体出游活动、公司宴会活动可以使员工在工作之外有更多的接触机会，增进员工之间的了解，润滑公司内部员工间的同事关系，也有助于人们获得情感上的满足。这些都可以让员工感受到企业和自己不仅仅是一种单纯的经济契约关系，而是带有了某种程度的类似家庭关系的感情成分，这无疑改善了员工的工作境遇，从而激励员工，提高员工的生产积极性，使员工全身心地投入到工作中。

12.1.3 福利的种类

福利主要分为法定福利和企业福利两类。

1．法定福利

法定福利又叫基本福利。它是指由国家相关法律法规规定的必须由企业为员工提供的福利项目，包括社会保险（如养老保险、医疗保险、失业保险、工伤保险、生育保险）、住房公积金、带薪年休假、带薪婚丧产假、法定节假日、探亲假等。

（1）社会保险

社会保险是指为了保障职工的合法权益，而由政府统一管理、强制执行的社会性福利措施，社会保险包括养老保险、失业保险、工伤保险、医疗保险和生育保险五项基本内容。社会保险的计算由两个主要因素组成，即社会保险的缴费基数和社会保险的缴费比例。

① 养老保险。养老保险是社会保险最重要的组成部分之一，根据国家相关法律法规制定，养老保险是为解决劳动者达到法定退休年龄而退出劳动岗位后维持日常生活的一种福利。

② 医疗保险。医疗保险是指工生病或受到意外伤害时，由国家和社会给予的一种物资帮助，是提供医疗服务或经济补偿的一种社会保障。医疗保险包括基本医疗保险和大病医疗保险两部分。

③ 失业保险。失业保险是国家强制执行的对因失业而暂时中断生活来源的员工提供物资帮

助并促进其再就业的一种社会保障形式。失业保险的享受与缴费受员工个人户籍性质的影响。

④ 工伤保险。工伤保险是指员工在生产经营过程中因遭受意外伤害或职业病而丧失劳动能力时，企业给予救助、治疗或生活保障的一种社会保障形式。其缴费比例受企业所属行业的危险程度影响。工伤保险仅由企业负责缴纳，员工本人不需要缴纳。

⑤ 生育保险。生育保险是指员工因个人生育原因而暂时中断劳动时，由国家和社会及时给予生活保障和物资帮助的一项社会保障形式。员工生育保险的缴纳不受性别影响。

社会保险由各企业人力资源部统一负责办理，由企业代扣代缴，凡与企业建立正式劳动合同关系的员工均需要缴纳社会保险，员工或企业均不能因为个人原因而不缴、漏缴或少缴社会保险。

（2）住房公积金

住房公积金作为法定福利的重要组成部分之一，是指企事业单位为其在职员工缴存的长期住房储蓄金，是住房分配货币化、社会化和法制化的主要形式。要求每月从基本薪酬中按一定比率扣除个人缴存部分，然后由单位按同等金额补贴。工作单位发生变化的住房公积金可在原账户中继续缴存。

住房公积金制度是国家法律规定的重要的住房社会保障制度，具有强制性、互助性、保障性的特点。企业和员工个人必须依法履行缴存住房公积金的义务。

（3）带薪年休假

带薪年休假是指员工在企业工作满一定时期（通常满一年）后，可享受的带薪休假。带薪婚、丧、产假，探亲假等是指根据国家相关法律规定企业应该给予员工的带薪假期，相关假期天数由企业参照国家规定标准制定，原则上不能低于国家规定的标准天数。

（4）法定节假日

根据《全国年节及纪念日放假办法》第二条中规定：①元旦，放假 1 天（1 月 1 日）；②春节，放假 3 天（农历除夕、正月初一、初二）；③清明节，放假 1 天（农历清明当日）；④劳动节，放假 1 天；⑤端午节，放假 1 天；⑥中秋节，放假 1 天；⑦国庆节，放假 3 天（10 月 1日、2 日、3 日）。各企业在日常运营中应参照执行，原则上不能低于国家规定天数。

2．企业福利

企业福利又称补充福利。它是指由企业自定的福利项目，其补充福利项目的多少和标准的高低在很大程度上取决于企业的经营状况和财务状况，通常包括保险、工作餐、免费住宿、旅游、体检、各种过节费或实物、免费班车、各种文娱活动、抽奖活动、脱产培训、托儿所、辞退金等。

企业的福利不同于国家的福利，企业福利具有自定性，企业可以根据自身的经营状况结合员工需要进行福利项目设置及额度确定。企业福利有自定性、补给性、激励性的特点。常见的企业福利种类如下。

（1）企业补充养老保险。企业补充养老保险是指由企业根据自身经济实力，在国家规定的实施政策和实施条件下为本企业职工所建立的一种辅助性的养老保险。

（2）各种补助或补贴。日常发放的有工作餐补助、差旅补助、话费补助等；生日补助，是正式员工生日时，企业为员工发放生日贺礼，并赠送由总经理亲笔签名的生日贺卡；结婚补助，是企业正式聘用员工结婚时企业给付的结婚贺礼；另外还有每逢节假日发放的各类补助。

（3）教育培训。企业可以为员工定期或不定期地提供相关的培训，其基本目的是为了提升员工的工作技能和促进员工的自身发展。教育培训可以采取在职培训、短脱产培训、公费进修、出国考察等多种形式。

（4）设施福利。为丰富员工的业余生活，培养员工积极向上的道德情操而设立的福利项目，如组织旅游，开展文体活动等。

（5）劳动保护。因工作需要劳动保护的岗位，企业必须发放在岗人员劳动保护用品。员工在岗时，必须穿戴劳动用品，并不得私自挪作他用。员工辞职或退休离开公司时，需到人力资源部交还劳保用品。

（6）各种休假。这是指员工为企业服务满一定时间后可享受的企业自定的休假。

12.1.4 福利设计的实施

福利的设计可以从福利设计的原则、福利政策的选择和福利预算 3 个方面进行。同时，本小节还将重点介绍越来越受企业青睐的福利设计——弹性福利计划。

1．福利设计的原则

对于法定福利，企业需要严格按其要求执行；但对于企业自行拟定的福利，其福利的设计就较为灵活多变。整体而言，福利的设计需遵循以下原则。

原则一：合法性原则。福利设计首先要符合相关法律制度的规定，按法律法规要求给员工提供相应的保障，如"五险一金"，这也是确保企业不违法的前提，在福利设计中占有最高的比例。

原则二：支付控制原则。福利设计需在企业的支付能力范围内，因此需要严格控制福利开支，并提高福利服务效率，减少浪费。

原则三：多样化原则。根据员工的需要和企业特点提供多样化的福利项目。

原则四：差异化原则。由于福利有平均主义的倾向，所以可以选择一些福利项目，将它们与员工的业绩紧密联系，以提高福利分配的激励作用。

原则五：引导原则。选择的福利项目应对员工的行为有一定的影响，如在职培训等项目，能够引导和促进员工人力资本的投资。

2．福利策略的选择

企业可以设计的福利项目有很多种，总体来讲，福利可分为固定项目福利和可选择的变动福利（或者叫自助项目福利）。每种类型的福利都有自己的优缺点。企业常见的福利策略的类型及其优缺点如表 12-1 所示。

表 12-1　福利策略及优缺点

福利策略	定义	优点	缺点
固定项目福利策略	是一种固定的福利项目组合策略，是根据员工福利需求，在福利成本预算的基础上设计的	福利项目固定，方案简单，操作成本低，便于成本预算，易于操作，能够满足绝大多数员工的福利需要	不能满足员工的个性化福利需求，针对性不强，导致激励作用失效，甚至会导致企业投入的福利资源的浪费
自助项目福利策略	是指员工根据自己的喜好，可以自由挑选福利项目的策略。这种方法同样要基于福利成本预算和了解员工福利项目的需求	灵活的自主选择福利项目，满足了不同员工的不同福利需求，增强了福利项目的有效性和针对性，体现了企业管理的人性化，使员工感到受尊重，从而提高员工工作的积极性	福利成本预算的难度加大，不利于制定精确的福利成本预算，运作成本加大，增加了人力资源部门的工作量

续表

福利策略	定义	优点	缺点
固定加自助项目福利策略	是在进行福利成本预算的基础上，根据员工福利需求设计出的福利项目，并将所有福利项目划分成固定部分和自助部分，固定部分为基础福利，是所有员工均可享受的项目，自助部分可由员工根据自己的需求自主选择	灵活地结合了福利需求的普遍性和自主性，有利于调动员工工作的积极性。通过调整固定福利项目和自助福利项目，可以控制福利支出总额	难以准确地计算所有福利项目的成本，增加了人力资源部福利管理的难度，在一定程度上增加了运作成本

企业在进行福利策略选择时，还需要注意以下几个问题。

（1）福利政策应该支持企业的战略计划。不同的企业战略需要不同的福利策略来支持，例如：差异化战略需要提高企业核心人才的福利；为支持低成本战略，可以通过减少正式员工、增加临时员工的方式（即减少福利支出）来支持。

（2）充分了解国家相关法律政策。企业制定的福利政策要避免与法律政策相冲突，同时企业可以充分发挥法定福利的作用。

（3）个性化的福利政策。受其性别、年龄、婚姻状况、职业等的影响，员工对福利的需求不尽相同。企业可以通过有效的沟通等方式，为员工制定更符合其需求的福利政策。

3．福利预算

随着市场经济的不断发展，企业需要提供多样化的福利项目、灵活的福利提供方式。企业在设置福利项目时，应对每项福利的大概费用进行预算，以方便企业在实际执行过程中对各项福利费用的控制、调整，确保福利计划项目的有效实施。

企业可采用两种方法进行福利预算，具体如下。

（1）参照往年福利项目及福利费用标准编制预算，包括福利项目总费用和各分项费用。结合本年度企业预计在福利费用方面的总投入额度，适当地调整各分项福利费用标准，或者增减福利项目数量。此方法的优点是操作简单，便于福利费用总额的控制。

（2）根据企业福利费用计划编制预算。企业首先确定计划给予员工的单项福利费用标准，然后确定计划给予员工的福利项目数量，在此基础上，汇总得到企业总的福利项目预算额度。此方法能直接反映企业的员工福利水平，但在总成本上不好控制，容易超出企业支付能力。

4．弹性福利计划

（1）弹性福利计划的定义和作用

虽然福利已成为企业吸引、保留和激励优秀人才的重要手段，但是大量研究表明，企业所提供的福利水平和员工福利满意度之间并没有显著相关性，即福利成本的上升并没有带来员工满意度的增加[1]。研究指出，企业在制订福利计划时如果不充分考虑不同员工之间的需求差异，会导致福利计划失去激励作用[2]。在这种形式下，弹性福利计划的产生就成为必然。

弹性福利计划又称"自助餐式计划"，是指在固定的福利费用预算内，企业针对不同员工的需求和偏好，设计和实施多样化的福利项目，以供员工选择，使每个员工的福利需求得到最大的满足。通常，企业给员工提供各种各样的福利菜单，员工可根据自身需求自由选择福利项目。与

---

① 彭璧玉. 战略薪酬模式的选择. 中国人力资源开发, 2004,（6）：53-56.
② 岳龙华. 薪酬设计与薪酬管理. 北京：中国电力出版社, 2014：186-187.

传统福利计划相比，弹性福利计划不仅能帮助企业有效控制成本，还可以增加员工的福利满意度，从而有效地激励员工努力工作[①]。

（2）弹性福利计划的类型

弹性福利计划有不同的实施方案，企业选择何种弹性福利计划方案主要取决于企业想要从弹性福利计划中获得什么。常见的福利计划主要包括以下几种。

① 核心福利项目计划。

核心福利项目计划是每个员工都享有的基本福利。比如企业会按照最低限度水平为员工提供健康保险、人寿保险等所有员工都拥有的福利组合。除此之外，企业再提供可由员工自由选择的附加的福利项目。这些附加的福利项目附有价格，且每个员工都有一个福利限额；如果福利总值超过了所拥有的限额，差额就要折为现金由员工支付。

② 附加福利计划。

这是最普通的弹性福利计划，它是指在不降低原有的直接薪酬水平和福利水平的基础上，提供给员工一张特殊的信用卡，员工可以根据自己的需要自行购买商品或福利。该信用卡中可使用的金额取决于员工的任职年限、绩效水平，也可根据员工的基本薪酬的百分比来确定。该信用卡中的金额不能提现，员工只能根据自身需求将信用卡中的钱花完。附加福利计划对于那些直接薪酬低于市场水平而又想在劳动力市场上有一定的竞争力的企业而言，是一种很好的办法。

③ 混合匹配福利项目计划。

在可享受的总福利水平一定的情况下，员工可按自己的需求选择福利的种类和决定该福利的多少。一种福利的减少意味着员工选择企业其他福利的权利增加。如果员工选择某种福利后，不能通过降低其他福利项目来平衡总福利水平，则企业可采取降低其基本薪酬的办法。

④ 标准福利计划。

企业推出不同的福利项目组合，员工可以在这些组合之间自由选择，但却无权自行构建福利项目组合。福利组合之间的差异可能是通过不同福利项目的组合而形成，也可能是通过同样的福利项目、不同的福利项目水平而形成，这很可能导致福利组合的成本不同，对于那些选择较小成本的福利组合的员工，实际上会遭受利益损失。通常，企业将福利管理外包给外部企业时，会采用这种弹性福利计划。

（3）弹性福利计划实施的注意点

尽管很多企业在员工福利上投入了大量的资金，但是却没有起到应有的作用。例如，年纪较大的员工其经济实力一般较好，对教育补贴、无息贷款买车等福利不大感兴趣，从而削弱了该项福利的激励效果。因此，一个好的弹性福利计划并不一定包括所有的福利项目。企业应该根据内部绝大多数员工的实际需求来设定福利项目。企业需要注意的是，员工的年龄、婚姻状况、性别、收入水平和教育程度等方面都会影响员工对福利项目的敏感程度[②]。

同时，员工的需求是在不断变化的。员工在选择某一福利项目时，可能只考虑到他现阶段的情况，但随着员工经济状况、生活环境等方面的变化，员工当初选择的福利项目可能已无法有效激励员工了。因此，企业在实施弹性福利计划时，要定期或不定期地给员工提供更改福利项目的机会。

[①] Yanadori Y，Marler J H. Compensation strategy: does business strategy influence compensation in high-technology firms? Strategic Management Journal，2006，27（6）：559-570.

[②] 荆彦婷，张阳，何似龙. 现代战略性人力资源管理与企业隐式战略的匹配研究. 中国人力资源开发，2008，（2）：10-15.

12.1.5 员工福利管理

员工福利管理是指为了保证员工福利按照预定的轨道发展、实现预期的效果而采用各种管理措施和手段对员工福利的发展过程和路径进行控制或调整的活动。广义上的员工福利管理是对员工福利从产生到发展的整个过程进行全方位的管理；狭义的员工福利管理是为了完成一个既定的中长期的发展目标而采取的各种措施和手段。

1．员工福利管理的主体内容

（1）方案制定。制定一套完善的福利管理方案，有助于协调员工福利与薪酬其他组成部分之间的关系，保证福利的预期效果。

（2）财务预算。考虑未来市场的变化、经营环境的变化、劳动成本占总成本的比率等。

（3）管理机构。是否确定一个专门的管理机构和成立一个什么样的机构。

（4）人员配备。员工福利管理需要配置专业的福利管理人员，既要求熟悉企业的薪酬结构，同时也要对员工"隐形的需求"具备一定的洞察力。

（5）成本控制。成本控制是控制职能的主要内容之一，要有效控制成本，就需要福利计划的准确性、预算的可行性、制度的强制性以及规范性、实施的严格性以及相关管理人员恪守职责等。

（6）调整变动。调整变动是调节职能的一个重要方面。企业应该根据福利与福利产生的实际效果之间的关系，不断调整和完善福利管理的内容、方式等。

（7）效果评估。效果评估是调节职能的重要内容之一。评估内容应该是员工对企业福利管理的反应，其目的是改善员工福利的实施效果。效果评估的方法可以采用问卷调查法、访谈法、合理建议法、意见反馈法等。

2．福利的发放

福利的发放包括福利发放的时间、福利发放的方式、福利发放的对象等多方面内容。

（1）福利发放的时间

福利发放的时间应该与福利项目的计划实施时间一致。例如，逢年过节给员工发放一定的福利；高温、寒冷时期给员工发放相关福利；根据员工个人实际需要发放的福利；企业规章制度中约定好的待兑现的福利等。

（2）福利发放的方式

有些企业的福利发放采用实物的方式，如过年过节时发物品、集体生日会上派送生日礼物；恰当的时候以货币形式发放福利也很常见。也有部分企业采用以旅游、度假、免费培训等形式发放福利。

（3）福利发放的对象

福利发放的对象主要针对福利设置的目的而发放。一般普及型福利的发放对象是全体员工，特殊型福利的发放对象是满足相应福利规定条件的员工，如结婚时的红包、业绩优秀员工的外出旅游等。

3．福利成本的控制

员工福利的出发点是激励员工，提高企业的生产效率，从而使企业获得相应的收益。由谁来享受福利、如何分担福利成本、在多大程度内实行福利计划以及如何控制福利成本，都有可能影响福利成本控制的效果。因此，员工福利的管理还必须注意成本控制，这可以从以下几方面进行考虑。

（1）享受对象的确定。企业实施员工福利计划的目的是吸引人才、留住人才，提高员工工作效率，明确福利提供给哪些人员，并与制度设计的目标吻合，这是成本控制的第一步。

（2）员工分担福利支出。为了适度控制企业福利计划，同时也为了避免企业日后负担不起而被迫降低福利标准时引起员工不满，可以采取员工和企业共同负担福利开支的方式。完全免费的福利容易引起员工对福利的过度使用，发生浪费现象，不利于控制成本。研究表明，员工承担一些福利费用还可以提高员工对福利的评价。不少企业全部负担福利的开支，久而久之，员工视其为理所当然，并且倾向于低估企业提供的福利价值。

（3）实行弹性福利计划。不同员工的需求偏好是有差异的，弹性福利计划可以满足员工的不同需求，在企业福利投入一定的情况下，最大限度地满足不同员工的不同需求，提高员工满意度。员工在规定的货币额度内，自由选择福利组合，实现个人享有的福利价值最大化。在实施过程中，应尽量设法降低弹性福利计划的复杂度和可能导致的缺点。

（4）规定福利支付上限。如对企业内所有福利的开支和某些福利项目的支付设置上限，从而控制成本。

（5）控制管理成本。成本控制最常用的策略是员工福利外包，许多公司通过雇佣外部人员来管理福利计划，它们通过竞争性投标，选择质量价格比最优的外部组织管理员工福利，这种做法使企业对成本和福利的控制更集中、更一致、效果更好。如果由本企业自行管理福利项目，要尽可能在《福利手册》中详细介绍，让员工了解企业的福利计划，这样有助于福利沟通并提高福利管理效率。

4．福利管理中的主要问题

福利管理在企业文化和价值观的传递方面具有非常好的传递作用，能够在提高员工实际收入水平的同时减轻员工税收的负担、吸引和留住人才、激励员工的工作积极性并最终提升组织凝聚力。尽管如此，当前大多数企业的福利管理依然存在一些问题。

（1）缺乏激励性

目前，中国大多数企业的福利体系确实相当薄弱，即使制定了相关的福利政策，也存在平均化倾向。企业的福利被员工认为是普惠性的，并不与绩效挂钩，久而久之，员工认为福利就是企业付出的薪酬的一部分，是企业必须做的，因而感受不到企业的关怀，并导致企业福利成本的攀升，更无法实现福利成本的付出应带来的收益。而且，企业里的每一位员工都享受同样的福利待遇，没有差别也谈不上激励。对于员工而言，相同的福利被视为"大锅饭"，员工可以理所当然地享受。一方面，这种管理模式增加了企业的成本；另一方面，也无益于调动员工的积极性。

（2）福利项目设计单一

传统的福利制度都是为员工提供相同的福利而且很多年都不曾改变。但是，随着劳动力队伍构成的变化，不同文化层次、不同收入层次的员工对福利的需求都存在较大的差异，而传统的福利却相对死板。一方面企业付出了大量成本，而另一方面员工却并不需要，这种福利的提供与员工需求之间的脱节造成了很大的浪费，也无法实现企业的目标。

（3）漠视员工福利，激化劳资矛盾

员工福利计划的不健全越来越成为我国企业发展的"软肋"。虽然一些企业家在公众场合也常把"以人为本"的信条挂在嘴边，但真正执行起来，却打了折扣。许多企业除了对员工提供法定福利，即对政府为保障员工利益强制执行的福利进行遵守之外，对非法定福利形式普遍不太重视，甚至对于法定福利，有些企业执行的力度都不够，员工利益得不到保证。这使得近年来劳动争议案件呈上升趋势，处理不好往往影响到劳资关系的和谐，甚至会导致矛盾激化，造成不良的社会影响。

12.2 津贴设计

12.2.1 津贴的定义

国家统计局政法司《关于工资总额组成的规定》解释道：津贴和补贴是指为了补偿职工特殊或额外的劳动消耗和因其他特殊原因支付给职工的津贴，以及为了保证职工工资水平不受物价影响支付给职工的物价补贴。该规定指出：津贴包括——补偿职工特殊或额外劳动消耗的津贴，保健性津贴，技术性津贴，年功性津贴及其他津贴；物价补贴包括——为保证职工工资水平不受物价上涨或变动影响而支付的各种补贴。

人们的生产活动是在不同的条件下进行的。多数工作是在正常劳动条件下进行，但也有很多工作是在特殊条件下进行的。例如，井下、高空作业，在有毒有害气体或高温环境中工作以及野外工作，等等。在特殊条件下工作的职工，其劳动消耗及生活费用的支出要大于在正常条件下工作的职工。他们的这种额外支出，应该得到合理的补偿，而基本薪酬制度和其他的薪酬形式不能完全做到这一点。因而，必须采用津贴的形式。这对于保护职工的身体健康，弥补职工的额外支出，保障职工的生活水平，保证生产的持续发展，是很有必要的。

津贴作为劳动报酬的一种补充分配形式，具有以下几个特点。

（1）补偿性，是为保障员工更好地工作而支付的一种补偿性报酬。

（2）专一性，"一事一贴"，即针对某一特定的条件或目的而制定，如交通补贴。

（3）灵活性，随环境的变化，津贴的多与少也会相应地变化。

（4）均等性，同一劳动条件下，员工的津贴标准一致。

（5）平衡性，对艰苦环境中劳作的员工发放津贴是对其心理上的一种慰藉，有助于解决津贴的公平性问题，也有助于平衡因为劳动环境比其他员工艰苦造成的心理不平衡问题。

12.2.2 津贴与补贴

部分学者认为津贴是企业对员工在特殊劳动环境下工作所给予的附加薪酬，是为了补偿在恶劣环境下工作的职工的健康和精神损失，也是为了吸引和留住这部分员工继续安心工作。补贴则是指为保障员工的实际薪酬和生活水平不下降或为了鼓励员工长期在本单位工作而设置的。

一些学者也认为津贴与补贴是企业支付给员工工资以外的补助费，主要是为了补偿员工特殊或额外的劳动消耗，以及员工额外生活费用的支出[①]。具体而言，在某些情况下，员工的工作条件是不相同的，其劳动消耗和生活费用均有不同程度的差别，企业为了体现对员工的关怀，通常会根据员工的实际工作条件给予合理的津贴补偿，这对调节行业和地区之间的工资差异具有重要意义。

津贴与补贴是对员工在特殊劳动条件下的额外劳动消耗以及生活费用的支出的一种补偿形式。一般而言，把与工作相联系的补偿称为津贴，把与生活相联系的补偿称为补贴。通常，津贴

---

① 刘爱军. 薪酬管理：理论与实务. 北京：机械工业出版社，2008：111-115.

与补贴是以货币形式支付的，它们占薪酬总额的比例较小，一般不超过薪酬收入的10%。

在很多薪酬管理相关的专著里，我们发现很多作者往往将津贴与补贴一同讨论，他们将补贴称为生活性津贴，即补贴是津贴的一种表现形式。在本书中，我们也将补贴视为一种特殊的津贴，在无特殊说明下，津贴就包含了补贴。

12.2.3　津贴的种类

津贴分为工资性津贴和非工资性津贴。工资性津贴是指列入工资总额的津贴项目；非工资性津贴是指不计入工资总额支付的津贴。

根据《关于工资总额组成的规定》及《国家统计局〈关于工资总额组成的规定〉若干具体范围的解释》规定，津贴的内容包括以下几项，如表12-2所示。

表12-2　津贴的内容一览表

津贴项目		具体内容
劳动性津贴	补偿职工特殊或额外劳动消耗的津贴	高空津贴、井下津贴、流动施工津贴、野外工作津贴、高温作业津贴、冷库低温津贴、海岛津贴、高原地区临时津贴、夜班津贴、中班津贴等
	保健性津贴	卫生防疫津贴、医疗卫生津贴、各种社会福利院职工特殊保健津贴等
	技术性津贴	特殊教师津贴、科研津贴、工人技师津贴、中药老药工技术津贴、特殊教育津贴等
	年功性津贴	工龄津贴、教龄津贴、护士工龄津贴等
地域性津贴		林区津贴、艰苦边远地区津贴、野外工作津贴、流动施工津贴
生活性津贴		肉食津贴、副食津贴、出差津贴、菜篮子补贴、煤气补贴
特殊津贴		政府特殊津贴、博士津贴、博导津贴、军人津贴

补贴作为一种特殊的津贴，在企业的可持续发展中起着十分重要的作用。这里我们对其进行详细的阐述。补贴分为工资性补贴和物价补贴，具体内容如表12-3所示。

表12-3　补贴性质一览表

补贴性质	具体内容
工资性补贴	为了补偿工人额外或特殊的劳动消耗及为了保证工人的工资水平不受特殊条件的影响，而以补贴形式支付给工人的劳动报酬，包括按规定标准发放的物价补贴，煤、燃气补贴，交通补贴，住房补贴，流动施工补贴等
物价补贴	为了保证职工工资水平不受物价影响而支付给职工的物价补贴，包括为保证职工工资水平不受物价上涨或变动影响而支付的各种补贴

每个公司薪酬制度不同，规定的补助及标准各不同，工资中补贴大致包括餐饮补贴、住房补贴、交通补贴、通信补贴、出差补贴、医疗补贴、困难补贴等，即企业可通过多种形式对员工进行补贴，具体内容如表12-4所示。

表12-4　补贴项目一览表

补贴项目	说明
餐饮补贴	企业为员工提供的早、中、晚餐补助或饮料补贴
住房补贴	企业对无自有住房员工或自有住房面积未满足住用需求的员工发放的购房或住房补贴

补贴项目	说明
交通补贴	企业用于补偿员工上下班乘坐市内公共交通工具而发生的费用，或补偿员工使用个人交通工具而发生的燃油费、保养费
通信补贴	企业为补偿员工因工作需要而发生的移动、固定电话通信费用而向员工提供的补贴项目
出差补贴	企业为补偿员工因出差造成生活成本增加的费用而向员工提供的补贴项目
CPI（Consumer Price Index，居民消费价格指数）补贴	企业根据当前经济形势向员工提供的临时性物价补贴，用来缓解员工因 CPI 上涨带来的生活拮据，如果 CPI 下降，则可以随时取消该补贴项目
医疗补贴	企业为补偿员工因病或非因工负伤发生的医疗费用而支付的补贴
困难补助	企业对因病、因残或其他原因导致生活困难的部分员工发放定期或一次性困难补助费

此外，补贴还包括保健费、餐补、异地补贴、特殊岗位津贴、煤火补贴、肉类价格补贴、副食品价格补贴、粮价补贴、煤价补贴、房贴、水电贴等。

12.2.4 津贴的设计

津贴是员工薪酬构成的一部分，津贴设计的合理与否关系到企业的薪酬结构合理与否。完整的津贴制度应明确规定津贴的项目、适用范围、标准以及发放办法等内容。其设计步骤一般遵循以下程序。

1．明确津贴设计的目的

津贴设计的目的如下：一是为补偿劳动者特殊或额外劳动消耗而设立的津贴；二是为保障劳动者身体健康，为从事有毒、有害作业的劳动者设立的津贴；三是为补偿劳动者生活费用的额外支出而设立的津贴；四是为鼓励劳动者对本职工作做出特殊贡献而设立的津贴。

2．设置津贴的项目

企业应该根据津贴设置的目的，设置津贴项目。津贴的设置要符合国家的相关法律法规，对要求设置津贴的岗位或工种进行详细调查研究，综合权衡后再设置津贴项目。在设置津贴项目时应注意以下几个要点。

（1）避免任意设置。企业设置津贴应根据自身情况，考虑津贴设置的目的和意义，避免随意设置，以及没有任何目的的津贴项目设置。

（2）避免重复设置。为适应各种新的工作环境，企业可能会增加一些津贴项目，但是也应该注意到，过多的津贴项目会给企业带来沉重的负担。因此，企业应该根据情况的变化，动态增加或减少津贴项目，以防止出现津贴项目越来越多的现象。

（3）确定津贴的适用范围。在确定津贴项目后，需要确定哪些工种或岗位要纳入实施津贴的范围，根据岗位或工种的性质确定其适用的津贴项目。要进行科学的环境测试和调查分析，依据劳动条件的特殊性，规定明确、具体的津贴发放资格条件，使各类岗位、工种、职务对号入座，经申报批准后实施。符合条件的员工列入范围，不符合条件者绝对不能滥发。

3．确定津贴标准

（1）津贴标准的制定方法

① 比率法。即按照员工本人基本薪酬的一定比率确定津贴标准，这种方法有助于保障员工的基本生活水平。

② 绝对额法。这种方法适用于除保障性津贴以外的其他津贴。

（2）确定津贴标准时应考虑的因素

① 员工在特殊条件下劳动的繁重程度。

② 员工在特殊条件下劳动时身体受到危害的程度。

③ 员工在特殊条件下劳动时生活费用支出增加的程度。

④ 劳动保护设施的完善程度、工作时间的长短等情况。

一般来说，特殊条件下劳动强度越大，对身体危害越严重，所需生活费用越高以及劳动保护设施越差的工种或岗位，津贴标准应越高。反之，则应适当低一些。

4．清晰津贴制定权限

地区性、生活补偿性津贴，由国家劳动保障部门或省市薪酬主管部门制定，行业性岗位、工种、职务津贴，由行业劳动薪酬主管部门制定。企业根据国家的有关规定和实际需要，也可设立必要的津贴或调整津贴标准，但需严格控制。

12.2.5　津贴的管理

1．津贴制度的管理

津贴制度是整个薪酬制度的主要组成部分之一，加强津贴制度的管理，对做好企业内部分配、调动员工积极性、提高企业经济效益都有重要意义。企业在津贴制度管理上应做好以下两方面的工作。

（1）做好津贴日常管理工作。津贴设立之后，要对其进行跟踪，检验其可实施性和科学性，发现问题及时改进。因此，企业要制定出一整套加强津贴管理的规章制度和合理的支付办法。

（2）做好津贴制度的动态管理工作。当劳动条件和生活环境发生变化时，企业应该及时对津贴制度做出相应的调整，使之能够始终有效地发挥积极作用，并随情况的变化而变化。

2．津贴的发放

企业的津贴发放需要注意发放形式和发放时间两个方面的内容。

（1）津贴的发放形式

企业可以采用货币形式或者实物形式发放津贴。通常，与额外劳动补偿有关的津贴采取货币形式发放，并构成辅助薪酬的一部分。与身体健康补偿有关的津贴，一般采取实物形式发放，如定期发营养食品、保健茶等。企业应该根据自身条件特点选择相应的津贴支付方式，可采用单一的货币或实物的支付方式，也可以采用两者混合的支付方式。

（2）津贴的发放时间

关于津贴的发放时间，各企业应根据自己与员工协商的结果自行确定，一般情况下，津贴的发放时间有以下几种情况，如表 12-5 所示。

表 12-5　津贴的发放时间一览表

津贴的发放时间	具体说明
按月全额发放	即每月随工资发放时间一并发放，全额发放。但此时企业也可以考虑与员工考勤结果、业绩完成情况相关联来进行津贴发放
分阶段考核发放	有些企业也采用每月先发放一定比例的津贴，其余部分结合员工表现根据考核结果发放，考核内容可以与员工考勤、工作态度、业绩等相关

（3）津贴发放必须注意的其他问题

津贴发放中还需要注意规避 4 个问题，即津贴滥发滥用、平均主义、津贴管理观念落后、津贴设计的初衷难以实现等。

【启发与思考】

扫一扫→山西太原：节后用工潮 企业"软福利"招工

【思考练习题】

1. 什么是福利？
2. 福利包括哪些？
3. 简述常见的法定福利。
4. 福利设计的原则是什么？
5. 福利策略有哪些？
6. 什么是弹性福利计划？
7. 弹性福利计划的类型有哪些？
8. 实施弹性福利计划要注意些什么？
9. 津贴与补贴概念辨析。
10. 津贴的分类包括哪些？
11. 生活津贴包括哪些？
12. 津贴标准的制定方法是什么？
13. 津贴的发放形式有哪些？

【模拟训练题一】

M 公司是一家集设计、研究、生产于一体的冶金及环保设备科技型专业公司，是中关村最新认定的首批国家"双高新技术"企业，已通过了 ISO9001 质量体系认证和 ISO14001 环境体系认证。

公司近来正在完善津贴、福利和奖金的制度设计，现在公司需要设计学历津贴、职务津贴和加班津贴，请你参照表 12-6 中某公司的支付标准，利用本章所学知识为 M 公司设计学历津贴、职务津贴和加班津贴。

表 12-6 某公司加班津贴支付标准

加班时间	加班津贴
工作日加班	每小时加点工资=正常工作时间每小时工资×150%支付
休息日加班	每小时加点工资=正常工作时间每小时工资×200%支付
法定节假日	每小时加班工资=正常工作时间每小时工资×300%支付

某公司学历津贴支付标准

津贴类型	支付标准
本科	300 元/月
硕士	600 元/月
博士及以上	1000 元/月

某公司职务津贴支付标准

津贴类型	支付标准
初级	600 元/月
中级	1000 元/月
高级	1500 元/月

【模拟训练题二】

B 有限公司是一家金融投资管理公司，公司的主要业务范围涉及证券、基金、期货和房地产等领域。

公司一度发展迅速，经营业绩非常好，每逢假期都有奖金，"五一"和"十一"假期还有旅游奖励。但近几年由于公司管理不善，经营业绩下滑，节假日奖金不断减少，总经理把今年的旅游奖全部取消，公司员工怨声载道。马上又要到"五一"了，人力资源部门左右两难，一方面公司业绩不佳，总经理缩减开支计划；另一方面员工士气低迷，工作效率低下。

请根据以上案例回答下列问题：

1. 公司的问题出在了哪里？

2. 你认为公司应该如何解决目前面临的问题？

【情景仿真题】

某民营企业 Y 专注经营纺织业务，近年来，公司订单业务逐渐增多，发展蒸蒸日上，规模从五年前的一家小厂壮大成为该地区叫得上名号的大型纺织企业。与此同时，公司管理制度的发展跟不上业务上的扩张，员工和管理层之间的矛盾日益显著。很多员工认为，以前公司规模小，没有什么福利也就算了，现在公司发展越来越好，逢年过节领导们都不表示一下。管理层忽视员工的感受，长此以往，导致很多老员工跳槽。

公司的总经理吴总发现这个问题，聘请有经验的张强任公司的人力资源经理，张强来公司三年，每逢节假日都给员工发福利，得到了员工的一致好评。

今年端午节前夕，张强为联系物美价廉的粽子供应商四处张罗，节前给每位员工发了三盒品质优良的粽子。然而领取粽子的当天，他却听到了同事们的抱怨："三盒粽子也太多了，我老公单位也发了好多，还不如来点实际的。""我倒是想趁着端午节多放几天假和亲戚朋友到外地转转，我能用这三盒粽子换成一天的假期吗？""发购物卡比发实物强多了，自己喜欢什么买什么。"张强听完后，心里很不是滋味。

问题：

1. Y 公司在福利管理中出现过哪些问题？

2. 张强采用了哪种福利策略？这种策略有什么优缺点？

3. 如果你是人力资源经理，你会对 Y 公司福利方案进行怎样的改进？

第五篇

薪酬运行管理

第 13 章　薪酬发放

学习目标

1. 了解薪酬发放的基本方式与流程。
2. 熟悉薪酬发放的时间与频率控制方法。
3. 掌握薪酬发放的六项基本原则。

【引导案例】

德胜（苏州）洋楼的薪酬发放艺术

德胜（苏州）洋楼有限公司（以下简称公司）成立于 1997 年，注册地址为苏州工业园区淞江路 3 号，是美国联邦德胜公司（FEDERAL TECSUN, INC.）在中国苏州工业园区设立的全资子公司。德胜公司从事美制现代木（钢）结构住宅及公用建筑的研究、开发设计及建造，是中国境内第一家从事现代轻型木结构房屋施工的企业。德胜（苏州）洋楼是一家真实到令人震撼的公司。它建造的美式木结构住宅超过了美国标准，它把农民工改造成高素质的产业工人和绅士，它的员工手册被誉为中国企业的管理圣经，这一切成功源自德胜朴素的价值观。

"工友们，严肃紧张的制度学习会之后，团结活泼的拍卖会时间到了！"一位操着湖南普通话的小伙子快步走上前台，拿起话筒，以兴奋的语调宣布了一场拍卖会的开始。这是公司一间不大的中餐厅，里面摆放了五六张方桌和长条桌，员工们团团围坐在桌旁的藤椅和方凳上，瞪大了眼睛，张望着前方的台子——那里摆放着将要被拍卖的物品，有丝绸围巾、高山生态茶、迷你音响、浴巾，甚至还有特色小菜……

这热闹的拍卖场景，并非一场自娱自乐的员工晚会，而是一场用心良苦的福利发放。这场热闹非凡的拍卖会蕴含了公司深思熟虑的薪酬艺术：（1）构建反腐败的文化，杜绝员工收受贿赂，将礼品全数拿出来进行公司内部的公开拍卖；（2）发福利，以较低的价格拍卖，让员工有尊严地获得福利；（3）献爱心，礼品拍卖所得款项全部捐献给长江平民教育基金会，让员工在得到实惠的同时也为社会献出一份爱心。

公司还致力于将每一位员工培养成绅士，创始人聂圣哲承诺：任何一名在德胜工作满五年的员工都可以免费出国考察一次。公司每年的圣诞大餐也都会选在苏州最豪华的酒店举行，全国各地工地上的员工都会在这场盛会时返回苏州。这个会议有一个重要的环节是颁发年终奖金，但年终奖金的发放却独具特色：由公司创始人聂圣哲亲自计算奖金数额、数钱、装钱，再把装好现金的信封，以双手递到每一位领奖员工的手中。那是聂圣哲与员工之间的一个"神圣的约定"，他要通过这样的仪式让每一位员工知道自己与老板之间的关系，没有任何其他人插手。

只有企业对员工坦诚以待，真心将员工看成是企业的"手足"，将员工的职业发展与公司的发展规划相结合起来，切实为员工的各方面需求着想，才能让员工"死心塌地"地跟着公司干，才能让员工因为舍不得眼前的"利益"而自觉地成为公司的"主人翁"，处处维护公司的利益！

（资料来源：根据 http://www.tecsunhomes.com 提供的素材整理而成）

思考：

1. 请回顾，案例中包含哪些薪酬类型？
2. 案例中涉及了薪酬发放的哪些方面？
3. 公司是如何通过巧妙的薪酬发放方式，培养起员工的主人翁意识的？

薪酬发放是指薪酬的具体发放办法，包括直接以现金形式支付的薪酬（如基本薪酬、绩效薪酬、激励薪酬等）、通过福利和服务（如养老保险、医疗保险、人寿保险等）支付的薪酬，以及特殊情况下支付的薪酬。同时，企业的薪酬发放行为必须符合国家和地方的有关法律法规、政策和组织薪酬制度的有关规定。

13.1 薪酬发放的方式

企业中常见的薪酬发放方式有 4 种，即基于职位的薪酬发放、基于市场的薪酬发放、基于能力的薪酬发放和基于绩效的薪酬发放。

13.1.1 基于职位的薪酬发放

基于职位的薪酬发放是指薪酬的支付应该根据职位的相对价值来确定。这种方式是对某一职位所履行的义务、承担的责任进行的支付，而与这个职位上的任职人无关。这种方法的优点是职位价值的衡量相对简单，具有较强的客观性，比较适用于传统产业和管理职位。

13.1.2 基于市场的薪酬发放

基于市场的薪酬发放是在对劳动力市场薪酬调查的基础上，以薪酬具有竞争力为导向，对员工发放具有市场竞争优势的薪酬的方式。这种薪酬发放方式受到外部市场环境的影响，有利于企业吸引和保留人才，但是会增大企业的薪酬成本。

13.1.3 基于能力的薪酬发放

基于能力的薪酬发放是指不论员工在哪个职位工作，不论他实际做了哪些工作，只要该员工具备了一定的知识、技能和经验，企业就要支付给他相应的薪酬。这是一种能够有效促进员工学习、成长的方法，通常来说，研发人员、高层管理人员比较适合这种方式。

13.1.4 基于绩效的薪酬发放

基于绩效的薪酬发放是完全以员工的工作成果为依据支付薪酬。影响薪酬发放的因素不是职位、能力、努力状况，而是其最终的绩效结果。比如传统的计件工资制就是典型的基于绩效的薪酬方案。基于绩效的薪酬具有更强的公平性、灵活性、激励性。通常来说，销售人员比较适合这种方式。

13.2 薪酬发放的时间与频率

薪酬发放保障制度是对劳动者获得应得薪酬及其所得薪酬支配权的法律保护。其中，按时发放规定，薪酬应当按照用人单位与劳动者约定的日期支付。如遇节假日或休息日，则应提前在最近的工作日发放；至少每月发放一次，对于实行小时工资制和周工资制的人员也可以按日或周发放。

除遵循以上规定外，企业薪酬发放的具体时间和具体形式视企业所采取的薪酬制度而决定，一般包括以下4种情况。

13.2.1 固定工资制

即工资的组成仅有固定部分没有浮动部分，且工资的多少仅与员工日常考勤密切相关，此种情况通常在每月固定日期支付一次，可采用上发式或下发式。这一类型的薪酬制度适用于工作内容与劳动时间缺乏变动的情况，因此发放时间也较为固定。

13.2.2 绩效工资制

在工资组成中浮动部分占据较大比例，此部分工资的发放要结合员工的业绩考核结果进行，绩效工资的支付周期视考核周期而定，一般有月度考核、季度考核、半年度考核和年度考核几种类型，绩效工资在考核结果出来后发放，原则上也有固定的时间。

13.2.3 组合工资制

工资组成中有固定部分也有浮动部分，分别结合员工考勤和业绩考核结果进行发放，因此发放也可以分两次或多次进行。

13.2.4 其他项目发放时间

如福利、津贴、分红等及其他非经济性报酬，发放时间视企业与员工约定的具体时间而定。

另外，基于心理学的视角，在发放总数一定的情况下，频率更高的小额奖励往往能够带来更高更持续的满足感。所以当企业要给员工发放 1 万元的奖金时，最好分两次，每次给他 5000 元，这样尽管他拿到的总数还是 1 万元，但两者相比较，一次性发放所产生的幸福感，就不如分两次发放那么强[①]。

13.3 薪酬发放的基本原则

薪酬发放不仅需要根据不同的发放方式进行调整，发放的时间与频率也应当视企业所采取的薪酬制度而有所差异。无论采取怎样的薪酬发放方式与频率，都应当遵循以下几项基本原则。

13.3.1 及时性原则

薪酬支付的及时性原则不仅仅是《劳动法》与《工资支付暂行规定》等法律法规和管理规定的强制性要求，更加是维护企业信誉与形象的重要保障。《劳动法》第五十条规定："工资应当以货币形式按月支付给劳动者本人。不得克扣或者无故拖欠劳动者的工资。"

月薪应当每月发放，并且发放时间最好相对固定。如遇企业经营情况困难时，企业有责任

---

① 涂晓春. 薪酬发放的艺术. 企业管理杂志，2012，（4）：87-89.

与义务向员工阐明情况，并且在获得员工认可的情况下共同商定薪酬兑现时间。从会计角度讲，应付职工薪酬属于企业的负债类科目，并非企业对员工的施舍。及时支付员工薪酬，往往也是企业经营情况良好、信誉度高、可持续性强的重要表现。

此外，月度奖励工资和附加工资一般应随基础薪酬一并发放。季度奖励和年度奖励也相应地要求在绩效考核完成之后的某一个时间内进行发放。年薪的结算和年度奖励的发放，最晚不要超过春节假期开始之前，即必须在放假之前将年薪结算款和年度奖励工资发放到员工手中[①]。

13.3.2　现金与非现金相结合的原则

发放给员工的基本薪酬、奖励薪酬、附加薪酬，只能采用现金的形式发放，不能选用企业股金或者企业产品的形式。尽管在薪酬管理实践中，企业向高层次管理人员承诺的现金发放的高薪往往会影响企业的现金流，甚至影响企业经营效益。但基本薪酬、奖励以及附加薪酬等形式的薪酬发放，应当遵守企业承诺，一方面维护企业良好的声誉，另一方面保证员工的工作积极性。鉴于对企业现金流的考虑，企业在制定以现金形式发放的薪酬水平时也应当充分考虑年底支付大额现金可能造成的流动资金问题。

除此之外，企业还可以通过奖励股份，以及其他非现金福利发放的形式提高员工对薪酬整体水平的满意度，如保险、工作餐、免费住宿、旅游、体检、各种过节费、免费班车、各种文娱活动、抽奖活动、脱产培训等，这些非现金福利往往能够在现金薪酬之外满足员工的生产生活需求。尽管如此，如果企业单边改变主意，将以现金发放的薪酬改为股权奖励或其他形式的非现金福利，往往容易使受奖人有一种被骗的感觉，致使其工作积极性和创造性受挫下降。因此，薪酬发放的现金与非现金相结合需要一个较为明确的分界线，企业应当始终坚持原则，信守承诺，切忌单边决策。将原本以现金发放的薪酬转变为非现金，不仅将降低员工对企业的信任感，也容易带来员工在将获得的奖励折现过程中的挫败感及变现损失。

13.3.3　足额原则

企业所承诺的薪酬必须按时间约定，足额发放，不得有任何截留。在现实中，有些企业只按一定比例发给员工薪资，剩一部分承诺在未来的某一天兑现。如果企业经营发生困难，这是不得已而为之的办法。如果企业有能力全额发放，选择这种办法，往往会给员工留下企业面临经营危机的印象，使员工产生另谋高就的想法。

13.3.4　扣除的约定原则

在企业管理中，对员工的某些行为进行惩戒性罚款是必不可少的。如旷工、迟到和缺勤，要扣除一定数额的基本薪酬、奖励和附加薪酬。但这种扣除都必须事先有明确的约定，并让每个员工都熟知这种事先的约定，不得有任何暗箱操作，或者事后任意追加。

每个员工的扣薪项目的统计和计算必须公开，使员工自己心里有数。个人所得税的代扣代缴，也必须事先与员工约定。国家有相关法规，企业在执行这些法规的时候必须做耐心的解释工作，不能先斩后奏，让员工提出疑问之后再做解释，这样才不会让员工感到是企业在用国家的法律法规整人。

---

① 舒化鲁. 薪酬支付的六个原则. 商业评论网，2011-09-08.

13.3.5　福利享有的绩效挂钩原则

对于社会保险和住房基金等福利的享有，要求企业必须事先在发放比例、发放方式上做出规范约定，并与绩效考核挂钩，明确绩效考核得分与员工福利保险的享有数量和享有比例。

福利保险也不能搞成"大锅饭"。不能对员工起激励作用的任何形式的薪酬发放，都是一种地地道道的浪费，是拿投资人的钱白送人买怨言，这在企业管理中是必须避免的。

13.4　薪酬发放的常见流程

对于企业整体而言，薪酬发放通常是整个薪酬管理循环过程的最后一步，也是薪酬管理的评估与反馈的起点。它不仅是薪酬管理方案的具体落地，同时也是进行薪酬调整与预算方案制定的重要历史数据来源之一。薪酬发放由企业财务部门或人力资源薪酬小组执行，一般而言，薪酬发放包含以下几个环节。

13.4.1　薪酬测算

薪酬测算是指企业根据薪酬管理的历史资料，考虑当前企业的经营管理现状，对未来的薪酬管理做出较具体的预计和测算。例如，根据企业历史销售情况及各销售点的人员配置，按照既定的薪酬方案，对本月、本季、本年的销售人员整体薪酬进行测算。薪酬测算可以进行各项薪酬管理方案的经济成本计算，为企业薪酬管理方案提供可靠依据；可以预计企业薪酬波动的发展变化情况，对比分析经营目标与薪酬成本的协同性；可以测算各项固定或变动的薪酬成本，为调整与转换指标任务提供依据。因此，薪酬测算是企业薪酬管理的具体化。

13.4.2　薪酬控制

薪酬控制是指利用有关信息和特定手段，对企业的薪酬发放环节施加影响或调节，以便增强发放环节所必需的安全性，同时实现员工对薪酬发放的心理预期。

在管理实践中，薪酬发放人员在薪酬测算得以通过之后，还需要对薪酬发放的安全性进行控制，如采取双人经办、选择信誉良好的银行签订薪酬代发协议、采用安全级别相对较高的密码器进行支付、设置严格的薪酬发放相关文件时效及负责人制度等。

13.4.3　薪酬分析

薪酬分析是指根据企业薪酬结构及薪酬水平等相关资料，结合实践中有关薪酬发放的具体数据信息，采用统计分析的方法，系统分析和评价企业薪酬管理状况、薪酬水平与企业组织战略的匹配以及薪酬管理的未来趋势等。事实上，基础薪酬数据的分析也是薪酬评估与反馈的数据来源与核心基础。每一次完整的薪酬发放流程，都应当进行一次基础的薪酬数据分析，以便及时发现薪酬异常和解决相关的问题。此外，通过全面薪酬分析能够及时发现和反映出企业薪酬结构的配置是否合理、薪酬水平是否达到企业的战略目标、薪酬方案的实施是否为企业带来预期的效益，以及薪酬发放过程是否存在缺陷或引发新的不平衡等问题。

【启发与思考】

扫一扫→如何进行薪酬的发放

【思考练习题】

1. 常见的薪酬发放方式有哪 4 种?
2. 薪酬发放的时间取决于什么因素?
3. 薪酬发放的基本原则有哪些?
4. 薪酬发放的现金与非现金相结合原则应当注意什么?
5. 薪酬发放的常见流程有哪些?
6. 薪酬控制中的安全性控制应当包含哪些方面?

【模拟训练题】

W 家具公司(以下简称"W 公司")是 H 市的本土企业,于 2001 年建厂。经过多年的发展,销售收入与利润逐渐上升,并于 2013 年达到最高值。但在 2014 年,随着全国知名家具企业纷纷进入 H 市,面对逐渐增加的市场竞争,W 公司在资本实力、品牌、技术、产品等方面都显得比较吃力。随后,W 公司开始面临销售收入下滑的不利局面。到 2016 年,W 公司销售部门有很多的优秀员工和工龄超过 8 年的老员工,甚至部门的中高层都纷纷离开公司。人力资源经理了解到,他们离职的最主要原因是对薪酬不满意,甚至极度愤慨。

W 公司的薪酬制度主要是根据历史经验制定,经理级别以下的员工薪酬结构为底薪+销售提成+业务补助。部门经理根据员工每月销售业绩进行考核并确定级别,下月的底薪则以该月确定后的级别进行发放。从表 13-1 W 公司 2016 年实施的销售提成规定中可以看到,该公司的薪酬是以现金的形式进行发放,各个层级的员工底薪差距不大,老员工有一定数额的补助,但享受时间数额较为有限,同时不存在其他福利。加上 W 公司销售提成规定几年来几乎没有根据市场薪酬水平进行任何调整,一些员工的绩效考核结果和所得工资出现了不升反降的情况。员工们叫苦不迭,纷纷离开 W 公司到更好的公司谋求发展。

表 13-1 2016 年 W 公司销售提成规定

2016 年 W 公司销售提成规定			
级别	底薪设定(元)	业务员提成比例	导购员提成比例
钻牌	3500~4000	6%	4.5%
金牌	2000	6%	4.1%
银牌	1800	5%	3.0%
铜牌	1500	4%	2.0%
附注:员工收入级别在银牌以上,连续三个月以上,额外给予一次性奖励 300~1000 元			

问题：请结合本章内容，找出 W 家具公司在薪酬发放方面存在的问题，并运用薪酬发放方式、时间与频率及基本原则等知识，在 W 家具公司现行薪酬方法制度的基础上重新设计或调整，以解决该公司人员流失严重的问题。

【情景仿真题一】

DXT 通信技术有限公司是一家专业从事通信与网络产品开发、销售及技术服务的高新技术企业，是国内最大的通信产品零售连锁集团，现已覆盖华北、华东、华中、华南和西北、东北、西南等 25 个省（市）的近 1500 多家零售门店。

目前 DXT 集团北京分公司共有零售门店 172 家，各类员工 1794 人；其中，2016 年正在筹建的新门店有 8 家。经人力资源部及相关业务部门测算，新筹建的门店将涉及调动的员工人数为 20 人，另需新聘员工 15 人。涉及调动的员工中，包含 8 名门店管理人员，以及 12 名后勤及销售人员；预计新聘员工均从 2016 年校园招聘及社会招聘中获得。在公司原有的薪酬结构中，管理人员薪酬按表 13-2 核算，后勤及销售人员薪酬按表 13-3 核算。公司对新进员工实行评级定薪，根据新员工的工作经验、学历以及入职培训的考核情况，为新员工的绩效奖金及福利部分设置基准系数，并在为期 6 个月的试用期内执行该系数。该基准系数通常不低于普通员工的 0.7，但不得高于普通员工的正常系数 1.0。无论是店长薪酬还是员工薪酬，均与所在门店级别相关，绩效系数不高于门店评级对应系数。公司规定，所有员工在职期间，每年都可以申请一次工资系数调整，但必须提出明确的申请依据。

表 13-2　门店管理人员薪酬核算表　　（单位：元）

门店	门店级别	工号	姓名	基本薪酬	岗位工资	奖金合计	绩效系数	收入合计
财满街店	A			2000	1000		1.2	
昌平店	B			2000	1000		1.1	
朝阳八里庄店	A			2000	1000		1.2	
朝阳大悦城店	A			2000	1000		1.2	
磁器口店	C			2000	1000		1.0	
大红门银泰店	D			2000	1000		0.9	
大兴店	D			2000	1000		0.9	
德胜店	D			2000	1000		0.9	

表 13-3　门店后勤及销售人员薪酬核算表　　（单位：元）

序号	门店	工号	姓名	基本薪酬	岗位工资	奖金合计	系数	收入合计
1	财满街店			1000	800		1.2	
2	昌平店			1000	800		1.1	
3	朝阳八里庄店			1000	800		1.2	
4	大兴店			1000	800		1.0	
5	磁器口店			1000	800		1.0	

问题：根据公司的门店扩展计划，请尝试拟定新员工薪酬核算表，绘制 DXT 公司员工薪酬发放流程并注明各个流程的关键结点。

【情景仿真题二】

根据 DXT 公司薪酬发放方案的规定，公司人力资源部薪酬小组须在每个月 5 日收集所有员工的考勤及其他薪酬相关的信息，并于 8 日前制作薪酬初稿，10 日前与各部门核对薪酬发放细节并提交公司人力资源部总监批复。每月 12 日上午，由公司薪酬专员李某和赵某携带公司专用的华夏银行支付密码器，共同前往最近的银行网点办理代发业务。

2016 年 8 月 12 日，由于赵某突发阑尾炎，无法陪同李某前往银行。李某无奈之下，只得向人力资源总监申请将发放时间推迟至当月 15 日。李某认为，为了保证薪酬发放的及时性，如果 15 日赵某仍然无法正常上班，自己便不得不独自前去银行办理代发。

请根据案例回答以下问题：

1. 案例中共涉及哪些薪酬发放的基本原则？

2. 如果你是李某，会如何处理这次的突发事件？

3. 如果你是人力资源总监，会如何处理这次的突发事件？并说明理由。

第14章　薪酬评估与反馈

🔖 **学习目标**

1. 了解薪酬评估的基本方法与流程。
2. 熟悉薪酬调整的含义与实施方法。
3. 掌握薪酬沟通与反馈的定义、特征与方式。

📋 **【引导案例】**

骨干员工离职风波

王经理是一家一级资质地产企业的工程部经理，该集团也是当地最大的地产企业，总资产约 30 亿元。该企业高速成长于 2000 年到 2005 年，目前手中有 220 万平方米的土地储备。

工程部是集团公司的重要业务部门，共有员工 14 人。王经理平时工作敬业努力，对员工的业务指导也很到位。新财年之初，公司终于打破涨薪的坚冰，在几年未普调薪酬之后，决定在今年给大家涨薪，但是最终结果出来之后，却令大家很失望，普调 5% 的比例和大家的心理预期相去甚远。员工普遍表现出来了抱怨，甚至有员工开始离职，投奔给出更高薪酬的企业。在短短的两个月内有 6 名骨干离开了公司。

工程部经理面临巨大的压力，当人力资源总监找其谈话的时候，他说："我也与他们进行了沟通，他们因个人原因离开，我也没办法。"很明显，6 名骨干大多是因不满公司的薪酬而离职的，工程部经理认为薪酬政策是由公司制定的，他已无能为力了。

这是一个很考验主管管理技巧的工作，要想让企业满意、员工满意，的确很难，其管理、沟通技巧都需要一定时间的练习和提升，才能逐步到位。

（资料来源：http://www.chinatat.com/new/179_247/2010_5_6_xu83191447165010217097.shtml）

案例思考：

1. 管理者应该如何对员工进行有效的薪酬沟通和谈判，并发现企业运行中的薪酬问题呢？
2. 常用的薪酬调整方案有哪些？
3. 企业该如何运用薪酬沟通或者薪酬调整来解决员工的薪酬问题？

每个企业都会有一套完整的薪酬结构在支撑着组织的运作。而随着外部环境的不断变化和组织自身的不断调整，原有的薪酬政策或者薪酬手段可能已经在新时期失去效果，甚至可能导致企业竞争能力下降。这个时候，企业需要及时地对自身薪酬管理进行评估诊断，找到问题所在，并进行相应的调整，进而提高企业的市场竞争力。

14.1　薪酬评估

薪酬评估能够通过先进的分析手段和方法，发现企业薪酬方面的薄弱环节和存在的问题，并分析产生问题的原因，提出切实可行的方案或建议，进而指导方案实施以解决问题、改进现状、提高企业的薪酬管理水平。

14.1.1　薪酬评估的定义

薪酬评估是企业通过科学的方法获取一系列与企业薪酬、成本、销售相关的数据，并结合企业财务报表，对该数据进行分析、汇总，发现当前薪酬制度在薪酬管理中存在的问题的一系列做法。薪酬评估的实质是一种顾问服务活动，通过评估者的专业评估和意见，明确企业和员工的切实需求，确定薪酬设计的方向，促成企业员工之间、职位之间以及员工和职位之间动态地适应，提高企业薪酬管理的质量。

薪酬评估工作是企业对新的薪酬制度进行设计的前提步骤，就如同医生根据病人的症状描述和身体检查，得出评估建议，进而才能开出药方对病人进行有针对性的治疗。事实上，在薪酬设计的问题上，永远没有唯一正确的做法。所以，薪酬评估的关键在于判断现行的薪酬制度是否适合企业自身特点。

14.1.2　薪酬评估的必要性和原则

1．薪酬评估的必要性

企业的薪酬意味着对员工价值的认可，同时还具有宣传作用。通过薪酬结构，员工能够很快感知到组织的重视点与关注点。在企业的管理实践中，对薪酬结构进行评估的必要性有以下几点。

（1）保障企业薪酬管理的战略适配度

企业的薪酬战略是企业人力资源战略的分解和细化，是一系列薪酬战略战术的选择，它能帮助企业赢得并保持竞争优势。但目前，我国企业薪酬战略不合理的现象比较普遍。一种情况是企业本身没有建立清晰的战略和远景目标，随着外部竞争环境的变化以及企业的不断发展壮大，导致企业的人力资源战略和薪酬战略缺失。二是原有的薪酬理念随着企业总体战略的变化变得不合时宜、激励员工的薪酬手段可能会在组织变革时失效，当企业越来越依靠团队工作时，曾经的薪酬政策就可能面临着挑战。

（2）增强企业薪酬的内部公平与激励性

在管理基础薄弱的企业中，薪酬的内部公平性引致的问题比薪酬的外部竞争性不足引致的问题更为严重。内部公平强调的是企业内部不同工作之间的报酬水平应该相互协调，主要是根据各岗位对企业所做贡献、岗位本身价值大小而确定薪酬的方式来实现内部公平目标。企业往往注重薪酬设计结果的公平，而忽视了对薪酬界定程序公平性的关注。许多企业的薪酬管理过程都不透明，薪酬设计过程也缺乏与员工有效的互动和沟通。实际上，薪酬设计的程序公平也开始成为员工关注的焦点。

（3）平衡的薪酬结构

企业的薪酬结构一旦制定就应在相当长的一段时期内，稳定地、切实有效地执行。但这并不意味着它就会一直对组织的竞争力产生积极作用。薪酬结构的失衡致使企业的薪酬结构在运行过程中缺乏足够的灵活性，无法满足多数员工在薪酬方面的不同需求，特别是会对员工的短、中、长期激励的组合效果产生影响。例如，在很多管理基础薄弱的企业中，很多企业将福利完全变成了保健因素，激励效果很差，自助福利的设计没有引起重视。当员工对薪酬结构的抱怨增多以及满意度日趋下降时，企业也应该及时地对薪酬结构进行评估和调整，增强薪酬结构的平衡性，防止因满意度的下降而导致员工绩效水平的下降并最终影响组织的市场竞争力。

（4）持续增强薪酬管理的激励性

在薪酬管理中，应该让员工的薪酬与企业的经营业绩、团队业绩或个人业绩相关联，以实现企业与员工之间风险共担、利润共享。在科学的薪酬管理中，一般会通过调整薪酬的等差、职位等级的级差、薪酬总额的计划比例、薪点值、考核系数来让薪酬"动"起来。但在部分企业中，员工的薪酬和绩效没有很强的关联。员工的薪酬变得极具刚性，没有较好地体现出薪酬的激励作用，严重影响了员工的工作积极性。另外一种常见的现象是动态薪酬的发放虽然与绩效考核结果挂钩，但是绩效考核结果不是实际绩效的真实反映，这使得动态薪酬的发放流于形式，无法有效发挥其激励作用。

2．薪酬评估的原则

薪酬管理体系作为人力资源管理体系的六大模块之一，是人力资源管理非常重要的组成部分，是企业经营战略、企业文化和人力资源管理战略的延伸，因此，薪酬管理必须与企业战略相联系，进行薪酬评估时应该遵循以下原则，作为分析的基础。

（1）战略支持性原则

企业的远景是通过企业设定阶段性战略目标来逐步实现的，其总体发展战略决定了企业的组织结构设计和调整战略，决定了企业的财务战略、生产战略、市场营销战略和人力资源战略。薪酬结构的设计应该充分考虑与组织战略的基本方向和未来目标是否一致，是否能够为企业的生产、组织、市场营销和人力资源战略服务。

（2）目标一致性原则

企业设立的薪酬结构应该与人力资源管理系统及其各环节之间相协调；与员工所在部门的绩效和公司总的绩效相关；部门主管的薪酬和本部门的指标相联系并与企业的总体绩效相关，企业的部门考核和部门的员工以及主管的绩效相关，体现职、能、绩三统一，使员工的利益和企业的总体利益协调一致。

（3）均衡的原则

薪酬设计的均衡原则体现为内部均衡、外部均衡和自我均衡。内部均衡指的是企业的不同岗位和不同部门之间的考核体现公平性，相同的绩效将获得相同的薪酬。外部均衡体现为企业的薪酬水平应该和本地区、本行业的薪酬水平形成一定的优势或者不处于劣势地位。自我均衡原则体现为员工的以往表现和员工的现在表现形成可比性，做到不同时期的绩效表现能获得不同的薪酬水平。

（4）短期激励和长期激励相结合的原则

对于企业管理层或企业的核心人才，除短期激励外，更应该考虑长期激励。薪酬结构应该体现出短期收益和长期收益相结合的原则，考虑当前的薪酬支付方式的合理性、时间性和个体差异，以及员工的努力程度与薪酬间的直接联系，以制定对员工具有吸引力的薪酬。

14.1.3 薪酬评估的内容

薪酬评估的基本内容主要包括薪酬结构评估、薪酬总额评估和奖金、福利评估等，具体如表14-1所示。

表 14-1　薪酬评估的项目与主要内容

薪酬评估的项目	主要内容
薪酬结构评估	1. 现行薪酬的作用如何
	2. 与企业的经营方针是否一致

薪酬评估的项目	主要内容
薪酬结构评估	3. 是否有利于生产效率、管理水平和技术水平的提高 4. 是否实现了对外竞争性和内部稳定性 5. 是否有利于调动员工工作的积极性 6. 企业经营者对薪酬结构持什么态度 7. 有无改善薪酬管理的愿望 8. 现行薪酬结构存在什么问题 9. 相关工作人员对现行工资体系有什么建议或意见
薪酬总额评估	薪酬总额评估是指对工资、津贴、各种福利费等伴随劳动力的使用所支付的全部费用的管理，是根据企业支付能力，判断薪酬总额规定得是否适当。薪酬总额评估就是根据企业财务报表，对薪酬总额的管理状况进行评估，其主要内容包括： 1. 薪酬总额的确定是参照同行业平均水平确定的，还是根据本企业平均水平决定的 2. 决定薪酬总额时是否与工会协商，是否考虑了员工的意见 3. 薪酬总额的确定是否考虑了企业薪酬费用的支付能力
奖金、福利评估	发放奖金、福利是指对企业有功者进行奖励和对员工生活进行补助。发放奖金的原因是多种多样的，有利润分配，有对工资总额的调节。发放奖金的方法也是多种多样的，有一律平均的，有强调考核的，有突出工作成绩的，有重视年功的，有重视全面考察的。奖金评估的重点包括以下四点： 1. 奖金的设计与发放是否与企业经营方针、人事方针紧密相连 2. 奖金的发放目的和发放方法是否考虑到企业经营性质和经营特点 3. 奖金的浮动是否与企业的经营特点相关联 4. 奖金总额的决定方法和分配方式是否妥当

为保证薪酬评估的有效性，企业在进行全面的薪酬评估时一般应从以下4个角度进行。

1. 组织战略

薪酬结构应从组织全局和长远战略的视角来进行综合考虑，与企业战略紧密相连，并根据组织核心岗位的工作性质特点，制定合理的绩效激励方式[1]。从组织战略发展的高度来进行薪酬结构设计，使薪酬管理能更好地与组织战略相融合，促进组织战略的达成。从薪酬的角度贯彻企业战略，激励核心员工，增强企业的科学管理水平及市场竞争力。

2. 组织员工

员工对薪酬的满意度来源于获得的薪酬值与其期望之间的关系，以及员工对自己和他人薪酬值的比较。员工不仅关注薪酬水平的绝对值，而且关心薪酬是否反映自身的劳动价值，解决自我公平和过程公平问题，以及自身和他人劳动价值的比较，关心薪酬制度和过程的透明度，关心不同岗位的员工是否有同等的晋级和晋升机会等。因此，薪酬评估可围绕目前的薪酬结构是否能够提升员工积极性、知识积累与技能提升；有无促进企业构建和谐的工作氛围；能否有机结合员工个人与企业目标等方面开展。

3. 对外竞争性

企业在进行薪酬水平确定前可通过对市场的薪酬水平调查和招聘的手段了解人才市场薪资水平等，以全面、系统、合理地掌握人才市场薪酬水平，确保本企业薪酬水平的竞争性[2]。企业

---

[1] 鲁萌. 薪酬诊断的背景与时机. 中外企业家，2009，（12）：186-187.
[2] 马新建，山小花，刘庆. 短期薪酬激励与小企业薪酬体系构建——基于某服装公司的管理诊断研究. 中国人力资源开发，2006，（8）：86-89.

薪酬的对外竞争性优势，并非意味着薪酬水平要绝对高于市场平均水平。企业需要根据自身的发展战略、经营情况、支付能力、人才需求情况等因素决定其薪酬水平，留住企业最需要和最合适的人才。同时，薪酬的对外竞争性还体现在企业薪酬结构方面，表现为企业内部不同职位的薪酬水平应与职位的贡献和价值大小有关，不同职位的薪酬水平也应该有适当的薪酬差距，以保证企业具有良好的合作与竞争氛围。

4．财务成本层面

财务成本是企业分析人工成本投入产出效率的一个角度。通过财务视角研究，可以了解到企业给员工投入能够给组织绩效带来的价值回报。财务成本层面主要分析的内容包括总体人工成本、人工成本变化趋势、人工成本回报分析等。

14.1.4　薪酬评估的方式

根据企业中人员的不同，薪酬评估的方式可以选择内部薪酬评估和外部薪酬评估两种。下面分别介绍这两种不同的方式。

1．内部薪酬评估

内部薪酬评估即企业选派内部员工进行自我薪酬评估。通常情况下，首先需要公司内部的相关部门推荐称职的委员代表，组成一个咨询管理委员会；其次，在必要的行政支持下，促使企业组织全体成员接受调查和诊治，并提供最终的评估报告。

内部评估的最大优势在于企业拥有熟悉自身薪酬结构状况和职位业务的管理人员，可以避免企业商业机密外泄的问题，而且内部评估费用比较低，许多中小企业比较能承受。但内部评估也存在诸多问题，企业内部评估是一种高层次的智能活动，评估任务错综复杂，而且存在技术上的困难。特别是有些评估者明知部门存在的问题及其根源，但却有所顾忌，很难指出问题的症结所在。

2．外部薪酬评估

外部薪酬评估即企业聘请外部人员或组织机构进行薪酬评估，他们通常是具有丰富人力资源管理知识和评估实践经验的专业人士或组织机构。此时，企业是薪酬评估的组织者，外聘专家或机构是薪酬评估的实施者。作为第三方，外部评估专业人士或组织机构能够避免"当局者迷"的困境，容易发现企业薪酬管理中的问题，并"对症下药"。

因此，外部薪酬评估机构出具的薪酬评估报告能公正客观地反映企业薪酬管理的现状，因此提供的薪酬改革方案也更加专业。但是，外部评估的最大问题在于评估者获得的企业薪酬信息不够全面，可能导致评估者对企业实际薪酬现状的判断产生偏差。造成这种情况的原因可能是企业管理者碍于各方面压力没有提供完整的薪酬资料，也可能是员工不认同薪酬评估而故意提供不真实的薪酬信息。此外，聘请专家或机构承担企业薪酬评估工作，时间上不灵活，且费用较高。

14.1.5　薪酬评估的 5 个维度

如何科学地进行薪酬评估，节省企业成本，提高人力资源投资回报率，是现代企业薪酬管理的目标和工作重点。合理的薪酬评估方法，能够帮助企业发掘潜在问题，提升薪酬管理水平。以下主要介绍薪酬评估的五大数据化维度审视法，为企业提供自检和自我审视的途径，进而做好薪酬管理提升的准备，如图 14-1 所示。

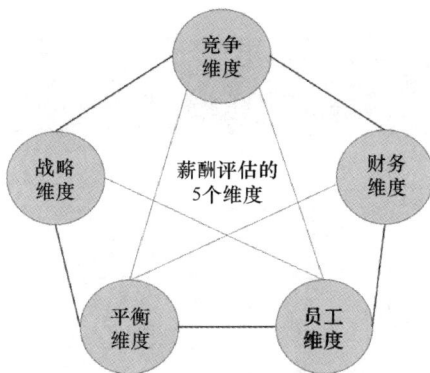

图 14-1　薪酬评估的 5 个维度

1．竞争维度——薪酬外部竞争力精准定位

竞争维度主要涉及在同行业、同地区、同岗位之间进行薪酬调查，应用标准、规范的渠道以及专业的统计方法，收集市场上雇主薪酬数据并做出判断，是一个系统的过程。

2．战略维度——传递战略思维，薪酬杠杆作用凸显

企业根据自身经营目标和战略，制定相应的薪酬战略并进行行业薪酬定位。结合企业经营目标和市场定位、所处发展阶段、薪酬支付能力、公司文化特点等，确定企业在同行业中的薪酬水平。

3．财务维度——健全风险管理机制，薪酬管理量本利博弈统一

财务维度主要是从成本和控制监测方面对薪酬进行评估，一般评估周期与薪酬发放周期一致，并且略有提前。

4．员工维度——直面员工心理，解决盲点数据

员工维度是定量和定性结合的一种薪酬评估方式，包含薪酬满意度、离职调研、绩优员工访谈和环境影响调研在内的多种指标。

5．平衡维度——内部比较是产生内部公平的重要途径

平衡维度是用来评估薪酬结构的内部公平性，包含内部等级薪酬分析、各部门占比分析和内部薪酬差距等分析指标，其中内部薪酬差距包括内部相对薪酬差距和内部绝对薪酬差距，是对薪酬水平幅度设计的主要参考依据。

14.1.6　薪酬评估的流程

薪酬评估是一项复杂的工作。因为薪酬制度本身就没有统一的标准，根据不同的企业类型和行业性质，可能会有不同的薪酬管理方式，也可能会有不同的评估标准。因此，这里只介绍薪酬评估的一般程序，旨在为企业薪酬评估提供一定的分析思路。

薪酬评估具体行为虽然千差万别，但是概括起来薪酬评估程序一般分为 3 个阶段：评估预备阶段、评估实施阶段、评估完善与落实阶段[①]，如图 14-2 所示。

1．评估预备阶段

评估预备是为实施评估做准备的，根据评估的具体企业情况，准备工作会有不同的侧重点。

（1）建立评估机构

薪酬评估是一项高层次、专业化、技术性很强的工作，无论自行评估或外聘评估，都应由

---

① 张广科，黄瑞芹. 薪酬管理. 武汉：华中科技大学出版社，2013：249-253.

专门的领导机构或组织来实施。

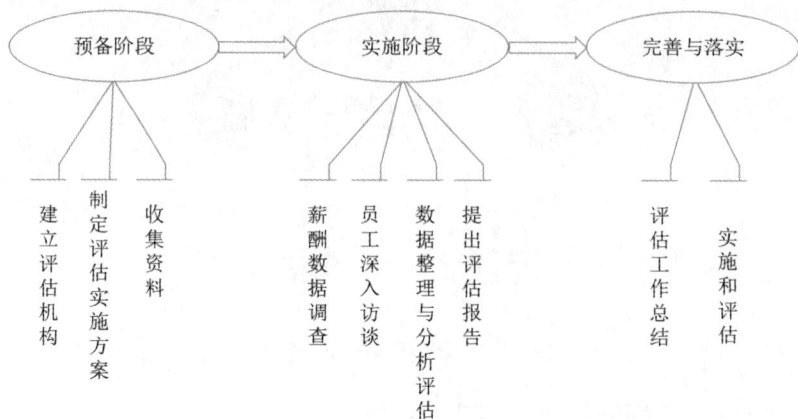

图 14-2　薪酬评估的基本程序

① 组建评估小组，确定薪酬评估小组的成员。评估小组的规模一般根据企业的状况、规模等实际情况而定，评估小组的成员构成主要包括企业领导、人力资源部主管、专业评估人员等。需要注意的是，即使是外聘评估方式，企业方也必须指派相关领导或员工参与评估小组，保证企业评估过程的参与权和知情权。

② 明确主要职责。评估小组全面负责薪酬评估工作的政策方向指导、组织实施协调等主要工作，包括制定评估实施方案；收集、审核评估基础资料及数据；实施具体的评估操作；提出改善企业薪酬现状的建议方案；撰写薪酬评估报告；评估后续指导工作；其他相关工作等。

（2）制定评估实施方案

方案内容应包含具体评估目的、评估对象、评估方法、评估时间进度、工作要求等。

（3）收集资料

针对不同的评估对象，所收集的资料也不一样。企业内外资料的收集，一方面要求有时间上的延续性，至少 3 年以上，以便把握变化趋势，提高评估的前瞻性，另一方面要求尽可能准确、详细，提高评估的可靠性。

2．评估实施过程

评估实施过程是整个薪酬评估活动的主体部分，通常会有一定的时间延续性，一般采取有针对性的深入调查与集中分析相结合的方法。

（1）薪酬数据调查

薪酬数据调查是通过一系列标准、规范和专业的方法，对市场上各职位进行分类、汇总和统计分析，形成能够客观反映市场薪酬现状的调查报告，为企业提供薪酬设计方面的决策依据及参考。薪酬数据调查重点解决的是薪酬的对外竞争力和对内公平性问题，薪酬数据调查报告能够帮助企业达到个性化和有针对性地设计薪酬的目的。薪酬数据调查需充分建立在有效性、市场化、可比性和全面性的基本原则基础上，了解竞争对手或同类企业的相同或相似岗位的薪酬水平。薪酬数据调查的方式有：权威机构发布的薪酬调查报告、委托专业机构进行薪酬调查等。

（2）员工深入访谈

深入访谈主要指针对关键员工进行的问卷调查以及薪酬面谈。事实上，专业化的深入访谈，能够较大程度地帮助提高薪酬评估数据的质量和有效性。在双方面谈的过程中，被调查者提供的信息可能是问卷中所遗漏的问题，而这些情况又往往是企业薪酬问题的关键所在，同时调查人员还可以就一些特殊问题直接征求被调查者的看法。

（3）数据整理与分析评估

首先，要核实确认基础资料数据的全面性、真实性以及指标口径的一致性。当发现资料数据不实或前后口径不一致时，应根据有关规定进行调整核实，并征求有关领导意见。其次，在核实资料的基础上进行分析研究，运用定性分析法和定量分析法进行分析。最后，做出正确评估结果，确定症结所在。

（4）提出评估报告

评估小组在完成工作后，应向被评估企业提交评估报告。企业编制评估报告时应该包括以下9项基本内容。

① 报告编写的目的。

② 报告期企业的实际状况分析。进行实际状况分析的目的是通过对企业整体现状的分析判断，为下一步企业薪酬结构分析和薪酬结构设计提供参考资料，具体包括以下5个方面。企业的战略目标和市场定位；企业的组织架构图和部门业务流程图；企业的人力资源基本状况；企业文化基本状况；企业现状分析的基本结论。

③ 薪酬结构评估的观点与原则。此部分内容包括薪酬结构在整个企业管理体系中的作用和地位，薪酬结构设计与评估的基本原则。

④ 薪酬结构的现状分析。分析内容包括战略现状、薪酬结构现状、绩效或奖金机制、内部管理机制等。

分析战略现状、薪酬结构现状、绩效或奖金机制、内部管理机制等内容的目的在于，通过对企业的基本情况、薪酬结构评估与设计的原则以及企业的战略侧重点等相关内容的掌握，对企业的薪酬结构进行全面的分析，形成基本理论，以此作为对企业薪酬结构重新设计完善的基础。

⑤ 目前薪酬结构的作用和地位。

⑥ 目前企业绩效奖金机制分析。对企业绩效奖金机制分析主要包括绩效奖金机制的相关制度及实施现状；在业务方面企业平台和个人平台的区分；企业当前绩效奖金机制分析。

⑦ 企业的沟通机制分析。

⑧ 薪酬结构分析的结论。

⑨ 薪酬结构优化设计的构想。

3．评估完善与落实阶段

评估完善与落实阶段主要是根据评估实施阶段调研得到的数据和撰写的评估报告书，向企业的主要领导人与人力资源部主管进行说明，交换意见并进行修改完善。方案得到落实后，做好后续指导和评估工作。

（1）评估工作总结

薪酬改革方案最终定稿前，评估者需要和企业的主要领导人及人力资源部主管进行反复磋商，交换意见。同时，对薪酬评估前两个阶段的工作做一个总结。因此，需要经过以下几步。

① 评估人员内部磋商，对各类调查分析结果进行汇总、讨论、综合，然后就全面改革方案的归纳、总结进行协商。

② 与主要领导者面谈，主要讨论改革方案的内容及构想，双方相互交换意见、反复讨论研

究。其目的是使企业了解薪酬管理工作中的主要症结和改革方案。

③ 举行评估报告会，让企业中层以上管理人员、员工代表和评估人员共同参加，加深全体人员对改革方案的理解，以促进薪酬改革的顺利实施。

④ 总结评估经验，评价薪酬评估过程。

（2）实施和评估

企业根据薪酬评估的结果和后期协商得到的改革方案来调整薪酬，并不定期地评估方案的实施效果。

14.2　薪酬调整

如果薪酬管理一成不变，必然导致薪酬静态化，使薪酬与绩效管理、市场变化、物价指数变化和企业盈利能力变化脱节。随着市场竞争的深化，人才的市场竞争也日益激烈，企业只有及时调整薪酬，才能够在市场上有足够的竞争力，才能留住既有的人才，并对企业外的人才有足够的吸引力。例如，当企业盈利表现良好时，通过薪酬调整，将企业的经营成果与大家分享，员工才能保持高昂的士气；当企业盈利不佳时，也可以通过薪酬调整将企业盈利欠佳的现状传达至每一位员工，由此激发员工的斗志，同心同德，共同奋斗，企业才可能有所转机。通过薪酬调整，让薪酬动起来，不仅能充分打造企业薪酬的外部竞争力，有效地吸引和保留人才；还能充分实现企业薪酬的内部公平和个体公平，有效激励员工。

14.2.1　薪酬调整的原则

对于企业来说，薪酬设计中的薪酬调整环节是一个难题。很多企业由于薪酬调整不善，不仅没通过薪酬调整更好地激发员工积极性，反而由此引发员工不满。薪酬调整需要遵循结合企业的战略目标、匹配人力资源其他模块、重视技术细节三大原则（见表 14-2）。

表 14-2　企业薪酬调整应遵循的原则

遵循的原则	具体内容
结合企业的战略目标原则	薪酬调整的原则和重点应根据企业不同的战略规划、性质与发展阶段的不同而进行。在突出该企业的战略目标特点的同时，也应该考虑企业的承受能力和员工的需求
匹配人力资源其他模块原则	必须将薪酬调整置于企业人力资源管理的大框架中进行操作，与招聘、考核、培训等模块相匹配，否则，不仅薪酬调整很难取得效果，也会加大企业的成本支出
重视技术细节原则	技术细节包括外部薪酬调查、组织业绩与个人收入的关联性、薪酬结构、宽带之外的档外档、项目薪酬、动态薪酬等。需要注意的是，薪酬的调整不仅是一项技术工作，也是一种战略思考，企业进行薪酬调整时还应从战略、制度等层面进行系统化思考

14.2.2　薪酬调整的方式

企业薪酬调整的方式主要包括薪酬水平的调整、薪酬结构的调整、薪酬构成要素的调整[①]。薪酬调整的重要历史数据来源之一是薪酬调查与薪酬发放。

---

① 李新建. 薪酬调整. 中国人力资源开发，2002，（2）：40-42.

1．薪酬水平的调整

薪酬水平的调整，是指薪酬结构、等级要素、构成要素等不变，调整薪酬结构上每一等级或每一要素的数额。

企业总体薪酬水平的主要作用是处理与外部市场的关系，实现一种能够保持外部竞争力的薪酬水平。为了贯彻新的薪酬政策而进行的薪酬调整，反映了企业决策层是否将薪酬作为与外部竞争和内部激励的一个有效手段。因此，在薪酬水平的调整中，除了贯彻薪酬调整指导思想之外，还要处理好选择调整战略和新政策的关系[1]。如生产制造型企业，在一线技工短缺的情况下，薪酬水平需要结合市场水平整体进行上浮，以确保人员的招募、保留和企业的正常运转。

2．薪酬结构的调整

薪酬结构的调整是指调整薪酬项目的设置和选择，企业处于不断发展和变化中，随着业务的发展和环境的变化，有些薪酬项目可能已经没有了积极的意义和作用，这部分薪酬就变成了变相的福利，甚至其可能占据员工收入的很大比例。因此，企业需要结合薪酬评估的结果、目前的薪酬结构及企业的内外部环境，进行薪酬结构调整。

薪酬结构的调整包括纵向结构调整和横向结构调整两个方面。纵向结构是指薪酬的等级结构；横向结构是指各薪酬要素的组合。纵向结构调整常用的调整方法包括增加薪酬等级、减少薪酬等级、调整不同等级的人员规模和薪酬比例。横向结构调整包括了增加、减少薪酬项目等。

3．薪酬构成要素的调整

横向薪酬结构调整的重点是考虑是否增加新的薪酬要素。在薪酬构成的不同部分中，不同的薪酬要素分别起着不同的作用。如基本薪酬和福利薪酬主要承担适应劳动力市场的外部竞争力的功能；而浮动薪酬则主要通过薪酬内部的一致性达到降低成本与刺激业绩的目的。

薪酬要素结构的调整可以采用在薪酬水平不变的情况下，重新配置固定薪酬与浮动薪酬之间比例的方式；也可以通过薪酬水平变动的机会，增加某一部分薪酬的比例。相比之下，后一种方式比较灵活，引起的波动也小。

员工薪酬要素结构的调整需要与企业薪酬管理制度和模式改革结合在一起，使薪酬要素结构调整符合新模式的需要。

14.2.3 薪酬调整的实务

薪酬结构和薪酬要素一经确定，就不会随意更改，所以在企业日常薪酬管理中对薪酬水平的调整更为常见。因此，本书仅阐述薪酬水平调整方式下的具体薪酬调整实务操作。薪酬水平调整主要包括加薪和降薪两种方式[2]。

1．加薪

加薪是薪酬调整的一种方式，常见的加薪类型有定期加薪、临时加薪和技能加薪。定期加薪规定每年的某一个日期，或者一个周期进行加薪，其一般是根据企业经营效益的结果，确定加薪总额，各个职位的加薪幅度根据绩效考核的成绩来确定[3]。临时加薪一般适用于员工取得了新

[1] 焦春梅. 如何使薪酬调整最大限度地获得员工和企业的双赢. 经营管理者，2011，(14)：226.
[2] 刘爱军. 薪酬管理理论和与实务. 北京：机械工业出版社，2013：274-278.
[3] 王长春. 薪酬调整中的经验曲线效应. 中国人力资源开发，2003，(2)：44-46.

的学历，员工晋升到更高一个等级的职位，或者是符合劳动协议规定的奖励，被认为应该加薪的情况。技能加薪则是在员工取得相关技术职称或工作能力达到某种技术水平时的加薪。

（1）加薪的步骤与方法

① 确定加薪总额。

企业加薪必须兼顾加薪效果与成本控制之间的平衡，因此首先需要确定加薪总额，即确定企业加薪的成本上限，而不能直接从确定员工个体加薪额度开始，否则，很容易由于无总额上限控制而使企业付出过高的加薪成本。确定加薪总额，实际上具有重新核定企业薪酬总额的性质，应该将加薪总额与企业未来的年度经营预算相结合。通常的做法是根据薪酬总额占企业总销售额或者企业净产值的一定比例核定（前者称为薪酬总额比率、后者称为劳动分配率）。根据企业历年指标情况、行业一般水平以及本年度销售额等指标，就可以核算出加薪上限。

② 加薪总额初步分解到各个部门。

首先，人力资源部应当将各部门各岗位员工现收入与企业市场定位进行比较，计算薪酬比较率（Comparative Rate）。具体方法是将员工现薪酬与其岗位市场薪酬中值相除，该值如果大于1，表明企业薪酬高于市场平均水平，反之则低于市场水平。

其次，根据各岗位薪酬比较率以及企业对不同类别岗位的市场目标定位，确定两者之间差额，进一步计算出如果要弥补该差距各部门所需的最大加薪额度。最后，在加薪总额上限的前提下，根据各部门实际情况对加薪额度进行调整。因为各部门不可能完全按照目标市场定位确定加薪额度，因此人力资源部就必须以员工的工作绩效为依据对各个岗位的加薪额度进行调整。此外，还要考虑个别员工的情绪和离职倾向，尤其是对于企业核心岗位的骨干员工，加薪应该适当向这些岗位和人员倾斜。

经过以上步骤，人力资源部就可以通过初步测算将加薪总额分解到各个部门。

③ 部门内部确定加薪计划。

在加薪总额分解到各个部门之后，企业高层和人力资源部应当召开各部门经理会议，将加薪额度及其原则与各部门负责人进行深入沟通。然后，各部门负责人按照部门加薪总额限定确定部门内部员工加薪数额。

首先，各部门负责人应当通过各种途径掌握员工期望，因为激励效果很大程度上取决于期望是否得到满足。其次，各部门负责人应当在人力资源部指导下了解各个岗位的薪酬比较率，从而准确掌握目前部门各岗位实际的薪酬水平状况。最后，部门负责人综合员工绩效、能力确定员工加薪方案。如果企业实施了能力评价，还可以适当参考能力评价结果确定加薪额度。

一般来说，除了各岗位员工加薪数额之外，还需要对部门员工进行横向比较，以此照顾不同员工之间的平衡，另外，部门负责人还应当简要说明各岗位的加薪理由。

④ 确定员工加薪数额。

部门负责人将部门员工加薪计划上报人力资源部，人力资源部可综合上述各因素进行综合审核，主要包括部门加薪总额、薪酬比较率、员工绩效水平及能力等，查看加薪数额是否控制在总范围内、关键岗位员工薪酬水平是否达到了目标水平等。如果有调整，人力资源部还应当与该部门负责人进行再次沟通、调整、确认。

⑤ 加薪面谈。

加薪是对员工最实质性的承认，因此加薪时是与员工进行深入沟通的好机会，部门负责人应当利用加薪的机会将加薪与对员工能力提升、绩效改善、下年度目标计划等要求进行交流。应当注意，加薪面谈必须是一对一面谈。

⑥ 关注没有加薪或对加薪不满的员工。

对于那些没有加薪或者对加薪不满意，可能会因此而感到失落、表达消极情绪的员工，企业也应当进行持续关注。部分关键岗位上的员工，甚至可以由企业高层对其进行谈话。很多时候，员工不愿意直接当面表达不满，因此企业也可以采取措施，建立多种渠道，让员工可以通过各种方式向人力资源部提出咨询问题或意见。

⑦ 建立正常加薪机制。

企业应当结合外部市场工资变动，以及内部员工绩效、能力提升、职业发展计划建立起正常加薪机制。也就是说，让员工看到可以预见的未来，明确的规则将对员工建立合理预期产生积极作用。这一点往往是很多企业所忽视的。

（2）加薪注意事项

① 给员工一个可以期许的未来。

加薪对员工能够起到较好的激励作用，但是企业应该更加重视如何为员工提供一个事业发展平台。对于员工来说，在企业的工作是一种价值投资，所以，企业的经营团队要向员工传递一种理念，使其真正感受到企业持续发展的前景，而不是将注意力都集中到短期的薪酬上面。

② 密薪制是次优决策。

密薪制已广泛被企业采用，因为其可以减弱薪酬对比带来的负面影响，这种说法有一定的道理，但是在加薪管理中密薪制是一种次优的决策。因为密薪制下，员工对他人的薪酬不了解，可能导致员工对企业的信任感减弱，员工不明白企业关注的工作重点等。

（3）加薪后的管理

① 加薪后的薪酬支付。

正式确认已被加薪且办理相关手续后的员工，其薪酬变动情况将在员工当月的工资单中得到反映。

② 加薪的管理遵循客观公正的原则。

主要表现在对每个员工的考查，都必须实事求是，不得根据主观臆断或者个人好恶做出决定。

2．降薪

企业在出现经济危机或者经营状况不佳的情况下，为了控制人工成本，维持企业正常运营，通常会采用一定的策略对员工采取降薪操作。企业在降薪时，人力资源部需要根据企业情况重新做一套薪酬结构、绩效管理方法。再与核心员工及骨干员工进行面谈，了解他们的想法后，在薪酬等级设置上以及绩效考核方面进行平衡，主要思路是降低固定薪酬，增大激励部分。

（1）降薪的注意事项

企业降薪分为普降与个降，普降是指企业整体全员降薪操作，个降指针对个别部门、个别员工的降薪操作。这两种方式的降薪有较大不同，操作程序也不一样，但是，在降薪过程中，两种降薪方式都需要注意四大基本事项，如图14-3所示。

（2）降薪的方式

企业降薪有多种方式，具体操作时企业可以根据自身情况有针对性地选择。

① 从浮动薪酬上降薪。

企业的薪酬结构是固定薪酬+绩效薪酬或奖金或福利时，操作比较灵活，配合以完善的《绩效管理制度》，降薪操作比较方便。

1	确保符合劳动法、劳动合同法及其他相关法律法规的规定
2	降薪的幅度要规范合理，要考虑到员工的收支水平
3	企业应与员工进行充分的沟通，对降薪方案进行详细的解释
4	企业为员工提供法律咨询服务。为了避免降薪过程中发生的不必要的纠纷或争议，企业可以在公告栏张贴劳动法律知识，接受员工的现场咨询等

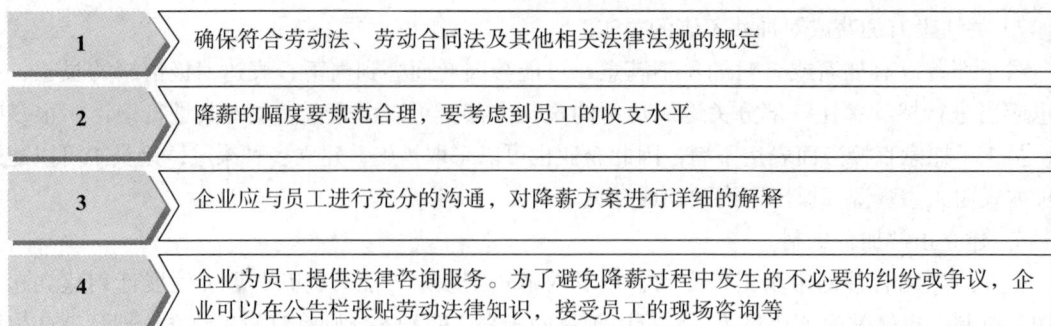

图 14-3　降薪的风险防范

浮动部分绩效奖金、季度考核奖金、年终奖金、特别奖金、福利等这些项目，根据企业经营效益和个人绩效进行考核取消或部分降低，比较灵活方便，容易让人接受。这种降薪方式无须事先告知降薪员工，属于企业经营自主权范围，视为劳动合同的正常履行而不是变更。因此，无须与员工事先进行协商，也无须签订劳动合同变更协议，这种薪酬结构下的降薪操作阻力最小，程序最简单，而且不违反《劳动合同法》的规定。

② 调整薪资结构式的降薪操作。

因绩效薪酬制相对来说操作上存在一定的灵活性，针对这个优点，企业可考虑在维持各岗位薪酬标准整体不变的情况下，在原有的薪资结构上增加绩效薪酬或加大绩效薪酬比例，将绩效薪酬与企业和个人的业绩考核关联起来。这样既能够达到降薪的目的，又可以促使员工的劳动积极性。

绩效薪酬部分，比如年度绩效奖金、年终奖、年度分红等，最好采取长期兑现机制，以降低企业每月支付固定工资时给财务上带来的经济压力。

③ 轮休安排。

有的企业岗位实行的是固定月薪制，这种薪酬结构下，每月薪酬仅与员工考勤相关联，没有绩效薪酬或奖金、福利等项目。这种薪酬管理制度比较僵化，不利于劳动力成本的灵活控制，但这种情况下企业可以根据生产任务的紧迫程度施行轮休以达到降薪的目的。

在生产任务不紧张的情况下，鼓励部分员工轮流休假，休假期间可视具体情况在劳动法允许的前提下，给予员工一定的经济补偿，或其他补偿。采用轮休的方法一方面可以降低薪酬支出，间接实现降薪；另一方面，即便在没有薪酬降低的情况下，在其他方面的损耗也可能会有一定的控制。

④ 硬性降薪。

对于某些实施固定薪酬制的企业，必须要对员工采取降薪措施时，可以采用硬性降薪的方式。但是企业在降薪前应积极与员工做思想沟通，让员工明确企业当前面临的形势，以获得员工的理解和支持。但是需要注意的是，要让员工相信，降薪是暂时性行为，而且，在情况好转之后，企业会给予员工一定的补偿。

⑤ 控制加班费和福利项目。

对于普通生产工人来说，其薪酬结构一般是固定工资加加班费，一般以最低工资为底薪，其余为加班费，这种薪酬结构降薪操作难度很大，要通过以下 3 种方式达到少支出人工成本的目的。

A）调整加班时间。企业应控制加班时间和加班时长，尤其是双休日及法定节假日期间的加班，必须的加班尽量安排在平时工作日，因为双休日及法定节假日的加班费成本较平时工作日要高得多。

B）调整加班人员。应有选择性地安排加班人员，加班人员应有良好的职业道德素养，能高效率、保质保量完成企业交办的任务。这样企业就可以在相对降低的加班成本支出下实现更多产出。

C）扣除食宿费。一些为员工免费提供食宿的企业，可以通过与员工协商，声明企业目前面临的形势、困难等，暂时扣除食宿费，并承诺之后兑现或补偿的方式、标准等。

⑥ 调岗调薪。

对于个别需要降薪的员工，企业可采取调岗调薪的方式进行降薪操作。企业给某位员工降薪肯定有一定的原因，但在调岗调薪前应充分与员工沟通，让其明白企业当前的困境所在及新岗位的发展优势所在，以员工较能接受的谈判方式让其接受调岗调薪的事实。

⑦ 新人新办法。

降薪期间难免会有员工流失，企业再招聘新员工时，对于新招录的员工，可以在面试时按照新的薪酬标准说明，并在录用通知书或入职登记表中约定相关标准，让员工签字确认。

14.3 薪酬的沟通与反馈

沟通反馈是管理的基础。在薪酬管理中管理者同样要时时刻刻注意员工在薪酬方面的情感和想法，要与员工进行充分的沟通。有效的沟通能够使员工在互动过程中，了解企业的薪酬结构，表达自己对于企业的看法，最终更好地理解和接受企业的薪酬战略。同时，通过薪酬沟通，企业管理者可以告诉员工企业对他的期望，从而达到激励作用。

14.3.1 薪酬沟通的定义和内容

薪酬沟通是指管理者与员工就薪酬结构相关的各种薪酬信息，通过某种方式或者途径相互交流，获取理解，达成共识的过程。

薪酬沟通是企业薪酬管理中的重要组成部分，也是企业激励机制中重要的部分。在通常情况下，薪酬沟通本身往往开始得很早，远在新的薪酬战略开始实施之前。不仅如此，它还要贯穿于薪酬方案的整个生命周期中。

然而，在企业的人力资源管理实践中，薪酬沟通仍很容易受到管理者的忽视。主要是以下几个原因造成的：一是企业希望对薪酬信息保密，而不愿意与员工进行沟通；二是企业设计薪酬管理体系的时候没有设计相关的薪酬沟通机制，导致薪酬结构存在无法获得反馈的缺陷；三是管理者未能如实遵照设计的薪酬管理体系运营企业，虽然企业管理体系中存在薪酬沟通的管理机制，但是企业未如实运行沟通机制；四是员工不敢表达对于薪酬信息方面的想法，担心会因此而被解雇。

薪酬沟通的具体内容包括企业薪酬战略、薪酬制度、薪酬水平、薪酬结构、薪酬价值取向以及员工满意度调查和员工合理化建议等。确定薪酬沟通内容有 3 种方式。一是问题导向方式，即管理者根据现阶段企业出现的问题（如员工对企业薪酬政策的误解或不理解）或者员工心中的困惑与员工进行沟通交流；二是问题检查方式，即企业目前未发现具体的薪酬问题，计划与员工进行沟通交流，借以发现企业未发现的问题；三是宣传介绍方式，即企业根据自身要推行的政策与员工进行沟通，使员工更容易接受企业即将或者正在推行的薪酬政策，或者企业需要招聘新员工，企业与新员工或者应聘者关于薪酬方面的企业政策进行沟通交流。

14.3.2　薪酬沟通的必要性

随着市场竞争的加强，企业对员工的依赖越来越强，且已认识到薪酬结构的精心设计和良好沟通已经成为有效激励员工、提高组织赢利率的关键要素。

首先，薪酬沟通能够为员工创造良好的工作"软"环境，使员工生活和工作在一种人际关系和谐、心情舒畅的工作氛围中，激发员工的工作热情，吸收并留住人才。

其次，薪酬沟通可以把企业价值理念、企业目标有效地传导给员工，把企业目标分解成员工个人成长目标，使企业和员工融合为一体，引导员工行为与企业发展目标相一致，从而极大调动员工积极性与热情，企业效益得到提高。

最后，薪酬沟通具有预防性。在企业与员工或外界沟通过程中，可以发现企业中存在的矛盾，便于及时调整各种关系，消除员工的不满情绪，促进企业平稳快速发展。另外，薪酬沟通是一种激励中隐含约束的机制。薪酬沟通不仅具有激励员工的作用，同时通过沟通这座桥梁可以让员工清楚地知道哪些是企业期望的，哪些是企业禁止的，指明了员工努力的方向。

14.3.3　薪酬沟通的特征和原则

1．薪酬沟通的特征

薪酬沟通作为一种有效的激励机制，具有动态性、长期性、相关性、预防性以及互动性 5 项主要特征。

（1）动态性

薪酬沟通是为企业发展服务的。随着外部市场环境变化越来越迅速，企业需要及时调整企业战略，这些调整的战略要让员工理解并认可，需要与员工进行沟通。企业内部人才流动性也越来越大，企业的薪酬制度也需要及时调整，紧跟企业的变革，薪酬沟通成为维系企业和员工间的纽带。总之，内外部环境的不断变化，使得薪酬沟通也要不断跟进、不断改进。

（2）长期性

作为薪酬结构的一个维护机制，薪酬沟通是一个长期的过程，它在薪酬结构设计之前就已经开始，在薪酬结构的整个运行期间都需要存在，甚至员工的离职也是需要对最后的薪酬进行沟通的。

（3）相关性

与员工沟通的薪酬信息是需要和员工自身的薪酬密切相关的。例如，与基层员工沟通高层管理者的薪酬状况几乎是没有意义的，因为基层员工需要经历很长时间才有可能升到高层管理职位。员工大多数对自己切身利益相关的薪酬问题最感兴趣。

（4）预防性

管理者与员工进行沟通的过程也是一个发现问题和矛盾的过程。良好的沟通能够消除员工对于薪酬的不满情绪，及时解决矛盾，使企业能够平稳发展。

（5）互动性

薪酬沟通是企业与员工双向互动的过程。一方面，企业把自身的薪酬战略和薪酬结构介绍给员工；另一方面，员工把自己对薪酬制度的不满或者建议传递给管理者，管理者进而根据收到的反馈，对薪酬制度进行调整。

2．薪酬沟通的原则

任何管理体系都需要具备一定高度的战略理念来指导和控制实践操作，薪酬沟通也不例外，它需要从战略的高度、有前瞻性地进行，以此匹配业务的计划和组织的发展。

（1）战略原则（Strategy）

企业应把薪酬沟通视为企业的战略，与企业其他战略相适应，并自始至终贯彻执行。

（2）目的性原则（Meaningful）

薪酬沟通是有意义的活动，要求必须达到某个目的，对企业有利。如果一种行为导致企业花费了更多的时间和精力，那将是一种失误。

（3）可实现原则（Achievable）

薪酬沟通必须依赖于有关薪酬信息的公开，如果缺乏相应的薪酬信息公开，薪酬沟通就缺乏相应的基础，沟通效果就不可能顺利实现。

（4）真诚原则（Reliable）

薪酬沟通应是真诚的行为，因为企业是要通过薪酬沟通获得某个结果的，真诚是重要原则。薪酬沟通不能草草了事，否则会适得其反。

（5）及时原则（Timely）

如果不想被员工猜测、扭曲，企业就必须采取及时的沟通措施，让员工充分了解自己企业的薪酬政策。

（6）支持原则（Support）

这个原则反映了"反馈"这一沟通基本要素。对薪酬制度的反馈及具体的改进行动充分体现了支持的意义，否则，企业的薪酬沟通的初衷就是一句空话。

14.3.4　薪酬沟通的方式

常用的沟通方式包括面对面沟通、材料阅读、电话、邮件、视频讲义等。沟通方式需要因人而异，例如，与外地员工进行沟通交流可以采用电话或者视频聊天的方式；受教育程度较低的员工，阅读能力和理解能力较弱，适合采用面对面的口头沟通。所以在沟通方式的选择上，管理者需要考虑员工的工作场所、性格、受教育程度、岗位类别等因素。让员工真正理解企业薪酬政策，真正认可薪酬结构，才是薪酬沟通的关键所在。

在这方面，IBM 公司做出了成功的典范，其以规章制度的形式创建并确定了 4 条沟通渠道：（1）与高层面谈（Executive interview）：高层经理常是职位比你的直属经理高，也可能是你经理的经理或其他部门的管理人员。谈论的话题，可以是个人任何感兴趣的事情，且面谈内容保密。对所谈问题分类集中处理，对那些有倾向性意见、大家都关心的问题，直接交给有关部门处理，但不暴露面谈者身份。（2）员工意见调查（Employee opinion survey）：不仅直接面向你的收入问题，而且此通道定期开通。IBM 可以通过对员工征询意见，了解员工对公司管理层、福利待遇、工资等有何意见、建议。（3）直言不讳（Speak up）：一个普通员工的意见完全可能会送到总裁的信箱，可在毫不牵涉直属经理的情况下，获得高层的答复。没经员工同意，其身份只有一个人知道——"协调员"，不必担心畅所欲言后带来的风险。（4）申述（Open door）：又称门户开放政策，即员工首先与直线经理恳谈，如解决不了或认为工资涨幅不便于直接与直线经理讨论，你可以通过 open door 向各事业单位主管、公司的人事经理、总经理或任何总部代表申述，你的申述会得到上级的调查、执行。另外"因薪走人"的，人力资源部会尽力挽留你，与你谈心，了解各方面情况及原因，让每一个辞职者怀着好心情离开 IBM。

14.3.5 薪酬沟通的步骤

1．确定沟通目标

确定目标的意义在于指出需要沟通什么和公司希望通过沟通来达到什么样的目的。一个公司对原有的薪酬方案进行调整或开发出一个新的薪酬方案，总是意味着在公司的薪酬管理理念和薪酬方法上有了一定的调整。这个时候，薪酬沟通就非常重要，它不仅起到了收集新的信息的作用，而且通过这个过程，可以在一定程度上改变员工的态度和行为。

一个薪酬沟通方案，不仅是告知员工有关新的薪酬方案的信息，更是向员工推销方案。让员工更好地接受它，"告诉和推销"的方法将影响沟通方案的设计和实施的各个方面。

一般来说，薪酬沟通目标主要包括以下几个。

（1）确认员工完全理解了新的薪酬结构的所有组成部分。

（2）改变员工对薪酬决策方式的看法（从预期加薪到基于特殊加薪的程度）。

（3）激励员工在新的薪酬结构之下充分发挥自身的能力，将工作做到最好。

2．获取必要的沟通信息

公司管理者对公司本身薪酬方案的理解是保障沟通有效的重要方面，员工的看法则是实行方案成功的重要信息。通过结合双方的意见，确保公司关注点以及员工的需要可以实现。询问员工的看法、评价及态度，意味着公司关心员工想什么和如何想。更进一步来讲，让员工参与到薪酬方案的设计中来。作为回报，员工将对薪酬方案拥有一种认可感和承诺。这将有利于保障薪酬方案实施成功。

3．开发策略及决定沟通媒介

在收集完和分析完有关员工态度和观点后，在既定的沟通方案中确定沟通策略，从而支持目标和引导特定的行动。选择有效的沟通工具，常常会使沟通事半功倍，而在选择沟通媒介时，需考虑沟通及受众的全面性。

4．加强管理层的训练

加强管理层的训练，使他们与团队成员的沟通更加顺利。直线管理人员扮演着最为关键性的沟通角色，因为他们每天都要和员工进行相互作用。因此，他们必须准备好向员工解释，为什么企业要把薪资结构设计为某种形式，同时需要注意判断，根据员工对薪资结构的关注状况，企业是否需要对薪资结构进行调整。

建立完善的薪酬沟通机制是企业薪酬方案执行及落地的重要保障。双向的薪酬沟通机制有利于实现组织效益双赢。薪酬沟通的效果如何，只有通过不断的来自员工所反馈的信息才能准确地得知。将员工融入薪酬沟通管理中心，让员工参与沟通效果评估，并不断根据员工反馈对沟通加以改进，从而进一步完善企业薪酬结构。

【启发与思考】

扫一扫→节后白领跳槽

【思考练习题】

1. 简述什么是薪酬评估。
2. 简述薪酬评估的内容主要包括什么。
3. 简述薪酬评估的 3 个阶段。
4. 薪酬调整的 3 种类型是什么？
5. 简述企业加薪的步骤和方法。
6. 企业实施加薪时应注意哪些事项？
7. 企业降薪时遵循的原则是什么？
8. 企业实施降薪操作时可采取哪几种方式？
9. 企业薪酬沟通的方式有哪些？

【模拟训练题一】

A 公司是一家专门从事展览展示工程、国内外展厅、科技馆、博物馆等工程的设计与施工，国内各种商业环境陈列展示等专业服务的一体化公司。

公司现在需要对试用期结束的员工进行调薪，请你参照下面某公司一般员工的调薪表（见表 14-3），设计一份新员工的调薪表。

表 14-3　员工调薪表

姓名		部门		职位		入职时间	
学历		职称		目前薪资		转正日期	
调薪原因	□ 试用期结束　　□ 调职调薪　　□晋升调薪　　□ 年度调薪　　□ 其他						
变动指标	调薪前			调薪后			
职位							
职位等级							
基本薪酬							
奖金							
津贴							
福利							
其他							
自我评价							
部门经理评价							
人力资源部经理				总经理			

【模拟训练题二】

每两位同学一组，互相扮演公司的企业部门负责人和部门普通员工，运用本章所学内容进行加薪和降薪方面的沟通与谈判。角色扮演后各自进行问题总结，并做出改进方案（见表 14-4）。

表 14-4　两组角色扮演

角色1：你是公司人力资源部门的招聘人员		角色2：你是求职者
你公司的优势和劣势		求职者情况
优势	劣势	个人情况
		工作情况
		收入情况
		离职动机
		求职动机
		薪酬目标
任务： 1. 公司预算范围内招到合适人才，预算低于12000元 2. 打压策略及问题： …… 3. 吸引策略及问题： ……		任务： 1. 做好职业生涯规划 …… 2. 准备应聘问题，以便达到应聘目标 ……

【情景仿真题】

薪酬结构，优势激励

HQ 公司是一家跨国公司，在全球范围内有业务涵盖。其薪酬结构由三大部分构成：一部分为固定薪酬，一部分是奖金，还有一部分是股票。在中国，股票部分即根据一定的比照方式用现金支付给员工。在 HQ 公司的薪酬结构中，固定薪酬部分比奖金多，现金支付部分对于员工是最具诱惑的，每年给员工兑现一次。

HQ 公司的整体薪酬水平就像 HQ 公司的成长速度一样处于业界领先地位。为了保持领先地位，HQ 公司一年会做至少两次薪酬调查，不断更新。HQ 公司薪酬的原则是中间值偏上，奖金是上上等，股票价值是上上上等，薪酬总额在业界的水平是上上等。

特色福利，内外部均衡

HQ 公司有一个非常有特色的服务，就是紧急医疗帮助，在全球所有国家的员工都能共享这种服务。这个系统可以给员工提供一个全球全天候的安全保障，员工可以获得一家全球医疗服务机构的 24 小时紧急服务。这些服务甚至超出了医疗范围，包括急病和社会不安全因素、人身意外等构成的危险，员工所遇到的任何问题都能够通过拨打一个对方付费电话获得帮助，无论员工在什么地方出差，都能够获得全面支持。HQ 公司的薪酬基本标准主要跟职位有关系，薪酬涨幅跟每个人的能力直接挂钩，业绩好会多涨，业绩平则涨得少。但是 HQ 公司有公平的竞争环境、充足的培训来鼓励员工。

绩效评估，目标一致

随时评估：HQ 公司的个人收入和业绩紧密挂钩，而且评估不是一年一次，而是每周每月每季度都评。销售人员除了业绩评估外，还要做目标管理（MBO）。因为 HQ 公司认为过程会导致你的结果。销售业绩评估每周做一次，而对客户满意度的调查，全世界放在一起做。这 3 个方面的评估，构成了个人业绩。HQ 公司每年的薪酬调整计划根据年度薪酬调整考核进行，整个公司的总体加薪比例是根据业绩和竞争性条件因素来制定的。

分散评估：HQ 公司的员工接受评估的时间不一样，在 HQ 公司有 3 个评估时间，分别是 4 月、8 月和 10 月，看员工入职的时间靠近哪个时间，他就在那个时间接受业绩评估。这样做还有一个好处，如果所有员工的评估工作一起做，人力资源部的工作量就很大，分开做可以在工作量和财务资金上都分散压力。随时评估和分散评估体现职、能、绩三统一。

制定目标，为企业战略服务

每年制定目标时，员工先自己填完一个表格，里面写了他所做的事情，以及做那件事情的成功因素和自己的发展计划，然后交给经理，经理看了后再做些修改，可能会从发展上给他一些反馈意见，然后返给员工。员工可以提出自己的看法，与经理达到一致之后，将这个目标表格交给上一级经理签字。如果经理和员工没有达到一致，上一层经理就会介入，如果还是不能解决，经理会给人力资源部反馈这个情况，人力资源部会出来协调。员工制定目标时充分考虑与组织战略的基本方向和未来目标是否一致，以及能否为企业的生产、组织、市场营销和人力资源战略服务。为了对新员工负责，HQ 公司每季度会对每一个员工做一个跟踪，有许多表格进行评估。比如说一个新人进来，HQ 公司会告诉他前三个月要做的事情。第一个月，HQ 公司需要员工自己评估经理对你工作的了解程度，经理同意后会签字。到了第三个月结束后，再来做一个评估，如果你有不足，你的经理第一个月就应该知道，第三个月若经理还是没有在这方面发展你，你就可以拿出第一个月的依据，表明经理在这件事上的责任。每个新员工不能够不明不白就过去了。

请根据案例回答以下问题：

1. 判断 HQ 公司现行的薪酬制度是否适合企业自身特点？
2. 遵循薪酬评估原则对 HQ 公司做出适当的薪酬评估。

第 15 章　薪酬法规及税收

学习目标

1. 了解薪酬相关的法律法规。
2. 熟悉薪酬法规对工作时间及薪酬支付方面的具体规定。
3. 熟悉薪酬税收的相关政策及风险。
4. 掌握薪酬税收的筹划方法。

【引导案例】

本田中国罢工事件的薪酬问题

本田零部件公司于 2005 年 9 月在南海成立，是本田技研工业株式会社在中国设立的首家独资公司，总投资额为 9800 万美元，主营生产销售汽车变速箱及其零部件、汽车发动机关键零部件等，年生产能力为 24 万套，直接为广汽本田、东风本田等供货。

2010 年 5 月 17 日，本田在广东佛山零部件工厂的数百名员工因不满薪资待遇开始罢工，要求厂方将薪资提高至 2000～2500 元，不低于其他同类企业的工人薪水。5 月 24 日，本田汽车零部件制造有限公司公布了加薪方案，将员工每月的补贴提高到 120～155 元不等，相比之前增加了 55 元，对此劳资双方未能达成一致。之后，受此影响，生产"雅阁"的广州市两家工厂于 24 日停产，生产"思域"的武汉市的工厂及广州市一家出口车专门工厂在 26 日停产。

据广东媒体报道，2010 年 4 月 8 日广东佛山市出台了《关于调整佛山市企业职工最低工资标准的复函》，要求从 2010 年 5 月 1 日起，最低工资标准由原来的 770 元/月，调整为 920 元/月。然而，南海本田为达到 920 元/月的最低工资标准，提出"从 330 元补贴中扣除 150 元，并将这 150 元算入薪酬"。这样一来，工人们的最低工资就达到 920 元/月，符合标准。但是工人们拿到手的收入却丝毫没有变化，这引起了工人们的不满，最终导致了罢工。

同时，一位本田员工不惜在网上"晒"出了自己的工资清单，南海本田 Ⅰ 级工资=基本薪酬（675 元）+职能工资（340 元）+全勤补贴（100 元）+生活补贴（65 元）+住房补贴（250 元）+交通补贴（80 元）=1510 元，扣除养老保险（132 元）、医疗保险（41 元）、住房公积金（126 元），余额工资为 1211 元。除去房租 250 元、吃饭 300 元、电话费 100 元、日用品 100 元、工会费 5 元，每月仅剩余 456 元。与此形成鲜明对比的是在本田工作的"日本支援者"。据本田员工透露，公司中的这些"日本支援者"享受很高的工资和福利，普通的"日本支援者"每月工资有 5 万元人民币，部长级的则可以达到月薪 10 万元人民币。不仅吃住行全包，而且每天还有 300 多美元的补助。这也极大地造成了普通员工的不满。

南海本田普通员工最低工资问题和员工福利差异问题的不合理解决，共同推进了罢工事件，这对该公司、工人，以及社会都造成巨大的影响。作为公司的管理者，应该怎样进行合法的薪酬管理，使薪酬制度在满足最低工资制度、补偿制度、福利等法律法规时，又满足公司经营成本最小化、员工收入最大化呢？同时，相关的薪酬法律法规又有哪些，管理者在公司经营过程中又如何在法律制度下进行合理的税收筹划，使公司和员工双方利益最大化呢？

资料来源：

[1]董保华. 最低工资立法之"提水平"与"统范围"——从"本田罢工事件"中的薪酬问题谈起[J]. 探索与争鸣，2010，09:7-11.

[2] http://news.163.com/10/0528/08/67OOHS4V000146BC.html.

随着劳动法的逐步健全，企业的薪酬管理也越来越离不开国家的相关法律法规。一旦出现违法行为，企业将会受到严格的惩罚。因此，为了避免由于劳动纠纷给企业带来损失，相关的劳动法律体系就成为我国企业人力资源管理和薪酬管理人员必须了解的内容。同时，企业所得税和个人所得税作为国家公共财政重要的收入来源之一，其强制性特点使得每个企业和每位员工都必须面对。因此，薪酬税收政策和薪酬筹划也是企业管理者必须了解的内容。

15.1 薪酬法规

薪酬法规是国家制定的与企业支付给员工劳动报酬相关的法律规定。现实生活中企业薪酬政策的制定来自相关法律法规的直接指导的情况已越来越少。但这并不代表政府放弃了行政管理，企业便可以肆无忌惮地按照自己的意愿来编制薪酬政策了。政府只不过是将管理与调控的方式，改变成以法律手段来进行监督管理。

有关薪酬的法律法规主要包括立法原则、利益分配法规、工作时间法规、最低工资法规及工资支付法规、工资集体协商法规、补偿与赔偿法律法规等。

15.1.1 薪酬立法原则

我国的薪酬立法原则主要包括 4 项。

1．按劳分配原则

所谓按劳分配是指在一个集体的、以共同占有生产资料为基础的社会里，劳动产品或者说集体劳动所形成的社会总产品，在为了维持社会的再生产过程和满足共同需要等目的而做了各项必要的扣除以后，作为劳动者个人的消费资料，按劳动者个人所提供的劳动量的比例，在劳动者之间进行分配①。在这里即指企业在进行薪酬分配时应该按统一标准，对劳动者进行"多劳多得、少劳少得、不劳不得"的薪酬分配原则。

2．同工同酬原则

"同工"是指同一岗位，"同酬"可以从用工单位内部和用工单位所在地这两个层面上理解，即在公司内部同一岗位的员工不论其种族、年龄、性别等因素，其薪酬标准一致（即保证内部公平性）；同时，相比于该地区其他公司的该岗位，其薪酬标准也一致（即保证外部公平性）。1966 年《经济、社会和文化权利国际公约》第 7 条规定："各成员国保证最低限度给予所有工人公平的工资和同值工作同酬而没有任何歧视，特别是保证妇女享受不差于男子所享受的工作条件，并享受同工同酬"。可见，同工同酬是一个比较不同类别劳动者之间劳动报酬的概念，其据以比较劳动报酬并确定劳动者类别的因素，一般有种族、民族、性别、年龄等。

---

① 周为民，陆宁. 按劳分配与按要素分配——从马克思的逻辑来看. 中国社会科学，2002，（4）：4-12+ 203.

3．保护女性劳动权益的原则

改革开放后，越来越多的女性步入职场，女性就业已经成为实现经济发展和社会稳定的内在需求，保护女性劳动权益也成为国家、政府和企业必须践行的事。对女性劳动权益的保护主要包括：消除性别歧视、消除年龄歧视、妥善生育保护、解决女性就业质量层次低下等。

4．在经济发展的基础上逐步提高工资水平的原则

随着经济发展，国民生活应该得到相应的提升，因此在经济发展过程中，为使得员工生活也逐步提升，原则上企业给予员工的工资也应该逐步增加，一般不建议降低工资的做法。

15.1.2 利益分配法规

我国的利益分配法规是建立在以按劳分配为原则的基础上的，但在法律规定下企业也有进行利益分配的权力及义务。

（1）我国公司法规定企业在进行利益分配时的权力。

① 企业可以根据生产经营和劳动特点，自主确定利益分配办法，可自主选择确定实行岗位工资制、技能工资制、结构工资制等工资制度。

② 企业可以自主确定适合本企业特点的利益分配形式和办法，自主确定和处理对职工的考核和工资分配事宜。

③ 企业可以按照国家有关政策自主确定和处理本企业各类人员的利益分配问题。

④ 根据本企业经济效益和劳动生产率情况以及工资总额基金的支付能力，自主确定调整提高职工工资水平，可以自主决定给职工升级或调整工资标准。

⑤ 在不违反国家有关法律法规的前提下，企业有权决定企业工资水平。

（2）企业在日常公司利益分配中出现违反国家法律法规的行为将会受到惩罚，判断企业在利益分配方面是否违法的标准包括以下两个方面。

① 是否符合法定及约定分配准则。这是企业利益分配是否合法的实体性衡量标准。企业利益分配准则，是解决企业可以在什么情形下将资产进行分配的原则。法定分配准则的设立，既为企业利益分配提供最基本的执行标准，也为债权人提供最基础的法律保护，同时更是划分企业利益分配正当与否的最为主要的依据。

② 是否按法定决策程序进行分配。这是公司利益分配是否合法的程序性衡量标准。各国公司法律就公司利益分配决策程序皆有相应的规定，随公司治理结构权力体系的不同配置，公司利益分配的决策程序也存在着差异。

（3）企业违法分配公司利益的主要表现形式如下。

违法分配公司利益有着多种表现形式，随各国公司法对公司利益分配性质的不同理解，其表现形式更是存在着相当的差异。但通常而言，应包括以下 3 种情形。

① 违法向股东支付股息或红利。

② 违法向股东变相分配利益。

③ 股东之外的主体违法分配公司利益。

（4）企业违法分配公司利益的责任人有董事、股东、经理。

（5）企业违法分配公司利益之责任范围如下。

① 在违法分配总额内承担责任。

② 在接受违法分配总额内承担责任。

③ 在债权人因违法利益分配而受损的范围内承担责任。

（6）追究违法分配公司利益之权利人：公司、债权人、股东。

15.1.3 工作时间法规

为了切实保障劳动者的权益，监督管理企业采用科学合理的用工时间，协调劳动者和用人单位之间的和谐劳资关系，我国对工作时间进行了相关的法律规定。

1．工作时间的定义

工作时间是劳动者履行劳动义务的时间。根据劳动合同的约定，劳动者必须为用人单位提供劳动合同约定的相应劳动，劳动者提供劳动的时间即为工作时间。劳动时间包括工作小时、工作日和工作周3种，其中工作日即在一昼夜内的工作时间，是工作时间的基本形式。

需注意的是，工作时间不局限于实际工作时间。工作时间不仅包括实际作业的时间，还包括准备时间、工作结束收尾时后续时间以及法定劳动消耗时间，以及依据法律、法规或单位行政安排离岗从事其他活动的时间。法定非劳动消耗时间是指劳动者自然中断的时间、工艺需中断时间、停工待活时间、女职工哺乳婴儿时间、出差时间等。

工作时间是用人单位计发劳动者报酬的依据之一。劳动者按照劳动合同约定提供劳动，即可获得约定的相应的劳动报酬。加班加点的，另行计算加班加点工资。

2．工作时间的类型

工作时间主要分为：标准工作时间、综合工作时间、不定时工时制和计件工作时间[1]。

（1）标准工作时间，是国家法律规定的正常情况下一般职工从事工作或者劳动的时间。国家实行劳动者每日工作时间不超过8小时、平均每周工作时间不超过40小时的工作制度。

（2）综合工作时间，是指分别以周、月、季、年等为周期，综合计算工作时间，但其平均工作时间和平均周工作时间应与法定标准工作时间基本相同。

（3）不定时工作制，也叫无定时工时制，没有固定工作时间的限制，是针对因生产特点、工作性质特殊需要或职责范围的关系，需要连续上班或难以按时上下班，无法适用标准工作时间或需要机动作业的职工而采用的一种工作时间制度。如企业高级管理人员、外勤人员、推销人员、部分值班人员、从事交通运输的工作人员。

（4）计件工作时间，是以劳动者完成一定劳动定额为标准的工作时间。对实际计件工作的劳动者，用人单位应根据国家有关规定合理地确立劳动定额和计件报酬标准。

实行不定时工作制和综合工时制的企业，应根据劳动法的有关规定，与工会和劳动者协商，履行审批手续，在保障职工身体健康并充分听取职工意见的基础上，采用集中工作、集中休息、轮流调休、弹性工作时间等适当方式，确保职工休息、休假的权利和生产、工作任务的完成。

对于实行不定时工作制的劳动者，企业应根据标准工时制度合理确定劳动者的劳动定额或其他考核标准，以便安排劳动者休息。其工资由企业按照本单位的工资制度和工资分配办法，根据劳动者的实际工作时间和完成劳动定额情况计发。

3．与工作时间有关的法规

（1）实施标准工时的劳动者每日工作 8 小时，平均每周工作 40 小时，每周至少一天休息日。实行计件工作的，每日工作不超过 8 小时、平均每周工作不超过 40 小时，合理确定其劳动定额和计件报酬标准。超过该标准的另行支出超出范围的薪酬。

---

[1] 余凯成，程文文，陈维政．MBA人力资源管理．大连：大连理工大学出版社，2006：340-343．

（2）实行综合计算工时工作制的企业，在综合计算周期内，日（或周）实际工作时间可以超过 8 小时（或 40 小时），但综合计算周期内的实际总工作时间不应超过法定标准总工作时间，超过部分视为延长上班时间，按劳动法规定另行支付工资报酬，法定休假日安排劳动者工作的，按劳动法规定另行支付工资报酬。但延长工作时间小时数平均每月不得超过 36 小时。

（3）缩短工作时间是指，法律规定的在特殊情况下劳动者的工作时间长度少于标准工作时间的工时制度，即每日工作少于 8 小时。缩短工作日的常见情况有以下三种：从事矿山井下、高温、有毒有害、特别繁重或过度紧张等作业的劳动者；从事夜班工作的劳动者；哺乳期内的女职工。

15.1.4 最低工资法规

最低工资法规是为了保障劳动者的基本生活水平，维护劳动者取得劳动报酬的合法权益，保障劳动者个人及其家庭成员的基本生活，根据劳动法和国务院有关规定，制定的法规。

1．最低工资的概念

最低工资是指劳动者在法定工作时间内履行了正常的劳动义务的前提下，由其所在单位支付的最低劳动报酬。最低工资的组成包括基本薪酬、津贴、浮动工资以及劳动者在完成工作时所获得的奖金等。用人单位应支付给劳动者的工资在剔除下列各项以后，不得低于当地最低工资标准[1]。

（1）延长工作时间工资。

（2）中班、夜班、高温、低温、井下、有毒有害等特殊工作环境和条件下的津贴。

（3）法律、法规和国家规定的劳动者福利待遇等。

2．最低工资的法律规定

最低工资的法律规定有以下 3 条。

（1）试用期月最低工资。劳动者在试用期的工资不得低于本单位同岗位最低档工资或者劳动合同约定工资的 80%，并不得低于用人单位所在地最低工资标准。

（2）集体合同中，劳动条件和劳动报酬月标准不得低于当地人民政府规定的最低月工资标准；用人单位与劳动者订立的劳动合同中劳动条件和劳动报酬等标准不得低于集体合同规定的标准。

（3）小时最低工资标准。非全日制用工，小时计酬标准不得低于用人单位所在地人民政府的规定。

3．法定最低工资标准的确定和调整

最低工资标准并不是一成不变的，需要根据国家经济发展水平及参考当地就业者及其赡养人口的最低生活费用、城镇居民消费价格指数、职工个人缴纳的社会保险费和住房公积金、职工平均工资、经济发展水平、就业状况等因素确定。确定和调整小时最低工资标准，应在颁布的月最低工资标准的基础上，考虑单位应缴纳的基本养老保险费和基本医疗保险因素，同时还应适当考虑非全日制劳动者在工作稳定性、劳动条件和劳动强度、福利等方面与全日制就业人员之间的差异，据此来进行调整。具体如下。

（1）最低工资标准由省、自治区、直辖市人民政府规定，报国务院备案。

（2）最低工资标准每两年至少调整一次。

---

[1] 中华人民共和国劳动和社会保障部令（第 21 号）．最低工资规定，2004-1-20：1-7.

（3）在我国确定最低工资标准时主要采用比重法、恩格尔系数法和国际收入比例法。根据国际劳工组织的相关规定，结合我国的实际国情，我国《劳动法》第四十九条对确定和调整最低工资标准应当综合参考的因素做了明确规定，其参考因素如图15-1所示。

图 15-1　月最低工资标准的确定和调整依据

（4）小时最低工资标准的确定和调整依据。在月最低工资标准的基础上，考虑单位应缴纳的基本养老保险费因素，同时适当考虑非全日制劳动者在工作稳定性、劳动条件和劳动强度、福利等方面与全日制就业人员之间的差异。表15-1所示为2015年全国部分地区最低工资标准。

表 15-1　2015 年全国部分地区最低工资标准 　　　　（单位：元）

地区	月最低工资标准	小时最低工资标准	实施时间
深圳	2030	18.5	2015 年 3 月 1 日
上海	2020	18.0	2015 年 4 月 1 日
广东	1895	18.3	2015 年 5 月 1 日
天津	1850	18.5	2015 年 4 月 1 日
北京	1720	18.7	2015 年 4 月 1 日
内蒙古	1640	13.3	2015 年 7 月 1 日
山西	1620	17.7	2015 年 5 月 1 日
山东	1600	16.0	2015 年 3 月 1 日
四川	1500	15.7	2015 年 7 月 1 日

4．最低工资的监督部门

最低工资的监督部门是县级以上地方人民劳动保障行政部门。

15.1.5　工资支付法规

工资支付保障制度是通过法律效力保障企业员工获得全部应得工资及工资支配权。相关立法包括《劳动法》《工资支付暂行规定》等。

1．工资支付四原则

（1）货币支付原则：工资应当以法定货币支付。

（2）直接支付原则：工资支付的对象应该是劳动者本人。

（3）定期支付原则：工资必须在用人单位与劳动者约定的日期内支付，禁止无故拖欠工资。

（4）全额支付原则：禁止任意克扣工资的行为。

2．特殊情况下的工资支付规定

（1）特殊情况下的工资支付制度是指在非正常情况下对工资支付的法律规定。

（2）具体规定包括劳动者在法定标准工作时间外工作的工资支付、普通工作日加班的支付、休息日加班的支付、节假日加班的支付。

3．法定节假日加班工资支付的具体说明

《中华人民共和国劳动法》关于法定节假日加班工资的计算规定如下所示。

法定节假日加班工资支付规定

第四十四条　有下列情形之一的，企业应当按照下列标准支付高于劳动者正常工作时间工资的工资报酬：

1．安排劳动者延长工作时间的，支付不低于工资的百分之一百五十的工资报酬，（150%×日工资报酬）

2．休息日加班又不能安排补休的，支付不低于工资的百分之二百的工资报酬，（200%×日工资报酬）

3．法定休假日安排劳动者工作的，支付不低于工资的百分之三百的工资报酬，（300%×日工资报酬）

第五十一条　劳动者在法定休假日和婚丧假期间以及依法参加社会活动期间，用人单位应依法支付工资（100% 带薪）

根据《关于职工全年月平均工作时间和工资折算问题的通知》（劳社部发〔2008〕3 号）、《全国年节及纪念日放假办法》（国务院令第 513 号）的规定，全体公民的节日假期由原来的 10 天增设为 11 天。据此，职工全年月平均制度工作天数和工资折算办法分别调整如下。

月平均工作时数的折算

标准工作时间的计算：

年工作日=365 天−104 天（休息日）−11 天（法定节假日）=250 天

季工作日=250 天÷4 季=62.5 天/季

月工作日=250 天÷12 月=20.83 天/月

工作小时数的计算：以月、季、年的工作日乘以每日的 8 小时

月工作小时数=20.83×8=166.64 小时/月

在了解了工作时数的基础上进行日工资和小时工资的核算。

日工资、小时工资的折算

按照《劳动法》第五十一条的规定，法定节假日用人单位应当依法支付工资，即折算日工资、小时工资时不剔除国家规定的 11 天法定节假日。据此，日工资、小时工资的折算为：

日工资=月工资收入÷月计薪天数

小时工资=月工资收入÷（月计薪天数×8 小时）

月计薪天数=（365天−104天）÷12月=21.75天

日工资=月工资收入÷21.75

小时工资=月工资收入÷（21.75×8）=月工资收入÷174

4．特殊情况下的工资支付

特殊情况下的工资支付有以下5种，其工资支付的相关办法也如下所示。

（1）依法参加社会活动期间的工资支付。

根据《劳动法》第51条的规定，劳动者在法定休假日和婚丧假期间以及依法参加社会活动期间，用人单位应当依法支付工资。关于依法参加社会活动，有更详细的规定，根据《工资支付暂行规定》第10条的规定，劳动者在法定工作时间依法参加社会活动，用人单位应视同其提供了正常劳动并支付工资。

社会活动包括：依法行使选举权或被选举权；当选代表出席乡（镇）、区以上政府、党派、工会、青年团、妇女联合会等组织召开的会议；出任人民法庭证明人；出席劳动模范、先进工作者大会；《工会法》规定的不脱产工会基层委员会委员因工会活动占用的生产或工作时间；其他依法参加的社会活动。

（2）法定休息假日及婚丧假期间的工资支付。

根据《劳动法条文说明》第44条的规定，劳动者在法定休假日和婚丧假期间，用人单位应当依法支付工资。

其法定休假日是指法律、法规规定的劳动者休假的时间，包括法定节日（即元旦、春节、国际劳动节、国庆节及其他节假日）以及法定带薪休假。婚丧假，是指劳动者本人结婚以及其直系亲属死亡时依法享受的假期。

（3）单位停工、停产期间的工资支付。

《工资支付暂行规定》第十二条规定，非因劳动者原因造成单位停工、停产，在一个工资支付周期内的，用人单位应按劳动合同规定的标准支付劳动者工资。超过一个工资支付周期的，若劳动者提供了正常劳动，则支付给劳动者的劳动报酬不得低于当地的最低工资标准；如没有提供正常劳动，应按国家有关规定办理。

（4）单位破产时的工作支付。

《工资支付暂行规定》中规定，用人单位依法破产时，劳动者有权获得其工资。在破产清偿中用人单位应按《中华人民共和国企业破产法》规定的清偿顺序，首先支付欠付本单位劳动者的工资。根据上述规定，企业的破产财产应先支付所欠职工工资和劳动保险费用后，再支付所欠税款及其他破产债权。

（5）病假、事假时的工资支付。

根据《劳动部关于贯彻执行〈中华人民共和国劳动法〉若干问题的意见》第59条规定，职工患病或非因工负伤治疗期间，在规定的医疗期间内由企业按有关规定支付其病假工资或疾病救济费，病假工资或疾病救济费可以低于当地最低工资标准，但不能低于最低工资标准的80%。

劳动者在事假期间，用人单位可以不支付其工资。

5．特殊人员的工资支付

对于部分特殊人员，也有对其工资支付的相关办法规定。

（1）劳动者受处分时的工资支付。

劳动者受处分后的工资支付包括两个方面：一是劳动者受行政处分后仍留在原单位工作

（如留用察看、降级等）或受刑事处分后重新就业的，应主要由用人单位根据具体情况自主确定其工资报酬；二是劳动者受刑事处分期间，如收容审查、拘留（羁押）、缓刑、监外执行或劳动教养期间，其待遇按国家有关规定执行。

（2）学徒工、熟练工、大中专毕业生在学习期、熟练期、见习期、试用期及转正定级后的工资支付。

《对工资支付暂行规定有关问题的补充规定》第5条第2款规定，学徒工、熟练工、大中专毕业生在学徒期、熟练期、见习期、试用期及转正定级后的工资待遇由用人单位自主确定。根据这一规定，单位可以自行确定见习期、试用期的工资待遇，但是仍应以不违反劳动法为前提。在试用期内，劳动者也同样在法定工作时间内提供了正常的劳动，依法应享受劳动法规定的工资权。

劳动部《关于贯彻执行中华人民共和国劳动法若干问题的意见》第57条规定，劳动者与用人单位形成或建立劳动关系后，试用、熟练、见习期间，在法定工作时间内提供了正常劳动，其所在的用人单位应当支付其不低于最低工资标准的工资。

15.1.6　工资集体协商法规

下面是《工资集体协商试行办法》中关于工资集体协商的内容，供读者参考。

工资集体协商试行办法

第一部分　总　则

1. 为规范工资集体协商和签订工资集体协议（以下简称"工资协议"）的行为，保障劳动关系双方的合法权益，促进劳动关系的和谐稳定，依据《中华人民共和国劳动法》和国家有关规定，制定本办法。

2. 中华人民共和国境内的企业依法开展工资集体协商，签订工资协议，适用本办法。

3. 本办法所称工资集体协商，是指职工代表与企业代表依法就企业内部工资分配制度、工资分配形式、工资收入水平等事项进行平等协商，在协商一致的基础上签订工资协议的行为。工资协议，是指专门就工资事项签订的专项集体合同。已订立集体合同的，工资协议作为集体合同的附件，并与集体合同具有同等效力。

4. 依法订立的工资协议对企业和职工双方具有同等约束力。双方必须全面履行工资协议规定的义务，任何一方不得擅自变更或解除工资协议。

5. 职工个人与企业订立的劳动合同中关于工资报酬的标准，不得低于工资协议规定的最低标准。

6. 县级以上劳动保障行政部门依法对工资协议进行审查，对协议的履行情况进行监督检查。

第二部分　工资集体协商内容

7. 工资集体协商一般包括以下内容：

（1）工资协议的期限；

（2）工资分配制度、工资标准和工资分配形式；

（3）职工年度平均工资水平及其调整幅度；

（4）奖金、津贴、补贴等分配办法；

（5）工资支付办法；

（6）变更、解除工资协议的程序；

（7）工资协议的终止条件；

（8）工资协议的违约责任；

（9）双方认为应当协商约定的其他事项。

8. 协商确定职工年度工资水平应符合国家有关工资分配的宏观调控政策，并综合参考下列因素：

（1）地区、行业、企业的人工成本水平；

（2）地区、行业的职工平均工资水平；

（3）当地政府发布的工资指导线、劳动力市场工资指导价位；

（4）本地区城镇居民消费价格指数；

（5）企业劳动生产率和经济效益；

（6）国有资产保值增值；

（7）上年度企业职工工资总额和职工平均工资水平；

（8）其他与工资集体协商有关的情况。

第三部分　工资集体协商代表

9. 工资集体协商代表应依照法定程序产生。职工一方由工会代表担任。未建工会的企业由职工民主推举代表，并需得到半数以上职工的同意。企业代表由法定代表人和法定代表人指定的其他人员担任。

10. 协商双方各确定一名首席代表。职工首席代表应当由工会主席担任，工会主席可以书面委托其他人员作为自己的代理人；未成立工会的，由职工集体协商推举代表。企业首席代表应当由法定代表人担任，法定代表人可以书面委托其他管理人员作为自己的代理人。

11. 协商双方的首席代表在工资集体协商期间轮流担任协商会议执行主席。协商会议执行主席的主要职责是负责工资集体协商有关组织的协调工作，并对协商过程中发生的问题提出处理建议。

12. 协商双方可书面委托本企业以外的专业人士作为本方协商代表。委托人数不得超过本方代表的 1/3。

13. 协商双方享有平等的建议权、否决权和陈述权。

14. 由企业内部产生的协商代表参加工资集体协商的活动应视为提供正常劳动，享受的工资、奖金、津贴、补贴、保险福利待遇不变。其中，职工协商代表的合法权益受法律保护。企业不得对职工协商代表采取歧视性行为，不得违法解除或变更其劳动合同。

15. 协商代表应遵守双方确定的协商规则，履行代表职责，并负有保守企业商业秘密的责任。协商代表任何一方不得采取过激、威胁、收买、欺骗等行为。

16. 协商代表应了解和掌握工资分配的有关情况，广泛征求各方面的意见，接受本方人员对工资集体协商有关问题的质询。

第四部分　工资集体协商程序

17. 职工和企业任何一方均可提出进行工资集体协商的要求。工资集体协商的提出方应向另一方提出书面的协商意向书，明确协商的时间、地点、内容等。另一方接到协商意向书后，应于 20 日内予以书面答复，并与提出方共同进行工资集体协商。

18. 在不违反有关法律、法规的前提下，协商双方有义务按照对方要求，在协商开始前 5 日内，提供与工资集体协商有关的真实情况和资料。

19. 工资协议草案应提交职工代表大会或职工大会讨论审议。

20. 工资集体协商双方达成一致意见后，由企业行政方制作工资协议文本。工资协议经双方首席代表签字盖章后成立。

第五部分　工资协议审查

21. 工资协议签订后，应于 7 日内由企业将工资协议一式三份及说明，报送劳动保障行政部门审查。

22. 劳动保障行政部门应在收到工资协议 15 日内，对工资集体协商双方代表资格、工资协议的条款内容和签订程序等进行审查。

劳动保障行政部门经审查对工资协议无异议，应及时向协商双方送达《工资协议审查意见书》，工资协议即行生效。

劳动保障行政部门对工资协议有修改意见，应将修改意见在《工资协议审查意见书》中通知协商双方。双方应就修改意见及时协商，修改工资协议，并重新报送劳动保障行政部门。

工资协议向劳动保障行政部门报送经过 15 日后，协议双方未收到劳动保障行政部门的《工资协议审查意见书》，视为已经劳动保障行政部门同意，该工资协议即行生效。

23. 协商双方应于 5 日内将已经生效的工资协议以适当形式向本方全体人员公布。

24. 工资集体协商一般情况下一年进行一次。职工和企业双方均可在原工资协议期满前 60 日内，向对方书面提出协商意向书，进行下一轮的工资集体协商，做好新旧工资协议的相互衔接。

第六部分　附则

25. 本办法对工资集体协商和工资协议的有关内容未做规定的，按《集体合同规定》的有关规定执行。

26. 本办法自发布之日起施行。

注：《工资集体协商试行办法》是劳动和社会保障部部务会议 2000 年 10 月 10 日通过的，部长张左己于 2000 年 11 月 8 日以第 9 号令发布，自发布之日起施行。

15.1.7　补偿与赔偿法律法规

经济补偿金从性质上讲具有劳动贡献补偿和社会保障的双重功能，其产生是基于国家法律、法规的规定，是国家干预劳动关系的法律结果。赔偿金则是指企业或员工因违反合同约定或因自己的故意或过失，给对方造成实际损失即构成侵权行为时，承担给付对方一定数量的金钱的责任形式，也称为损害赔偿[①]。

在这一部分内容中，读者需特别明确补偿金与赔偿金的区别，二者有着不同的相关法律规定。

1．赔偿金的构成要件

赔偿金是法定的，因此，其构成要件主要是法律、法规的相关规定。

（1）当事人违反了劳动法律、法规；

（2）给对方造成了实际损失；

---

① 法律出版社法规中心. 2015 中华人民共和国劳动和社会保障法规全书（含相关政策）. 北京：法律出版社，2015：125-130.

（3）责任方存在过失，包括故意和过失；

（4）这种过失与损失之间存在因果关系。

2．经济补偿金与赔偿金的区别

（1）适用条件不同。法律对两者适用条件都有明确规定，并不相同。支付经济补偿的条件比较简单，强调的是向劳动者倾斜，而赔偿金强调的是对损失的一种赔偿。

（2）主观过错不同。经济补偿不考虑主观过错，而赔偿金是强调过错责任的。

（3）单向或双向不同。经济补偿是单向的，而赔偿金是双向的，既有企业向员工赔偿，也有员工向企业赔偿。

（4）支付标准也不同。如员工遭遇违法解除时，应当依法向员工支付赔偿金，支付标准是经济补偿的两倍。

（5）法律性质不同。经济补偿是对劳动者的补偿，而赔偿金是对过错方的惩罚。

3．关于经济补偿与赔偿的相关法律规定

（1）《劳动合同法》第四十七条规定：经济补偿按劳动者在本单位工作的年限，每满一年支付一个月工资的标准向劳动者支付。六个月以上不满一年的，按一年计算；不满六个月的，向劳动者支付半个月工资的经济补偿。

劳动者月工资高于用人单位所在直辖市、设区的市级人民政府公布的本地区上年度职工月平均工资三倍的，向其支付经济补偿的标准按职工月平均工资三倍的数额支付，向其支付经济补偿的年限最高不超过十二年。本条所称月工资是指劳动者在劳动合同解除或者终止前十二个月的平均工资。

新法规定对普通劳动者的经济补偿已经没有十二年年限的限制，只是对于工资收入高于平均工资三倍的劳动者有了一个数量和期限的限制。

（2）《劳动合同法》第九十七条规定：本法施行前已依法订立且在本法施行之日存续的劳动合同，继续履行；本法第十四条第二款第三项规定连续订立固定期限劳动合同的次数，自本法施行后续订固定期限劳动合同时开始计算。

（3）《劳动合同法》第四十八条规定：用人单位违反本法规定解除或者终止劳动合同，劳动者要求继续履行劳动合同的，用人单位应当继续履行；劳动者不要求继续履行劳动合同或者劳动合同已经不能继续履行的，用人单位应当依照本法第八十七条规定支付赔偿金。

（4）《劳动合同法》第八十七条规定：用人单位违反本法规定解除或者终止劳动合同的，应当依照本法第四十七条规定的经济补偿标准的二倍向劳动者支付赔偿金。

（5）中华人民共和国劳动合同法实施条例第二十五条规定：用人单位违反劳动合同法的规定解除或者终止劳动合同，依照《劳动合同法》第八十七条的规定支付了赔偿金的，不再支付经济补偿。

赔偿金的计算年限自用工之日起计算。

15.1.8　其他法律法规

在企业薪酬结构运行管理中，除了以上所提到的有关法律法规，还包括企业员工的养老保险、住房公积金等方面。

1．养老保险

养老保险，全称社会基本养老保险，是国家和社会根据一定的法律和法规，为解决劳动者在达到国家规定的解除劳动义务的劳动年龄界限，或因年老丧失劳动能力退出劳动岗位后的基本生活而建立的一种社会保险制度，其目的是为保障老年人的基本生活需求，为其提供稳定可靠的生活来源。养老保险常见的表现形式是"统账结合"，即职工所在企业缴纳的 20%（社会统筹账户），进行代际转移，用于支付退休职工的养老金；职工个人缴纳的 8%划入个人账户[1][2]。

从 2014 年 10 月 1 日开始实行的《国务院关于机关事业单位工作人员养老保险制度改革的决定》中相关规定条文如下。

> 三、实行社会统筹与个人账户相结合的基本养老保险制度。基本养老保险费由单位和个人共同负担。单位缴纳基本养老保险费（以下简称单位缴费）的比例为本单位工资总额的 20%，个人缴纳基本养老保险费（以下简称个人缴费）的比例为本人缴费工资的 8%，由单位代扣。按本人缴费工资 8% 的数额建立基本养老保险个人账户，全部由个人缴费形成。个人工资超过当地上年度在岗职工平均工资 300% 以上的部分，不计入个人缴费工资基数；低于当地上年度在岗职工平均工资 60% 的，按当地在岗职工平均工资的 60% 计算个人缴费工资基数。
>
> 个人账户储存额只用于工作人员养老，不得提前支取，每年按照国家统一公布的记账利率计算利息，免征利息税。参保人员死亡的，个人账户余额可以依法继承。
>
> 四、改革基本养老金计发办法。本决定实施后参加工作、个人缴费年限累计满 15 年的人员，退休后按月发给基本养老金。基本养老金由基础养老金和个人账户养老金组成。退休时的基础养老金月标准以当地上年度在岗职工月平均工资和本人指数化月平均缴费工资的平均值为基数，缴费每满 1 年发给 1%。
>
> 五、建立职业年金制度。机关事业单位在参加基本养老保险的基础上，应当为其工作人员建立职业年金。单位按本单位工资总额的 8% 缴费，个人按本人缴费工资的 4% 缴费。工作人员退休后，按月领取职业年金待遇。职业年金的具体办法由人力资源社会保障部、财政部制定。

2．住房公积金

2002 年颁布的《住房公积金管理条例》住房公积金释义为：住房公积金是指国家机关、国有企业、城镇集体企业、外商投资企业、城镇私营企业以及其他城镇企业、事业单位、民办非企业单位、社会团体及其在职职工缴存的长期住房储金。住房公积金由两部分组成：一部分是职工从工资中按规定缴存 5% 或更高一些的资金；另一部分是由单位每月按规定为职工缴存 5% 或更高一些的资金[3]。需注意的是，职工和职工所在单位缴纳的这两部分住房公积金都是职工住房基金，均属于职工个人所有。职工缴存的住房公积金，是职工每月固定从工资中存储一部分专门用于购房，单位为职工缴存的住房公积金是住房部分实物分配转为住房货币化的形式，是职工住房工资的体现。

《住房公积金管理条例》对于住房公积金的缴存方面的部分管理条文如下。

> **第十六条**
> 职工住房公积金的月缴存额为职工本人上一年度月平均工资乘以职工住房公积金缴存比例。
> 单位为职工缴存的住房公积金的月缴存额为职工本人上一年度月平均工资乘以单位住房

---

① 赵曙明，张正堂，程德俊. 人力资源管理与开发. 北京：高等教育出版社，2014：232-234.
② 杨继军，张二震. 人口年龄结构、养老保险制度转轨对居民储蓄率的影响. 中国社会科学，2013，（8）：47-66+205.
③ 曹康泰. 住房公积金管理条例释义. 北京：中国物价出版社，1996.

公积金缴存比例。

第十七条

新参加工作的职工从参加工作的第二个月开始缴存住房公积金，月缴存额为职工本人当月工资乘以职工住房公积金缴存比例。

单位新调入的职工从调入单位发放工资之日起缴存住房公积金，月缴存额为职工本人当月工资乘以职工住房公积金缴存比例。

第十八条

职工和单位住房公积金的缴存比例均不得低于职工上一年度月平均工资的 5%；有条件的城市，可以适当提高缴存比例。具体缴存比例由住房公积金管理委员会拟订，经本级人民政府审核后，报省、自治区、直辖市人民政府批准。

第十九条

职工个人缴存的住房公积金，由所在单位每月从其工资中代扣代缴。

单位应当于每月发放职工工资之日起 5 日内将单位缴存的和为职工代缴的住房公积金汇缴到住房公积金专户内，由受委托银行计入职工住房公积金账户。

第二十条

单位应当按时、足额缴存住房公积金，不得逾期缴存或者少缴。

对缴存住房公积金确有困难的单位，经本单位职工代表大会或者工会讨论通过，并经住房公积金管理中心审核，报住房公积金管理委员会批准后，可以降低缴存比例或者缓缴；待单位经济效益好转后，再提高缴存比例或者补缴缓缴。

第二十一条

住房公积金自存入职工住房公积金账户之日起按照国家规定的利率计息。

15.2　薪酬税收

税收是国家主要的财政收入形式，根据个人所得薪酬缴纳税收也是每一个劳动者应尽的义务。薪酬结构的设计和管理在很大程度上影响着企业和员工的所得税问题，也由此产生了薪酬结构设计中的税收管理问题。

薪酬结构的税收问题主要包括薪酬结构设计对企业所得税的影响和对员工个人所得税的影响两个方面。对这两个方面进行恰当的设计和处理，能够解决员工之间的矛盾、员工与企业之间的矛盾问题 。

15.2.1　薪酬税收的定义

薪酬税收对企业所得税的影响主要体现为对纳税额度的影响。企业所得税纳税额是指应纳税总额与准予扣除的项目金额的差额，主要包括人工成本中的准予扣除项目，即工资和薪金支出、职工工会经费、职工福利费、职工教育经费、各类保险基金和统筹基金、住房公积金、差旅费和佣金等。

薪酬税收对个人所得税的影响主要包括工资、薪金所得、税前扣除项目和股息、红利所得 4个方面。国家对个人收入应纳税额的标准和计算方法有明确的规定，企业在进行工资核算时对员工个人应纳税额进行代扣代缴。

15.2.2　薪酬税收的政策

薪酬税收政策是指国家就企业向员工支付的劳动报酬征收一定税款的政策，税收的范围涉及工资、工资总额、福利、加班工资、劳动报酬、经济补偿金、社会保险费、企业所得税和个人所得税。薪酬税收政策为用人单位及劳动者对劳动报酬等税收规定的正确理解与运用提供了保障。

1. 税收范围的内容

（1）工资，又称薪金，是指企业每一纳税年度支付给在本企业任职的员工的所有现金形式或者非现金形式的劳动报酬，包括基本薪酬、奖金、津贴、补贴、年终加薪、加班工资，以及与员工任职或者受雇有关的其他支出。

国家明确规定，企业发生的合理的工资、薪金支出，准予在企业所得税税前扣除。"合理工资薪金"，是指企业按照股东大会、董事会、薪酬委员会或相关管理机构制订的工资薪金制度规定实际发放给员工的工资薪金。税务机关在对工资薪金进行合理性确认时，一般遵循以下原则，如图 15-2 所示。

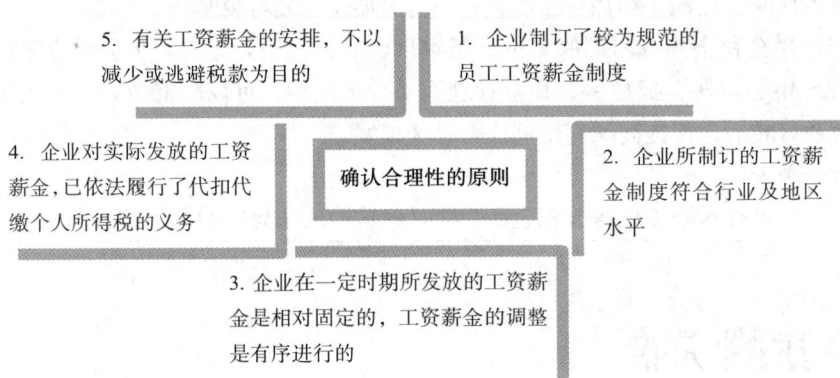

图 15-2　税务机关对工资薪金进行合理性确认的原则

（2）工资总额，是指企业按照国家规定（即按照国家对工资的界定，也就是合理工资薪金）实际发放的工资薪金总和，不包括企业的职工福利费、职工教育经费、工会经费以及养老保险费、医疗保险费、失业保险费、工伤保险费、生育保险费等社会保险费和住房公积金。

（3）福利，国家规定企业发生的职工福利费支出，不超过工资、薪金总额 14% 的部分，准予在企业所得税税前据实扣除，具体包括以下几个方面的内容。

① 一些社会职能尚未分离出去的企业，其内设福利部门所发生的设备、设施和人员费用，包括职工食堂、职工浴室、理发室、医务所、托儿所、疗养院等集体福利部门的设备、设施及维修保养费用和福利部门工作人员的工资薪金、社会保险费、住房公积金、劳务费等。

② 为职工卫生保健、生活、住房、交通等所发放的各项补贴和非货币性福利，包括企业向职工发放的因公外地就医费用、未实行医疗统筹企业职工医疗费用、职工供养直系亲属医疗补贴、供暖费补贴、职工防暑降温费、职工困难补贴、救济费、职工食堂经费补贴、职工交通补贴等。

③ 按照其他规定发生的其他职工福利费，包括丧葬补助费、抚恤费、安家费、探亲假路

费等。

（4）加班工资，是指劳动者加班依法所获得的工资，应当列入工资和工资总额。

（5）劳动报酬，是指工资与福利的总称。

（6）经济补偿金，是劳动者依据《劳动合同法》在劳动合同解除或终止时所获得的补偿，其以工资和加班工资为计算基数。

（7）社会保险费，即基本养老保险、医疗保险、生育保险、失业保险和工伤保险的保险费，通常是按照工资总额计征。企业依法支付的社会保险费允许在企业所得税税前扣除。

（8）企业所得税，是指企业依据《中华人民共和国企业所得税法》的规定，按照企业的应纳税所得额及税率计征的税金。

（9）个人所得税，是指个人依据《中华人民共和国个人所得税法》的规定，按照个人的应纳税所得额及税率计征的税金。

2．福利发放的情况

这里所说的福利，指的是关于企业向员工发放的交通补贴、通信补贴、职工防暑降温、营销业绩奖励及实物等。

（1）交通补贴。属于职工福利，但也属于个人所得税应纳税所得额，应根据国家税务总局规定进行扣税；企业采用报销私家车燃油费等方式向职工发放交通补贴的行为，扣除一定标准的公务费用后，按照"工资、薪金"所得项目计征个人所得税。公务费用扣除标准由当地政府制定，如当地政府未制定公务费用扣除标准，则按交通补贴全额的 30% 作为个人收入扣缴个人所得税。

（2）通信补贴。属于职工福利，但也属于个人所得税应纳税所得额。对于如何计征个人所得税，国家税务总局规定：企业向职工发放的通信补贴，扣除一定标准的公务费用后，按照"工资、薪金"所得项目计征个人所得税。公务费用扣除标准由当地政府制定，如当地政府未制定公务费用扣除标准，按通信补贴全额的 20% 作为个人收入扣缴个人所得税。

（3）职工防暑降温费。根据国家税务总局《关于企业工资、薪金及职工福利费扣除问题的通知》（国税函〔2009〕3 号）第三条规定，单位发放的职工防暑降温费，应在职工福利费列支。根据《企业所得税法实施条例》第四十条规定，企业发生的职工福利费支出，不超过工资、薪金总额 14% 的部分，准予扣除。既然是福利，当然属于个人所得税应纳税所得额，应当依法缴纳个人所得税。

（4）营销业绩奖励。按照财政部、国家税务总局《关于企业以免费旅游方式提供对营销人员个人奖励有关个人所得税政策的通知》（财税〔2004〕11 号）规定，企业和单位对营销业绩突出人员以培训班、研讨会、工作考察等名义组织旅游活动，通过免收差旅费、旅游费对个人实行的营销业绩奖励（包括实物、有价证券等），应根据所发生费用全额计入营销人员应税所得（属于工资薪金所得），依法征收个人所得税，并由提供上述费用的企业和单位代扣代缴。

（5）发放实物。企业向员工发放的实物，无论是从哪个口径直接发放，其实质都是向员工支付的工资薪金，需要列入工资薪金、福利中，是否属于工资总额需要视具体情况确定。如果企业是拿已经列入生产经营成本的实物向员工发放，只要不构成变相销售、变相发放工资薪金、福利，则该等实物发放就不属于需要缴纳个人所得税的实物发放。否则，员工收到的实物都需要依法缴纳个人所得税。

如果企业以有奖销售方式而使得员工获得赠品的，员工应当对赠品所得按"偶然所得"项目计征个人所得税。赠品所得为实物的，应以《中华人民共和国个人所得税法实施条例》第十条规定的方法确定应纳税所得额，计算缴纳个人所得税。税款由举办有奖销售活动的企业（单位）负责代扣代缴。

3. 关于某些企业董事费征税的问题

（1）《国家税务总局关于印发〈征收个人所得税若干问题的规定〉的通知》（国税发〔1994〕089号）第八条规定的董事费按劳务报酬所得项目征税方法，仅适用于个人担任企业董事、监事，且不在企业任职、受雇的情形。

（2）个人在企业（包括关联企业）任职、受雇，同时兼任董事、监事的，应将董事费、监事费与个人工资收入合并，统一按工资、薪金所得项目缴纳个人所得税。

（3）《国家税务总局关于外商投资企业的董事担任直接管理职务征收个人所得税问题的通知》（国税发〔1996〕214号）第一条停止执行。

4. 关于企业实施双薪制时的扣税问题

《国家税务总局关于个人所得税若干政策问题的批复》（国税函〔2002〕629号）第一条有关"双薪制"计税方法停止执行。即国家机关、事业单位、企业和其他单位在实行"双薪制"（按照国家有关规定，单位为其员工多发放一个月的工资）后，个人因此而取得的"双薪"，应单独作为一个月的工资、薪金所得计征个人所得税。

对上述"双薪"所得原则上不再扣除费用，应全额作为应纳税所得额按适用税率计算纳税，但如果纳税人取得"双薪"当月的工资、薪金所得不足800元的，应以"双薪"所得与当月工资、薪金所得合并减除800元后的余额作为应纳税所得额，计算缴纳个人所得税。

15.2.3 薪酬税收的风险

薪酬税收的风险主要体现在企业在实际执行薪酬税收过程中没有严格按照国家规定的标准执行税收政策，导致企业被查封或举报停运的风险。如偷税：是愚昧者的行为。漏税：是糊涂者的行为。抗税：是野蛮者的行为。这3种行为都是非法的，都将面临追缴、罚款、责令改正及可能的刑事责任的法律后果。而避税是钻法律空子，虽然暂时不会面临法律后果，但国家的税法将会完善健全，会采取相应措施，如反避税等。

因此，企业的薪酬结构和管理必须符合相关的法律法规，并在该法律体系下，合理进行薪酬结构的设计和管理，使得其经营成本最小化、利益最大化。

15.2.4 薪酬税收筹划方法

以前，西方有一句话："只有死亡和税收是不可避免的。"当时中国的普通民众是很难理解的。而现在，税收与我们每个人都息息相关。随着国民经济的发展，个人收入的来源和形式日趋多样化。一些公民在取得固定收入的同时，还利用掌握的知识，取得合法的劳务报酬收入。劳务报酬如果采用分次领取劳务报酬的办法，就可以合法节税。公司的财务人员对员工个人所得税代扣代缴，得先经过筹划，确保员工的实际收入不减少。

1. 薪酬税收筹划的方法

企业进行薪酬税收筹划的常用方法有以下两种。

（1）一次性申报纳税。即当月收入汇总在一起进行纳税。

（2）分次申报纳税。根据我国税法规定，属于一次收入的，以取得该项收入时为一次，属于同一项目连续性收入的，以一个月内取得的收入为一次。如果支付间隔超过一个月的，按每次收入额扣除法定费用后计算应纳税所得额，而间隔期不超过一个月，则合并为一次扣除法定费用后计算应纳税所得额。因此，为减少个人所得税，企业可以：对于中低收入者，企业每月为其发放工资时，应尽量用足税法规定的费用扣除额，少发放年终奖；而对于高收入者，企业应该在制订工资计划时，将其全年收入在工资和年终奖之间进行合理分配。

此外，企业还通过五险一金和补充保险的节税设计、股票期权节税设计、职工收入费用化和福利化等筹划方法来降低员工所负担的个人所得税，使得企业在增长员工工资时，尽量降低个税增长速度或使个税不增长。

所以，纳税人在提供劳务时，合理安排纳税时间内每月收取劳务报酬的数量，可以多次抵扣法定的定额（定率）费用，减少每月的应纳税所得额，避免适用较高的税率，使自己的净收益增加。

2．我国关于年终一次性奖金的税收政策

较多企业在员工薪酬结构中采用年终奖金的形式，年终一次性奖金属于员工个人收入的一部分，也应该列入纳税范围，但采用合理合法的办法可以减少年终一次性奖金的纳税额。

全年一次性奖金是指行政机关、企事业单位等扣缴义务人根据其全年经济效益和对员工全年工作业绩的综合考核情况，向员工发放的一次性奖金，也包括实行年终加薪、年薪制和绩效工资办法的单位根据考核情况兑现的年薪和绩效工资。

（1）计算步骤。纳税人取得全年一次性奖金，单独作为一个月工资、薪金所得计算纳税，并按以下计税办法，由扣缴义务人发放时代扣代缴，其计算步骤如图 15-3 所示。

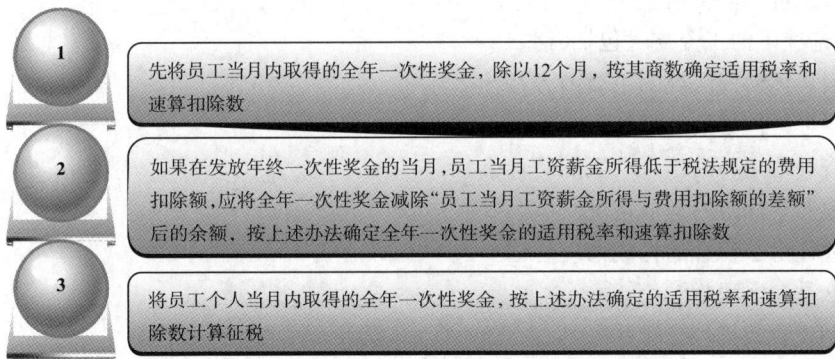

1	先将员工当月内取得的全年一次性奖金，除以12个月，按其商数确定适用税率和速算扣除数
2	如果在发放年终一次性奖金的当月，员工当月工资薪金所得低于税法规定的费用扣除额，应将全年一次性奖金减除"员工当月工资薪金所得与费用扣除额的差额"后的余额，按上述办法确定全年一次性奖金的适用税率和速算扣除数
3	将员工个人当月内取得的全年一次性奖金，按上述办法确定的适用税率和速算扣除数计算征税

图 15-3　全年一次性奖金纳税的计算步骤示意图

（2）计算公式。

① 如果员工当月工资薪金所得高于（或等于）税法规定的费用扣除额的，适用公式为：

> 应纳税额=员工当月取得全年一次性奖金×适用税率-速算扣除数

② 如果员工当月工资薪金所得低于税法规定的费用扣除额的，适用公式为：

> 应纳税额=（员工当月取得全年一次性奖金-员工当月工资薪金所得与费用扣除额的差额）
> 　　　　　×适用税率-速算扣除数

另外，对每一个纳税人来说，在一个纳税年度内，该计税办法只允许采用一次。员工取得除全年一次性奖金以外的其他各种名目奖金，如半年奖、季度奖、加班奖、先进奖、考勤奖等，一律与当月工资、薪金收入合并，按税法规定缴纳个人所得税，即维持现有的计税办法。

【启发与思考】

扫一扫→七省市调整最低工资标准

【思考练习题】

1. 薪酬立法的原则是什么？

2. 什么是利益分配法规？

3. 企业违法分配公司利益的表现形式有哪些？

4. 简述最低工资的概念。

5. 关于最低工资的法律法规有哪些？

6. 工资支付的原则是什么？

7. 特殊情况下的工资支付规定包括哪些？

8. 简述法定节假日加班工资支付说明，以及平时加班、公休日加班、节假日加班费的计算标准分别是日工资的多少倍。

9. 特殊情况下的工资支付包括哪些？

10. 工资集体协商法规的主要内容是什么？

11. 赔偿金的构成条件是什么？

12. 经济补偿金与赔偿金的区别是什么？

13. 简述养老保险的构成情况。

14. 简述住房公积金的构成情况。

15. 什么是薪酬税收？

16. 薪酬税收政策包括哪些？

17. 薪酬税收筹划方法有哪些？

【模拟训练题一】

员工所取得的收入必须缴纳个人所得税，个税免征额为 3500 元，个人税率表如表 15-2 所示。

表 15-2　工资、薪金所得个人所得税税率表

级数	全月应纳税所得额（含税级距）	全月应纳税所得额（不含税级距）	税率（％）	速算扣除数
1	不超过 1500 元的	不超过 1455 元的	3	0
2	超过 1500 元至 4500 元的部分	超过 1455 元至 4155 元的部分	10	105
3	超过 4500 元至 9000 元的部分	超过 4155 元至 7755 元的部分	20	555
4	超过 9000 元至 35000 元的部分	超过 7755 元至 27255 元的部分	25	1005
5	超过 35000 元至 55000 元的部分	超过 27255 元至 41255 元的部分	30	2755
6	超过 55000 元至 80000 元的部分	超过 41255 元至 57505 元的部分	35	5505
7	超过 80000 元的部分	超过 57505 元的部分	45	13505

若某公司员工甲 2016 年全年一次性奖金为 25000 元，请依据表 15-2 计算其应纳个人所得税税额。

【模拟训练题二】

A 企业的高级管理人员月薪 1 万元，12 月该企业对其发放年终奖金 12 万元。国家税务总局《关于在中国境内有住所的个人取得奖金征税问题的通知》（国税发〔1996〕206 号）规定："个人一次取得数月奖金或年终加薪、劳动分红，可单独作为一个月的工资、薪金所得计算纳税。由于对每月的工资、薪金所得计税时已按月扣除了费用，因此对上述奖金原则上不再减除费用，全额作为应纳税所得额直接按适用税率计算应纳税款。"根据这个规定，该员工全年应该负担的个人所得税为：全年工资、薪金应纳税：[（10000-800）×20%-375]×12=17580（元）；年终奖金部分个人所得税：120000×45%-15375=38625（元）；共计：17580+38265=56205（元）。

同样的筹划思路，在奖金数额不同时，因其面临的税率不同，可能会产生截然相反的结果。因此，企业在实际操作中，需要根据实际情况进行税收筹划。其合理的税收筹划能减少企业的经营成本。个人所得税规定的是超额累进税率，因而工资、薪金的个人所得税筹划最基本的思路是将收入平均实现，以避开高税率。请根据以上材料提出合理的税收筹划方案。

【情景仿真题】

H 公司是一家从事现代服务业的机构，主要客户对象为个人消费者。为了贯彻激励机制，同时降低公司的税负成本，H 公司进行税收筹划。

H 公司以税收筹划名义，采用"底薪+提成"薪金结构，施行了员工收入"保底+提成"的薪酬方式。即给员工低底薪，员工每月从公司领取较低的保底工资，然后在与客户签订协议后，将来自客户的支付款项按照一定的比例作为提成部分分配给个人，即将协议金额的一部分上缴公司，剩下则归员工个人所有。因此公司仅就其取得的一定比例的客户款项部分收入申报缴纳各项税收，对于员工的收入，则只按低底薪申报缴纳个人所得税，公司也只按照底薪部分为员工缴纳五险一金。

税务稽查部门在调查中通过调取公司银行资金收付情况，走访部分客户，掌握了充分证据，责成 H 公司补缴相关税收并处以罚款。

请根据案例回答以下问题：

1. H 公司的此种做法是否存在薪酬税收的风险？

2. 从薪酬结构设计对企业所得税的影响和对员工个人所得税的影响两个方面判断 H 公司的做法是否真正能够解决员工之间的矛盾、员工与企业之间的矛盾问题。

参考文献

[1] Butler S K, Harvey R J. A comparison of holistic versus decomposed rating of position analysis questionnaire work dimensions. Personnel Psychology, 1988, 41: 761-771.

[2] Conyon M J, Peck S I. Board control, remuneration committees, and top management compensation. Academy of Management Journal, 1998, 41（2）: 146-157.

[3] Eisenberger, R., Aselage, J. Incremental effects of reward on experienced performance pressure: Positive outcomes for intrinsic interest and creativity. Journal of Organizational Behavior, 2009, 30:95-117.

[4] Herbert.GHeneman, Timothy.A.Judge.Staffing organization .Beijing: China Machine Press, 2005.

[5] John E. Tropman. The compensation solution-how to develop an employee-driven rewards system. 上海：上海交通大学出版社，2002.

[6] Milkovich, G. T., Newman, J. M. Compensation . Boston, MA: McGraw-Hill Irwin Pubs, 2002.173-250.

[7] William P. Rogerson. Repeated moral hazard. Econometrics, 1985, 53（1）: 69-76.

[8] Williams ML, McDaniel MA, Ford LR. Understanding multiple dimensions of compensation satisfaction. Journal of Business and Psychology, 2007, 21（3）: 429-459.

[9] Yanadori Y, Marler J H. Compensation strategy: Does business strategy influence compensation in high‐technology firms? Strategic Management Journal, 2006, 27（6）: 559-570.

[10] 陈锦艳. 企业薪酬体系管理重要性探究. 人力资源管理，2013，（5）：71-72.

[11] 陈晶瑛. 制造业员工的薪酬满意度实证研究. 管理世界，2010，（1）：179-180.

[12] 杜清玲，孙绍荣. 工作分析：人岗匹配管理之基石. 中国人力资源开发，2004，（5）：36-38+41.

[13] 方雯，闫双营. 民营企业职位评价体系的构建与应用. 中国人力资源开发，2013，（5）：51-55+69.

[14] 葛玉辉，许丹，王建军. 薪酬管理实务. 北京：清华大学出版社，2011.

[15] 葛玉辉. 薪酬管理实务. 北京：清华大学出版社，2011.

[16] 郭爱英，宋长生. 薪酬管理理论与实务. 北京：清华大学出版社，2011.

[17] 荆彦婷，张阳，何似龙. 现代战略性人力资源管理与企业隐式战略的匹配研究. 中国人力资源开发，2008，（2）：10-15.

[18] 李文东，时勘. 工作分析研究的新趋势. 心理科学进展，2006，03：418-425.

[19] 李艳. 工资奖金福利津贴设计与发放办法. 北京：人民邮电出版社，2010.

[20] 李永周，郭朝晖，马金平. 薪酬管理理论、制度与方法. 北京：清华大学出版社，2013：198-208.

[21] 理查德·I·亨德森. 薪酬管理（第 10 版）. 刘洪，韦慧民，译. 北京：北京师范大学

出版社，2013.

[22] 刘爱军．薪酬管理：理论与实务．北京：机械工业出版社，2008.

[23] 刘春，孙亮．薪酬差距与企业绩效：来自国企上市公司的经验证据．南开管理评论，2010，（2）：30-39+51.

[24] 刘军胜．专业技术人员薪酬设计．企业管理，2003（7）：68-70.

[25] 刘玲，燕良轼．工作分析发展动态研究．社会心理科学，2010，（3）：16-22.

[26] 刘昕，贾蕾．职位评价方法的演变历程及其最新进展．中国人力资源开发，2011，07：36-40.

[27] 刘昕．宽带薪酬：一种新型的薪酬结构设计形式．职业，2003（1）：32-33.

[28] 刘昕．薪酬管理．北京：中国人民大学出版社，2002.

[29] 刘亚萍．薪酬管理工作手册．北京：人民邮电出版社，2015.

[30] 刘银花．薪酬管理．大连：东北财经大学出版社出版，2011.

[31] 鲁萌．薪酬诊断的背景与时机．中外企业家，2009，（12）：186-187.

[32] 罗梦娜．宽带薪酬的基本理论及初步设计．科技创业月刊，2006，（10）：114-116.

[33] 吕波，齐旭高．战略视角下的人力资源成本管理．中国人力资源开发，2008，（11）：19-22.

[34] 马化腾．关于以"互联网+"为驱动，推进我国经济社会创新发展的建议．中国物联网，2015-06-21.

[35] 马新建，山小花，刘庆．短期薪酬激励与小企业薪酬体系构建——基于某服装公司的管理诊断研究．中国人力资源开发，2006，（8）：86-89.

[36] 彭璧玉．战略薪酬模式的选择．中国人力资源开发，2004，（6）：53-56.

[37] 乔治·T·米尔科维奇，杰里·M·纽曼．薪酬管理（第9版）．成得礼，译．北京：中国人民大学出版社，2002.

[38] 邱功英，龙立荣．弹性福利计划研究述评．管理评论，2013，（11）：65-73.

[39] 塞夫·J·马尔托奇奥．战略薪酬管理．杨东涛，钱峰，译．北京：社会科学文献出版社，2002.

[40] 舒化鲁．薪酬支付的六个原则．商业评论网，2011-09-08.

[41] 田效勋．薪酬模式设计．企业管理，2003，（10）：9-15.

[42] 童章成，赵勇．绩效工资制的理论基础与设计．浙江经济，2002，16：47-48.

[43] 涂晓春．薪酬发放的艺术．企业管理杂志，2012，（4）：87-89.

[44] 汪纯孝，伍晓奕，张秀娟．企业薪酬管理公平性对员工工作态度和行为的影响．南开管理评论，2006，（6）：5-12.

[45] 王萍．自助式薪酬方案．中国人力资源开发．2004（8）：43-44.

[46] 王璞．人力资源管理工具与案例．北京：机械工业出版社，2009.

[47] 王少东．企业薪酬管理（第2版）．北京：清华大学出版社，2016.

[48] 向志强，刘社瑞，李明阳．媒介产业激励型整体薪酬结构的设计研究．生产力研究．2007（6）：60- 61.

[49] 徐斌．薪酬管理与设计禁忌86例．北京：电子工业出版社，2011.

[50] 杨帆．中小民营企业薪酬管理探析．人力资源管理，2014，07：84-85.

[51] 杨岗松．岗位分析和评价从入门到精通．北京：清华大学出版社，2015.

[52] 杨毅宏. 绩效与薪酬管理全案（第 2 版）. 北京：电子工业出版社，2015.

[53] 尹学俐. 最低工资制度的国际比较及其启示. 决策探索月刊，2013（4）：69-70.

[54] 约翰·M·伊万切维奇，赵曙明，程德俊. 人力资源管理（原书第 11 版）. 北京：机械工业出版社，2013.

[55] 岳龙华，敬嵩，刘畅，张俊. 薪酬设计与薪酬管理. 北京：中国电力出版社，2014.

[56] 岳龙华. 薪酬设计与薪酬管理. 北京：中国电力出版社，2014.

[57] 张广科，黄瑞芹. 薪酬管理. 武汉：华中科技大学出版社. 2013.

[58] 张丽华，王蕴. 薪酬管理. 北京：科学出版社，2009.

[59] 张丽梅. 基于员工关系管理的薪酬结构设计. 国际商务研究. 2006（6）：53-56.

[60] 张莉，刘希宋. 企业人工成本的控制体系与对策研究. 中国软科学，2001，（3）：90-93+97.

[61] 张莉洁. 工作分析——企业人力资源工作的基石. 中国人力资源开发，2002，（10）：43-45.

[62] 张尹莉. 4S 店销售人员的薪酬管理. 中国人力资源开发，2010，（8）：56-59.

[63] 张正堂. 战略人力资源管理的理论模式. 南开管理评论，2005，（5）：50-56.

[64] 赵国军. 薪酬管理方案设计与实施. 北京：化学工业出版社，2009：122.

[65] 赵曙明，刘洪，李乾文. CEO 人力资源管理与开发. 北京：北京大学出版社，2011：39-43.

[66] 赵曙明，张正堂，程德俊. 人力资源管理与开发. 北京：高等教育出版社，2014.

[67] 赵曙明. 公平合理的薪酬铺就外派未来之路. 管理@人，2010，（7）：32-35.

[68] 赵曙明. 论以人为中心的企业管理. 南京社会科学，1996，（1）：71-75.

[69] 周斌，汪勤. 薪酬管理：理论·实务·案例. 北京：清华大学出版社，2014.

后　　记

本套教材从筹划、编著到出版历时近两年时间。在出版社和各界人士的大力支持下，我们精选内容，倾心撰写，并经数次修改完善，最终形成了《人力资源管理——理论、方法、实务》6 本系列丛书。

《人力资源管理——理论、方法、实务》，系统介绍了人力资源管理的一些核心概念、基本原理、技术方法和管理实践中的重点难点问题，既引进了国外先进的人力资源管理理念和知识体系，又总结了我国企业人力资源管理的实践经验和经典案例，特别是紧跟当前时代发展变化，对新时期企业人力资源管理的新方法、新技术、新趋势进行了比较全面系统的诠释和分析，非常贴近现阶段我国企业人力资源管理的实际。

招聘甄选与录用是人力资源管理流程中的第一个环节，是针对人员入口关的把控。在《招聘甄选与录用——理论、方法、实务》一书中，对招聘规划与管理、甄选技术、录用评估等环节进行详细阐述，形成一个完整的招聘链条，可以让学生系统地掌握如何科学鉴别、选拔和录用适合组织发展需要、有培养潜质的人才。

组织通过培训传授给员工与工作相关的知识、技能，并通过开发挖掘员工潜能提高其终身职业能力。《人员培训与开发——理论、方法、实务》以学习原理为理论基础，围绕培训需求分析、培训计划、培训组织与实施、培训评估以及员工开发这一主线，系统阐述了需求调查、课程设计、培训外包、职业生涯规划等方面的理论知识和方法、技术，同时还提供了各类模拟训练、情景仿真等案例体验，并辅之以微信学习等新兴形式，使知识关联更为清晰，从而有利于提高学生的逻辑思维能力和实践操作能力。

绩效考核与管理是把组织管理与员工管理高效结合的一种系统化管理体系，是企业人力资源管理中的一项重要职能。在《绩效考核与管理——理论、方法、实务》一书中，既包括关于绩效目标、指标、方法、制度的设定以及绩效与薪酬、晋升、培训等其他人力资源模块的关系阐述，又提供了涵盖研发、生产、营销人员以及高管、团队等绩效考核实例，从而帮助学生以多维视角看待企业的绩效管理，避免陷入机械、僵化、空洞的绩效管理学习陷阱。

薪酬管理是组织建立和完善激励机制的核心内容，也是组织吸引和保持人力资源的重要保障。在《薪酬管理——理论、方法、实务》一书中，详细阐述了薪酬管理的基础理论、职位评价、制订流程以及奖金、福利、股权等设计方法，同时又论述了战略性薪酬和大数据时代的薪酬管理趋势，以帮助学生更好地确立移动互联网思维和前瞻意识，动态地掌握薪酬管理的解决方案和实施方法。

在人力资源管理实践体系中，找到合适的人并能达到"人事相宜、岗能相配"是非常关键的。《人才测评——理论、方法、实务》一书以人才测评标准的建立和指标体系的设计为基础，详细介绍了笔试测评、面试测评、心理测验等人才测评工具和方法，并且对基于胜任素质的管理能力、领导人员测评等进行了系统化分析，这样就有利于加深学生对人才测评理论的理解，更好地掌握人才测评的流程和方法。

这套丛书是全体编写人员和出版社编辑同志共同努力的结果。在编撰过程中，大家秉持编写出版一套精品系列教材的信念，投入了大量时间和精力，付出了很多心血和汗水，高质量完成了编写和出版工作。在此，再次向参加编写丛书的各位老师以及为本套教材的出版给予多方支持的有关人员表示衷心感谢。

本套教材由南京大学赵曙明教授和赵宜萱助理研究员担任主编，并负责对全套丛书进行框架设计、修改完善和付印校对。各分册的编写人员分别为：《人力资源管理——理论、方法、实务》由南京师范大学商学院白晓明老师负责编写；《招聘甄选与录用——理论、方法、实务》是由南京师范大学金陵女子学院张戎凡副教授负责编写；《人员培训与开发——理论、方法、实务》是由淮海工学院商学院张宏远老师负责编写；《绩效考核与管理——理论、方法、实务》是由南京财经大学工商管理学院秦伟平副教授负责编写；《薪酬管理——理论、方法、实务》是由西南交通大学经济管理学院唐春勇教授负责编写；《人才测评——理论、方法、实务》是由东南大学经济管理学院周路路副教授负责编写。

当今社会是一个不断创新快速发展的社会。随着国家创新驱动发展战略的深入实施，企业人力资源管理也面临着变革创新，以适应更加复杂多变的局面。如果本套教材的出版能够对人力资源管理及相关专业的广大师生、业界人士有所助益，则是我们最大的欣慰。

南京大学商学院名誉院长、特聘教授、博士生导师
赵曙明博士
南京大学商学院人力资源管理系助理研究员
赵宜萱博士
于南京大学商学院